LE

FORUM ROMAIN

ET LES

FORUMS IMPÉRIAUX

LE FORUM ROMAIN A LA FIN DE 1896.
(Après les fouilles.)

HENRY THÉDENAT

PRÊTRE DE L'ORATOIRE

LE

FORUM ROMAIN

ET LES

FORUMS IMPÉRIAUX

Avec 2 grands plans et 46 plans ou gravures

PARIS

LIBRAIRIE HACHETTE ET Cⁱᵉ

79, BOULEVARD SAINT-GERMAIN, 79

1898

A M. EDM. SAGLIO

MEMBRE DE L'INSTITUT

Mon cher ami,

Pendant des jours trop rapides que jamais je n'oublierai, nous avons, avec notre ami Gustave Schlumberger, revu les monuments, les musées et les collections de Rome. L'attrait des ruines et des grands souvenirs devait nous attirer au **Forum romain**. *C'est là que vous m'avez demandé d'écrire, pour le* Dictionnaire des antiquités grecques et romaines *qui est votre œuvre et avec lequel vivra votre nom, l'article* Forum. *Le petit volume que je publie aujourd'hui a cet article pour point de départ; sans lui, il n'aurait jamais été fait. Bon ou mauvais — ce n'est pas à moi d'en juger — il vous doit l'existence. C'est pourquoi j'ai voulu que, avec l'expression de ma reconnaissance et de mon amitié, votre nom fût inscrit sur la première page.*

Henry **THÉDENAT**.

Paris, décembre 1897.

AVANT-PROPOS

Le *Forum magnum* fut le centre de la vie romaine. Événements heureux ou désastres, luttes de la plèbe contre l'aristocratie pour la conquête des droits politiques ou des conditions meilleures de l'existence, élections des magistrats, émeutes, révolutions, procès, proscriptions, jeux et spectacles, tout se préparait au forum, s'y faisait ou y avait un contre-coup. Ce fut comme le cerveau auquel afflua de bonne heure la vie de Rome et bientôt du monde civilisé. Aussi le nom du forum et de ses monuments revient à chaque page dans les écrits des auteurs anciens.

Il est donc impossible d'étudier l'histoire romaine d'une manière réelle et vivante, on ne saurait comprendre de nombreux passages des auteurs si on

ignore le forum romain et son histoire. Le but de
ce livre est de le faire connaître, et c'est surtout
aux étudiants qu'il est destiné. Il s'adresse aussi à
leurs professeurs; non pas que l'auteur ait la
prétention de leur apprendre beaucoup de choses
nouvelles. Il s'est proposé de réunir pour eux des
renseignements qu'il leur faudrait, avec beaucoup
de peine, chercher dans un grand nombre d'auteurs
anciens, dans des livres et des revues spéciales, de
langues diverses; il a essayé aussi, quand cela lui
a paru utile, d'approfondir un peu plus qu'on ne l'a
fait certaines questions controversées.

Ce livre, qui a pour point de départ l'article
FORUM publié par l'auteur dans le *Dictionnaire des
antiquités grecques et romaines* de M. Saglio, est un
livre d'étude et de travail. Des notes renvoient aux
textes anciens et aux auteurs cités, permettant
au lecteur de tout contrôler et, s'il le désire, de
pousser plus loin ses recherches personnelles. Un
index bibliographique placé à la fin du volume
l'y aidera aussi.

L'illustration, strictement archéologique, n'a
pas sacrifié au pittoresque. Les plans ont été dres-
sés d'après les dernières fouilles et les derniers
travaux, spécialement d'après ceux de MM. Lanciani et Huelsen.

Ce livre pourra aussi être lu ou consulté avec
intérêt et profit par les gens du monde qui, de leurs
études classiques, ont gardé de bons souvenirs et
le goût des choses de l'antiquité. Si jamais ils vont
à Rome, c'est à eux, non moins qu'aux autres
lecteurs, que s'adresse la dernière partie de ce
volume, tout à fait indépendante de la première
et dépourvue de l'appareil scientifique.

*
* *

En effet, au livre sur le forum fait suite un
appendice d'une tout autre nature. Le titre en
indique l'objet : *Une visite au forum*. Ceux de mes
lecteurs qui seraient assez bienveillants pour emporter mon petit volume à Rome, pourront ainsi
faire au forum une promenade méthodique et, je
l'espère, pas trop ennuyeuse. Pour rompre la mo-
notonie des descriptions, j'ai essayé de raconter,
en les localisant, quelques-uns des événements les
plus dramatiques dont le forum fut le théâtre. Ces
récits se distinguent du reste par un texte diffé-
rent.

Cet appendice étant absolument indépendant du
volume sur le forum, il ne faudra pas être surpris
d'y rencontrer des redites. Elles étaient inévi-

tables. Toutefois elles sont moins nombreuses qu'on ne pourrait le croire, l'étude sur le forum étant historique et l'appendice surtout descriptif.

Je m'abstiendrai d'exposer ici de quelle manière j'ai divisé ce livre. La table suppléera très suffisamment à mon silence sur ce point.

LE FORUM ROMAIN

ET

LES FORUMS IMPÉRIAUX

LIVRE I

LE FORUM ROMAIN. SON HISTOIRE
SON ROLE

CHAPITRE I

CE QUE C'EST QU'UN FORUM [1]

Il existe encore aujourd'hui dans certaines de nos
campagnes, en dehors des centres habités, de grands
espaces où affluent, à des époques déterminées, les
marchands ambulants avec leur pacotille, les paysans
des villages voisins avec les bestiaux et les denrées
qu'ils veulent vendre. Nous appelons ces lieux de réunion des champs de foire; chez les Romains, on leur
donnait le nom de *forum*. Cette institution remonte à

---

1. Les chiffres et les lettres entre parenthèses, s'ils ne sont
accompagnés d'aucune indication, renvoient au plan I, qui se
trouve à la fin du volume.

une haute antiquité. Bien avant la fondation de Rome, il est probable que le lieu qui fut plus tard le *forum romain* était un marché où les habitants des bourgades établies sur les collines environnantes venaient faire leur trafic. Rome est donc une ville qui peu à peu se créa et se développa près d'un *forum*; et en effet, si elle fut fondée sur le Palatin, néanmoins, autour du *forum*, se déroule un grand nombre des légendes de sa première histoire.

A une époque moins ancienne et plus historique, cet usage, qui s'était établi pour ainsi dire seul, sous l'impulsion des nécessités, fut régularisé par les Romains qui le développèrent méthodiquement. En Italie et dans les provinces, il existait des villages et des hameaux non constitués en communes et attribués pour cette raison à des colonies ou à des municipes jouissant d'une organisation municipale. Mais souvent ces chefs-lieux étaient trop éloignés, les communications trop difficiles pour que les populations qu'on y avait rattachées pussent prendre part aux actes de la vie municipale et venir régulièrement, aux jours de marché, vendre et acheter. Pour remédier à cet inconvénient, dans un endroit central, à proximité d'un certain nombre de ces lieux abandonnés, on établissait un marché; et, afin que l'accès en fût facile, on en choisissait l'emplacement près d'une route. La construction des grandes voies de l'empire romain donna souvent lieu à la création de ces centres de commerce. C'est ainsi qu'Appius, en même temps que la *via Appia*, créa *Forum Appii* entre Rome et Terracine [1]. Puis, comme les habitants des bourgades

1. De même *Forum Aurelii* sur la *via Aurelia*, *Forum Cassii* sur la *via Cassia*, *Forum Domitii* sur la *via Domitia*, *Forum Flaminii* sur la *via Flaminia*.

voisines avaient l'habitude de se réunir périodique-
ment sur ces marchés, comme il était facile de les y
convoquer, les forums devinrent bientôt le lieu des
assemblées, le centre de la vie municipale, ou plutôt
de ce qui en tenait lieu à ces populations non encore
organisées.

Forum, comme nous venons de le voir, était le nom
du marché; le lieu des réunions politiques s'appelait
conciliabulum ; mais il est évident que le même terrain
avait ce double emploi. Dès lors, la population pourvue
de ce centre de réunion formait une circonscription
territoriale : là se tenait le marché; là on levait les
troupes, on rendait la justice, on célébrait les cérémonies religieuses; c'est là qu'était le siège de l'administration [1]. Jusqu'à la fondation d'une ville, les *fora* et
conciliabula avaient donc une organisation spéciale,
un droit particulier dont le caractère essentiel était de
ne pas former d'unité juridique, de ne pas constituer,
pour celui qui y habitait, un statut personnel survi-
vant au changement de résidence [2].

On ne tardait pas à élever, autour de ces marchés,
quelques constructions nécessaires : des auberges, des
locaux pour l'administration. Puis, grâce à leur situation avantageuse, grâce aussi à l'activité qu'y entretenaient le commerce et les réunions dont ils étaient le
centre, un grand nombre de ces forums devinrent rapidement des bourgs et des villes importantes; souvent
alors on les érigeait en municipes où on conduisait

---

1. Cf. Marquardt, *Roem. Staatsverw.*, t. I, 10; trad. Weiss-
Lucas, *Organis. de l'emp. rom.*, t. I, 13; Liv., VII, 15, XXV, 5,
XXXIX, 14, XI, 37; Varo, *Ling. lat.*, V, 145. — 2. Cf. Mommsen,
Röm. Staatsr., III, 775; trad. Girard, *Le droit public romain*, t. VI,
2e part., p. 419; *Diction. des antiq. grecques et romaines*, s. v.
Conciliabulum.

des colons [1]. Plusieurs villes romaines trahissent, par leur nom, cette origine : *Forum Sempronii*, municipe d'Ombrie; *Forum Julii*, colonie de la Narbonnaise; *Forum Segusiavorum*, colonie de la Gaule, etc. D'autres forums, *Forum Appii*, par exemple, restèrent de simples hameaux [2].

Par le fait même de la haute antiquité de ses origines, le forum était une chose sacrée; son emplacement était déterminé par des rites religieux inscrits dans le rituel immuable de la fondation des villes et de l'établissement des colonies et des camps. Les *agrimensores* mesuraient, d'après les règles de l'auguration, le terrain que devait enfermer l'enceinte, puis ils le divisaient en quatre parties égales par deux lignes se coupant en angle droit : le *cardo maximus* tiré du nord au sud, le *decumanus maximus* tiré de l'ouest à l'est [3]. Théoriquement le forum se plaçait au point d'intersection de ces deux lignes; je dis théoriquement car souvent il fallait tenir compte d'une ville déjà existante ou de la nature du terrain. Parfois la ville était située sur une hauteur ou sur des rochers escarpés qui, à cause de leur stérilité, ne figuraient pas dans la limitation [4].

Les forums des villes conservaient le double caractère de marché et de centre de la vie publique et civile. Souvent le marché fut peu à peu éliminé et se réfugia dans des bâtiments spéciaux. C'est ce qui arriva à Pompéi.

A Rome, la transformation du marché en centre

---

1. Cf. Mommsen, *o. c.*, p. 778; trad. Girard, p. 446. — 2. *Ibid.* — 3. Hygin, *De limit. const.*, p. 178 ss., édit. Blum et Lachmann. — 4. Marquardt, *op. c.*, t. 1, p. 460; trad. Weiss-Lucas, t. I, p. 172.

politique fut lente. Tant que les patriciens eurent seuls
la jouissance des droits civils, c'est-à-dire sous la
royauté et pendant les premiers temps de la république, les lieux où se réunissait le sénat, c'est-à-dire
le Comitium et quelquefois le Vulcanal, furent exclu-
sivement le siège du gouvernement et de l'administration des affaires publiques. Le forum était alors
un marché, une place ornée de temples, entourée de
portiques et de boutiques, où l'on célébrait des fêtes
et des jeux, où l'on donnait des combats de gladiateurs; on n'avait ni à y délibérer ni à y voter. Mais,
à mesure que le peuple conquit ses droits, c'est au
forum qu'il les exerça. En même temps que grandissait l'importance politique du forum, celle du comitium
décroissait sans cesse, jusqu'au jour où, quoique
toujours rivaux, le peuple et le sénat furent contraints
à gouverner ensemble.

Le forum romain cessa alors d'être un marché;
d'élégantes boutiques de changeurs et d'orfèvres y
entretinrent le commerce et l'industrie; mais, pour la
vente des choses nécessaires à la vie, on éleva à Rome
d'autres constructions, on adapta d'autres emplacements qui, à leur tour, prirent le nom de *forum* ou de
macellum [1] : *forum piscarium*, marché aux poissons,
forum holitorium, marché aux légumes; *forum pisto-
rum*, marché au blé et aux farines, *forum suarium*,
marché aux porcs, *forum vinarium*, marché aux vins,
forum cuppedinis, marché de comestibles [2]. Puis sur-

---

1. L'emploi simultané de ces deux noms ressort du rapprochement de deux textes de Tite Live (XXVI, 37, et XXVII, 11) où
le même édifice est appelé *forum* et *macellum*. — 2. Varro, *Ling.
lat.*, V, 146; Ulpian., *Digest.*, I, 12, 11; Festus, ap. Paul. Diac.,
s. v. *Boarium forum*, p. 30, éd. Müller; Columel., VIII, 17 *in fine*;
Corp. inscr. lat., t. I: *commentarii diurni*, 1er août, 1er décembre;
Ibid., t. XIV, no 430; Tacit., *Ann.*, II, 49.

vint un autre changement : les forums particuliers
tendirent à disparaître pour faire place à de grands
marchés où l'on vendait toute espèce de denrées [1], tels
le *macellum magnum*, sur le Caelius [2], le *macellum
Liviae* [3] ou *forum Esquilinum* sur l'Esquilin [4]. Acron,
le scholiaste d'Horace, dit que chaque région de la
ville avait son marché ou forum [5].

En même temps qu'un lieu politique, le forum
romain devint aussi, comme le Comitium, le siège
de tribunaux. A ses temples s'ajoutèrent bientôt des
basiliques ou palais de justice. Mais le nombre des
procès allant toujours croissant, César d'abord, Auguste
ensuite, créèrent des forums judiciaires pour suppléer
à l'insuffisance du premier.

D'autres forums existaient à Rome, places créées
pour l'agrément des citoyens et l'embellissement de la
ville. Tels étaient sans doute des forums dont on ignore
la destination et l'emplacement, et qui portaient les
noms de leur fondateur : *forum Ahenobardi* [6], *forum
Aproniani* [7]; à cette catégorie aussi appartiennent le
forum transitorium ou *forum de Nerva* et le magnifique
forum de Trajan, où, cependant, on rendait aussi la
justice.

Quand Rome fut la capitale incontestée de l'Italie et
des provinces conquises, toutes les villes voulurent
avoir, comme elle, leur forum. Celles qui en avaient
un depuis longtemps, le transformèrent à l'image de
celui de la métropole. On voit les forums de Privernum [8],

---

1. Varro, *Ling. lat.*, V, 147. — 2. *Curiosum et De regionibus*,
regio II. — 3. *Ibid.*, regio V. — 4. Cf. Lanciani, *Ancient Rome
in the light of recent discoveries*, p. 152. — 5. Ad Horat. *Serm.* I,
6, 113. — 6. *Curios. et De region.*, apud Urlichs, *Codex urb. Romae
topogr.*, p. 22, 23. — 7. *Cod. Theodos.*, XIII, 5, 29. — 8. Liv.,
XXVII, 11.

d'Aricie [1], de Minturnes [2], de Calatia, d'Auximum, de
Potentia, de Pisaure [3], d'Aeclanum [4], s'entourer, à
l'exemple de celui de Rome, de boutiques et de portiques. Ils ont, comme le *forum magnum*, les monuments essentiels à la vie publique d'une cité : un
temple, une curie, un trésor, une prison, une basilique. Des raccordements, d'ingénieux artifices d'architecture lui donnent la régularité et la forme rectangulaire requise. Le forum de Pompéi nous offre un
curieux exemple de ces forums transformés [5].

Construisait-on, sur un terrain neuf, une ville toute
nouvelle, on avait un type officiel de forum, inspiré de
celui de Rome, qu'on appliquait partout. Le forum de
Timgad est un excellent modèle de ces forums créés
tout d'une pièce d'après le type traditionnel [6]. Vitruve
donne les règles que doivent observer les architectes
dans la construction et la disposition des forums : « Les
forums chez les Grecs sont carrés, entourés de doubles
et amples portiques dont les colonnes serrées soutien-
nent des architraves de pierre ou de marbre que surmontent des galeries. Ce n'est pas ainsi que doivent
être construits les forums des villes d'Italie, parce que
nos ancêtres nous ont transmis l'usage d'y donner des
combats de gladiateurs; les colonnes doivent donc,
pour cette raison, être plus espacées. Sous les portiques, les boutiques des changeurs, et, au-dessus,
les tribunes seront disposées de la façon la plus
commode pour l'usage qu'on en doit faire et pour la
perception des *publica vectigalia*. Il faut qu'il y ait

---

1. Liv., XXX, 38. — 2. Id., XXXVI, 37. — 3. Id., XLI, 37. —
4. *Corp. inscr. lat.*, IX, 1148. — 5. Cf. *Dictionnaire des antiq.
gr. et r.*, s. v. *Forum*, p. 1316 ss. — 6. Cf. Bœswilwald et
Cagnat, *Une cité africaine sous l'Empire romain*, livr. I-III, et
Dictionn. des antiq. gr. et rom., l. c.

proportion entre les dimensions du forum et le chiffre
de la population; sans cette précaution la place pourrait manquer ou bien le forum trop peu rempli paraître
vide. La largeur aura les deux tiers de la longueur : la
forme sera donc celle d'un rectangle, disposition plus
commode pour les spectacles. Les colonnes du second
étage seront d'un quart moins grandes que celles du
bas qui, étant plus chargées, doivent être plus fortes [1]. »
Vitruve s'occupe ensuite des monuments qui doivent
entourer le forum : les temples, la basilique, le trésor
public, la prison et la curie [2].

1. Vitr., V, 1. — 2. Id., *ibid.*, 1-2.

CHAPITRE II

Le forum avant Romulus. Le forum sous les rois, pendant la république, sous les empereurs.

Les origines du forum romain sont, comme celles de Rome même, plus légendaires qu'historiques. Ce n'est pas le lieu de les discuter ici après beaucoup d'autres. Les historiens ont, avec plus ou moins de succès, cherché à dégager l'histoire de la légende. Notre rôle est 'tout autre : faire revivre pour un instant, dans l'imagination, ces ruines muettes, replacer dans leur cadre les événements, tel est notre but. Pour y atteindre, entrons dans les sentiments et les pensées, dans l'état d'âme, pour employer une expression à la mode, d'un Romain instruit et éclairé, mais crédule dans la mesure exigée par son patriotisme. Et ce sera sagesse, car si, à distance, la critique peut s'exercer sur les migrations des peuples et sur leur formation, la tâche est moins facile quand il s'agit de l'histoire d'un monument. Nous accepterons donc, tels qu'ils sont présentés, les événements merveilleux qui entourent les origines de certains monuments, et entrerons, si le lecteur y consent, dans les dispositions de Tite Live, qui, au commencement de son *Histoire*, s'exprime ainsi : « Les événements qui ont précédé ou suivi la fondation de Rome sont bien plus embellis par les fictions qu'attestés par le témoignage incorruptible des monuments. Je n'ai l'intention ni d'en affirmer ni d'en combattre l'authenticité. C'est le privilège de l'antiquité de mêler l'action des dieux à celle des hommes afin de faire plus auguste la naissance des villes. Et s'il est un peuple à qui l'on doive permettre de consacrer ses origines en les faisant remonter aux dieux, c'est bien le peuple romain. Il s'est en effet assez illustré par les armes pour que les nations qui acceptent son joug ne lui contestent pas non plus le droit de déclarer que Mars est le père de son fondateur et aussi le sien. D'ailleurs, qu'on adopte cette tradition et les semblables, ou qu'on les repousse, je n'y attache pas une grande importance. Ce qu'avant tout je désire, c'est que chacun prenne à tâche d'étudier la vie et les mœurs du temps passé. »

Topographie du forum. — Le forum était une vallée marécageuse et boisée où s'accumulaient les eaux pluviales; de toutes parts des hauteurs l'environnaient, sauf du côté du Vélabre, dont les marais très bas lui apportaient, soit par des infiltrations, soit par des inondations, les eaux du Tibre. Les légendes et les traditions[1] aussi bien que les eaux souterraines courant encore sous cette région[2] confirment cet état

---

1. Par exemple l'aventure de Curtius (Dionys., II, 42); cf. Virg., *Æn.*, VIII, 364; Propert., IV, 2, 7 ss., 9, 5 ss.; Tibul., II, 5, 33, ss.; Dionys, II, 50. Le forum continua à être inondé de temps à autre (Horat., *Carm.*, I, 2, 19 ss.; Dio, LIII, 20); il l'est encore de nos jours. — 2. Cf. Lanciani, *I commentarii di Frontino intorno le acque*, p. 8 ss.

ancien du forum et du Vélabre. Ovide l'a décrit dans
des vers connus :

> Hoc, ubi nunc fora sunt, udae tenuere paludes;
>   Amne redundatis fossa madebat aquis.
> Curtius ille lacus, siccas qui sustinet aras,
>   Nunc solida est tellus, sed lacus ante fuit.
> Qua Velabra solent in circum ducere pompas
>   Nil praeter salices, cassaque canna fuit.
>
> . . . .
>
> Hic quoque lucus erat juncis et arundine densus,
>   Et pede velato non adeunda palus [1].

L'extrémité ouest [2] de la vallée est dominée par le
Capitole. Autrefois cette colline portait le nom de
Collis Saturnius; à ce nom se rattachaient les souvenirs de l'âge d'or apporté par Saturne, c'est-à-dire du
temps lointain où, avant les peuplades guerrières, les
pasteurs et les agriculteurs avaient succédé aux races
sauvages. Sur cette colline s'éleva la très antique ville
de Saturnia dont le vieil Évandre montra les ruines à
Énée [3], et, seul témoignage de ces traditions, à la
base du *collis Saturnius*, là où fut plus tard le temple
de Saturne (19) un autel à cette divinité avait été
consacré par les Grecs que conduisait Hercule [4].
Comme première origine, le temple de Saturne est
donc le plus ancien monument du forum.

Après l'ouverture par où le Vélabre déversait le trop-
plein de ses marais, la vallée du forum longeait le
flanc nord du Palatin sur lequel Romulus devait fonder
la *Roma quadrata*.

---

1. Ovid., *Fast.*, VI, 401 ss. — 2. Pour plus de clarté dans la
description je suppose le forum exactement orienté; en réalité
ce que j'appelle l'ouest est presque le nord-ouest, et de même
des autres points cardinaux. — 3. Virg., *Æn.*, VIII, 355 ss. —
4. Dionys. Halic., I, 34.

A l'extrémité opposée au Capitole, vers l'Est, la vallée s'élevait lentement sur les pentes d'une petite colline appelée *Velia*, prolongement du Palatin, ayant son point culminant là où, plus tard, fut construit l'arc de Titus.

Le côté nord, moins bas que la vallée, s'appuyait au Quirinal et à l'Esquilin. Les récits des historiens montrent qu'on y pouvait circuler à pied sec. En cet endroit sans doute, ou sur la Vélia, se tenait le marché des temps antéhistoriques.

Le forum sous les rois. — Tel devait être à peu près l'aspect général du forum au moment où les Romains et les Sabins y livrèrent ce combat auquel mit fin l'intervention des Sabines.

Les deux rois, Titus Tatius et Romulus, se réunirent, pour régler les conditions de la paix ou plutôt de la fusion des deux peuples, au nord du forum, dans un lieu qui dès lors s'appela *comitium* (*i*), du latin *coire* se réunir, si l'on admet l'étymologie proposée par Varron.

Après des cérémonies purificatoires dont le *sacrarium* de *Venus Cloacina* conserva le souvenir, Tatius et Romulus construisirent les monuments qu'ils avaient voués aux dieux : le temple de *Jupiter Stator*, là où ce dieu avait arrêté la fuite des Romains; un autel à Vulcain, plus haut que le comitium, à un endroit qui désormais s'appellera *Vulcanal*; un autel à Janus (*c'*), qui, en ce lieu même, avait fait jaillir sur les Sabins des eaux bouillantes et sulfureuses. En même temps la vallée du *forum* était déboisée [1], le marais plus ou moins desséché, et une chaussée, origine de la Voie

1. Dionys., II, 50.

sacrée, réunissant la base du Capitole à la Vélia, mettait en communication les deux villes maintenant unies.

À Romulus succèdent des rois sabins : le premier de cette série, Numa, organisateur du culte et des lois, construit le temple de Vesta (11), l'*atrium Vestae* ou maison des Vestales (*q*), la *regia* (10) où habitera le *pontifex maximus*. Le même roi transforme l'autel de Janus en un temple qui devint célèbre et dont les portes, ouvertes pendant que Rome était en guerre, ne furent pas souvent fermées.

Tullus Hostilius construisit pour les sénateurs une curie ou salle des séances, qui, de son nom, s'appela *curia Hostilia* (K). Le comitium (*i*), sur lequel s'éleva ce nouvel édifice, devint et demeura le centre du gouvernement aristocratique. Sous ce même roi, à un endroit du forum qu'on ne peut pas déterminer, sans doute au *comitium*, Horace dressa la *pila Horatia*, trophée de sa victoire sur les trois Curiaces.

Le dernier roi sabin, Ancus Martius, fit la prison (2) dont il semble que jusque-là Rome avait pu se passer.

Avec Tarquin l'Ancien le pouvoir vint aux mains d'une dynastie étrusque. Les trois rois qui se succédèrent mirent au service de Rome le génie constructeur de leur race. Au moment de l'expulsion de Tarquin le Superbe, la cloaca maxima (*v*), à laquelle se rattachait tout un système d'égouts, avait achevé le desséchement du forum; le forum lui-même était une vaste place, de forme régulière, entourée de boutiques et de portiques faits sur un plan uniforme.

Le forum sous la République. — En l'an de Rome 257 (= 497 av. J.-C.), treize ans après l'expulsion des

rois, on fit, le 17 décembre, la dédicace du temple de
Saturne (19) là où était son autel.

L'année suivante, les Latins, auxquels s'étaient
alliés les Tarquins expulsés et leurs partisans, ayant
été défaits par les Romains avec l'aide de Castor et de
Pollux, un temple fut élevé aux deux divinités, sur
le forum, à l'endroit même où elles étaient venues
annoncer aux Romains la victoire (15).

Tel était l'état du forum quand, en l'an de Rome
364 (= 390 av. J.-C.), les Gaulois s'emparèrent de la
ville qu'ils dévastèrent, et vinrent mettre le siège
devant le Capitole. Après leur départ, une reconstruction, ou tout au moins une restauration générale des
monuments du forum devint nécessaire.

A des époques qu'on ne peut préciser, trois monuments s'élevèrent sur les confins du comitium et du
forum : le senaculum, la graecostasis et la tribune
(voir fig. 5, p. 73) qui, en 416 (= 338 av. J.-C.), fut
ornée des rostres des vaisseaux pris aux Antiates; de
là lui vint le nom de *Rostra*.

En 491 (= 263 av. J.-C.), M. Valerius Messala dressa,
près des rostres, un cadran solaire rapporté de Catane.

Trois ans plus tard, la colonne de Duilius conserva,
près de la tribune, le souvenir de la victoire navale
sur les Carthaginois.

Caton le Censeur éleva en 570 (= 184 av. J.-C.), la
première basilique ou palais de justice, la basilique
Porcia (fig. 5, p. 73). Trois autres basiliques, la basilique Fulvia, plus tard Aemilia (*d'*), la basilique Sempronia (fig. citée) et la basilique Opimia (fig. citée)
suivirent à intervalles rapprochés.

En 633 (= 121 av. J.-C.), l'arc de triomphe de
Fabius (*f'*), vainqueur des Allobroges, forma une des
entrées orientales du forum.

En 652 (= 102 av. J.-C.), Q. Lutatius Catulus construisit, au pied du Capitole, le *tabularium* (1) qui, maintenant encore, domine le forum du côté ouest.

Le forum au temps de César et sous l'empire. — Sous César et sous Auguste, la transformation du forum romain fut complète : César modifia l'aspect du comitium (*i*), transporta les rostres (8) à l'extrémité ouest du forum et commença la basilique Julia (16). Auguste continua avec plus de magnificence encore l'œuvre de son père adoptif : il reconstruisit la curie (K) et les deux basiliques, Julia (16) et Aemilia (*d'*), qu'il fît plus vastes et plus belles; la regia (10), le temple de Castor (15), le temple de Saturne (19) et le temple de la Concorde (6) furent réédifiés en marbre; l'étendue du forum fut restreinte à l'est, mais le magnifique temple de César (9) flanqué de l'arc d'Auguste (14) le termina de ce côté. Plus tard, quand, à l'autre extrémité, les arcs de Tibère (20) et de Septime Sévère (7) feront pendant à ceux d'Auguste et de Fabius, le forum romain formera cette belle place régulière dont, malgré son état de ruine, nous pouvons, aujourd'hui encore, admirer les heureuses proportions et les superbes édifices.

Il nous reste peu de monuments à énumérer : le milliaire d'or (*f*) placé par Auguste à l'angle des rostres; le temple de Vespasien et de Titus (5) élevé par Domitien à ses prédécesseurs; le temple dédié à Faustine par décret du sénat et, vingt ans plus tard, à Antonin, son mari (*p*); la *schola Xanta* (*g*), cercle des scribes et employés du trésor et des archives, dont l'emplacement est incertain; l'*umbilicus* (*e*), centre de Rome et du monde, construit au IVe siècle comme pendant au milliaire d'or, à l'autre angle des rostres; le

portique des *dii Consentes* (4) restauré en 367 ap. J.-C.
par le préfet de Rome, pour favoriser la renaissance
de la foi païenne ; et enfin, image de Rome asservie
et déchue, la colonne dédiée à Phocas en 608 ap. J.-C.
par Smaragdus, exarque de Ravenne (25).

Les incendies du forum. — Dans la rapide esquisse
qui précède, je n'ai guère parlé que des monuments
nouveaux, sans mentionner leurs reconstructions qui
cependant furent fréquentes, soit par suite de leur
vétusté, soit, plus souvent, après des incendies. Ces
reconstructions sont indiquées plus loin, dans l'histoire particulière de chaque monument. Je me bor-
nerai à rappeler ici les grands désastres : il y en eut
quatre qui partagent en quatre parties l'histoire monumentale du forum.

Quand il fut détruit par l'incendie des Gaulois
(390 = 364 av. J.-C.), le forum avait une enceinte de
boutiques et de portiques, les monuments des rois,
les temples de Saturne et de Castor.

L'incendie de Néron (19-28 juillet 817 = 64 ap. J.-C.)
ravagea la curie (K), une grande partie du côté nord
du forum, la regia (10), le temple (11) et l'atrium (*q*)
de Vesta, le temple de Jupiter Stator. Néron lui-même,
puis Vespasien et Domitien relevèrent les ruines.

Quelque graves qu'ils aient été, les incendies qui
éclatèrent sous Titus (833 = 80 ap. J.-C.) et sous
Antonin paraissent avoir à peu près respecté le forum.
Celui de Commode au contraire dévasta tout le côté Est :
il se déclara dans le temple de la Paix (plan II, G, 1)
et gagna le Palatin en consumant le temple de Vesta
(11), et tous les monuments intermédiaires. Septime
Sévère et son fils Caracalla reconstruisirent les monuments détruits. C'est à Julia Domna, femme de Sep-

time Sévère, qu'il faut attribuer la réédification du temple de Vesta.

La partie ouest du forum fut éprouvée par l'incendie de Carinus (283 ap. J.-C.). Le forum de César (plan II, I), la curie (K), la basilique Julia (16) y périrent. Le temple de Saturne (19) eut probablement à en souffrir aussi ; aucun texte n'en fait mention, mais sa dernière restauration semble être d'une basse époque. Dioclétien répara les désastres causés par cet incendie.

CHAPITRE III

Le forum romain. — Le forum est commun à Rome et à beaucoup d'autres villes. Il n'en est pas de même du comitium, qui ne se retrouve pas ailleurs qu'à Rome. Le comitium et le forum sont donc absolument distincts. Ils étaient, l'un et l'autre, une place découverte, entourée d'édifices publics; mais leur origine et leur destination primitives sont aussi diverses que leur nom. On ne saurait cependant les séparer ni dans l'exposé des faits historiques ni dans les recherches archéologiques. Dès le temps des rois [1], mais surtout quand, sous la République, la vie publique prit à Rome une plus grande extension, quand, par suite, le forum cessa d'être un simple marché, ses destinées furent tellement liées à celles du comitium, il y eut de l'un à l'autre un tel flux et reflux d'événements, qu'on ne pourrait pas traiter séparément de l'un ou de l'autre sans couper par moitié l'histoire de la République romaine.

Au comitium s'élève la curie, lieu ordinaire des

1. Liv., I, 48, 59.

séances du Sénat[1]; là aussi se réunissent les *comitia curiata*[2], institution patricienne. Le comitium est la citadelle des traditions et du gouvernement aristocratiques. Au forum se réunissent les assemblées populaires et les *comitia tributa*[3]. La tribune est dressée sur les confins du forum et du comitium[4]. De là les tribuns dirigent le combat et conduisent le peuple à l'assaut du comitium et à la conquête des droits politiques. Aussi la lutte est souvent ardente; le forum a ses « journées » plus d'une fois sanglantes[5] : c'est la conquête du tribunat, puis du consulat; c'est le retour périodique des propositions de lois agraires; c'est la mise en accusation d'hommes soutenus ou attaqués par l'un ou l'autre parti. Tout cela ne va pas sans violences réciproques, sans que les tribuns se précipitent des portes de la curie à la tribune pour dévoiler au peuple les projets du Sénat et en appeler à son suffrage[6]. Le peuple envahit le comitium et entoure la curie pour peser sur les décisions des Pères Conscrits[7]. Les patriciens, à leur tour, descendent sur le forum, maltraitent les tribuns, empêchent de procéder aux votes, dispersent la plèbe[8]; parfois, au contraire, le Sénat se fait humble, et, vêtu d'habits de deuil comme dans les temps de calamité, il vient sur le forum en suppliant, dans l'espoir d'attendrir le peuple[9]. Consuls et tribuns se disputent la tribune[10], qui souvent est occupée avant le lever du soleil[11], ou couverte de bancs qui en interdisent

1. Liv., I, 30. — 2. Varr., *Ling. lat.*, V, 155. — 3. Dionys., VII, 59. — 4. Varr., *l. c.*; Cic., *Pro Sext.*, XXXV; *De Amic.*, XXV; Plut., *C. Gracch.*, V. — 5. Cf. entre autres Cic., *Pro Sext.*, XXXV, XXXVI. — 6. Plut., *Coriol.*, XVII. — 7. Liv., II, 23; XXII, 60; Plutarch., *l. c.*; Val. Max., III, II, 18. — 8. Liv., III, 11; Dionys, VII, 35; X, 40, 41. — 9. Dio, XXXIX, 28. — 10. Dionys,, VII, 15; Dio, XXXVII, 38; Appian, *Bell. civ.*, I, 64; Cic., *In Vatin.*, IX; *Pro Sext.*, XXXV; Plutarch., *Tib. Gracch.*, XII. — 11. Cic., *Pro Sext.*, *l. c.*

l'accès à la partie adverse[1]. C. Gracchus, le premier,
y parle tourné non plus vers le comitium mais vers le
forum, transférant la souveraineté des patriciens aux
plébéiens[2]. L'ennemi est-il aux portes de Rome, le
peuple convoqué sur le forum refuse de s'enrôler et
arrache ainsi au Sénat qu'effraye le danger de la
patrie des concessions depuis longtemps réclamées en
vain[3].

C'est au forum aussi que se sont déroulés la plupart des drames qui ont accompagné le meurtre de
Servius[4], l'abolition de la royauté[5], la chute des
décemvirs, la dictature de Sylla, la tyrannie des
triumvirs, les luttes d'Octave et d'Antoine. Un jour
même le forum se hérissa de fortifications en bois[6].
Pendant ces périodes troublées on vit les consuls
C. Marius et C. Papirius Carbo, tirer les sénateurs de
la curie, comme d'une prison, et les faire massacrer
sur le forum[7]; les partisans de Clodius occuper la
curie, le comitium et le forum, et faire de tels massacres que le frère de Cicéron échappa à la mort en
se cachant sous des monceaux de cadavres et qu'on
étancha, avec des éponges, le sang qui ruisselait sur le
forum[8]; Marius[9], et après lui Sylla[10], puis les triumvirs exposer, autour des rostres et du lac Servilius,
comme de hideux trophées, les têtes des proscrits[11].

Si le peuple est surexcité par un fléau[12], par la

1. Plutarch., *Cic.*, XXIII. — 2. C'est l'expression de Plutarque,
C. Gracch., V. Cicéron attribue ce fait à C. Licinius Crassus (*De
Amic.*, XXV). — 3. Liv., II, 24; III, 11; IV, 6; Dionys., VI, 34;
Plutarch., *Coriol.*, V. — 4. Liv., I, 48. — 5. *Ibid.*, 59. — 6. Dio,
XLII, 32. — 7. Florus, III, 21. — 8. Cicero, *Pro Sext.*, XXXV.
— 9. Dio, *Fragm. Peiresc.*, CXIX, éd. Sturzius, t. I, p. 109; Cic.,
De orat., III, 3. — 10. Dio, *l. c.*, CXXXIX, p. 131. — 11. Dio,
XLVII, 3, 8; Cic., *Pro Rosc. Am.*, XXXII; Senec., *Prov.*, III. —
12. Liv., XLI, 21.

misère [1], par des charges nouvellement imposées [2], par les circonstances politiques ou par des meneurs [3], c'est encore là qu'il vient manifester. Il porte au comitium et brûle avec la curie le cadavre de Clodius [4], puis célèbre au forum un immense repas funéraire [5]. On vit encore au forum des émeutes de femmes soulevées par les lois somptuaires [6] et des émeutes d'usuriers [7]. Pendant la peste qui désola Rome en l'an 579 (= 175 av. J.-C.), un jour de prières fut décrété, et tout le peuple, réuni sur le forum, s'engagea par le vœu suivant : « Si l'épidémie et le fléau s'éloignent du territoire romain, il y aura deux jours de féries et d'actions de grâce [8] ». D'ailleurs toutes les fois qu'un grave événement agite l'opinion, c'est au forum et au comitium que la foule afflue. Quand le bruit se répand que des légions ont passé sous les fourches caudines [9], que les armées romaines ont été défaites par Hannibal à Trasimène [10] et à Cannes [11], les boutiques se ferment sur le forum où les affaires sont suspendues [12]; le peuple s'y presse avide de renseignements; les femmes, mêlées aux hommes, tendent les bras vers la curie, et, pour délibérer, les sénateurs sont obligés de faire écarter la foule [13]. Pendant que les légions marchent contre Hasdrubal, les sénateurs au comitium, le peuple au forum, demeurent en permanence, attendant avec anxiété les nouvelles du combat; et quand enfin les messagers de la victoire se présentent, la foule est si compacte qu'ils ne peuvent pénétrer dans la curie [14].

1. Liv., II, 23. — 2. Liv., XXVI, 35. — 3. Appian., *Bell. civ.*, I, 64; Cic., *Pro Sext.*, XXXVI. — 4. Dio, XL, 49. — 5. *Ibid.* — 6. Liv., XXXIV, 1. — 7. Appian., *Bell. civ.*, I, 54. — 8. Liv., XLI, 21. — 9. Liv., IX, 7. — 10. Liv., XXII, 7. — 11. Liv., XXII, 55. — 12. Liv., IV, 31; IX, 7; III, 27, par ordre du dictateur; on fermait aussi les boutiques, par ordre du magistrat, pendant les comices : Varr., *Ling. lat.*, VI, 91; Cic., *Pro domo*, XXI. — 13. Liv., XXII, 60. — 14. Liv., XXVII, 50, 51.

Les dieux aussi choisissent souvent le forum pour y annoncer, par des présages, des châtiments que le peuple cherche ensuite à conjurer par des sacrifices : ce sont, en divers endroits, des pluies de lait[1] et de sang[2]; un essaim d'abeilles s'abat sur le forum, pendant que plusieurs citoyens, croyant voir des légions armées sur le Janicule, donnent l'alarme[3]; par un ciel serein, un grand arc-en-ciel et trois soleils apparaissent au-dessus du temple de Saturne[4]; un vol de vautours se pose sur le temple de la Concorde[5], un hibou pénètre dans l'intérieur du temple[6].

Au forum les magistrats font des communications au peuple[7], et c'est un usage que, après leurs campagnes, les chefs d'armées lui rendent compte de ce qu'ils ont fait[8]. C'est aussi au forum et au comitium que se jugent ces grands procès politiques qui divisent et passionnent la foule et où parlent les orateurs en renom : les procès de Coriolan, de Manlius Capitolinus, de Scipion, de Jugurtha, de Verrès, de Milon, etc. On y fait aussi des exécutions de prisonniers et de condamnés[9], on y soumet des esclaves à la torture[10], les corps nus des suppliciés sont exposés aux insultes de la foule sur les marches des gémonies[11], puis, avec des crocs, le bourreau les traîne, à travers le forum, jusqu'au Tibre[12].

Les fastes consulaires et triomphaux sont gravés sur les murs de la Regia[13]; dans divers endroits du

---

1. Jul. Obseq., LXXXIII, LXXXVII, XCI. — 2. *Id.*, *ibid.*, Liv., XXXIV, 45. — 3. Liv., XXIV, 10. — 4. Liv., XLI, 21. — 5. Dio, XLVII, 2. — 6. *Id.*, L, 8. — 7. Liv., XXVII, 10, 51 ; XXXIX, 15. — 8. Appian., *Res. Mac.*, XVII. — 9. Plut., *Publicol.*, V, VI ; Liv., VII, 19 ; IX, 9, 26 ; Suéton., *Titus*, VIII. — 10. Liv., XXVI, 27. — 11. Liv., XXXVIII, 59 ; Val. Max., VI, 3, 3. — 12. Florus, III, 21 ; Plin., VIII, 61, 3 ; Juvenal, X, 66. — 13. Cf. *Corp. inscr. lat.*, t. I, 2ᵉ édit. (1893), p. 3 ss., pl. Iᵃ-IV.

forum, on expose les fastes [1], des prescriptions religieuses [2], des lois [3], des traités avec les peuples amis [4],
et aussi les listes des proscrits [5].

On voit, par ce rapide exposé, que presque toute la
vie intérieure de Rome affluait au forum, que tous les
grands événements extérieurs y avaient un écho, et
que cette place de sept arpents [6] était bien le centre
du monde.

Mais le forum n'était pas tous les jours troublé par
de graves événements. Il avait aussi ses jours de fête,
ses cérémonies religieuses et ses sacrifices [7]; il était
traversé par des processions où l'on portait en grande
pompe, devant les édifices ornés par les édiles [8], les
statues des dieux [9]. On y donnait des revues [10], des
combats d'animaux [11] et de gladiateurs [12], des jeux [13],
de grands repas publics [14]. A la mort de M. Valerius
Levinus, ses deux fils célébrèrent sur le forum des
jeux funèbres qui durèrent quatre jours et où com-
battirent vinq-cinq couples de gladiateurs [15]. Là aussi
on faisait des expositions de choses propres à exciter
la curiosité : œuvres d'art [16], tableaux [17], et, sous Au-

1. Liv., IX, 46. — 2. Liv., I, 32. — 3. Dionys., X, 57; *Corp. inscr.
lat.*, t. I, p. 62, LXVI; cf. Mommsen, *Annal. del instit. arch.*, 1858,
p. 194. — 4. Cic., *Pro Balbo*, XXIII. — 5. Val. Max., IX, 2, 1; Oros.,
V, 21. — 6. « *Septem jugera forensia* » (Varr., *R. rust.*, I, 2). —
7. Liv., XXII, 1, XXVII, 37; Dionys., VI, 13; App., *Bell. civ.*, I,
54; Plin., XV, 20, 4; *Commentar. diurni* dans *Corp. inscr. lat.*,
t. I, 27 janvier, 10 et 24 août, 17 et 19 décembre. — 8. Liv., IX,
40. — 9. Dionys., VII, 72; Cic., II, *Verr.*, I, 59; III, 3, V, 72;
Ovid., *Amor.*, III, 2, 43-60. — 10. Dionys., VI. 13. — 11. *Corp.
inscr. lat.*, X, 1074; Suet., *Aug.*, XLIII. — 12. Liv., XXIII, 30; XXVII,
37, XXXIX, 46; Suet., *Caes.*, XXXIX; *Aug.*, XLIII; Ascon., *in
Div.*, § L, p. 120; Vitruv., V, 1; Porphyr., *in Horat.*, *Sat.*, I, 3, 21.
— 13 . Liv., XXIII, 30; XXXI, 50; XXXIX, 46; Dio, LIII, 31; Ascon.,
in II, *Verr.*, I, § 141. — 14. Liv., XXXIX, 46; Dio, XL, 49; XLIII,
42. — 15. Liv., XXXI, 50. — 16. Cic., II, *Verr.*, IV, 21; *Ibid.*, 56.
— 17. Plin., *Hist. nat.*, XXXV, 8.

guste, un serpent long de cinquante coudées [1]. Enfin, les pompes triomphales se déroulant sur la voie sacrée traversaient le forum dans toute sa longueur. Ces jours de fêtes on ornait les boutiques [2] et les portiques [3], de riches citoyens prêtaient à la ville des œuvres d'art et des tentures [4]; à une époque ancienne, au temps où il n'existait pas encore de théâtres, on organisait, avec des tableaux et des statues, de véritables scènes [5]; la nuit venue, les jeux se célébraient à la clarté de nombreuses lumières [6]. Souvent, à ces occasions, des échafaudages et des tribunes provisoires s'élevaient autour du forum, offrant les meilleures places aux privilégiés ou à ceux qui pouvaient les payer [7]; mais c'était aux dépens de l'espace dont le peuple aurait pu librement disposer, et, une nuit, le fougueux tribun C. Gracchus fit renverser les tribunes [8]. Parfois, pour protéger la foule contre les rayons du soleil, on étendait au-dessus du comitium, du forum et de la voie sacrée de longs voiles de lin [9].

Les jours ordinaires, le forum n'est pas moins animé. C'est un lieu de rendez-vous et d'intrigues [10]; c'est là qu'on vient engager le personnel nécessaire pour les fêtes privées : valets, cuisiniers, joueurs de flûte [11]. Les boutiques, occupées à l'origine par des

---

1. Suet., *Aug.*, 43. — 2. Liv., IX, 40. — 3. Cic., II, *Verr.*, IV, 3; cf. *Id.*, I, 22. — 4. *Id.*, *ibid.* — 5. Ascon., *in II Verr.*, I, § 58, p. 174. — 6. Il en fut ainsi, au moins à une époque ancienne, pour les *ludi romani.* Cf. Non. Marcell., III, 96 : *Romanis ludis forus olim ornatu lucernis.* — 7. Plut., *C. Gracch.*, XII; *Aemil. Paul.*, XXXII; Cic., *Pro Muren.*, XXXV; Isidor., *Orig.*, XV, 3; Festus, *s. v.* Maeniana, p. 134; Ascon., *in Div.*, § L, p. 120. — 8. Plut., *C. Gracch.*, XII. — 9. Liv., XXVII, 36; Plin., XIX, 6; Dio, LIII, 31. — 10. Plaut., *Casin.*, III, 3, 2; Terent., *Phormio*, 312 ss; Ovid., *Art. am.*, I, 79 ss.; II, 224. — 11. Plaut., *Aulul.*, II, 4, 1-2.

bouchers [1] et aussi par des maîtres d'école [2], deviennent rapidement plus luxueuses et plus décoratives [3]; des changeurs s'y établissent [4]. Les joailliers [5], les bijoutiers [6] de la voie sacrée attirent au forum une clientèle riche et aristocratique. Les banquiers, les courtiers, les usuriers et leur inévitable cortège de spéculateurs de toute catégorie se rencontrent aux *tabernae veteres* et aux *novae* [7], dans les basiliques [8] près du temple de Castor [9] et autour des janus [10]. C'est là que siègent les censeurs [11]. Les tribunaux civils et criminels entretiennent tout un peuple d'avocats réunis autour de la statue de Marsyas [12], de plaideurs [13], de témoins [14], de gens d'affaires [15]; les ventes aux enchères, faites souvent par les *argentarii* [16], et les ventes d'esclaves [17] ont aussi leur public. Vers le milieu du forum, dans un endroit que traverse le ruisseau par où s'écoule l'eau des pluies, et appelé pour cette raison *canalis* [18], se réunissent ceux qu'on appelle les *Canalicolae*, pauvres diables, parasites complaisants, hâbleurs, ivrognes [19] et aussi mauvais plaisants [20]; les

---

1. Liv., III, 48. — 2. Liv., III, 44; Dionys., XI, 28. — 3. Non. Marc., XII, 55. — 4. Liv., VII, 21; IX, 40; *Corp. inscr. lat.*, VI, 9177. — 5. *Corp. inscr. lat.*, I, 1027 (margaritarius de sacra via). Les *margaritarii* avaient leurs boutiques sous le *porticus margaritaria*, sur la voie sacrée. — 6. *Corp. inscr. lat.*, VI, 9207 (aurifex de sacra via); 9212 (auri ac(c)eptor de sacra via); 9114 (aurivestrix de sacra via). — 7. Plaut., *Curc.*, IV, I, 19; Liv., XXVI, 11, 27. — 8. *Corp. inscr. lat.*, VI, 9709, 9711, 9712. — 9. Cic., *Pro Quint.*, IV. — 10. Cic., *De off.*, II, 25; Acro *in* Horat., *ad Serm.*, II, 3, 19, et *ad Epist.*, I, 1, 54; Porphyr., *ibid.*; cf. Becker, *Handbuch der roem. Alterthümer*, I, 326. — 11. Plutarch., *Pomp.*, XXII. — 12. Cruq., ad Horat. *Serm.*, I, 6, 120. — 13. Varr., *Ling. lat.*, V, 145; Dionys., III, 67; Senec., *Herc. fur.*, 127. — 14. Plaut., *Curc.*, IV, 1, 9. — 15. Acro *in* Horat., *Serm.*, I, 6, 120. — 16. Cic., II, *Verr.*, I, 54; *Pro Caec.*, VI; Dio, XLVII, 6; Suet., *Nero*, V. — 17. Propert., IV, 5, 52. — 18. Cf. *Diction. des Antiq. gr. et romaines*, s. v. *Canalis*; Nichols, *Forum*, 41. — 19. Plaut., Curcul., IV, 1, 15 ss.; *Captiv.*, 477 ss. — 20. Gell., IV, 20.

gens riches et bien posés fréquentent la partie basse du forum [1]; le *vicus Tuscus* au contraire est mal famé [2]. Vers Subure sont les pickpockets et vers l'Argiletum les copistes, les libraires [3] et les cordonniers [4]; sur la Vélia et particulièrement près de la *summa sacra via*, les fruitiers [5]; près de la basilique Aemilia, les marchands de vases en bronze [6], et, sous les portiques des basiliques, jusqu'à la création du *forum piscarium*, les marchands de poissons empestent les tribunaux [7]. Autour de la fontaine Juturne, les malades et les infirmes viennent chercher la guérison de leurs maux [8]. Un peu partout, circulent par groupes, les flâneurs, les habitués du forum, les *forenses*, population désœuvrée, prête à tous les coups de main, que Tite Live oppose au peuple laborieux [9]; ils se livrent, au mépris des lois, à des jeux de hasard [10]; les dalles de la basilique Julia et du forum portent encore les marelles et autres jeux qu'ils y ont gravés [11]. On les rencontre près du cadran solaire, au comitium, près de la peinture représentant la victoire de M. Valerius Messala sur Hiéron de Syracuse [12]; les rostres qu'ils fréquentent les font appeler *subrostrani* [13], et les basiliques, *subbasilicani* [14]; ils se promènent au-dessus du lac Curtius [15]; et partout ils fabriquent et colportent les fausses nouvelles [16], critiquent les opérations des généraux, font des plans de campagne infaillibles;

1. Plaut., Curcul., IV, 1, 14. — 2. *Ibid.*, 21; Horat., *Sat.*, II, 3, 228; Cruq., *in Horat.*, ad h. l.; Catul., XXXVII, 1. — 3. Martial, I, 4; 118, 9. — 4. *Id.*, II, 17. — 5. Varro, *Res rust.*, I, 2; cf. Ovid., *Art. am.*, 264-266. — 6. Acro *in* Hor., *Serm.*, II, 3, 30. — 7. Cfr. Lanciani. *Ancient Rome*, p. 82. — 8. Varro, *Ling. lat.*, V, 71; Frontin., IV. — 9. Liv., IX, 46. — 10. Cic., *Philip.*, II, 11. — 11. Jordan, *Syllog. inscr. fori*, dans *Ephemeris epigraphica*, t. III, p. 278, n° 40 ss. — 12. Cfr. Lanciani, *l. c.* — 13. Cic., *Ad famil.*, VIII, 1. — 14. Plaut., *Captiv.*, IV, 2, 35. — 15. Plaut., *Curcul.*, IV, 1, 6. — 16. Cic., *Ad famil.*, VIII, 1; Plaut., *l. c.*

Paul Émile, avant d'aller combattre Persée en Macédoine, leur adresse de la tribune une verte réprimande et de fines railleries [1].

Sous l'Empire, il n'y a plus de distinction politique entre le forum et le comitium [2]; les vieilles haines et les antiques discordes qu'ils représentaient sont oubliées; la paix s'est faite entre les classes réunies dans une commune servitude. Cependant le forum ne cesse pas d'être, de temps à autre, le théâtre de scènes tragiques et sanglantes. Pendant que le Sénat juge Pison, le peuple, entourant la curie, demande sa mort ou fait rouler ses statues sur les degrés des gémonies [3]. Des têtes coupées paraissent encore sur les rostres [4]. Galba [5], Sabinus [6], Vitellius [7], Séjan et ses enfants [8], et bien d'autres, sont exécutés par le bourreau, massacrés par les soldats ou par la multitude, puis, au milieu des outrages, leurs corps d'abord exposés aux gémonies [9] sont tirés avec des crocs jusqu'au Tibre. Mais ces troubles n'ont plus le même caractère qu'autrefois. Ce ne sont plus les luttes de la plèbe pour la liberté et la conquête de ses droits politiques, mais des cruautés césariennes, des révoltes de prétoriens mécontents, des déchaînements soudains et passagers de la populace. Et, pendant ces agitations du forum, c'est le plus souvent dans les provinces, au milieu des légions, que se décident les destinées de l'Empire. La tribune est fermée aux orateurs populaires et politiques; on y vient recevoir des congiarium, écouter

---

1. Liv., XLIV, 22. — 2. Tacit. (*Agricola*, II) mentionne *comitium et forum* comme formant un tout. — 3. Tacit., *An.*, III, 14. — 4. Dio, LXVII, 11; cf. LX., — 5. Tacit., *Hist.*, I, 41. — 6. *Id.*, *Ib.*, III, 74. — 7. *Ibid.*, III, 85; Suet., *Vitell.*, XXVII; Dio, LXV, 21. — 8. Tacit., *An.*, V, 9; Dio, LVIII, 11. — 9. Dio, *l. c.*; LX, 16.

des allocutions impériales [1], des communications officielles, des oraisons funèbres [2]. Sur le forum de l'Empire on brûle, il est vrai, les livres trop indépendants, ce dont Tacite s'indigne [3]; mais parfois on y brûle aussi les registres où sont inscrits les noms des citoyens en retard avec le fisc [4] et cela plaît au peuple. Les tribunaux fonctionnent toujours dans les basiliques; le commerce et les opérations financières sont de plus en plus florissants, les cérémonies religieuses et civiles aussi pompeuses. Il n'est pas surprenant que le forum reste encore à cette époque un lieu très fréquenté. Les Romains ne retrouvaient-ils pas là, en effet, des monuments dont l'origine remontait aux traditions mythologiques et aux temps des rois, des statues, des inscriptions, des arcs de triomphe qui leur rappelaient, avec les souvenirs de la République, les victoires de Rome et ses conquêtes, depuis le Rhin jusqu'à l'Euphrate?

Les forums provinciaux. — Nous avons vu que les forums provinciaux s'étaient, de bonne heure, modelés sur celui de Rome. Ils avaient comme lui des portiques et des boutiques; ils étaient entourés des mêmes édifices : temples, curie, tribune aux harangues, basiliques, prison, trésor; les citoyens riches les ornaient de monuments dont les inscriptions rendaient leurs noms immortels; peu à peu ils étaient non moins encombrés de dédicaces aux Romains illustres, aux empereurs et aux princes de la famille impériale,

---

1. Cf. fig. 20, p. 147. — 2. Dio, LIV, 35; LVI, 34; Suet., *Aug.*, C. — 3. Tacit., *Agricola*, II. — 4. Cf. le bas-relief représenté fig. 21, p. 148. On a d'autres exemples de ce fait; Suet., *Aug.*, XXXII; Spart., *Hadrian.*, VII; Auson., *Gratiar. act. ad Gratianum*, LXII et LXIII.

aux magistrats et aux bienfaiteurs de la cité ; de telle
sorte que, au point de vue monumental et aussi au
point de vue moral, le forum provincial était une
réduction du *forum romain*.

Et en effet, sur beaucoup de forums provinciaux, en
Italie surtout, on reproduisit les statues et les elogia
dédiés par Auguste, sur son forum, aux grands hommes
de guerre à qui Rome devait sa puissance ; c'est ainsi
qu'on retrouva à Pompéi les statues d'Énée et de
Romulus, ou plutôt leurs bases avec les inscriptions [1],
et à Arretium toute une série de sept elogia [2]. Les
forums provinciaux étaient ornés aussi de statues de
divinités, offertes souvent par de riches citoyens [3] et
quelquefois placées dans un édicule [4]. Les empereurs
et les princes des familles impériales, des particuliers
aussi avaient des statues à pied ou équestres, votées
par le conseil des décurions ou autorisées par lui [5] ; si
le personnage était un empereur, un patron de la
colonie ou un bienfaiteur insigne, le décret ajoutait
souvent que la statue devait être érigée dans l'endroit
le plus fréquenté du forum [6] ; et, comme nous avons
vu, à Rome, les censeurs procéder à l'enlèvement des
statues qui encombraient le forum, nous voyons aussi,
dans un municipe africain, un remaniement des statues entre lesquelles il était devenu difficile de se
frayer un passage [7]. La statue la plus enviée par les

---

1. *Corp. inscr. lat.*, X, 808, 809. — 2. Cf. De Rossi, *Bullett. di
arch. christ.*, 1874, p. 55 ; *Corp. inscr. lat.*, I, p. 188. — 3. *Corp.
inscr. lat.*, II, 1956, 2006 ; VIII, 5299. — 4. *Corp. inscr. lat.*, VIII,
1858. — 5. *Corp. inscr. lat.*, II, 1341, 1359, 4275, 4278 ; VIII, 714,
1413 ; X, 689, 1024, 5853 ; XII, 5805 ; XIV, 2919, 2934. — 6. *Corp.
inscr. lat.*, V, 3333 : « in celeberrimo loco fori ; 533 : in celeber-
rima fori nostri parte ; VIII, 1013 : ubi honorificentius erigendum
credidit ». Cf. Jordan, *Ephem. epigr.*, III, p. 254. — 7. *Corp.
inscr. lat.*, VIII, 7046 : « *Aequalis statuis quae iter totius*

forums de province était sans aucun doute celle de
Marsyas, dont la présence attestait que la ville jouissait du droit italique [1]. MM. Boeswilwald et Cagnat
ont trouvé la base du Marsyas du forum de Timgad [2];
on connaît les inscriptions de deux autres Marsyas de
villes africaines [3].

Les monuments des forums provinciaux portaient
aussi, de toute part, les inscriptions des bienfaiteurs
de la cité qui les avaient élevés, ornés ou restaurés;
d'autres citoyens avaient construit, embelli ou réparé
le forum lui-même [4]; ils avaient fait ou refait le dallage de son aréa [5] et le pavé des rues y aboutissant
ou le traversant [6]; ils l'avaient entouré de trottoirs [7];
ils avaient réparé ou complété ses portiques [8], reconstruit en marbre son tribunal [9], etc., et n'avaient
pas négligé de graver le souvenir de tous ces bienfaits
sur la pierre ou le bronze.

La comparaison entre les monuments et la disposition du forum romain et des forums provinciaux
révèle donc la plus grande analogie; il en sera de
même si nous les comparons au point de vue moral.
Le théâtre était moins vaste; ce n'étaient plus les des-

---

fori angustabant ». Sur les statues du forum de Timgad, cf. Boeswilwald et Cagnat, p. 63 et suiv. On peut voir, par la série
des peintures représentant le forum de Pompéi, que les statues
équestres y étaient nombreuses (cf. *Pitture d'Ercol.*, III, 41-43,
p. 213-227); les bases trouvées encore en place confirment d'ailleurs cette indication. — 1. Voir plus loin, p. 156. — 2. P. 68.
— 3. *Corp. inscr. lat.*, VIII, 16417; 4219: cf. Boeswilwald et
Cagnat, *loc. cit.* — 4. *Corp. inscr. lat.*, II, 1649, 2098; V, 7376,
7780; VIII, 1584; IX, 1596. — 5. Antolini, *Rovine di Veleia*,
p. 20 et pl. I de la 1re partie; *Corp. inscr. lat.*, XI, 1184; l'inscription, en lettres de bronze incrustées dans le dallage,
occupe presque toute la largeur de l'aréa; V, 7426; VIII, 704;
IX, 4579; X, 5416. — 6. *Ibid.*, X, 1698, 4660, 5204; XIV, 375. —
7. *Ibid.*, X, 4585, 4586. — 8. *Ibid.*, VIII, 608, 5178 — 9. *Ibid.*,
XIV, 375.

tinées du monde qui s'y jouaient; mais comme les honneurs qu'on y briguait étaient, aussi bien qu'à Rome, les plus élevés auxquels les candidats pouvaient aspirer, la lutte n'était pas moins vive sur les modestes forums de province, et les mêmes passions s'y agitaient.

C'est en effet au forum que se faisaient les élections : à Pompéi, on voit la différence du droit entre les anciens habitants et les colons amenés par Sylla créer, comme à Rome, la lutte entre deux classes [1]; à Nola, un des anciens habitants (*ex veteribus*), élu décurion, croit la victoire assez importante pour la mentionner dans son inscription [2].

Comme à Rome, le forum est le centre de la vie publique : c'est là que le gouverneur de la province tient ses assises; il y a, comme au forum romain, des rostres [3] d'où l'on fait les communications officielles et où l'on prononce des oraisons funèbres : en effet, avec l'autorisation des décurions ou en vertu d'un décret spontanément porté, les restes des citoyens qui ont illustré ou enrichi leur cité peuvent reposer un instant au forum et c'est de là que partira la pompe funéraire [4]. C'est au forum que les magistrats prêtent serment [5]; on y célèbre des sacrifices [6]; on y met en adjudication les travaux publics [7]; on y paye les impôts [8]; on y distribue des sportules [9]; dans les basiliques on fait du

---

1. Cic., *Pro Syll.*, XXI; cf. *Corp. inscr. lat.*, t. X, p. 89-90. — 2. *Corp. inscr. lat.*, X, 1273; cf. *Ibid.*, p. 142. — 3. Cf. *Dict. des Ant. gr. et r.*, s. v. *Forum*, p. 1218. — 4. *Corp. inscr. lat.*, X, 3903 : « ut e foro ad rogum, funere per duoviros alterum ambosve locato probatoque, feratur »; IX, 1783 : « Hos decuriones funere publico de foro e tribunali efferendos cens(uerunt) ». — 5. *Corp. inscr. lat.*, II, 5439. — 6. *Corp. inscr. lat.*, II, 5439; XII, 4333; cf. le bas-relief représentant le côté nord du forum de Pompéi (Overbeck-Mau, *Pompéji*, p. 71). — 7. *Corp. inscr. lat.*, I, p. 120, 37. — 8. Vitruv., V, 1. — 9. *Corp. inscr. lat.*, XIV, 353.

commerce [1], des affaires d'argent [2], on juge les procès [3] et on vient entendre des conférences [4].

Les élections des magistrats, les inaugurations ou dédicaces des monuments ou des statues érigés par les particuliers, sont l'occasion de repas publics, de fêtes qui souvent se célèbrent au forum. Nous avons le programme très attrayant et très varié de jeux donnés sur le forum de Pompéi par A. Clodius Flaccus pour sa première et sa seconde élection au duumvirat : la fête commence par un défilé ou procession (*pompa*); puis viennent des courses de taureaux avec *taurarii*, *taurocentae* et *succursores*; des gladiateurs comiques (*pontarii*); des athlètes combattant par couples, à la mode grecque (*pyctae*) et à la mode romaine (*pugiles*), et des athlètes combattant en troupe (*pugiles catervarii*); des pantomimes; de nombreux couples de gladiateurs; une *venatio* avec des taureaux, des sangliers, des ours, des animaux d'espèces variées; des intermèdes de chant et de musique [5].

Outre ceux que leurs affaires amenaient au forum, les désœuvrés aussi en faisaient leur promenade favorite; à Timgad comme à Rome, ils ont laissé gravées sur les dalles les traces de leurs jeux [6]; désirait-on rencontrer quelqu'un, c'est là qu'on était sûr de ne pas le manquer [7]; en même temps que l'on apprenait les nouvelles peu sûres répandues par les flâneurs, on trouvait, sur les *albums*, le moyen d'occuper son temps pour les jours suivants : en effet, sur les albums du monument d'Eumachia, les *forenses* de Pompéi pouvaient lire les annonces des ventes et

---

1. Vitruv., *l. c.* — 2. *Corp. inscr. lat.*, VI, 9709, 9711. — 3. Voir plus loin, p. 160. — 4. Apul., *De Mag.*, LXXIII. — 5. *Corp. inscr. lat.*, X, 1074. — 6. Boeswilwald et Cagnat, p. 19, 20, 27, 29. — 7. Apul., *Metamorphos.*, IX, 21.

des adjudications, le programme du prochain spectacle[1]. Une peinture de Pompéi représente le portique du forum, avec une longue affiche devant laquelle s'arrêtent les passants[2]. Cette peinture fait d'ailleurs partie d'une curieuse série trouvée à Pompéi et représentant les scènes les plus variées de la vie populaire sur le forum[3] : on y voit des marchands de draps[4] et de toiles[5], des boulangers et des pâtissiers[6], des fruitiers[7]; des cordonniers prennent les mesures de leurs pratiques ou vantent leur marchandise[8]; un gargotier a allumé son fourneau ambulant et sert ses clients[9]; un marchand de ferraille et de pots a étalé sa marchandise[10]; un aveugle en haillons, conduit par un chien, reçoit l'aumône[11]; un amateur dessine une statue équestre d'après nature[12]; un chaudronnier couvre, avec le bruit de son marteau[13], les hurlements d'un gamin qui subit, dans l'école voisine, une correction sans doute salutaire[14]; et, au milieu de ce tapage, des magistrats exercent gravement leurs fonctions[15].

1. Overbeck-Mau, *Pompeji*, 135-136; Breton, *Pompeia*, 34. — 2. Helbig, *Wandgemälde d. Städte Campan.*, 1491; *Pitt. d'Ercolano*, III, 43, p. 227. — 3. Helbig, *Vandgemäde*, 1489-1500; cf. H. Nischen, *Pompeianische Studien*, p. 268. — 4. Helbig, 1497; *Pitt. Erc.*, III, 42, p. 221. — 5. Helbig, 1498; *Pitt. Erc.*, III, 42, p. 221. — 6. Helbig, 1497; *Pitt. Erc.*, l. c. — 7. Helbig, 1500; *Pitt. Erc.*, III, 43, p. 227. — 8. Helbig, 1499, 1496; *Pitt. Erc.*, 42, p. 221. — 9. Helbig, 1500; *Pitt. Erc.*, 43, p. 227. — 10. Helbig. 1496; *Pitt. Erc.*, 42, p. 221. — 11. Helbig, 1495; *Pitt. Erc.*, 43, p. 227. — 12. Helbig, 1494; *Pitt. Erc.*, 41, p. 213. — 13. Helbig, 1497; *Pitt. Erc.*, 42, p. 221. — 14. Helbig, 1492; *Pitt. Erc.*, 41, p. 213. — 15. Helbig, 1489; *Pitt. Erc.*, 41, p. 213.

LIVRE II

HISTOIRE DES MONUMENTS
DU FORUM ROMAIN

CHAPITRE I

LES MONUMENTS DU FORUM
DE LA RENAISSANCE AU XVIIIe SIÈCLE

Démolisseurs et protecteurs.

A première vue, dans leur état actuel, le forum romain et les monuments qui l'entourent, font naître le sentiment d'une dévastation extraordinaire, de ruines désolées, presque dépourvues d'intérêt artistique et auxquelles il semble impossible de restituer même un nom. Les monuments détruits par le temps, dans les lieux abandonnés, sont d'habitude entourés de quelques débris de leur architecture, où circule encore un reste de vie, où persiste un reflet de la beauté de l'œuvre disparue. Au forum c'est l'exception. Des substructions presque au niveau du sol, de hauts soubassements mis à nu, complètement dépouillés de leur parure de pierre et de marbre, et, pour un regard superficiel, sans caractère, de grandes bases en briques éventrées, semblables à des masures abandonnées, voilà ce qui saisit tout d'abord ; tandis que, çà et là, quelques colonnes oubliées par le temps ou relevées par les hommes, des rues dont le pavé semble encore appeler les passants, ajoutent à la mélancolie de ce paysage mort.

Il n'y a pas lieu d'en être étonné. Ruiné et abandonné depuis le xi\ siècle, le forum fut, à la Renaissance, exploité régulièrement comme une carrière de pierre et de marbre; de plus, trop souvent, les directeurs des fouilles archéologiques n'ont pas compris l'intérêt des débris laissés en place.

Je n'ai pas l'intention d'écrire ici le martyrologe complet des monuments du forum pendant les xiv\ xv\ et xvi\ siècles; l'espace me manquerait et aussi beaucoup des documents nécessaires. M. Lanciani le fera dans l'histoire qu'il prépare des fouilles archéologiques à Rome. Pour moi, je me contenterai d'en tracer une très rapide esquisse, me bornant à ce qui se rapporte aux monuments du forum romain.

Au xiv\ siècle, de 1362 à 1370, la curie (K), le temple d'Antonin et de Faustine (p), le templum sacrae Urbis (plan II, B), sont exploités pour la reconstruction du Latran.

Au xv\, on démolit le mur d'enceinte du forum de César (plan II, I), on cherche des matériaux dans le templum sacrae Urbis, dans le temple de Vénus et de Rome, dans la maison des Vestales (q).

La fin de ce même siècle est marquée par un acte régulier, daté de 1499, et publié par M. Müntz, concédant, moyennant une redevance égale au tiers des produits, l'exploitation d'une carrière de marbre située entre l'église Saint-Côme-et-Damien (*templum sacrae Urbis*, plan II, B) et les trois colonnes (temple de Castor, 15). Les marbres de cette carrière étaient ceux de l'arc de Fabius (f'), de la regia (10), de la maison des vestales (q) et du temple de Vesta (11), du temple de César (9) et de l'arc d'Auguste (14).

On signale, en 1509, l'enlèvement d'une grande quantité de marbres près du temple de Vespasien (5); et, en 1539, des fouilles près de l'arc de Septime Sévère (7) et devant le temple d'Antonin (p).

En 1540, un nouveau décret, publié également par M. Müntz, investit la fabrique de Saint-Pierre du droit d'exploiter et de concéder les permis d'exploiter les matériaux des monuments du forum. Ce fut, pendant une période de dix ans, jusqu'en 1550, une dévastation sans exemple : les marches des temples d'Antonin (p) et de Castor (15) disparurent avec les colonnes, les frises et les corniches; la regia (10), construite en marbre massif, les arcs de Fabius (f') et d'Auguste (14), furent détruits et les marbres et le travertin du temple de César (9) enlevés. Le temple de Vesta (11) qui, en 1489, avait échappé aux risques d'une première découverte, fut retrouvé en 1549 et mis dans l'état où les fouilles l'ont rendu en 1816 et en 1876.

Ce ne sont pas des faits isolés, car des documents d'archives des 10 octobre 1431, 3 octobre 1451, 4 mars 1453, 14 février 1462, nous montrent la *Zeccha vecchia* — c'est le nom qu'on donnait à l'ensemble des ruines qui constituaient la curie (K, auj. Sainte-Martine et Saint-Adrien) — exploitée régulièrement.

D'autres permis d'extraire des marbres et de la pierre dans les jardins de l'hôpital de la Consolazione, c'est-à-dire dans toute l'extrémité ouest du forum, de la basilique Julia (16) à Saint-Adrien (K), ont été publiés par M. Lanciani; ils sont datés des années 1496 (14 avril), 1500 (30 juillet), 1511 (17 février), 1512 (9 octobre),

1514 (18 mars). Les débris extraits en vertu de ces autorisations servirent à la construction du palais du cardinal de Corneto (Hadrianus Castellensis de Corneto), aujourd'hui palais Torlonia, place Scossa-Cavalli. Dans le même palais entrèrent les débris d'un édifice existant encore au XIVe siècle, près de Saint-Adrien, et qui aurait été, d'après M. Lanciani, le temple de Janus, d'après Jordan, une des façades latérales de la basilique Aemilia.

Des colonnes du temple de Castor servirent à Lorenzetto pour exécuter, d'après les dessins de Raphaël, le Jonas de Santa-Maria del Popolo, et à Michel-Ange pour faire le piédestal de la statue de Marc Aurèle, sur le Capitole.

Les marbres, que leur forme ou leurs dimensions ne rendaient pas propres à être utilisés, étaient brisés en morceaux et livrés aux fourniers. On a trouvé, en divers endroits du forum, spécialement dans la basilique Julia (16) et près du temple de César (9) des fours à chaux dont l'état attestait de longs et loyaux services, et aussi, çà et là, une couche épaisse de ces débris que laissent les tailleurs de pierre ou les marbriers.

Un grand nombre des monuments du forum avaient survécu aux invasions, aux sacs de Rome et à l'abandon du moyen âge. C'est à la Renaissance qu'ils périrent; précisément au moment où les esprits cultivés renaissaient au goût et à l'admiration des lettres et des arts de l'antiquité. Il ne faut pas en être surpris outre mesure. Les hommes de ce temps-là n'entendaient pas de la même manière que nous l'amour de l'antiquité. Ils n'avaient pas, comme on l'a aujourd'hui, le souci de reconstituer les monuments antiques et de laisser en place les éléments de cette reconstitution. Pour eux, un fragment antique n'était pas déshonoré parce qu'il servait à l'embellissement ou à la construction d'un édifice moderne. Dans les belles frises, dans les restes de sculpture monumentale, leurs artistes voyaient surtout un sujet d'étude ou d'imitation; peu leur importait que le fragment eût été arraché à tel ou tel monument; peu importait même qu'il survécût à l'imitation ou au dessin qu'il avait inspirés.

Quant aux inscriptions, ceux qui en étaient curieux détruisaient volontiers les monuments pour les chercher; c'est ainsi que pendant cette période de dévastation beaucoup de textes épigraphiques furent sauvés. Mais les copistes ne pensaient pas toujours qu'il fût utile de noter sa provenance ni de s'occuper de son sort ultérieur. On croyait facilement à cette époque qu'un dessin, une copie ou une description dispensaient de voir la pierre.

Tout en regrettant des pertes irréparables, ne soyons pas cependant sévères outre mesure pour ceux qui en furent responsables. C'est une règle de critique historique et de justice d'apprécier les choses et les hommes non d'après les idées de notre temps, mais après avoir étudié le leur. En outre, comme le fait remarquer M. Müntz avec beaucoup de bon sens, la Rome moderne ne pouvait se construire qu'aux dépens de l'ancienne. Pouvait-on exiger que les hommes de ce temps fissent venir à grands frais leur pierre des lieux éloignés d'où la tiraient les Romains, leurs marbres précieux de Carare, des Alpes, de la Grèce ou de l'Afrique, quand ils en avaient, sous le sol qu'ils foulaient, des quantités considérables, au milieu de monuments ruinés et hors d'usage, dont l'esprit du temps méconnaissait la valeur et l'intérêt historiques? N'est-ce pas une loi universelle que la vie ne saurait être sans le secours de la mort?

Il faut en outre reconnaître que, au xve et au xvie siècle, il y eut aussi des architectes, des artistes et des érudits pui comprirent l'intérêt des monuments, antiques et consacrèrent à les étudier une bonne part. de leur activité. On peut citer, parmi les architectes et artistes, au xve siècle : Leo Baptista Alberti, Bramante, Sangallo, Fra Giovanni Giocondo, Peruzzi, Raphaël; au xvie siècle, Sebastiano Serlio, Labacco, Barozzi, Giacomo da Vignola, Andrea Palladio, Pirro Ligorio, Flaminio Vacca, Vicenzo Scamozzi, Du Pérac; parmi les érudits, au xve siècle : Polono Martino, Flavio Biondo, Pomponius Laetus, Marliano; au xvie siècle : Mazocchi, Albertino, Pighio, Panvinio, etc. Ces artistes et érudits, dont la liste qui précède est loin d'être complète, ne réussirent guère à sauver les monuments antiques de Rome et du forum, soit qu'ils y fussent impuissants, soit que, semblables à leurs contemporains, ils en comprissent peu la nécessité; mais ils nous ont laissé de riches séries de documents où puisent les archéologues qui s'occupent du forum : des plans, des dessins épars aujourd'hui dans les principales bibliothèques et collections d'Europe, des notes précieuses, des ouvrages imprimés ou manuscrits.

Plusieurs, parmi lesquels on est heureux de saluer les grands noms de Pie II et de Léon X, se montrèrent plus claivoyants que les hommes de leur temps. Pie II s'éleva avec éloquence contre le vandalisme des Romains et, sous les peines les plus sévères, défendit la destruction des monuments antiques. Fra Giocondo essaya de persuader à Laurent le Magnifique de prendre des mesures protectrices. Raphaël, nommé commissaire des antiquités par un bref de Léon X, du 27 août 1515, s'exprimait ainsi dans un rapport publié par M. Müntz : « Ceux-là même qui devaient

défendre comme des pères et des tuteurs ces tristes
débris de Rome ont mis leurs soins à les détruire ou à
les piller. Que de Pontifes, ô Saint Père, revêtus de la
même dignité que V. S., mais ne possédant pas la
même science, le même mérite, la même grandeur
d'âme, ont permis la démolition des temples antiques,
la destruction des statues, des arcs de triomphe et
d'autres édifices, gloire de leurs fondateurs! Combien
d'entre eux ont permis de mettre à nu les fondations
pour en retirer de la pouzzolane, et ont ainsi amené
l'écroulement de ces édifices! Que de chaux n'a-t-on
pas fabriquée avec les statues et les autres monuments
antiques! J'ose dire que cette nouvelle Rome, que
l'on voit aujourd'hui avec toute sa grandeur, toute sa
beauté, avec ses églises, ses palais, ses autres monuments, est construite avec la chaux provenant des
marbres antiques. » Ligorio, qui inventa autant de
monuments que les autres en ont détruit, après avoir
assisté, près du temple d'Antonin et de Faustine (*p*),
à des fouilles telles qu'on les entendait alors, exprimait son indignation : « *Il che fu cosa molto orrenda* ».

Les fouilles désintéressées ou les hasards heureux
pour l'archéologie furent rares au forum jusqu'à
notre siècle. Léon X confia à Michel-Ange la direction
de fouilles autour de l'arc de Septime Sévère. Il se
produisit en 1536 un événement qui favorisa l'étude
de la topographie du forum. Paul III, afin de ménager
à Charles-Quint, sous les arcs de triomphe, une entrée
digne des triomphateurs romains, fit raser les tours et
constructions qui, au moyen âge, avaient peu à peu
encombré le forum. Deux cents maisons et trois ou
quatre églises y périrent, nous dit Rabelais, qui, à
cette époque, se promenait par là. Nombre de monuments antiques furent dégagés, mais le sol resta

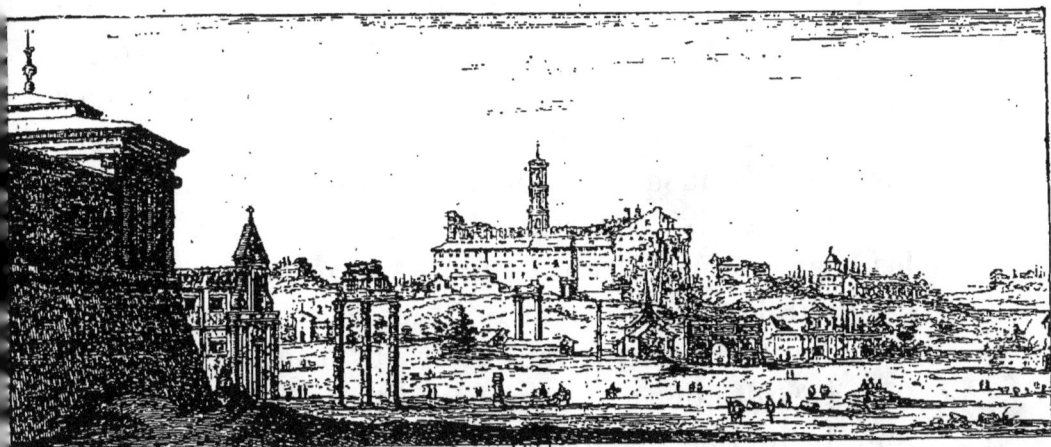

Veüe del Campo Vaccino regardant le Capitole.

Fig. 2. — Le forum romain au XVIIᵉ siècle. — Vue prise de Sainte-Françoise-Romaine.

considérablement exhaussé, car, faute de temps et d'argent, on s'était contenté d'égaliser les décombres au lieu de les enlever. Une cinquantaine d'années plus tard, Sixte-Quint, constructeur de génie, mais cruel ennemi des monuments antiques quoique la colonne Trajane ait trouvé grâce devant lui comme autrefois le Colisée devant Eugène IV, devait encore augmenter l'épaisseur des débris en déversant sur le forum les décombres des travaux qu'il faisait exécuter dans d'autres quartiers de Rome.

Dans un but vraiment scientifique, le cardinal Alexandre Farnèse commença en 1546, entre le temple d'Antonin (*p*) et le temple de Castor (15), des fouilles qui, partie à ciel ouvert, partie en galeries, furent poursuivies jusqu'en 1565. Les résultats en furent heureux, mais, conformément à l'usage du temps, les beaux débris furent employés à orner le palais du cardinal. Les inscriptions fournies par ces fouilles sont d'un haut intérêt : il faut citer en première ligne les fastes capitolins et triomphaux, trouvés en 1546 non loin du temple de Castor (15); puis, en 1547, près le temple d'Antonin (*p*), une partie des inscriptions de l'arc de Fabius (*f'*); en 1549, des inscriptions dédiées aux Vestales, près du temple de Castor (15); on en avait déjà exhumé plusieurs en 1497; en 1554 une inscription provenant des alentours de l'arc de Septime Sévère (7) et mentionnant une restauration de la basilique Julia (16, 17) par Gabinius Vettius Probianus; en 1565, l'inscription relative à la victoire navale de Duilius.

Depuis cette époque, à part quelques excavations faites sous Alexandre VII par Leonardo Agostini en face l'église des Saints-Cosme-et-Damien (plan II, A) et, en 1742, un déblaiement de la Cloaca maxima (*v*), qui mit à découvert une partie du dallage, en marbres précieux, de la basilique Julia (16), il n'y eut plus de fouilles au forum jusqu'à la fin du xvIIIᵉ siècle. Ce *celeberrimus urbis locus*, cette place, théâtre d'événements fameux, d'où Rome avait, pendant des siècles, gouverné le monde civilisé, fut rendue à son usage des temps antéhistoriques : elle devint le marché aux bœufs de la campagne romaine, le *campo vaccino*. La végétation envahit son sol inégal; des barrières en bois y établirent des divisions; une allée d'ormeaux relia l'arc de Septime Sévère à celui de Titus (fig. 1, 2, p. 42, 43). Sans les colonnes des temples de Vespasien, de Saturne et de Castor, dont une partie émergeait au-dessus du sol exhaussé par tant de débris, sans l'arc à moitié enfoui de Septime Sévère, on aurait pu oublier que là avait été le forum romain [1].

1. Pour ce chapitre, cf. Müntz, *Revue archéologique*, 1876, 2ᵉ partie, p. 174 ss.; 1884, 1ʳᵉ partie, p. 305 ss.; *Gazette des beaux-arts*, octobre-novembre 1880, *Raphaël archéologue et historien d'art*, p. 453 ss. — Lanciani, *Atti della reale acc. dei Lincei, Memorie della classe di scienze morali*, 3ᵉ série, t. X, 1883, p. 344 ss., t. XI, 1883, p. 16 ss.; *Bullettino della commissione archeologica comunale di Roma, Miscellanea topografica*, 1891, p. 231 ss.; *Rendi conti della .r. acc. dei Lincei, La pianta di Roma antica e disegni archeologici di Rafaëllo Sanzio*, 1895, p. 3 ss.

CHAPITRE II

1780-1870 et 1870-1896.

De 1780 à 1870. — Vers la fin du XVIIIe siècle, du 3 novembre 1788 au 4 mars 1789, le chevalier Fredenheim fit de grandes fouilles sur l'emplacement de la basilique Julia (16, 17) : il découvrit une partie du dallage en marbre et des degrés qui descendaient de la basilique au forum, sur la voie sacrée (13), des fragments de la voûte ornée de stucs en relief, un magnifique chapiteau corinthien. Ces fouilles enrichirent l'épigraphie de l'inscription des *Kalatores pontificum*, mais furent funestes à ce qui subsistait de l'ancien édifice. Elles ne profitèrent pas non plus à l'étude de la topographie du forum, car bientôt la terre recouvrit les parties mises au jour et on les oublia. Et cependant, cinquante ans plus tard, la nouvelle découverte des degrés de la basilique Julia contribua à démontrer d'une façon définitive et absolue la direction du forum vers l'Est.

Au commencement de ce siècle, Pie VII, secondé par Fea, prit des mesures pour assurer la préservation des monuments du forum, et résolut de les déblayer complètement. Il commença par les abords de l'arc de Septime Sévère (7), et fit construire, en 1803, un mur de soutènement qui maintint les terres; précaution qui semble contraire au projet, formé cependant, de tout déblayer rapidement. Ces travaux amenèrent la découverte de l'*umbilicus* (e).

De 1804 à 1809, le chantier des fouilles fut transporté au Colisée et à l'arc de Constantin ; puis on reprit, par l'arc de Titus, la direction du forum ; mais bientôt les événements politiques, en éloignant Pie VII de Rome, interrompirent les travaux qu'il avait commencés.

Sous l'habile et active direction du comte de Tournon, préfet du Tibre pendant l'occupation française, les fouilles furent poussées avec une persévérance digne de tous les éloges. Avant d'en faire l'exposé, nous emprunterons au rapport du comte de Tournon une curieuse et intéressante description de l'état du forum en 1809 :

« A partir du Capitole, l'amas d'immondices formait une terrasse, qui, touchant presque à l'astragale des colonnes du temple de Jupiter Tonnant (lisez temple de Vespasien, 5), s'élevait à dix mètres au-dessus du sol antique. Une route rapide, construite sur la pente de ce remblai, donnait aux voitures un difficile accès sur la place du Capitole.

« Des maisons occupaient, au-dessous de ce monceau de débris, l'aire du temple de la Concorde (lisez temple de Saturne, 19), et d'autres maisons et des greniers étaient bâtis entre la colonne dédiée à Phocas (25) et l'arc de Septime Sévère (7), qui, par les soins de Pie VII, avait été excavé de 3 m. 85 jusqu'à la rencontre du sol antique, dans un espace elliptique de quelques mètres de rayon.

« Le temple d'Antonin et de Faustine (*p*) était enterré jusqu'au-dessus des bases des colonnes, liées entre elles par la lourde grille d'une église dont la façade, du plus mauvais goût, contraste si péniblement avec l'élégance de ce portique.

« En face, les colonnes du temple de Jupiter Stator (lisez de Castor et Pollux, 15) étaient aussi profondément enfouies, et l'immense vasque de granit, qui est aujourd'hui au pied de l'obélisque de Monte-Cavallo, touchait par ses bords au sol et se dégradait sous les roues des charrettes qu'on y introduisait pour les laver.

« Plus loin, les vastes voûtes du temple de la paix (lisez basilique de Constantin, plan II, E), fermées par des murailles, servaient d'étables à des bestiaux et de remises à des charrons, et un amas de débris s'élevait jusqu'à la naissance de ces arcs.

« Au delà de ce temple et au point culminant du vallon du forum, placé à 12 m. 80 au-dessus du niveau du sol de l'arc de Septime (7), point inférieur de ce vallon, une ligne de mauvaises constructions fermait l'horizon en s'étendant de l'église et du monastère de Santa-Francesca-Romana (plan II, Sainte-Françoise-Romaine) à l'arc de Titus (plan II, F). » (Cte de Tournon, *Études statistiques sur Rome*, II, 363 ss. [1].)

L'administration française « voulut rechercher le niveau antique et mettre définitivement au jour les bases des monuments. Déjà Raphaël, dans une lettre très curieuse adressée à Léon X, avait proposé ce déblaiement général et permanent, et nous entreprîmes de réaliser ce projet. » (Tournon, *l. c.*)

Après avoir acheté, de gré à gré, aux propriétaires les maisons modernes qui encombraient les ruines,

1. Voir la fig. 1, p. 41, et 2, p. 42.

on commença en 1810 à travailler à la fois au Colisée et au forum. Les maisons démolies, on fouilla au pied des monuments, par tranchées ouvertes, jusqu'à la rencontre du sol antique ; les terres étaient emportées au loin, précaution jusque-là négligée et faute de laquelle les éboulements rendaient bientôt inutiles les fouilles déjà faites. Ces travaux durèrent quatre années (1810-1813) et en voici les résultats :

Les colonnes du temple de Vespasien (5), enfouies jusqu'aux chapiteaux, n'étaient guère soutenues que par le poids des terres. Et en effet, après avoir fait une excavation circulaire de 15 mètres de profondeur, on reconnut qu'elles reposaient sur les restes d'un stylobate tellement rongé qu'elles manquaient presque d'appui. Il fallut poser sur un échafaudage le lourd entablement, reprendre le stylobate en sous-œuvre à une profondeur de 5 mètres, démonter et redresser les tambours des colonnes, et les charger de nouveau de leur entablement; le sol fut ensuite déblayé jusqu'au mur du tabularium (1). Ce travail hardi fut exécuté par Valadier et Camporese.

Le temple de Saturne (19) fut complètement dégagé et son beau portique en granit apparut tel qu'on le voit aujourd'hui. Délivrée de deux maisons sous lesquelles elles disparaissait presque entièrement, pour la première fois depuis longtemps, la colonne de Phocas (25), profilant sur le ciel son élégante silhouette, se montra isolée. Le 23 février 1813, les fouilles poursuivies autour de sa base devaient, par la découverte de l'inscription, faire connaître la destination du monument. En continuant à descendre le forum, on mit au jour le pavé du temple de Castor (15) et on dégagea entièrement une grande vasque en granit à moitié enfouie en cet endroit.

En face, l'architecte français Ménager avait mis à nu les bases des colonnes du temple d'Antonin et de Faustine (*p*), et avait reconnu, devant ce temple, le pavé de la voie sacrée.

A la basilique de Constantin, l'enlèvement des constructions modernes, des terres, des débris de la voûte écroulée permirent de constater la présence d'un pavé en marbres précieux élégamment disposés, que la masse des débris avait protégé en le cachant.

Après la démolition du couvent et des greniers qui réunissaient à l'arc de Titus (plan II, F) l'église Sainte-Françoise-Romaine, les degrés et le portique du temple de Vénus et de Rome reparurent. L'église Sainte-Françoise-Romaine fut respectée, à cause de la vénération dont les Romains entourent cette sainte, et aussi pour conserver, avec le monument qui le renferme, le tombeau où repose le pape français Grégoire XI qui, d'Avignon, revint à Rome. Ainsi débarrassé de toutes les adjonctions modernes, l'arc de Titus, menaçait ruine, et offrait un triste aspect, surtout du côté qui regarde le forum (voir plus loin, fig. 44, p. 325). Une planche de Du Pérac (*I vestigi del antichità di Roma*, pl. XV) et un dessin d'Agapito Franzetti (*Raccolta di vedute della città di Roma*, Rome, s-d., pl. VII), nous donnent une vue de l'état, au xvie et au xviiie siècle, de la face qui regarde le Colisée. L'arc de Titus devait être restauré quelques années plus tard, par les soins de Pie VII.

Tels sont les travaux exécutés au forum par l'administration française, dans l'espace de quatre ans, sans préjudice de ce qu'elle fit au forum de Trajan et dans d'autres endroits.

L'administration française avait l'intention « de rechercher, dans tout le forum, le sol antique, et de

le mettre à découvert en soutenant par des murs les
terres sur lesquelles sont assises les constructions
modernes, et déjà elle avait fait construire [en 1810]
un égout pour amener [du temple d'Antonin et de
Faustine (p)] aux conduits antiques [la *Cloaca Maxima*]
les eaux pluviales qui seraient tombées sur ce sol
déprimé. Les terres provenant de ces fouilles auraient
servi à faire les remblais qu'exigeait la construction
des quais ou auraient été portées au loin. » (Cte de
Tournon, p. 273-274.)

Pie VII, rentré à Rome, se préoccupa encore du
forum. Le cardinal Consalvi fit dresser, par le chevalier Stern, le devis d'un déblaiement général; l'abbé
Uggeri, d'après les indications de Fea, publia, sur une
feuille volante, un plan des travaux par lesquels il
fallait commencer. Décidé à les poursuivre jusqu'au
bout, le cardinal Consalvi repoussa les offres d'une
association européenne internationale qui offrait de se
charger de l'entreprise. En 1816, on enleva, pour la
transporter à la fontaine de la place du Quirinal, la
grande vasque en granit que le comte de Tournon avait
dégagée. Puis les fouilles continuées autour du temple
de Castor (15) amenèrent la découverte de son escalier latéral de gauche, du mur qui supporte les trois
colonnes et, en même temps, de sept nouveaux fragments des fastes triomphaux et capitolins. Le temple
de Castor, qui, jusque-là, avait passé pour celui de
Jupiter Stator, fut identifié; Fea trouva et reconnut la
substruction ronde du temple de Vesta (11).

Le 22 février 1817, le pape lui-même vint visiter le
forum et approuva le projet de soutenir par un mur
les terres qui entouraient la colonne de Phocas. Cette
visite imprima sans doute aux travaux une nouvelle
impulsion, car, la même année, on découvrit l'escalier

de la basilique de Constantin (plan II, E, 1) sur la voie sacrée et des fragments de ses colonnes en porphyre rouge; cette même fouille donna la tête colossale de Domitien, aujourd'hui dans la cour du Palais des conservateurs. Le comte de Funchal, ambassadeur du roi de Portugal, déblaya, devant le temple de Vespasien (5), le pavé du clivus capitolinus (voir fig. 3, p. 63); mais ses fouilles furent interrompues parce qu'elles ne rentraient pas dans le plan général.

La duchesse de Devonshire, collaborant avec l'administration pontificale — elle payait quatre forçats, sur dix employés à ces travaux, — élargit le rayon des fouilles autour de la colonne de Phocas (25). Ces travaux, continués jusqu'en 1819, mirent au jour, près de la colonne, deux des bases en briques (23) qui bordent la voie sacrée (13), et, à leurs pieds, un tronçon de cette voie.

Le duc de Blacas, ambassadeur de France, résolut de fouiller plusieurs points du forum. Il s'attaqua au temple de Vénus et de Rome (plan II) et au temple de Castor (15) dont il reconnut le soubassement sous la *cella* et sous les trois colonnes. Pendant l'été, toujours en 1817, des fouilles entreprises au temple de la Concorde (6) donnèrent des fragments de statues colossales et des inscriptions à la déesse Concordia, fixant ainsi l'attribution de ce temple qui, jusque-là, avait été ignorée. Pendant l'année 1818, les travaux commencés depuis deux ans autour du temple de Castor (15) continuèrent. L'année 1819 fut marquée par la découverte de la voie sacrée devant la basilique de Constantin et par le dégagement de la façade de cette basilique (plan II, E, 1). En 1820, le temple de Saturne (19) fut isolé autant que le permettait la haute chaussée qui s'appuyait sur lui, du côté de l'est. Valadier, par ordre de Pie VII, restaura, en 1821, l'arc de Titus (plan II, F).

Léon XII reprit, en 1827, avec plus d'étendue, les projets de Pie VII et fit dresser, par Valadier, un nouveau plan. Comme le comte de Tournon, il avait conçu le projet de grandes fouilles générales, embrassant tout l'espace compris entre le Capitole et le Colisée. Par décret du 18 janvier de la même année, il nomma Fea commissaire des antiquités. Celui-ci dressa encore un plan avec une petite brochure explicative, rare aujourd'hui [1].

Nibby, nommé directeur des fouilles, dirigea le déblaiement de la basilique de Constantin (plan II, E); puis remit les ouvriers à la base du Capitole, où, en dégageant le podium du temple de la Concorde (6), en 1829-1830, ils découvrirent le petit édicule de Faustine (c). Ensuite les travaux continuèrent autour de la colonne de Phocas (25) et du temple de Castor (15). Les degrés de la basilique Julia (17), depuis les fouilles du chevalier Fredenheim, avaient été de nouveau recouverts et oubliés; on les dégagea une seconde fois et, après eux, le portique des *dii Consentes* (4) qui ne devait être restauré qu'en 1858. L'espace compris entre l'arc de Septime Sévère et le temple de la Concorde commença à être ramené au sol antique. On constata aussi l'existence d'une rue antique le long du côté nord du forum. A la basilique Julia (16-17) de nombreuses inscriptions revirent la lumière. Il fut

---

1. *Indicazione del foro Romano e sue principali adjacenze, relativa alla contemporanea tavola incisa in rame, onde averne qualche idea per lo scavo ordinato nello stesso Foro dalla Santità di N. S. Papa Leone XII, nel settembro 1827, sotto la presidenza dell' Emo e Rmo Sig. Card. Pietro Francesco Galeffi, camerlengo di santa Chiesa.* Roma, 1827, in-8 (8 pages). Plan et brochure ont été reproduits par Bunsen, *Bullett. dell'Istit.*, 1835, p. 65 ss.

décidé que le temple de la Concorde (6) serait complètement déblayé, même en détruisant une partie de la rue qui montait au Capitole.

Ces travaux se prolongèrent jusqu'en 1835, sous le pontificat de Grégoire XVI. A la suite de difficultés survenues entre Fea, commissaire des fouilles, et Nibby et Valadier, le 12 mars 1835, Grégoire XVI alla lui-même visiter le forum et, après avoir exprimé son mécontentement, révoqua le cardinal Galeffi, camerlingue, de ses fonctions de surintendant des fouilles; il nomma ensuite une nouvelle commission composée de A. Tosti, prince Prospero di Soriano, marquis Louis Biondi, président de l'Académie d'Archéologie, Joseph Venturoli, ingénieur, Gaspard Salvi, président de l'Académie de Saint-Luc, architecte dirigeant, et Louis Brandolini. La commission remit, cette même année, au souverain pontife, un rapport sur les fouilles faites et à faire au forum. D'habitude, quand une commission est nommée pour s'occuper d'une affaire, il en résulte un rapport et rien de plus. Il semble bien que c'est ce qui arriva en 1835. La commission cependant demanda et obtint l'achat de constructions qui couvraient une partie de la basilique Julia (16-17) et s'opposaient à son dégagement. Elle fit acheter aussi une maison dont la démolition rendit visible la belle frise latérale du temple d'Antonin et de Faustine (*p*).

La période de fouilles inaugurée en 1827 par Léon XII et qui prit fin avec la commission nommée en 1835, fut d'une grande importance pour la topographie du forum. En effet, la mise au jour des degrés de la basilique Julia (17) et de la voie sacrée (13) vers laquelle ils descendent, ainsi que la découverte de la rue qui, du temple de César (9) à l'arc de Septime Sévère (7), longe le côté nord du forum, permirent, pour la première fois, d'établir matériellement la largeur du forum et sa direction de l'ouest à l'est.

Les années 1841-1844 furent, avec des intermittences, consacrées au tabularium (1); son étage inférieur fut rendu accessible par l'enlèvement des terres et des décombres et on découvrit son grand escalier (b) avec sa porte condamnée par le mur de fond du temple de Vespasien (5).

Le gouvernement de 1848 reprit les explorations et la municipalité de Rome les continua en 1849 sous la direction des autorités militaires françaises. Rentré dans ses États, Pie IX les poursuivit jusqu'en 1853. Pendant cette période, Canina enleva des terres autour de l'arc de Septime Sévère (7) et à l'angle nord-ouest de la basilique Julia (16-17), où furent trouvées la base du milliaire d'or (f) et les substructions de l'arc de Tibère (20), malheureusement presque aussitôt détruites.

Ces fouilles démontrèrent que la basilique Julia (16-17) avait deux ordres d'architecture superposés, et que sa longueur était dans le sens du forum et non vers le sud. Elles firent retrouver la Cloaca Maxima (v) et fournirent aussi un certain nombre d'inscriptions dont voici les principales : dans la basilique Julia, fragment des fastes d'un collège sacerdotal se réunissant au temple de Jupiter Propugnator sur le Palatin; inscriptions honorifiques à Tibère et à Claude, votives à Vesta; près de l'arc de Septime Sévère, une dédicace à Trajan.

La mort de Jacobini (1854), ministre de l'agriculture et des travaux publiques, rapidement suivie de celle de Canina, mit fin aux fouilles du forum sous l'administration pontificale. Elles ne devaient plus être reprises qu'en 1870.

A l'époque à laquelle nous sommes arrivés, la rue moderne qui traversait le forum passait, en remblai,

devant la façade Est de l'arc de Septime Sévère (7) et
devant le temple de Saturne (19), cachant les Rostres (8) que l'on avait, un moment, découverts sans les
reconnaître ; à l'endroit où, devant le temple de Saturne,
elle passait sur la voie sacrée (13), à peu près sur l'emplacement de l'arc de Tibère (20), son remblai était
percé d'un tunnel communiquant avec la partie du
forum située à la base du Capitole. Aujourd'hui, cette
rue a été déplacée et couvre le Clivus Capitolinus (a)
dont le pavé était alors à découvert (cf. fig. 3, p. 63).

Succédant à des siècles de dévastation et d'oubli,
la première moitié de notre siècle fut, comme nous
venons de le voir, heureuse pour le forum. Quoique
les papes n'aient pas pu en achever le déblaiement
complet, ils en eurent constamment la préoccupation.

Les fouilles partielles, en fournissant aux archéologues des sujets d'études et des renseignements pour
leurs investigations, devaient être l'occasion de nouveaux travaux. Dès le XVIIe siècle, le P. Donati — il
faut remonter jusqu'à lui, car, en ce qui concerne le
forum, il eut sur les travaux des meilleurs archéologues
de notre siècle une déplorable influence, — le P. Donati, dans un ouvrage d'ailleurs justement estimé [1],
expose très bien l'état des connaissances sur la topographie de Rome, à son époque. Malheureusement,
dans les chapitres consacrés au forum, il tombe, sur
son orientation, dans une regrettable erreur [2], que ses
prédécesseurs n'avaient cependant pas commise : en
effet, Buffalini [3], Marliani [4], Lucio Fauno [5], Gamucci [6]

---

1. *Roma vetus ac recens*, 1648, in-4. — 2. O. c., p. 164 et planche
de la p. 48. — 3. Buffalini (Leonardo), *Grande pianta di Roma*, 1551.
— 4. Marliani (Barthol.), *Urbis Romae topographia*, Bâle, 1550,
fol., p. 51. — 5. Fauno (Lucio), *De antiquitatibus urbis Romae*,
Venise, 1549, in-16, p. 38. — 6. Gamucci (Bernardo), *Libri quattro
della città di Roma*, Venise, 1565, in-4, p. 19.

avaient bien saisi la direction du forum et l'orientaient de l'ouest à l'est, c'est-à-dire du tabularium vers le Colisée. Donati, au contraire, l'oriente du nord au sud, plaçant sa longueur de Saint-Adrien à la Consolazione, sa largeur entre le Capitole et le Palatin. Les auteurs qui, pendant la première moitié de ce siècle, écrivirent sur le forum, Nardini [1], Piranesi [2], Venuti [3], Fea [4] et Nibby [5] suivirent l'erreur de Donati, quoique, avant eux, Guattani [6] l'ait évitée. La nécessité d'accommoder les textes avec cette topographie inexacte jeta dans l'étude des monuments du forum une étrange confusion, dont, même après l'erreur reconnue, on trouve la trace dans des auteurs récents. On plaça le *Comitium* au pied du Palatin, le temple de Jupiter Capitolin à la place de la citadelle et réciproquement. Maintenant encore, même dans des livres classiques très récents, on voit des restitutions du forum où cette dernière erreur est commise. Il faut donc consulter avec une grande prudence les ouvrages du XVIIIe et même du XIXe siècle relatifs au forum.

L'erreur de Donati et de son école fut définitivement réfutée par Piale [7], archéologue d'un rare mérite, d'un ferme bon sens, dont la sagacité semble parfois confiner à la divination. A sa suite, Canina revint à l'ancienne tradition sur l'orientation du forum. Elle n'est plus à discuter aujourd'hui : le forum entière-

---

1. Nardini, *Roma antica*, édit. de Nibby, t. II, 1818, p. 136, pl. de la p. 284. — 2. Piranesi, *Le antichità Romane*, 1784, t. I, pl. XLIII. — 3. Venuti, *Accurata e succinta descrizione topografica delle antichità di Roma*, 1763, p. 36. — 4. Fea, *Indicazione del foro romano*, 1827, in-8, plan; reproduit par Bunsen dans *Bullet. del l'istit.*, 1835, p. 65, plan. — 5. Nibby, *Del foro romano, della sacra via, dell' amphiteatro Flavio e luoghi adjacenti*, 1819, plan p. 178; Id., *Roma antica*, t. II, p. 41, pl. XIV. — 6. Guattani, *Roma descritta ed illustrata*, Rome, 1805, in-4, p. 66. — 7. Piale, *Del foro romano, sua posizione e grandezza non bene intese dal Nardini*, Rome, 1832, in-4.

ment découvert s'étend tout entier dans la direction
du Colisée.

Il est cependant une erreur que Piale n'a pas évitée :
il a mis la curie (K) et le comitium (i) à la place de la
basilique Julia (16-17), erreur dans laquelle tombèrent
aussi Canina, et Tocco qui mourut impénitent. L'emplacement du comitium ne fut définitivement fixé au
nord-ouest du forum que par Detlefsen en 1860.

De 1870 à 1896. — Dès le mois de décembre 1870,
le gouvernement italien reprit les fouilles du forum et
les poursuivit, avec une louable activité, pendant les
années suivantes, jusqu'à leur complet achèvement.
Ces fouilles peuvent se diviser en deux périodes : la
première, de décembre 1870 au mois de mars de
l'année 1878; la seconde, après une courte interruption,
du mois de mars de l'année 1878 à l'année 1884.

La direction fut confiée à Rosa qui, les années précédentes, avait exploré le Palatin pour le compte de
l'empereur Napoléon III. Le déblaiement des parties
encore ensevelies de la basilique Julia (16-17) donnèrent à peine quelques fragments du travertin ayant
appartenu à la construction de César et d'Auguste,
tant on l'avait soigneusement enlevé; plus nombreuses
étaient les parties en briques de la reconstruction de
Dioclétien, dont les matériaux ne pouvaient être utilisés. Rosa, pour marquer la division des nefs, fit
reconstruire les piliers jusqu'à une certaine hauteur.
On trouva des bases qui, d'après leurs inscriptions,
avaient supporté des œuvres — originaux ou copies —
de Polyclète, Timiaque, Praxitèle et Bryaxis; de nouveaux fragments des fastes des prêtres de Jupiter
Propugnator, des tables de jeu, une inscription à Maxi-
mien. En même temps que la basilique Julia, on

découvrait le vicus tuscus (18); bordé sur un de ses côtés par le podium du temple de Castor (15) qui garde encore des blocs de tuf appartenant à la reconstruction de L. Caecilius Metellus en 117 avant J.-C., et des restes du travertin et du marbre de l'édifice relevé sous Auguste.

Pendant l'hiver de 1871-1872 on mit au jour : la partie de l'aréa du forum, comprise entre la colonne de Phocas (25) et le temple d'Antonin (*p*); la Cloaca Maxima (*v*), dont la direction fut reconnue; la voie sacrée (13), le long de la basilique Julia (16-17) et les grandes bases en briques (23) qui la bordent du côté opposé; le podium du temple de Castor (15); la voie qui va de ce temple à celui d'Antonin (*p*), en passant devant le temple de César (9); enfin, en face de ce dernier temple, des constructions en briques revêtues de marbres (*n*), que, plus tard, Rosa eut la malheureuse idée de détruire. Quelques inscriptions et fragments d'architecture récompensèrent ces travaux : entre autres, au pied de la colonne de Phocas (25), un magnifique chapiteau corinthien et, devant le temple de César (9), une base de L. Valerius Bassus, préfet de Rome, dédiée à Gratien, Valentinien et Théodose.

Un rapport officiel, communiqué par la surintendance des fouilles au *Bullettino* de l'Institut archéologique (1871, p. 225-233), rend compte de la première partie des fouilles. Mais l'inexpérience archéologique du rapporteur est si manifeste qu'elle lui attira une verte critique publiée en 1872 dans la *Voce della verità*, par un auteur anonyme [1].

---

1. *Il rapporto della reale soprintendenza degli scavi e monumenti sulla escavazione della Basilica Giulia chiosato e commentato,* Roma, 1872, tirage à part.

En avril 1872, tout l'effort des travailleurs fut concentré sur l'espace qui s'étend en face du temple de Castor (15) : on trouva deux fragments des fastes capitolins se rapportant aux années 616-620 et 709-710, trois fragments des fastes triomphaux, le premier de date incertaine, les deux autres des années 453 et 559-563, et cette belle frise qu'on admire encore sur le forum, représentant des victoires ailées posées sur des tiges flexibles. Les terrassiers étaient arrivés au pied d'un podium élevé où l'on ne tarda pas à reconnaître le temple de César (9) avec la tribune élevée par Auguste sur sa façade. Ce monument, dont les matériaux étaient d'une grande richesse, avait été particulièrement maltraité par les démolisseurs.

Le mois de septembre de cette même année fut marqué par une des plus intéressantes découvertes que l'on ait faites au forum. En démolissant, près de la colonne Phocas (25), une tour du moyen âge, on y trouva, avec d'autres fragments d'architecture et d'épigraphie, ces magnifiques plutei en marbre (24), si précieux pour la topographie du forum, représentant des scènes qui se passent aux rostres (voir plus loin, fig. 21, p. 148, et 22, p. 149).

Pendant l'hiver 1872-1873, on dégagea, sur l'aréa du forum (26), le soubassement de la statue de Constantin (m), et, près du temple de Castor (15), la substruction circulaire à laquelle on a donné le nom de *Puteal Libonis* (12). Pendant l'été, un nouveau fragment des fastes consulaires se rapportant aux années 613-618 s'ajouta aux précédents. A la fin de 1873 et au printemps de 1874, l'espace libre fut élargi autour du temple de César; cette même année, deux bases sortirent de terre près de l'arc de Septime Sévère,

l'une dédiée à Arcadius, l'autre à Valentinien. A la fin
de 1874 et au commencement de 1875, les travaux
continuèrent derrière le temple de César (9).

En 1876, les fouilles, jusque-là dirigées par Rosa,
furent confiées aux mains habiles de Fiorelli. Toute
cette année, jusqu'aux fortes chaleurs de l'été, on
déblaya les degrés du temple d'Antonin et de Faustine
(p) et l'espace qui s'étend devant ce temple jusqu'à
celui de César (9); c'est alors qu'on reconnut la voie
pavée qui, passant devant le temple d'Antonin et de
Faustine (p), monte en ligne droite vers Sainte-Françoise-Romaine (plan II). Ces fouilles donnèrent d'intéressants morceaux de sculpture et des inscriptions,
parmi lesquelles un fragment des fastes consulaires
des années 754-760 et un fragment des fastes triomphaux comblant une lacune de l'an 482, trouvés l'un
et l'autre près du temple d'Antonin (p), en outre les
deux inscriptions de Gabinius Vettius Probianus où le
forum est appelé *celeberrinus Urbis locus*. Cette même
année fut marquée par la nouvelle découverte de ce
qui reste du temple de Vesta (11).

L'année 1878 inaugure la seconde période des
fouilles. A cette époque, tout le forum, jusques et y
compris le temple d'Antonin (p), la regia (10) et le
temple de Vesta (11), était découvert. Mais là chaussée
percée par un tunnel, dont nous avons parlé, séparait
en deux le vaste espace ramené au sol antique; une
autre voie, également en chaussée, réunissait San-
Lorenzo-in-Miranda (temple d'Antonin, p) à Sainte-
Marie-Libératrice, en faisant une courbe vers le sud-
est pour laisser à découvert des substructions que l'on
ne savait pas encore être là regia (10), et le temple de
Vesta (11) (fig. 3, p. 63). Dès cette époque le forum

proprement dit était libre, sauf les parties couvertes
par ces deux chaussées.

Le ministre de l'Instruction publique décida que
tout l'espace qui fait suite au forum vers l'Est serait
déblayé; c'est-à-dire ce qui est compris entre le temple
de Romulus (plan II, A) et la basilique de Constantin
(plan II, E) au nord; Sainte-Françoise-Romaine (plan II)
et l'arc de Titus (plan II, F) à l'est; le Palatin au sud;
le temple de Vesta (11), la regia (10) et le temple
d'Antonin (*p*) à l'ouest.

Le mois de mars fut consacré aux préparatifs de la
campagne; en avril on se mit à l'œuvre avec activité.
Tout d'abord on s'attacha à reconnaître, soit par des
fouilles, soit par des puits, la partie de la voie sacrée
qui passe devant la basilique de Constantin (plan II,
E), puis tourne, à angle droit, devant le portique du
temple de Vénus et de Rome (plan II), dont les degrés
sont en retrait sur Sainte-Françoise-Romaine (pl. II, *d*).
On retrouva une des colonnes en porphyre rouge qui
sont maintenant redressées sur l'escalier de la basilique de Constantin (plan II, E); les autres avaient été
exhumées en 1487 et 1819.

En dégageant la rue qui suit la direction du nord,
du *Templum sacrae Urbis* (plan II, B) à la basilique de
Constantin (plan II, E), on reconnut, à l'angle sud-
ouest de la basilique, un grand édifice en briques
(plan II, *b*), et, sous l'angle nord-ouest, qui a fermé
cette rue probablement ancienne, un tunnel qui maintient la communication (plan II, *a'*).

Interrompues par les chaleurs et par les inévitables
délais apportés par les expropriations, les fouilles
reprirent en octobre pour continuer pendant l'hiver
et le printemps de 1879. Après avoir un peu reculé le
talus qui, du temple d'Antonin (*p*) à Saint-Adrien (K),

Fig. 3. — Le forum avant 1882, avec le *Clivus Capitolinus* et les deux chaussées modernes.

limite le côté nord de la partie découverte, on revint
aux travaux de l'année précédente, pour déblayer le
côté de la voie sacrée opposé au temple de Romulus
(plan II, X); en cet endroit, subsistaient les débris
d'un grand nombre de monuments honorifiques (plan II,
c, c) : statues et édicules, dont les plus anciens ne
semblent pas antérieurs à Septime Sévère. De l'autre
côté de la voie, contre l'angle sud-ouest de la basilique,
un portique de basse époque (plan II, D), construit
avec des matériaux anciens, fait face aux monuments
honorifiques. Un peu plus haut, devant la basilique,
était une fontaine. Derrière les monuments honorifiques commencèrent à apparaître les murs en briques
du portique et des boutiques qui longent le côté nord
de la maison des Vestales (r, s; plan II, g, r; voir aussi
fig. 40, p. 299, 26, 26). Les inscriptions fournies par
les monuments honorifiques sont très nombreuses.

En poursuivant les recherches dans les boutiques
et le portique dont nous venons de parler, on rencontra les soubassements d'un antique édifice (g';
plan II, g, fig. 40, 28), de la République, orienté dans
une autre direction que les édifices plus récents qui
l'entourent. C'est probablement la demeure du summus
pontifex donnée par Auguste aux Vestales.

La même année, devant l'église des Saints-Côme-et-
Damien (plan II, A), sortit de terre un fragment des
fastes capitolins se rapportant aux années 655-667 et
un fragment des fastes triomphaux des années 643-650.

Le déblaiement de tout l'espace compris entre le
temple d'Antonin et de Faustine (p) et l'arc de Titus
(plan II, F), la basilique de Constantin (pl. II, E) et les
jardins Farnèse (Palatin) était achevé.

Pendant l'année 1880, la base de Stilicon (j) fut
relevée sur le forum, là où on la voit encore aujour-

d'hui, le temple rond de Romulus (pl. II, A), dégagé
par la démolition de l'*Oratorio della via crucis*, sa porte
antique en bronze avec son encadrement, descendue
au niveau du sol primitif, à la place qu'elle occupait
autrefois.

En 1882, M. Guido Baccelli, ministre de l'instruction
publique, fit reculer derrière l'arc de Sévère et le
temple de Saturne, sur le Clivus Capitolinus (*a*), là où
elle passe encore aujourd'hui, la chaussée dont plusieurs fois déjà nous avons eu occasion de parler,
ramenant ainsi à la lumière la tribune construite par
César (8). En même temps disparaissait la chaussée
qui reliait San-Lorenzo (temple d'Antonin, *p*) à Sainte-
Marie-Libératrice (voir ces deux chaussées, fig. 3, p. 63),
et, pour la première fois depuis bien des siècles, on
put, comme un Romain de la bonne époque, comme
Horace, traverser, sur le sol antique, le forum dans
toute sa longueur, du temple de Vesta (11) à l'aréa du
temple de Saturne (19). La destruction de cette dernière chaussée amena la découverte de plusieurs fragments de l'arc de Fabius (*f'*), près du temple d'Antonin (*p*), mit au jour la cour, ornée d'un autel avec
édicule, qui s'étend entre le temple (11) et l'atrium de
Vesta (*q*, voir aussi p. 299, fig. 40, *a*, *b*); elle permit
encore d'achever le déblaiement des boutiques (*s*, voir
aussi fig. citée, 26) appuyées au mur de la maison des
Vestales.

A la fin de cette année 1882, on était à la porte de
la maison des Vestales (*q*), dont un angle même était
entamé. C'est pendant les années 1883-1884 que le
déblaiement complet, par M. Lanciani, de l'atrium
Vestae et de la Via nova (*e'*) devait couronner cette
série de fouilles continuées pendant plus de vingt-trois
ans avec tant de persévérance, de savoir et d'habileté.

Les inscriptions et les statues trouvées dans la maison des Vestales furent presque toutes laissées en place.

Comme les fouilles des années précédentes, celles des vingt-cinq dernières années ont suscité de nombreux travaux sur la topographie de Rome en général et du forum en particulier. Les auteurs récents ont profité des écrits de leurs prédécesseurs dont la seule utilité, grande encore, est aujourd'hui de nous renseigner sur l'état du forum au temps où ils vivaient et sur les débris maintenant disparus, qu'ils ont vus. Je ne ferai pas ici un exposé des travaux dont le forum a été le sujet de nos jours. Les idées de leurs auteurs sont exposées largement dans les chapitres qui suivent celui-ci, les titres de leurs ouvrages et leurs noms indiqués dans les notes. En outre, les ouvrages les plus considérables seront mentionnés dans notre liste bibliographique [1].

1. Sur les fouilles du forum, cf. : *Bulletino dell' Istit.*, 1829, p. 26; 1830, p. 210, 245; 1834, p. 225; 1835, p. 33; 1849, p. 129; 1851, p. 67, 100; 1852, p. 129; 1853, p. 52, 117; 1871, p. 129, 235, 241, 257; 1872, p. 255; 1884, p. 3, 88, 113, 145. *Annali*, 1834, p. 13; 1835, p. 53; 1836, p. 207; 1837, p. 12; 1839, p. 193; 1849, p. 257; 1853, p. 227; 1858, p. 173; 1859, p. 307; 1867, p. 106; 1872, p. 309; 1883, p. 23. *Notizie degli scavi*, 1876, p. 12, 23, 43, 54, 72, 87, 138; 1878, p. 92, 132, 162, 234, 341; 1879, p. 14, 39, 68, 113, 139, 263, 312, 314 et planche VII; 1880, p. 30, 53, 80, 226; 1882, p. 246, 411; 1883, p. 14, 47, 80, 371, 420, 434; 1884, p. 423. *Atti della reale accademia dei Lincei, Memorie d. classe d. scienze morali*, 3ᵉ série, t. XIII, 1884 : Lanciani, *L'Aula e gli uffici del senato romano*, p. 3. *Hermes*, 1873, t. VII, p. 261. Jordan, *Ephemeris epigraphica*, t. III, 1877, p. 237. *Il Buonarroti*, 1871, p. 199, 366; 1876, 53. — Oberlin, *Exposé d'une découverte de M. le chevalier Fredenheim faite au forum romain en janvier 1789*; Strasbourg, 1796, in-8, p. 14. Fea, *Prodromo di nuove osservazioni e scoperte fatte nelle antichità di Roma*, Rome, 1816, in-8, p. 13, 14, 19. Id., *Frammenti di fasti consolari e triomphali...* Rome, 1820, in-4, préface. Id., *Varietà di notizie economiche, fisiche*, etc.. 1820, in-8, p. 62, 65, 66, 68, 83, 88, 89, 90, 120. Caristie, *Plan et coupe d'une partie du forum romain et des monuments sur la voie*

Fig. 4. — Le forum romain à la fin de 1896, après les fouilles.

La lecture du chapitre consacré à l'histoire des
fouilles sera utilement complétée par une étude com-
parée des plans du forum aux diverses époques. Les'
vues que nous donnons permettent bien de se rendre
compte de l'état du forum : 1° avant toutes fouilles
(voir fig. 1, p. 42 et 2, p. 43); 2° en 1882, à la veille
des grands travaux où devaient disparaître les deux
chaussées qui coupaient le forum, et revenir au jour
la via nova (*e'*) et la maison des Vestales (fig. 3, p. 63);
3° enfin après les derniers travaux qui ont mis tout le
forum et son prolongement à découvert, sauf le côté
nord (fig. 4, p. 67). Mais l'examen des plans permet-
tra de suivre, mieux que dans un récit, le lent progrès des fouilles, de constater aussi après combien
de tâtonnements et d'erreurs on est arrivé à déterminer les limites et la direction du forum, puis à
donner aux monuments leur véritable attribution. Il
est des édifices, les temples de Saturne et de Vespasien
entre autres, qui plusieurs fois ont changé de nom
avant de retrouver enfin, avec une démonstration certaine, celui qu'ils portaient dans l'antiquité. On peut
particulièrement, pour cette étude intéressante, consulter les plans de Piranesi (1784)[1], Nardini (1818)[2],
Nibby (1819)[3], Caristie (1821)[4], Fea (1827)[5], Canina

---

sacrée, Paris, 1821, fol. Fea, *Indicazione del foro romano*, Rome,
1827, in-8, Id. *Miscellanea filologica*, t. I, 1830, *passim*. Comte de
Tournon, *Études statistiques sur Rome*, 1831, t. II, p. 263. Nibby,
Roma antica, t. II, 1839, p. 263. G. Boissier, *Promenades arch.*, 1880,
I, p. 7 ss. Marucchi, *Il foro romano*, 1883, et traduction française,
Description du forum romain, 1885, p. 19. Id., *Foro romano*, 1896,
p. 17. — 1. *Le antichità romane*, t. I, pl. xxiv, fig. 1. — 2. *Roma
antica* (édition publiée par A. Nibby), t. II, la planche en regard
de la p. 135. — 3. *Il foro romano, la sacra via*,... en regard de la
p. 178. — 4. *Plan et coupe d'une partie du forum romain*, les
deux premières planches. — 5. *Indicazione del foro romano*,
1827; reproduit par Bunsen, *Bullettino dell' istit.*, 1835, p. 65.

(1834 et 1845)[1], Bunsen (1835 et 1836)[2], Nibby (1838)[3], Becker (1843)[4], Canina (1853)[5], Tocco (1858)[6], Ravioli et Montiroli (1859)[7], Detlefsen (1860)[8], Dutert (1876)[9], Jordan (1885)[10], Richter (1889)[11], Middleton (1892)[12], Huelsen (1892)[13], L. Lévy et Luckenbach (1895)[14], Marucchi (1896)[15], Kiepert et Huelsen (1896)[16], et enfin le magnifique plan de Lanciani (1897)[17].

En même temps qu'on dressait des plans du forum, on en essayait des restaurations plus ou moins heureuses. Nous négligerons celles qui ont été faites pendant la première moitié de ce siècle par Canina, Nibby, Nichitin, etc. Tentées à des époques où le forum n'était ni assez déblayé ni assez connu, elles ne peuvent qu'être imaginatives. Nous renverrons à celles de MM. Dutert (1876)[18], Nichols (1877)[19], Fr. Reber (1879)[20], Hans Auer (1888)[21], Huelsen (1892)[22], Bühl-

---

1. *Descrizione del foro romano*, 1ro et 2e édition. — 2. *Le forum romain expliqué selon l'état des fouilles*, tirage à part, et *Bullett. dell' istit.*, 1835, p. 65 ss.; *Les forums de Rome restaurés et expliqués*, tir. à part, et *Annali dell' istit.*, 1836-1837, *Monimenti dell' istit.*, 1836, pl. XXXIII-XXXIV. — 3. *Roma antica*, t. II, pl. XIV. — 4. *Handbuch der rœmischen alterthümer*, t. I, pl. II. — 5. *Annali dell' istit.*, 1853, pl. FG. — 6. *Rispristinazione del foro romano*, t. II, pl. I-II. — 7. *Ragionamento del foro romano. — Osservazioni sulla parte meridionale del foro romano*, pl. I-IV. — 8. *Bullet. dell' istit.*, 1868, pl. D. — 9. *Le forum romanum et les forums de Jules César*, etc., pl. I-VII. — 10. *Topographie der Stadt Rom in Alterthüm*, I², pl. à la fin du volume. — 11. *Topographie der Stadt Rom*, pl. en regard de la p. 78. — 12. *The remains of ancient Rome*, pl. libre dans le t. I. — 13. *Forum romanum*. — 14. *Das Forum romanum der Kaiserzeit*, dernière planche. — 15. *Foro romano*, pl. II. — 16. *Formae Urbis Romæ antiquae*, pl. III. — 17. *Forma Urbis Romae*, pl. XXIX et XXII. — 18. *O. l.*, pl. VIII-XI. Nous avons reproduit plus loin (fig. 38, p. 251), d'après la planche X-XI de cet ouvrage, la restauration du côté sud du forum. — 19. *The roman forum*, pl. I. — 20. *Die ruinen Roms*, pl. I. — 21. *Der Tempel der Vesta und das Haus der Vestalinen*, pl. VIII. — 22. *Forum romanum*, 2 planches.

mann et Alex-Wagner (1892) [1], L. Lëvy et H. Luckenbach (1895) [2], G. Gatteschi (1896) [3].

Nous n'avons plus à enregistrer que quelques fouilles partielles : En 1882-1883, on fit, pour reconstituer la tribune (8), des recherches dont Jordan a rendu compte, d'après un rapport de Fabricius [4], recherches que, l'année suivante, M. Richter compléta par de nouvelles fouilles [5].

En 1886, à la demande de M. Nichols, Fiorelli fit faire, sur l'emplacement de la regia (10), des fouilles qui permirent d'en reconnaître la disposition [6]. La même année, Jordan fut autorisé à chercher, entre l'atrium de Vesta (q) et la regia (10), le tracé de la voie sacrée et la solution de quelques difficultés relatives à la regia [7].

En 1887, M. Ch. Huelsen fit de nouvelles fouilles sur l'emplacement de la regia, fouilles dont il a utilisé les résultats « nec pauca nec levis momenti » dans la préface des fastes capitolins [8].

M. Richter obtint, en 1888, l'autorisation de rechercher l'arc de triomphe d'Auguste (14); il eut le bonheur d'en retrouver les fondations entre le temple de César (9) et le temple de Castor (15) [9].

1. *Das alte Rom mit dem Triumphzuge Kaiser Constantin's; panorama avec brochure explicative* de Reber. — 2. *Das For. rom. der Kaizerzeit*, dernière planche. — 3. *Monte Capitolino, Foro Romano, Monumenti circostanti nell'* anno *CCC dopo Cr*. Très bonne restauration composée de deux photographies donnant, en regard, l'état actuel et la restauration. — Je me fais un plaisir d'informer les voyageurs que M. Gatteschi, archéologue (Piazza S. Mario Maggiore, 12) se charge de guider les étrangers qui désireraient étudier l'archéologie et la topographie de Rome antique et des environs. — 4. Jordan, *Sui rostri del foro romano*, dans *Annali*, 1883, p. 23 ss., et Monimenti, t. XI, pl. XLIX. — 5. Richter, *Scavo ai rostri del foro romano*, dans *Bullettino d. Istit.*, 1884, p. 113 ss. Cf. Richter, *Reconstitution und Geschichte der römisch. Rednerbühne*, 1884; Id., *Die römische Rednerbühne*, dans *Jahrbuch der k. d. arch. Inst.*, t. IV, p. 1 ss. — 6. *Mittheilungen*, t. I, p. 94 ss. *Archaeologia*, t. L, p. 227 ss. — 7. *Mittheilung.*, 1886, p. 99 ss. — 8. *Corp. inscr. lat.*, t. 12, p. 5 ss. Cf. *Annali*, 1889, p. 228 ss. — 9. *Mittheilung.*, 1888, p. 99 ss. *Bullett. comunale*, 1888, p. 76.

Enfin, en 1896, à la demande de M. Richter, le ministre de l'instruction publique a fait dégager complètement la façade du podium du temple de Castor (15). De cette fouille, on a tiré la conclusion que le grand escalier de la façade ne continuait pas jusqu'à la voie sacrée, mais qu'on n'avait accès au temple que par les deux petits escaliers latéraux dont on voit encore les traces [1]. Cependant, le fragment du plan antique de Rome sur lequel est figuré le plan du temple de Castor (voir fig. 16, p. 127) le représente avec un escalier sur la façade descendant vers la voie sacrée (13) [2] et il me semble difficile de contredire ce témoignage antique.

Tout le côté nord du forum est encore à déblayer. Sous le terre-plein qui porte l'église Sainte-Martine et la via Bonella, la rue Cavour et les vieilles baraques qui y font suite, gisent des monuments appartenant à la plus haute antiquité et aux origines mêmes de l'histoire de Rome. La curie (K), le comitium (i) et ses monuments, l'ancienne tribune, la graecostasis, le senaculum, le temple de Janus, le sacrarium de Venus Cloacina, la basilique Aemilia (d'). Des questions controversées, qui divisent des archéologues de mérite, et que les fouilles seules pourraient définitivement trancher, trouveraient là leur solution. Il serait intéressant de savoir d'une façon bien certaine si le comitium était devant Saint-Adrien ou plus au nord; quel est l'emplacement exact du temple de Janus et si l'édifice dessiné au XIVᵉ siècle par Labacco et Ligorio était ce temple ou une partie de la basilique Aemilia. Le XIXᵉ siècle aura laissé au XXᵉ une partie du forum à découvrir.

1. *Notizie degli scavi*, 1896, p. 260. — 2. *Notizie degli scavi*, 1288, pl. XIV.

CHAPITRE III

HISTOIRE DES MONUMENTS DU FORUM ATTRIBUÉS A ROMULUS ET A NUMA

Le comitium (i). — Le comitium était au nord du forum; c'est aujourd'hui un fait prouvé [1]. Mais faut-il le placer devant l'église Saint-Adrien (K), la curie de Dioclétien? Ou bien faut-il croire que, sous la République, avant la création du forum de César (pl. II-I) et la construction de la curia Julia, le comitium s'étendait beaucoup plus dans la direction du nord? Sur ce point les archéologues sont partagés. La dernière opinion a été tout récemment soutenue par M. Huelsen [2] qui a apporté, dans la démonstration de cette thèse, des arguments nouveaux. C'est pourquoi nous reproduisons d'après lui (fig. 5) [3], un plan du forum

1. Il n'y a plus lieu de discuter les opinions de Canina, Bunsen, Becker et autres, qui placent le comitium au sud ou à l'est du forum, ou pensent que c'était un endroit déterminé du forum lui-même. Cf. T. H. Dyer, ROMA, dans Smith, *Diction. of greek. and rom. Geography*, t. II, p. 775 ss.; Marucchi, *Op. laud.*, p. 51 ss. — 2. *Das Comitium und seine Denkmäler in der republikanischen Zeit*, dans *Mittheilungen des k. d. Arch. Inst. Rœmisch. Abtheil.*, t. VII (1893), p. 79 ss., pl. IV. — 3. Huelsen, *Forum romanum*, Rome, 1892.

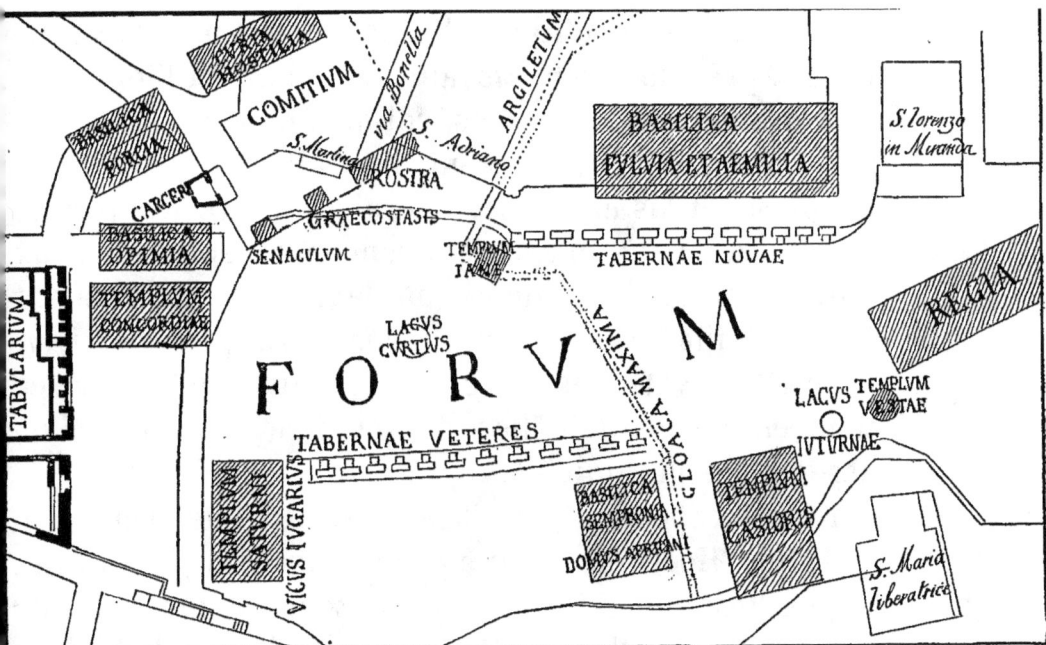

Fig. 5. — Le forum romain sous la République, d'après Huelsen.

sous la République auquel nous aurons d'ailleurs plus d'une fois l'occasion de renvoyer le lecteur; toutefois nous le modifions d'après des indications données par lui-même dans des travaux plus récents [1].

La question de la situation précise et de l'étendue du comitium sous la République étant intimement liée à celle du déplacement ou du non-déplacement de la curie par César, nous y reviendrons plus loin en parlant de la curie.

Les origines traditionnelles du comitium sont connues. Après les combats auxquels mit fin l'intervention des Sabines, Romulus, roi de Rome, et T. Tatius, roi des Sabins, conclurent une alliance : les deux peuples, réunis en un seul, seraient gouvernés par les deux rois [2]. Ceux-ci s'étaient rencontrés entre les deux villes, sur le lieu même où leurs armées s'étaient livré bataille [3]. Cet endroit fut dès lors appelé *comitium*, du mot *coire* [4]; dans l'avenir il justifia plus encore ce nom en devenant le lieu de réunion des comices ou assemblées politiques [5].

Notons cependant que Cicéron en attribue la création à Tullus Hostilius et ajoute que, avec le produit des dépouilles ennemies, ce roi l'entoura d'une enceinte (*saepsit*) [6]. Si Tullus Hostilius entoura le comitium [7], ce

---

1. *Das Comitium und seine Denkmäler* dans *Mittheil.*, *l. c.* et p. 283. Le plan de M. Huelsen fait connaître en outre les emplacements de quelques monuments (basiliques *Sempronia*, *Porcia*, *tabernae veteres* et *novae*, etc.) qui n'existaient plus sur le forum impérial, et par conséquent manquent sur le plan de ce forum. — 2. Liv., I, 13; Dionys., II, 46; Plut., *Romulus*, XIX. — 3. Liv., I, 13. Suivant Appien (*Hist. rom. Fragm.*, IV, édit. Didot), l'entrevue aurait eu lieu sur la voie sacrée. — 4. Varr., *Ling. lat.*, V, 155 (éd. Nisard); Plut., *Rom.*, XIX; Asconius, in II *Verr.*, I, § 58, p. 174, édit Orelli. — 5. Ces étymologies : *Comitium*, *Curia Hostilia*, *Tullianum*, *lacus Curtius*, etc., sont fausses et fabriquées après coup. — 6. *De republ.*, II, 17. — 7. Cf. Varr., *Ling.*,

fut pour en faire un lieu sacré, déterminé par les augures, c'est-à-dire un temple [1]; et, dans ce cas, sa forme fut carrée.

Un texte de Tite-Live [2], mal interprété par Nardini [3] et mieux compris par Piale [4], a longtemps entretenu l'opinion que le comitium était un édifice pourvu d'une toiture. C'est une erreur : Tite-Live, en effet, raconte qu'il y tomba une pluie de sang, en même temps que sur le forum [5], et Julius Obsequens, une pluie de lait [6]. On voit des troupes y camper [7]. C'était donc un lieu découvert; il s'étendait devant la curie ou palais du Sénat [8]. Son niveau était plus élevé que celui du forum [9] et on pense, sans que cela soit certain [10], que du forum on y avait accès par des degrés.

Pendant le gouvernement des rois et les premiers temps de la République, le comitium fut, à Rome, le centre des affaires civiles et politiques; le forum n'était alors qu'un marché, une place destinée aux jeux et aux combats de gladiateurs, un lieu de promenades. Mais, par suite de l'accroissement de la population, le comitium devint insuffisant pour les nombreuses causes judiciaires et des tribunaux en plein air furent établis au forum; en outre, les progrès toujours croissants de la démocratie firent du forum un lieu de vie politique de plus en plus active; dès lors le comitium vit, d'une

lat., VII, 13 : « omne templum esse debet continuo septum ». Il est probable que l'enceinte de Tullus Hostilius n'était qu'une balustrade. — 1. Voir cette opinion développée par Jordan, Top. d. Stadt Rom, 12, p. 319 — 2. XXVII, 36. — 3. Roma antica, t. II, p. 151, édit. de Nibby. — 4. Del foro romano, p. 15. — 5. Liv., XXXVI, 45. — 6. Jul. Obseq., Prodig., CIII. — 7. Liv., V, 55. — 8. Cela ressort d'un grand nombre de faits; cf., entre autres, Liv., l. c., et XXII, 7, 60, etc. — 9. Dionys., II, 29 : « ἐν τῷ φανερωτάτῳ τῆς ἀγορᾶς »; Gell., IV, 5. — 10. Liv., I, 36, 48; mais ces textes se rapportent aux degrés de l'escalier de la curie, et non; comme l'ont cru quelques auteurs, aux degrés du comitium.

façon continue, son importance décroître à mesure que grandissait celle du forum; la nouvelle curie, construite par César et par Auguste, restreignit son étendue; enfin, il fut absorbé complètement par le forum, dont Tacite et Pline semblent ne plus le séparer [1].

Les principaux monuments du comitium de la république étaient la curie (K), la graecostasis et les rostres (voir fig. 5, p. 73), dont nous parlerons plus loin.

Sur les degrés de la curie, à gauche, la statue de l'augure Attus Navius avait été érigée à l'endroit même où, défié par le roi Tarquin, il coupa une pierre à aiguiser avec un rasoir [2]. Près de là, un putéal entourait le sol dans lequel on avait enfoui la pierre et le rasoir [3]. A côté, on conservait religieusement un figuier parce qu'il avait été frappé de la foudre, et aussi comme symbole du figuier ruminal sous lequel la louve allaita les deux jumeaux. Le même augure, Attus Navius, consacra, sous ce figuier, un groupe en bronze représentant les jumeaux et leur sauvage nourrice, comme si, dit Pline, cet arbre vénéré s'était spontanément transporté des bords du Tibre au comitium [4]. Pour cette raison, on l'appelait quelquefois *ficus Navia*, du nom de l'augure [5]. En l'an de Rome 459 (= 295 av. J.-C.), on fit, avec l'argent provenant des biens confisqués aux usuriers, un nouveau groupe représentant le même

---

1. Tacit., *Agricola*, II; Plin., *Hist. nat.*, XV, 20, 3. De nombreux textes antérieurs attestent la distinction entre le *Comitium* et le *Forum*: *Leges XII tabularum*, tab. I, 6, 7. Varro, *Res Rust.*, I, 2, 9; Cic., II, *Verr.*, I, xxii; *Pro Sext.*, xxxv; Liv., XXII, 7; XXXIV, 45; Sueton, *Caes.*, X, etc. — 2. Liv., I, 36; Dionys., III, 71. Cette statue disparut sans doute à la suite de l'incendie de la curie allumé par le bûcher de Clodius (Plin., XXXIV, 11). Denys, (*l. c.*) dit en effet qu'elle subsista jusque vers son époque. — 3. Dionys., *l. c.*; Cic., *De divin.*, I, 17. — 4. Plin. (*Hist. nat.*, XVI, 20, 3) ne croit pas à l'émigration miraculeuse du figuier et semble accuser l'augure de supercherie. — 5. Festus, *s. v. Navia*, p. 169, édit. Müller.

sujet et destiné à être placé près du figuier[1]. Quand celui-ci se desséchait, c'était un présage funeste jusqu'à ce qu'il eût poussé de nouveaux rejetons[2] ou eût été replanté par les prêtres[3].

Le comitium était orné d'un certain nombre de statues : près des rostres, un lion en pierre marquait la place où le berger Faustulus avait été tué et enterré[4]. Suivant une autre tradition, Faustulus aurait été enterré à un endroit du comitium marqué par une pierre noire et destiné à la sépulture de Romulus[5]. D'après le témoignage de Varron, la tombe de Romulus était derrière les rostres[6] à un endroit où, en souvenir de ce fait, on érigea deux lions[7]. On voyait aussi au comitium une statue de la Sibylle, élevée par Tarquin, et à laquelle deux autres vinrent s'ajouter dans la suite[8], une statue archaïque de Porsena[9], la statue d'Horatius Coclès, transportée plus tard au Vulcanal[10], celle d'Hermodore d'Éphèse qui avait aidé les décemvirs dans la rédaction de leurs lois[11], et, enfin, les statues en bronze de Pythagore et d'Alcibiade érigées par ordre d'Apollon Pythien pendant la guerre des Samnites[12].

Dans la partie du comitium plus voisine de la prison (2) s'élevait la colonne Maenia, dressée en l'honneur de C. Maenius, vainqueur des anciens Latins[13]. C'est près de cette colonne que les *triumviri capitales*

---

1. Liv., X, 23. — 2. Tacit., *Ann.*, XIII, 58. — 3. Plin., *Hist. nat.*, XVI, 20, 3. — 4. Dionys., I, 87. — 5. Festus, *s. v. Niger lapis*, p. 177. — 6. Porphyr., *in* Horat. *Epod.*, XVI, 13. — 7. Cruq., *in* Horat., *l. c.* — 8. Plin., XXXIV, 11, 13. — 9. Plut., *Poplic.*, XIX. — 10. Liv., II, 10; Dionys., V, 25; Plin., XXXIV, 11, 2; Gell., IV, 5. — 11. Plin., *l. c.* — 12. Plin., *Hist. nat.*, XXXIV, 12. On voit par ce dernier texte que les deux statues disparurent lorsque Sylla étendit sa nouvelle curie jusqu'à l'endroit où elles se trouvaient. — 13. Plin., XXXIV, 11, 2.

avaient leur tribunal [1] et c'est au même endroit que se
faisaient les exécutions [2]. Les tribuns du peuple qui
n'avaient pas le droit de pénétrer dans la salle des
séances du sénat, avaient leur siège sur le comitium,
devant les portes de la curie (*K*) [3]. Enfin, sur le comitium, en un lieu qu'il est difficile de préciser, le préteur avait son tribunal [4].

2° *Le Vulcanal*. — Après l'alliance conclue, Romulus
et Tatius s'acquittèrent des vœux faits aux dieux pendant la guerre. C'est ainsi que Tatius, suivant Denys
d'Halicarnasse [5], ou, d'après Plutarque [6], Romulus
éleva à Vulcain un autel ou un temple. De là le nom
de Vulcanal [7], donné à l'aréa de ce temple ou de cet
autel [8]. Le Vulcanal était donc une place (*area*) [9] découverte [10], un peu plus élevée que le comitium [11]. Il est
difficile de déterminer ses limites avec précision. On
sait que le premier temple de la Concorde fut construit sur le Vulcanal [12], et, vraisemblablement, le nouveau, dont le site est connu (**6**), occupa, quoique plus
vaste, le même emplacement que l'ancien. Le Vulcanal
était donc voisin du forum et un peu au-dessus du
comitium [13]; il l'était aussi du lieu où plus tard César

1. Cic., *In Caecil. divin.*, XVI. — 2. Asconius *ad Cic. In Caecil.
divin.*, § L, p. 121, éd. Orelli. Sur la place occupée par la plupart de ces monuments, cf. le plan donné par Huelsen, dans
Mittheilung., III (1893), p. 91, et *Das forum romanum* du même
auteur; voir aussi plus haut, fig. 5, p. 73. — 3. Val. Max., II,
2, 7. — 4. *Lex XII tabul.* III, 5, dans *Fontes juris antiq.*, éd.
Bruns, p. 19; Macrob., *Saturn.*, II, 12; Gell., XX, 1, 46-47. —
5. Dionys., II, 50. — 6. Plut., *Quaest. rom.*, XLVII; Plin., XVI, 86.
— 7. Festus, *s. v.* Statua, p. 290. — 8. Cf. Varr., *Ling. lat.*, VI, 20 :
« *Volcanalia a Volcano* ». — 9. Le *Vulcanal* était appelé aussi *area
Vulcani*; Liv., XXXIX, 46; XL, 49; Festus, *s. v. Piscatorii ludi*, p. 238.
—10. Tite-Live (*l. c.*) et Julius Obsequens (LIX, LX) signalent des
pluies de sang sur le Vulcanal. — 11. Gell., IV, 5; Dionys., II, 50. —
12. Liv., IX, 46. —13. Gell., *l. c.*; Dionys., *l. c.*, Fest., *s. v. Statua*, p. 290.

construisit son forum (pl. II, I) [1]. Il se trouvait par conséquent au nord-ouest du forum et à l'ouest du comitium (*i*). En 1848, on trouva dans cette région un autel érigé par Auguste à Vulcain en l'an de Rome 745 (= 9 av. J.-C.) [2].

Romulus, après avoir triomphé des Camerini, dédia sur le Vulcanal un quadrige en bronze, pris à l'ennemi, et, à côté, sa propre statue couronnée par la victoire avec son *elogium* gravé en grec [3].

D'après d'anciennes traditions, T. Tatius et Romulus auraient eu des rencontres secrètes sur le Vulcanal et y auraient convoqué les sénateurs [4]. Cette place paraît aussi avoir été, avant le forum, un lieu habituel d'assemblées populaires [5], et on voit encore le décemvir Appius Claudius y convoquer le peuple [6].

Les constructions que l'on éleva dans ce coin de Rome diminuèrent beaucoup l'étendue du Vulcanal : on lui prit l'emplacement du temple de la Concorde et de son aréa; la construction de la basilique Opimia (fig. 5, p. 73) le restreignit encore. Il était orné de statues; on y voyait celle d'Horatius Coclès [7] et sur une colonne, celle d'un acteur tué dans le cirque par la foudre [8]. On y admirait aussi deux arbres que d'anciennes traditions faisaient aussi vieux que Rome : un cyprès qui périt sous Néron, un lotus planté par Romulus et encore vivant au temps de Pline [9].

Tous les ans, probablement le 23 août, pendant la fête des *Volcanalia* [10], le peuple apportait sur l'*area* du

1. Plin., XVI, 86. — 2. *Corp. inscr. lat.*, VI, 457. — 3. Dionys., II, 54; Plut., *Romul.*, XXIV. — 4. Plut., *Quaest. rom.*, XLVII; cf. *Romul.*, XXVII. — 5. Dionys., VI, 67, VII, 17. — 6. Dionys., XI, 39. — 7. Gell., IV, 5, voir plus haut, p. 77. — 8. Festus, *s. v. Statua*, p. 290. — 9. Plin., XVI, 86. — 10. Cf. Otto Gilbert, *Geschichte und topogr. der Stadt Rom*, t. I, p. 150, n° 2.

Vulcanal des poissons qu'on y brûlait comme offrande
à Vulcain [1].

3° *Le temple de Janus* (fig. 5, p. 73). — D'anciennes
traditions rattachent le temple de Janus et son érection par Romulus à un épisode des guerres des
Romains contre les Sabins : Janus aurait mis en fuite
les Sabins, prêts à entrer dans Rome, en faisant jaillir
contre eux une eau bouillante et sulfureuse [2] (*aquae
lautulae*) [3]. Il semble d'après Ovide que Janus, en
récompense de ce service, aurait eu un temple et un
autel [4]. Mais le récit de Macrobe donne au temple une
origine plus antique : c'est, dit-il, du temple même,
déjà existant, que sortirent les eaux [5]. Ce n'est donc
pas, comme l'ont cru plusieurs auteurs, la porte de
la ville, appelée *Janualis* à la suite de cet événement,
mais la porte même du temple que l'on décida d'ouvrir pendant la guerre *velut ad Urbis auxilium pro-
fecto deo* [6]. Il existe d'ailleurs d'autres traces de traditions faisant remonter à une antiquité beaucoup plus
haute le temple de Janus [7]. Certains auteurs attri-
buaient, au contraire, à Romulus et à Tatius l'érection
du temple, comme symbole de leur union [8]. Mais Tite-
Live [9] et Pline [10] regardent le roi Numa comme son
fondateur.

Ce temple avait deux portes [11], regardant l'une

---

1. Varro, *Ling. lat.*, VI, 20 ; Festus, s. v. *Piscatorii ludi*, p. 238.
— 2. Ovid., *Fast.*, I, 257 ss. ; Macrob., *Sat.*, I, 9 ; Serv., *ad Aen.*,
VIII, 361. — 3. Serv., *l. c.* ; Varr., *Ling. lat.*, V. 156. — 4. Ovid.,
Fast., I, 275 : « Ara mihi posita est parvo conjuncta sacello ».
— 5. Macr., *l. c.* — 6. *Ibid.* — 7. Cf. Terent. Maurus, *Fragm.*, I, 5,
dans *Poetae minores*, t. I, p. 634 (édit. Lemaire) : « Tibi vetus
ara caluit aborigineo sacello ». — 8. Serv., *ad Aen.*, XII, 198, et I,
291 : « Alii dicunt Tatium et Romulum... ». — 9. I, 19. — 10. *Hist.
nat.*, XXXIV, 16. — 11. Plut., *Numa*, XX ; *De fort. Rom.*, IX.

l'orient, l'autre l'occident [1], appelées *belli portae* parce
qu'elles étaient ouvertes pendant la guerre [2].

Des textes des auteurs, il ressort clairement que le
temple de Janus était situé à l'entrée de la large ruë
appelée Argiletum (*c'*), à l'endroit où elle s'ouvre sur
.le forum, entre la curie (K) et la basilique Aemilia
(*d'*) [3]. Jusque-là les textes concordent. Mais un passage
de Servius remet tout en question [4]. M. Lanciani, avec
beaucoup de sagacité, a essayé de concilier les textes
avec les documents archéologiques [5]. De ce texte cor-
rompu, rempli d'erreurs topographiques et historiques, M. Lanciani n'a retenu qu'un passage, confirmé
d'ailleurs par d'autres auteurs : le temple de Janus
quod Numa instituerat translatum est ad forum transi-
torium et quattuor portarum unum templum est insti-
tutum, et voici comment il l'interprète : l'incendie de
Néron ayant sérieusement endommagé la curie et probablement aussi le temple de Janus qui en était proche,
Domitien conçut un plan grandiose de restauration de

1. Ovid., *Fast.*, I, 139-140; Procop., *Bell. Goth.*, I, 25. — 2. Virg.,
Aen., I, 294; VII, 607; Varr., *Ling. lat.*, V, 165; Macrob., *l. c.*; Plut.,
l. c. — 3. Liv., I, 19 : « *ad infimum Argiletum* »; Serv. *ad Aen.*,
VII, 607 : « Circa imum Argiletum »; Ovid., *Fast.*, I, 263 : « Hic ubi
juncta foris templa duobus habes », c.-à-d. le forum romain et le
forum de César; Procop., *Bel. Goth.*, I, 25 : sur le forum, près de
la curie; Cruq. *ad* Hor. *Serm.*, II, 3, 18 : près de la basilique de
Paul-Émile; Senec., *Apoloc.*, VIII : « in foro ». — 4. *Ad Aen.*, VII, 607 :
« Sacrarium hoc id est belli portas Numa Pompilius fecerat circa
imum Argiletum juxta theatrum Marcelli. Quod fuit in duobus
brevissimis templis : duobus autem propter Janum bifrontem.
Postea captis Faleriis, civitate Tusciae, inventum est simulacrum
Jani cum frontibus quattuor. Unde quod Numa instituerat translatum est ad forum transitorium et quattuor portarum unum
templum est institutum. » — 5. *L'Aula et gli uffici del senato*
romano, dans *Atti d. Lincei*, 1882-1883, *Mémoires*, 3ᵉ série, t. XI;
p. 3 ss. M. Lanciani expose sa théorie dans l'appendice II de
ce savant mémoire : *Del Giano bifronte e del Giano quadri-*
ronte, p. 26-32.

ce quartier déjà embelli par César, Auguste et Vespasien. La partie principale de ce plan, dans lequel entrait la reconstruction du temple de Janus, consistait à réunir par un nouveau forum *Forum transitorium* (plan II, H), le forum *magnum* et les forums impériaux. L'exécution du plan commença par la reconstruction, avec quatre portes, du temple de Janus qu'on orna d'un *Janus à quatre faces* rapporté de Faléries, et qu'on appela pour cette raison *quadrifrons* [1]. Ce renseignement, donné par Servius, est confirmé par Martial :

> *Pervius exiguos habitabas ante penates*
> *Plurima qua medium Roma terebat iter.*
> *Nunc tua caesareis cinguntur limina donis*
> *Et fora tot numeras, Jane, quot ora geris* [2].

Les quatre forums, égaux en nombre aux quatre visages de Janus quadrifrons, sont : le *forum magnum*, le forum de César, le forum d'Auguste et le *forum transitorium*.

Stace fait allusion aussi à la situation du temple de Janus par rapport au nouveau forum [3] et Lydus dit que le même temple était de son temps sur le forum de Nerva [4].

M. Lanciani a trouvé et publié des dessins d'architectes du xve siècle donnant le plan d'un monument d'ordre dorique, avec une frise ornée de bucranes, situé près de Saint-Adrien ; il était, à cette époque, encore bien conservé. M. Lanciani y reconnaît le temple de *Janus quadrifrons*. Ces plans confirmeraient la transformation du temple à deux portes en un temple à quatre portes. Un autre dessin de Sangallo, de la fin

---

1. Serv., *ad Aen.*, VII, 607. — 2. Mart., X, 28,3 ss. — 3. Stat., *Sylv.*, IV, 1, 13 ss. — 4. Lyd., *De mens.*, IV, 1.

du xvi° siècle, montre le même monument; mais, d'une
note de Sangallo, il résulte qu'à ce moment cet édifice
avait déjà cessé d'exister [1]. En effet, ce qui en subsistait fut détruit pendant les années 1503-1504 et
employé à la construction du palais du cardinal de
Corneto (Hadrianus Castellensis de Corneto), aujour-
d'hui palais Torlonia, place Scossa-Cavalli [2].

On peut voir encore, engagé sous le talus nord du
forum, un peu avant la voie pavée qui passe devant le
temple de César (9), un fragment de la frise de cet édifice, orné d'un bucrane enguirlandé, de beau style.
M. Huelsen, qui croit que l'édifice était un reste de
la basilique Aemilia [3], a signalé cet intéressant fragment [4].

La grosse difficulté, dans la théorie de M. Lanciani,
c'est qu'on est obligé de ne pas prendre à la lettre
l'expression de Servius, que le temple de Janus fut
translatum ad forum transitorium. Le temple, en effet,
aurait été reconstruit à la même place; et ce fut le
Forum qui s'étendit jusqu'à lui. Et encore le temple
n'était-il pas dans l'enceinte même du forum, mais
dans cette partie de l'Argiletum (*c'*), longue de 50 m. 39,
aussi large que le forum transitorium lui-même, et
qui, bordée par la curie (K) d'un côté et de l'autre par
la basilique Aemilia (*d'*), réunissait le forum romain
au *forum transitorium*, dont elle peut être considérée
comme le prolongement [5]. Tous les textes seraient
ainsi d'accord : et ceux qui donnent au temple de
Janus deux portes, et ceux qui lui en donnent quatre;

---

1. Sur ces dessins, cf. Lanciani, p. 29 ss. et les planches. —
2. Cf. Lanciani, *Miscellanea topografica*, dans *Bullett. d. Com-
miss. arch. com. d. Roma*, 1891, p. 236. — 3. Voir plus loin,
p. 164. — 4. *Mittheilung. d. K. D. inst.*, t. III, 1888, p. 95. — 5. Cf.
Lanciani, *L'Aula et gli uffici...*, p. 29.

ceux qui le placent sur le forum transitorium aussi
bien que ceux qui le disent voisin de la curie, de la
basilique Aemilia et du forum romain.

Ce serait par suite d'un usage invétéré, peut-être
aussi parce que l'ancienne statue de Janus *bifrons*
resta dans le nouveau temple, que l'on rencontrerai
dans les auteurs, même après la construction du temple
à quatre portes, les expressions *Janus geminus* pour
désigner le temple de Janus [1].

Les théories de M. Lanciani sur le temple de Janus
ont été combattues par MM. Jordan [2] et Huelsen [3]. Le
premier interprète les textes autrement que M. Lanciani ; le second voit dans les dessins non le temple de
Janus, mais la basilique Aemilia. Cette discussion porte
sur un texte obscur dans son ensemble et sur un terrain non déblayé qui garde encore son secret. C'est
aux fouilles de la partie nord du forum, depuis longtemps désirées, qu'il appartient de fournir les arguments d'une solution définitive, qui s'impose à tous
comme cela se fit peu à peu pour les autres parties du
forum, à mesure qu'on les mit au jour.

La vue que nous donnons ici du temple de Janus
(fig. 6) [4], sert de type au revers d'une monnaie de
Néron. Elle représente par conséquent le temple à deux
portes.

Le temple contenait une statue très antique de
Janus *bifrons* ou *geminus*, dont les deux visages
regardaient, comme les deux portes, l'un l'orient,

---

1. Lamprid., *Commod.*, XVI; Capitolin., *Tres Gord.*, XXVI. —
2. *Topogr. der Stadt Rom.*, I², p. 350, n. 1. — 3. *Sopra un edifizi
antico già esistente presso la chiesa di San Adriano al foro romano*
dans *Annali dell' Istit. arch.*, t. LII (1884), p. 233 ss., et *Mitthei
lungen des K. D. arch. Instituts*, t. IV (1889), p. 236, 242. Voi
aussi Schneider, *ibid.*, t. X, 1895, p. 172-178. — 4. Cohen, *Néron
nº 141.

l'autre l'occident [1]; on la disait dédiée par Numa [2];
l'arrangement de ses doigts figurait le chiffre 365,
nombre des jours de l'année, indiquant ainsi que Janus
était le dieu du temps [3]. Auguste dédia dans le même
temple une statue de Janus,
couverte d'or et rapportée
d'Égypte [4]. Enfin, devant le
temple, se dressait un autel [5].

Fermé pendant tout le
règne de Numa [6], le temple
de Janus ne le fut qu'une
fois sous la République après
la première guerre Punique [7].
Auguste le ferma trois fois [8].

Pendant la guerre Gothique
et le siège de Rome par Béli-

Fig. 6. — Le temple de Janus,
sur une monnaie de Néron.

saire, des Romains, se souvenant de l'ancienne super-
stition, tentèrent de forcer secrètement les portes du
temple de Janus [9].

Le lacus Curtius (vers *l*). — Varron mentionne d'après
différents auteurs trois traditions d'où le lacus Curtius
aurait tiré son nom [10].

Pendant la bataille à la fin de laquelle intervinrent
les femmes Sabines, un chef sabin nommé Metius
Curtius, sur le point d'être pris par Romulus et les

1. Ovid., *Fast.*, I, 137-140. — 2. Plin., XXXVI, 16. — 3. Plin.,
l. c. Les doigts de la main droite marquaient 300 et ceux de la
main gauche 65 (Macrob., *Sat.*, I, 9). Cf. Serv., *ad Aen.*, VII, 607.
— 4. Plin., XXXVI, 4, 16. — 5. Ovid., *Fast.*, I, 275; Terrent.
Maurus, *Fragm.*, I, 5, dans *Poet. min.*, éd. Lemaire, t. I, p. 634.
— 6. Plut., *Num.*, XX; *De fort. rom.*, IX. — 7. Plut., *l. c.*; Varr.,
Ling. lat., V, 165; Liv., I, 19. — 8. Hor., *Od.*, IV, 15, 8; Suet.,
Aug., XXII; Flor., IV, 12. — 9. Procop., *Bell. gothic.*, I, 25. —
10. *Ling. lat.*, V, 148-150.

siens, s'élança avec son cheval dans le marais qui occupait alors le centre du forum et réussit non sans peine à gagner, sain et sauf, la rive opposée [1].

Suivant d'autres témoignages, un gouffre s'ouvrit au milieu du forum. Les aruspices consultés répondirent que les dieux eux-mêmes exigeaient qu'un citoyen courageux s'y précipitât. Curtius monta tout armé sur son cheval et, partant du temple de la Concorde (6), s'élança dans l'abîme qui se referma sur lui [2].

Enfin, d'après une troisième tradition, le lacus Curtius aurait été un putéal élevé par le consul Curtius autour d'un lieu frappé de la foudre [3]. C'est sans doute cette dernière tradition qui est la vraie; l'imagination populaire forgea des légendes reposant sur des similitudes de noms et sur les souvenirs de l'état antique du forum.

Le lacus Curtius disparut quand on creusa les égouts qui le mirent à sec [4].

Curtius ille lacus, siccas qui sustinet aras
Nunc solida est tellus, sed lacus ante fuit [5].

Au même endroit on avait érigé un autel que César fit enlever pour donner un combat de gladiateurs [6]. Mais l'autel fut ensuite rétabli, car il était en place au temps d'Ovide [7].

Le lac Curtius était représenté par un putéal construit au milieu du forum [8]. Chaque année, les citoyens

---

1. Cf. Liv., I, 12, 13; Dionys., II, 42; Plutarch., *Romul.*, XVIII; Plin., XV, 20, 4. — 2. Liv., VII, 6. Tite-Live préfère cette tradition à la précédente, avouant toutefois que le manque de documents et l'ancienneté des faits l'empêchent d'en vérifier l'authenticité. Cf. Val. Max., V, 6, 2. — 3. Varr., *l. c.* — 4. Var., *Ling. lat.*, V, 149. — 5. Ovid., *Fast.*, VI, 403-404. — 6. Plin., XV, 20, 3. — 7. Ov., *Fast.*, VI, 403, 404. — 8. Dionys., II, 42; cf. Tacit., *Hist.*, I, 41 : Galba fut tué près du lac Curtius; Plutarch., *Galb.*, XXVII:

de tout ordre venaient, au jour anniversaire de la mort d'Auguste, y jeter des pièces de monnaies votives pour le salut de l'empereur [1]. C'était sans doute un lointain et inconscient souvenir du temps où, les marais existant encore, on y jetait des monnaies comme on avait coutume de le faire dans les eaux sacrées. De même la légende raconte que, quand Curtius se fut précipité dans le gouffre, de nombreux citoyens jetèrent sur lui des fruits et des offrandes [2]. A côté du putéal avaient poussé un figuier, une vigne et un olivier que le peuple aimait et soignait à cause de leur ombrage [3]. Pendant son règne, on érigea à Domitien, au même endroit, une statue équestre [4] qui fut, sans aucun doute, renversée quand, après sa mort, le sénat eut condamné sa mémoire.

C'est auprès du lac Curtius que Galba fut mis à mort par les soldats [5].

Le sanctuaire de Venus Cloacina. — Pline raconte que, après le combat, les Romains et les Sabins se purifièrent avec des branches de myrte à l'endroit où furent érigées ensuite les statues de *Venus Cloacina* (de *cluere*, mot qui, dans le vieux latin, signifie purifier) [6]. Ces statues étaient à côté des *tabernae novae* (*d'*) et près du comitium (*i*) [7], c'est-à-dire à peu près l'endroit où la *Cloaca maxima* (*v*) entre sous le Forum (voir le plan II).

Il est probable que Vénus Cloacina n'avait pas sur le Forum un temple, mais seulement un autel ou une base assez vaste pour porter les statues mentionnées

Galba fut tué au milieu du forum. Plin., *H. N.*, XV, 20, 4 : in medio foro. Val. Max., V, 6,2 : in media parte fori. — 1. Suet., *Aug.*, 57. — 2. Liv., VII, 6; Val. Max., V, 6, 2. — 3. Plin., *l. c.* — 4. Stat., *Silv.*, 1, 66 ss. — 5. Tacit., *Hist.*, I, 41; II, 55; Suet., *Galba*. XX. — 6. Plin., XV, 36, 1. — 7. Liv., III, 48.

par Pline. C'est bien l'idée que donne le type de la monnaie de la gens Mussida avec la légende *cloacina* (fig. 7)[1] — une base en forme de vaisseau surmontée de deux statues, dont l'une tient un rameau, sans doute une branche de myrte; entre les deux statues, un cippe, peut-être un autel. — Toutefois Julius Obsequens, si c'est bien de ce monument qu'il parle, l'appelle *aedes Veneris*[2] et Tite-Live en parle comme d'un temple en employant l'expression *prope Cloacinae*[3]. Plaute, on ne sait trop pourquoi, dit qu'on rencontre les menteurs et les vantards *apud Cloacinae sacrum*[4].

Fig. 7. — Sacrarium de *Venus Cloacina* sur un denier de la République.

La monnaie qui reproduit le sanctuaire de Vénus Cloacina est de l'année 705 (= 49 av. J.-C.). On ne possède aucun renseignement sur le sort de ce monument pendant l'Empire. Si, comme cela paraît probable, c'est bien à *Venus Cloacina* que se rapporte le texte de Julius Obsequens que nous avons mentionné tout à l'heure, ce petit monument fut complètement détruit en l'an 576 (= 168 av. J.-C.) par un incendie qui consuma plusieurs monuments du forum. Les traditions par lesquelles on a essayé d'expliquer ses origines inconnues prouvent sa haute antiquité.

Le temple de Vesta (11). — Beaucoup d'auteurs, dit Denys d'Halicarnasse[5], attribuent à Romulus la fondation du temple de Vesta. Fils d'une Vestale, venu d'Albe où le culte de Vesta, qui avait eu un temple à

---

1. Babelon, *Monn. de la Rép. rom.*, t. II, p. 242. — 2. *Prodig.*, LXII. — 3. Liv., III, 48. — 4. *Curcul.*, IV, 1, 10. — 5. Dionys., II, 65.

Troie[1], avait été apporté par les Troyens ses ancêtres [2], comment Romulus, homme versé dans les sciences sacrées, aurait-il fondé une ville sans y établir ce culte? Tout en reconnaissant la justesse de ces observations, Denys maintient que le temple du forum ne fut pas élevé par Romulus, parce qu'il est en dehors du pomerium de la *Roma quadrata* et Romulus n'aurait pas pu le bâtir en dehors de sa ville. C'est donc Numa qui en fut le fondateur [3]. Toutefois, avant que celui-ci construisît ce temple commun au Palatin et au Capitole déjà protégés par une même enceinte, chaque curie avait son feu et son temple de Vesta [4].

Le temple de Vesta était sur le forum[5], près de la fontaine Juturne[6] et du temple de Castor (15)[7], près de la Voie Sacrée [8], à côté de la Via Nóva (e′)[9]. Dans le voisinage du temple un escalier (*u*), descendant du Palatin (*t*), réunissait la *Via Nova* au forum; Ovide en fait mention [10] et il figure sur le plan antique (fig. 16, p. 127; voir aussi plan I *u* et pl. II). Ces renseignements, la forme des substructions mises au jour à l'endroit désigné par les auteurs, le voisinage de la maison des Vestales (*q*) ne laissent subsister aucun doute sur l'emplacement de l'antique sanctuaire [11].

Sa forme ronde était un souvenir oublié de l'antique cabane italienne dont des urnes funéraires nous ont conservé l'image (fig. 8) [12]. En effet, l'origine première

---

1. Virgil., *Aen.*, II, 567. — 2. Cf. Liv., I, 20 : « Alba oriundum sacerdotium et genti conditoris haud alienum ». — 3. Dionys., II, 66; Plutarch., *Numa*, XI. — 4. Dionys., *l. c.* — 5. *Id.*, *ibid.* — 6. Dionys., VI, 13. — 7. Martial, I, 71, 3-4. — 8. Horat., *Serm.*, I, 9; Ovid., *Trist.*, III, 1, 29; Lanciani, *Notizie*, 1883, p. 473. — 9. Liv., V, 39. — 10. *Fast.*, VI, 395-397. — 11. Sur cette accumulation de preuves, cf. Lanciani, *Notizie*, 1883, p. 472 ss. — 12. Cfr. Monceau, *Dictionnaire des Antiquités gr. et rom.* de Saglio, *s. v. Domus*, p. 349.

du temple de Vesta remonte sans doute à cette époque peu avancée dans la civilisation où les hommes ne pouvaient que très difficilement faire du feu. Il y avait

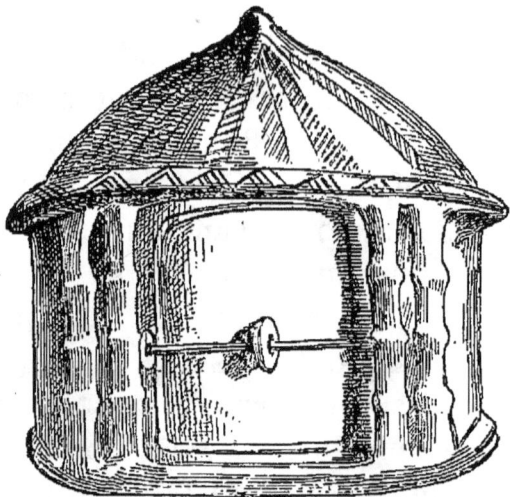

Fig. 8. — Urne funéraire représentant l'ancienne chaumière italienne.

alors, dans chaque centre d'habitations, une cabane où l'on conservait le feu public, entretenu généralement par les femmes pendant que les hommes vaquaient en dehors à leurs occupations. De là le feu perpétuel, les Vestales et le temple rond qui a conservé, par tradition, la forme de l'antique cabane de roseaux ou de chaume.

Ovide paraît bien avoir recueilli une tradition de ces temps antiques, quand il dit du temple de Vesta :

Quae nunc aere vides stipula tunc tecta videres
Et paries lento vimine textus erat [1].

Ce qui semble bien aussi indiquer un souvenir de ces temps préhistoriques, c'est ce fait que, si une Vestale laissait le feu sacré s'éteindre, elle était frappée de verges par le pontife et on rallumait le feu en frottant deux morceaux de bois pris à un arbre heureux [2]. Cette origine concorde d'ailleurs parfaitement avec la

1. Ovid., *Fast.*, VI, 261-262. — 2. Festus, ap. Paul. Diac., *s. v.* *Ignis*, p. 106. Cf., sur ces origines préhistoriques, Helbig, *Bull. dell' inst. arch.*, 1878, p. 9 ss., et, d'après lui, Lanciani, *Notizie degli scavi*, 1883, p. 471.

tradition qui rattache le culte de Vesta à celui du foyer et même la confirme.

Peu à peu la forme ronde du temple avait pris, comme le feu perpétuel qu'on y entretenait, un sens symbolique :

Vesta eadem est quae terra, subest vigil ignis utrique,
Significant sedem terra focusque suam[1].

Le temple de Vesta fut donc, dès sa première origine, un édifice rond[2]. Sa toiture en airain de Syracuse avait la forme d'un dôme[3]. Mais ce n'était pas à proprement parler un temple, car son emplacement n'avait pas été déterminé par les augures[4] Le temple, au moins celui qui fut reconstruit après le dernier incendie et dont nous avons les maigres débris, était un périptère rond, avec dix-huit ou vingt colonnes et un diamètre de 17 mètres[5]. Il fut trouvé très bien conservé, une première fois en 1489, puis une seconde fois en 1549[6], et mis alors dans le triste état où nous l'ont rendu les fouilles de 1816[7] et de 1876[8]. Les fouilles

1. Ovid., *Fast.*, VI, 267, 281; cf. Festus, *s. v. Rotundam*, p. 263. — 2. Plutarch., *Num.*, XV, Ovid., *Fast.*, VI. 265 : « Forma tamen templi, quae nunc manet, ante fuisse dicitur ». — 3. Plin., *Hist. nat.*, XXXIV, 7. — 4. Gell., XIV, 7; Serv., *ad Aen.*, VII, 133; Lanciani attribue ce fait aux premières origines du temple, antérieures à une civilisation assez avancée pour que ces cérémonies religieuses fussent déjà pratiquées (*Notizie*, 1883, p. 471), — 5. Lanciani, *Notizie*, 1882, p. 232; 1883, pl. XIX, *e*, XXI, *d*; Jordan, *Topogr. d. St. Rom.*, I², 422; Jordan (*Der Tempel der Vesta und das Haus der Vestalinen*, p. 15 et pl. IV) attribue au temple de Vesta vingt colonnes, par analogie avec le temple rond situé sur les bords du Tibre; Hans Auer (*Der Tempel der Vesta und das Haus der Vestalinen am Forum Romanum*, dans *Denkschriften der Kais. Akad. der Wissensch. in Wien*, phil.-histor. Klasse, t. XXXVI, 1888, p. 217, et pl. VI) attribue également vingt colonnes au temple de Vesta. — 6. Lanciani, *Notizie*, 1882, p. 231; *Ancient Rome*, p. 159. — 7. Fea, *Prodromo di nuove osservazioni e scoperte....*, 1816, p. 14. — 8. Lanciani, *Notizie*, 1882, p. 230.

de 1883 ont donné heureusement quelques débris de
marbre échappés au désastre [1] qui ont permis de se
rendre compte de l'ornementation architecturale. Le
temple était élevé sur un podium; les colonnes, d'ordre
corinthien, étaient reliées entre elles par un treillis mé-
tallique — *clathri* — (v. fig. 10, p. 96) et supportaient une
frise élégante ornée de bucranes, de rameaux d'oliviers,
de vases et d'instruments de sacrifice [2]. Dans les fondations aujourd'hui découvertes, on voit des morceaux
de tuf volcanique qui peuvent appartenir à la plus
ancienne construction [3]. On a retrouvé des substructions d'un mur en tuf qui probablement enfermait le
temple dans une cour attenant à la maison des Vestales [4].

Le temple de Vesta est figuré sur beaucoup de monnaies : on y voit souvent la statue de la déesse, par
la porte du temple, tantôt debout [5], tantôt assise [6]. Ces
monnaies, qui semblent en contradiction avec un texte
bien formel, dans lequel Ovide avoue que pendant
longtemps il avait cru que la statue de Vesta était dans
son temple, ont beaucoup embarrassé les archéologues.

> *Esse diu stultus Vestae simulacra putavi :*
> *Mox didici curvo nulla subesse tholo.*
> . . . .
> *Effigiem nullam Vesta nec ignis habent* [7].

---

1. Lanciani, *Notizie*, 1882, p. 233, et 1883, p. 476; *Ancient Rome,
l. c.* — 2. *Id.*, *Notizie*, 1883, pl. xx, c.; *Ancient Rome*, p. 160, fig.;
Jordan (*Der Tempel der Vesta*, p. 19) voit dans ces représentations des symboles du culte officiel et principalement des quatre
grands collèges sacerdotaux. — 3. Cf. Middleton, *The remains of
anc. Rome*, I, 298. Voir aussi la description du temple de Vesta
donnée par C. Maes, *Vesta e Vestali*, p. 112 ss. — 4. Cf. Nichols,
Archaeologia, t. L (1887), p. 232. — 5. Cohen, *Monnaies imp.*
(2ᵉ éd.), Vespasien, n° 577; Titus, 347-351; Domitien, 613-617.
— 6. *Ibid.*, Julia Domna, nᵒˢ 232-244. Pline (*Hist. nat.*, XXXVI,
4, 13) fait mention d'une statue de Vesta assise, œuvre de
Scopas, qui ornait les jardins Serviliens. — 7. *Fast.*, VI, 295-298.

La statue ne devait pas en effet être dans le temple
même, mais au dehors, soit entre les colonnes, soit
dans un vestibule ouvert, quoique ce petit édifice rond
n'ait guère de place pour un vestibule; soit plutôt,
comme me l'a suggéré M. R. Cagnat, sur l'autel d'un
petit édicule qui se trouve non loin du temple, à l'entrée de la maison des Vestales (voir fig. 40, b, p. 299)[1];
il ne faut pas oublier toutefois que les ruines actuelles
appartiennent à un édifice qui date de Septime Sévère
seulement. La statue de Vesta n'a été malheureusement retrouvée ni près de son temple, ni dans la
maison des Vestales. M. Salomon Reinach a, tout récemment, reconnu une représentation de Vesta sur un
bas-relief gallo-romain de la Côte-d'Or. La déesse se
voile les yeux avec les mains, pour les protéger contre
la fumée du foyer dont elle est la divinité. C'est cette
attitude qui donna naissance à la légende d'après
laquelle les statues de Vesta se cachèrent les yeux de

---

1. Je crois que cette difficulté peut être définitivement tranchée par le rapprochement de quelques textes. La mort de
Q. Mucius Scaevola nous est racontée par différents auteurs :
Cicéron dit que, quand Scaevola, grand pontife, fut massacré,
son sang rejaillit sur la statue de Vesta (Cic., De orat., III, 3).
Il est déjà assez probable que le massacre n'eut pas lieu dans
ce temple fermé et inaccessible. Suivant Florus, Scaevola tenait
embrassé l'autel de la déesse (III, 21); or, nous voyons sur
les monnaies, (cf. entre autres fig. 9, p. 95) les Vestales sacrifier sur un autel placé devant le temple et non à l'intérieur.
Enfin Lucain dit positivement que Scaevola fut massacré
devant le temple : « Ante ipsum penetrale deae » (Phars., II,
127); l'abréviateur de Tite-Live (Epitom., LXXXVI) ajoute ce
détail qui précise davantage : « In vestibulo aedis Vestae
occisus est ». Il ressort bien du rapprochement de ces différents témoignages que la statue de la déesse n'était pas dans
l'intérieur du temple. Ovide (l. c.) n'est donc en contradiction
ni avec les types monétaires, ni avec un autre texte où lui-
même parle de la statue de Vesta (Fast., III, 45).

leurs mains au moment où la grande Vestale Silvia devint mère :

Silvia fit mater : Vestae similacra feruntur
Virgineas oculis opposuisse manus [1].

Le temple lui-même était fermé et on n'y pénétrait pas ; la longue ignorance d'Ovide le prouve et il n'est pas probable que l'on ait représenté ouvert, sur les monnaies, un temple dont le mystère devait rester impénétrable à tout autre qu'aux Vestales [2].

La plus ancienne monnaie qui nous montre le temple de Vesta est un denier de la gens Cassia, appartenant au commencement du VIIe siècle de Rome. Le temple rond est couvert d'un dôme surmonté d'une statue ; à droite et à gauche, la toiture se termine, à son extrémité inférieure, par une tête de dragon [3], peut-être des gouttières. Sur une monnaie de Vespasien, le dôme est surmonté d'une fleur de lotus [4]. La statue reparaît sur le dôme du temple que représentent les monnaies bien connues de Julia Domna [5]. Le dessin que nous donnons (fig. 9) est pris sur un médaillon de Lucille [6].

Outre les monnaies, M. Lanciani a cru reconnaître le temple de Vesta dans des bas-reliefs antiques [7]. Un

---

1. Ovid., *Fast.*, III, 45. Sur ce qui précède, cf. Salomon Reinach, *Une image de la Vesta romaine*, dans *Revue archéologique*, 1897, t. XXXI, p. 313 ss. — 2. Ovid., *Fast.*, VI, 254, 450 ; Horat., *Ep.*, I, 2, 114 ; Lucan., *Phars.*, IX, 993. Le préteur Asellio n'y peut pas entrer, même pour échapper aux usuriers ameutés qui le massacrent (Appian., *Bell. civ.*, I, 54). — 3. E. Babelon, *Monnaies de la Rép. romaine*, I, p. 331, n°s 8, 9. Le droit du n° 9 a, comme type, Vesta avec la coiffure que portent les statues des Vestales trouvées dans leur maison (cf. le dessin de Babelon, *l. c.*, et Jordan, *Der Tempel*, pl. VIII, IX). — 4. Cohen, *Descr. des mon. imp.*, Vespasien, n° 577. — 5. *Ibid.*, Julia Domna, 232-244. — 6. *Ibid.*, Lucille, 105. — 7. *Notizie*, 1883, 475, pl. XIX, *a*, *b*, *c*.

de ces bas-reliefs, conservé par des dessins de Peruzzi et de Sangallo [1], a été retrouvé plus complet dans l'album A de la collection de M. Destailleurs et publié par M. de Geymuller [2]. Les compléments que le nouveau dessin ajoute à l'ancien, rendent l'attribution moins probable [3]. Le second bas-relief a été conservé par un dessin de Canina [4], le troisième est encore au musée des Offices à Florence (fig. 10) [5].

Fig. 9. — Le temple de Vesta sur un médaillon de Lucille.

Ces monuments sont traités avec la licence que les sculpteurs de bas-reliefs apportent d'habitude dans la représentation des édifices ; il est difficile de démontrer avec certitude qu'ils représentent vraiment le temple de Vesta ; en tout cas, si on les compare aux monnaies, aux descriptions et aux débris retrouvés, on ne peut nier la grande analogie [6]. A l'aide de ces divers éléments, M. Lanciani [7], Jordan [8] et Hans Auer [9] ont essayé des restaurations du temple de Vesta.

1. Cf. Lanciani, *l. c.*, pl. xix, *c*. — 2. *Mélanges de l'École française de Rome*, t. XI, 1891, p. 136, pl. i. — 3. Cf. Huelsen, *Mittheilungen d. k. d. arch. Inst.*, t. VII, 1892, p. 284 ss.; t. VIII, 1893, p. 285-286; cf. Jordan, *Der Tempel*, p. 16. — 4. Lanciani, *l. c.*, pl. xix, *a*. — 5. N° 325 du catalogue; cf. Lanciani, *l. c.*, pl. xix. *b*. Nous reproduisons ce dessin d'après M. Chipier, dans le *Dictionnaire des antiquités gr. et romaines de M. Saglio*, s. v. Fenestra, fig. 2944, p. 1038. — 6. Cf. les analogies entre les dessins et la monnaie de Julia Domna qui représente le temple après sa dernière reconstruction, signalées par Lanciani, *Notiz.*, 1883, p. 475 ss., pl. xix. — 7. *Ibid.*, pl. xxi, *a*. — 8. *Der Tempel*, pl. iv. — 9. *Der tempel der Vesta.*, pl. vii et viii.

Le temple de Vesta fut plusieurs fois détruit. Il est
fort probable que l'édifice bâti par Numa ne survécut

Fig. 10. — Le temple de Vesta ou monument semblable d'après
un bas-relief antique.

pas à l'invasion des Gaulois. A l'approche de l'ennemi,
les Vestales enfermèrent dans deux dolium le Palladium et les choses sacrées et les enfouirent près de la
demeure du flamen Quirinalis[1], à un endroit qui conserva depuis le nom de *Doliola*[2]; puis elles se réfu-

---

1. Liv., V, 42; *ibid.*, 40; Plutarch., *Camill.*, XX; Florus, I, 13.
— 2. Varr., *Ling. lat.*, V, 157; Festus, ap. Paul. Diac., *s. v.*
Doliola, p. 69. Ce fut, depuis, un lieu sacré où il était défendu
de cracher (Varr., Liv., Festus, *l. c.*).

gièrent dans la ville étrusque de Caere[1], l'an de
Rome 364 (= 390 av. J.-C.). L'an 513 (= 241 av. J.-C.),
le temple de Vesta fut incendié une seconde fois. Pendant que les Vestales fuyaient, le pontife Caecilius
Metellus se précipita dans les flammes et réussit à
sauver le Palladium, mais il eut un bras à demi brûlé
et perdit la vue[2], dont plus tard les dieux lui rendirent
l'usage[3]. Le temple faillit encore être consumé en
l'an 544 (= 210 av. J.-C.); il fut sauvé par le zèle de
treize esclaves, dont l'affranchissement fut la récompense[4]. En 576 (= 178 av. J.-C.), pendant un incendie
qui détruisit plusieurs monuments du forum, la
Vestale chargée de veiller sur le feu sacré, sans
doute troublée par le danger, le laissa s'éteindre[5]. Le
temple représenté sur les deniers de la gens Cassia[6]
est peut-être le même qui fut reconstruit après l'incendie de l'an 513, car on ne connaît pas de nouveau
désastre avant l'émission de ce denier. Sous le règne
d'Auguste, en 740 (= 14 av. J.-C.), le temple de Vesta
fut menacé par un incendie, au point que les cinq
Vestales, suppléant la grande Vestale qui était aveugle,
mirent en sûreté au Palatin, dans la maison du flamen
dialis, les choses sacrées dont elles avaient la garde[7].
Sous le même règne, le temple fut renversé, ou tout
au moins très endommagé par une inondation du
Tibre[8]. Auguste l'enrichit avec les dépouilles de
l'ennemi[9]. Complètement détruit dans l'incendie de
Néron[10], il fut presque aussitôt reconstruit par le même

---

1. Liv., V, 42; Plutarch., *Camill.*, XXI. — 2. Dionys., II, 66;
Ovid., *Fast.*, VI, 437-454; Liv., XIX (Epitome); Plin., *Hist. nat.*,
VII, 45; Val. Max., I, 4, 4; Oros., IV, 11. — 3. Plutarch., *Paral-
lela*, XIX. — 4. Liv., XXVI, 27. — 5. Jul. Obseq., *Prodig.*, LXII.
— 6. E. Babelon, *Mon. de la Rép. rom.*, t. I, p. 333, n°s 8, 9. —
7. Dio, LIV, 24. — 8. Horat., *Od.*, I, 2, 13-16. — 9. *Res gestae
divi Aug.*, IV, 25. — 10. Tacit., *Ann.*, XV, 41.

prince [1]. Des monnaies de Vespasien [2], de Titus [3], de Domitien [4], de Lucille, femme de Verus [5] (fig. 9, p. 95), semblent témoigner de restaurations ou de largesses dont l'histoire n'a pas conservé le souvenir. Enfin le terrible incendie qui éclata sous le règne de Commode, l'an 944 (= 191 ap. J.-C.), dévora entièrement le temple de Vesta avec le temple de la Paix et les monuments voisins [6]. Alors, pour la première fois depuis qu'il avait été apporté de Troie par Énée, on put voir le Palladium que les Vestales transportèrent, par la voie sacrée, du temple en flammes au Palatin [7]. Le temple fut reconstruit par Julia Domna; ses monnaies nous ont conservé, avec le souvenir de cette reconstruction, la vue du nouveau temple [8]. C'est celui dont on voit encore les substructions (11), car l'incendie de Carinus ne ravagea pas cette partie du Forum.

Le décret de Gratien, de l'an 383, supprima les allocations faites aux Vestales par l'État. Le temple ne fut cependant pas encore fermé. Cet événement arriva à la fin de l'année 1147 (= 394 ap. J.-C.), après la défaite d'Eugène par Théodose II. Alors le temple et la maison des Vestales furent confisqués par le domaine et le feu, entretenu depuis plus de mille ans, s'éteignit [9].

La regia (10). — Comme le temple de Vesta, la regia fut fondée par le roi Numa [10]. Elle était située

1. On en a pour preuve la monnaie de cet empereur (Cohen, *Méd. imp.* (2ᵉ éd.), *Néron*, n° 334) et ce fait que, au moment du meurtre de Pison, dix ans après l'incendie, le temple était déjà reconstruit (Tacit., *Hist.*, I, 43); cf. Lanciani, *Notizie*, 1883, p. 477. — 2. Cohen, *Méd. imp.* (2ᵉ éd.), *Vespasien*, n°ˢ 577, 578. — 3. *Ibid.*, *Titus*, n°ˢ 347, 351. — 4. *Ibid.*, *Domitien*, n°ˢ 613, 615. — 5. *Ibid.*, *Lucille*, 105. — 6. Herodian., I, 14; cf. Dio, LXXII, 24. — 7. Herodian., *l. c.* — 8. Cohen, *Méd. imp.*, 2ᵉ éd., *Julia Domna*, n° 239. — 9. Sur les derniers temps du temple de Vesta, cf. Lanciani, *Notizie*, 1883, p. 480 ss. — 10. Plut., *Num.*, XIV; cf. Ovid., *Fast.*, VI, 264; *Trist.*, III, 1, 30; Solin., I.

sur la voie sacrée [1] et sur le forum dont, sous la République, elle formait, à l'est, la limite [2], au pied du Palatin [3], près du temple de Vesta [4] et de la maison des Vestales [5], derrière le temple de César, construit devant la regia, là où avait été dressé le bucher du dictateur [6]. Ces nombreuses indications topographiques ne permettaient guère aux recherches de s'égarer; MM. Nichols, Jordan et Huelsen leur ont donné une précision complète en pratiquant, en 1886 et 1888, des fouilles heureuses qui ont mis au jour les fondations de l'antique édifice [7].

La regia était le centre de l'administration du souverain pontife. C'est là, ou dans un édifice attenant, qu'il avait sa demeure [8]. Là se tinrent, même sous l'Empire, quoique l'empereur, qui était de droit souverain pontife, n'y résidât plus, les réunions du collège des pontifes [9]. C'était un lieu consacré [10] qui renfermait des chapelles vénérées : un sanctuaire où l'on

---

1. Suet., *Caes.*, XLVI; Fest., *s. v.* Sacram viam, p. 291-293. — 2. Appian., *Bell. civ.*, II, 148; Serv., *ad Aen.*, VIII, 363 : « [in] finibus romani fori ». — 3. Serv., *l. c.* : In radicibus Palatii. — 4. Plutarch., *Num.*, XIV; *Romul.*, XVIII; Solin., I, 21; Dio, Fragm. Peiresc., I, 20: Acro et Porphyr. in Horat. *Carm.*, I, 2, 15. — 5. Dio, LIV, 27; Serv., *Aen.*, VII, 153; Ovid., *Trist.*, III, 29-30. — 6. Appian., *B. C.*, II, 148. — 7. Sur ces fouilles, cf. Nichols, *La Regia*, dans *Mittheilung. d. k. arch. Inst.*, t. I (1886), p. 94; *Some remarks upon the Regia, the Atrium Vestae, and the original locality of the Fasti Capitolini*, dans *Archaeologia*, t. LI (1887), p. 227 ss. (planches et plan des fouilles); Jordan, *Gli edifizi antichi fra il tempio di Faustina e l'atrio di Vesta* (pl. v-vii), dans *Mittheilung.*, I, 99 et suiv.; Huelsen, *Corp. inscr. lat.*, I², p. 5, et *Die Regia*, dans *Jarhbuch der k. d. arch. Inst.*, t. IV (1889), p. 228 ss. (fig. et plans). — 8. Serv., *ad Aen.*, VIII, 363. Numa y habitait (Serv., *l. c.*; Solin., I) et aussi César (Cic., *Pro domo*, XXXIX; *De aruspic. resp.*, III; Plin., *Hist. nat.*, XIX, 6; Suet., *Caes.*, XLVI). — 9. Festus, *s. v. Regia*, p. 278, avec les compléments de Jordan. *Topogr.*, t. I², p. 424, n. 140; Plin., *Ep.* IV, 11. — 10. Dio, XLVII, 42; cf. Festus et Jordan, *l. c.*

conservait des armes de Mars (*hastae Martis*); quand
elles s'agitaient d'elles-mêmes, c'était un présage
funeste qu'il fallait conjurer par des sacrifices [1];
un sanctuaire d'*Ops Consiva*, remontant aux plus
anciennes traditions religieuses de la royauté et où
les Vestales et le *sacerdos publicus* pouvaient seuls
entrer [2]. On y célébrait un sacrifice le 25 août [3]. Les
actes des Frères Arvales nous ont conservé le souvenir d'une séance tenue dans la Regia [4], le 14 mai
de l'an 740 (= 14 av. J.-C.), pour la *cooptatio* de Drusus
César, fils de Tibère, à la place de L. Aemilius Paullus.

La regia devait renfermer de riches archives : sans
aucun doute les *annales*, les *commentarii* et les *acta* des
pontifes et aussi les documents et registres relatifs à
la rédaction du calendrier et des fastes. Les fastes
consulaires et les fastes triomphaux furent gravés sur
l'angle sud-ouest (10′) de son mur extérieur; les premiers en l'année 718 (= 36 av. J.-C.), les seconds
entre les années 736-742 (= 18-12 av. J.-C.) [5].

La regia, voisine du temple de Vesta, subit les

---

1. Cf. le sénatus-consulte de l'an 655. (= 99 av J.-C.) dans
Gell., IV, 6; l'auteur attribue le mouvement des lances à un
tremblement de terre. Pendant la nuit qui précéda la mort de
César, elles s'entre-choquèrent avec un grand bruit : Dio, XLIV,
17. Ce prodige se renouvelait de temps en temps : hastae Martis
in regia *sua sponte* motae (Jul. Obseq., CIV; cf. *Id.*, XCVI, CVII, CX).
— 2. Varr., *Ling. lat.*, VI, 21; Festus, *s. v.* Opima spolia, p. 186.
— 3. *Corp. inscr. lat.*, I, Commentarii diurni, 25 août. — 4. *Corp.
inscr. lat.*, VI, 2029, 9. Les lieux de réunion des Frères Arvales
pour les *cooptatio* étaient, outre la regia, les temples de Jupiter
Stator, de César et de la Concorde (cf. Henzen, *Acta Fratrum
Arvalium*, p. 151). — 5. Nous avons suivi, pour ces dates, les opinions si bien appuyées du *Corp. inscr. lat.*, t. I (2⁰ éd.), p. 10-12.
Sur la critique des opinions contraires et sur la détermination
controversée du monument sur lequel étaient gravés les fastes
(temple de Castor, temple de César, regia), cf. *Ibid.*, p. 1-12; les
limites de ce volume ne me permettent pas d'exposer et de discuter les opinions diverses.

mêmes vicissitudes; elle fut sans doute détruite par les Gaulois. Elle périt dans ce grand incendie de l'an 544 (= 210 av. J.-C.) où le temple de Vesta faillit brûler [1], et l'année suivante, sa reconstruction fut mise en adjudication [2]. En l'an 606 (= 148 av. J.-C.), elle fut consumée par un nouvel incendie; toutefois, le sacrarium (probablement celui des armes de Mars) et un des deux lauriers qui poussaient à côté furent miraculeusement préservés [3]. Après un autre incendie, en l'an de Rome 718 (= 36 av. J.-C.), elle fut reconstruite avec un grand luxe par Cn. Domitius Calvinus [4]. Vingt-quatre ans plus tard, Auguste, élu Grand-Pontife et n'en continuant pas moins à résider sur le Palatin, donna aux Vestales la partie de la regia dont il n'avait plus besoin, c'est-à-dire la maison qui jusque-là avait servi de demeure au *pontifex maximus* et qui était ὁμότοιχος avec celle des Vestales [5].

On avait déjà retrouvé les fondations de la regia reconstruite sous Auguste par Calvinus [6], quand des fouilles plus récentes mirent au jour des substructions du temps de la République, assez voisines de la maison des Vestales pour avoir été ὁμότοιχος (*g'*; fig. 40, 28, p. 299); il est assez vraisemblable que ce sont là les restes de la maison du *summus pontifex*, donnée par Auguste aux Vestales [7]. Jordan cependant croit au contraire que la regia donnée par Auguste aux Vestales

1. Liv., XXVI, 27. — 2. Liv., XXVII, 11. — 3. Jul. Obseq., LXXVIII. — 4. Dio, XLVIII, 42. Jordan (*Ephem. epigr.*, III, p. 266) regarde comme probable que l'inscription gravée sur un tronçon de colonne transporté, on ne sait quand, au Palatin, sur les degrés du temple de Jupiter Victor (*Corp. inscr. lat.*, VI, 1301), provient de la regia et mentionne la reconstruction de Cn. Domitius Calvinus. — 5. Dio, LIV, 27. On croit généralement qu'il s'agit de la regia, quoique l'expression de Dion n'ait pas la clarté désirable. — 6. Dutert, *Le forum*, p. 14. — 7. Cf. Nichols, *Some remarks upon the regia...* dans *Archaeologia*, t. L. (1887), p. 242 ss.

est la regia proprement dite, l'ancienne regia de la République devenue inutile par suite de la construction de la nouvelle regia de Calvinus [1]. Il faut toutefois, pour admettre cette opinion, supposer que Calvinus déplaça la regia, ce qui est peu probable; que l'incendie qui précéda la reconstruction de Calvinus ménagea assez l'ancienne regia pour qu'elle ait pu être restaurée, ou que le terrain seul fut donné aux Vestales, ce que le texte de Dion ne permet guère d'admettre.

La regia de Calvinus fut incendiée, comme le temple de Vesta, sous Néron [2]. Si elle ne périt pas complètement dans cet incendie, celui de Commode dut l'achever [3]. Elle fut probablement reconstruite par Septime Sévère et Caracalla en même temps que la maison des Vestales.

Aucune monnaie, aucun monument ne nous a conservé l'image de la regia; un fragment du plan antique en donne quelques traits, sans valeur pour sa reconstitution [4]. Nous savons que Calvinus l'avait ornée de statues extorquées à César [5] et que, devant elle, étaient placées deux des quatre statues qui soutenaient la tente d'Alexandre [6]. Les dernières fouilles ont permis de reconnaître sa distribution intérieure [7] et nous ont appris que Calvinus l'avait reconstruite en marbre massif [8]. A l'aide des débris retrouvés, plusieurs archéologues ont essayé de la reconstituer [9].

1. *Mittheil.*, I, (1886), p. 112 ss. — 2. Tacit., *An.*, XV, 41. — 3. Herodian., I, 14, 3 ss. — 4. Jordan., *Forma Urbis Romae* pl. III, 21. — 5. Dio, XLVIII, 42. — 6. Plin., *Hist. nat.*, XXXIV 18, 8. Les deux autres étaient devant le temple de Mars Ultor (*Ibid.*). — 7. Jordan., *Mittheilung.*, *l. c.*; Nichols, *Archaeologia* L¹, p. 228 ss. — 8. Nichols, *Ibid.*, p. 228. — 9. *Id.*, *ibid.*, p. 247 Huelsen, *Jahrbuch d. k. d. arch. Inst.*, 1889, p. 246; *Corp. inscr lat.*, I (2ᵉ éd.), pl. ı, *a*.

CHAPITRE IV

La curie (K), *l'atrium Minervae, le secretarium senatus.*
— Le lieu où plus tard s'éleva la curie était, à
l'origine, occupé par un bois, un antre tapissé de
lierre et une source où s'abreuvaient les chevaux de
guerre; Tarpeia venait y puiser l'eau pour le culte de
Vesta quand elle y rencontra Tatius [1]. En ces temps
éloignés, quand le temple de la déesse n'était lui-même
qu'une cabane où l'on entretenait le feu public [2], la
curie, nous dit Ovide, était une hutte de chaume [3].

> *Curia, consilio quae nunc dignissima tanto est,*
> *De stipula, Tatio regna tenente, fuit.*

Là se réunissaient les rustiques sénateurs vêtus de
peaux de bêtes [4].

> *Curia, praetexto quae nunc nitet alta senatu,*
> *Pellitos habuit, rustica corda, patres.*

1. Propert., IV, 4, 1-20. — 2. Voir plus haut, p. 89 ss.; Ovid.,
Fast., VI, 261. — 3. Ovid., *De art. amat.*, III, 117-118. — 4. Propert.,
IV, 1. 12.

Plus tard nous voyons les deux rois alliés les convoquer sur le Vulcanal [1]. Tullus Hostilius le premier éleva un palais du Sénat [2] qui, de son nom, s'appela jusqu'au temps de César [3], *curia Hostilia* [4]. Ce palais fut construit sur le comitium [5]; on y montait par des degrés [6]; la façade était tournée vers le forum, c'est-à-dire vers le sud [7] et, comme le Sénat ne pouvait légalement prendre de décisions que dans un temple [8], la curie était augurée [9].

On sait très peu de chose sur cette première curie; après avoir franchi les degrés, on y pénétrait par un vestibule [10]. M. Valerius Messala, en l'année 490 (= 264 av. J.-C.), fit peindre sur un de ses murs extérieurs, ou tout à côté (*in latere curiae*) [11], un tableau représentant sa victoire sur Hiéron de Syracuse. Dès lors, ce coin du comitium, connu sous le nom de *Ad tabulam Valeriam*, est plus d'une fois mentionné par les auteurs [12].

Après un incendie la curie Hostilia fut reconstruite par Sylla, en l'année 674 (= 80 av. J.-C.), sur un plan nouveau [13], sans doute plus grandiose [14]. Deux statues qui se trouvaient jusque-là *in cornibus comitii* disparurent par suite de cette construction [15], ce qui prouve bien que, tout au moins, le nouvel édifice dépassait l'emplacement de l'ancien. Il semble résulter d'un

---

1. Plutarch., *Quaest. Rom.*, XLVII; cf. Dionys., II, 50. — 2. Varr., *Ling. lat*, V, 155; Cic., *De republ.*, II, 17; Liv., I, 30. — 3. Varr., *l. c.*; Plin., *Hist. nat.*, XXXV, 73. — 4. Liv., I, 30. — 5. Dionys., IV, 38; Plin., VII, 54; Cic., *l. c.*; Liv., V, 55; XXII, 7, 60; Ascon., *ad II Verr.*, I, § 58, p. 174; *Pro Mil.*, § 12, p. 43, éd. Orelli. — 6. Dionys., *l. c.*; Liv., I, 36, 48. — 7. Plin., III, 60. — 8. Gell., XIV, 7. — 9. Propert., IV, 4, 13 : « *curia saepta* ». Cicéron l'appelle *templum inauguratum, templum publici concilii* (*Pro dom.*, LI, LIII; *Pro Mil.*, XXXIII). — 10. Liv., I, 48. — 11. Plin., *Hist. nat.*, XXXV, 7, 3. — 12. Cic., *In Vatin.*, IX, 21; *Ad fam.*, XIV, 2. — 13. Dio, XL, 50. — 14. Cic., *De fin. bon.*, V, 1. — 15. Plin., *Hist. nat.*, XXXIV, 12.

texte de Cicéron [1] que le monument de Sylla succéda directement à celui d'Hostilius. Pas plus que l'ancienne, la nouvelle curie n'était pourvue d'appareils de chauffage, et on fut un jour obligé de lever la séance à cause du froid [2].

Cette nouvelle curie n'eut pas une longue durée : en l'année 702 (= 52 av. J.-C.), les partisans de Clodius apportèrent sur les rostres le cadavre du tribun; puis, dans la salle même des séances du Sénat, lui firent, avec les sièges des sénateurs, les bancs et les tables de la salle, les livres des archives, un bûcher dont les flammes, en même temps que le corps, consumèrent la curie, plusieurs maisons voisines et la basilique Porcia [3].

Peu de temps après ces événements, Pompée, rappelé à Rome, convoqua le Sénat dans le portique attenant à son théâtre, au Champ de Mars. Là, il fut décidé que Faustus, fils de Sylla, serait chargé de reconstruire la curie incendiée et que, du nom de cette famille qui, deux fois, l'aurait relevée, la curie s'appellerait désormais *curia Cornelia* [4]. Il est difficile de savoir jusqu'où Faustus poussa ses travaux. En tout cas, quelques années plus tard, on fit détruire de nouveau la curie sous prétexte de construire un temple à la Félicité ; temple dont l'exécution fut confiée à Lepidus pendant qu'il était maître de la cavalerie [5]. En réalité, César ne voulait pas que le nom de Sylla demeurât attaché à la curie à laquelle il désirait au contraire donner la dénomination de *curia Julia*. Aussi, en l'année 710 (= 44 av. J.-C.), il se fit charger de relever la *curia Hostilia* [6] qui désormais

---

1. *L. c.* — 2. Cic., *Ad Quint.*, II, 12. — 3. Cic., *Pro Mil.*, XXXIII; Ascon., *Pro Mil.*, Argument., p. 34, éd. Orelli; Dio, XL, 49; Appian., *Bell. civ.*, II, 21. — 4. Dio, XL, 50. — 5. *Id.*, XLIV, 5. — 6. *Id.*, *ibid*.

s'appellerait *Julia*. Les travaux ne commencèrent pas
tout de suite; d'ailleurs la mort de César, arrivée cette
année même, explique parfaitement ce retard. L'année
suivante, le Sénat, effrayé par une série de prodiges
funestes, après une délibération de trois jours, décréta
de nouveau que la *curia Hostilia* serait relevée [1]; en
712 (= 42 av. J.-C.), les triumvirs se mirent à l'œuvre,
donnant à la nouvelle curie, conformément au décret
de l'an 710, le nom de *curia Julia* [2].

La curia Julia occupa-t-elle exactement le même
emplacement que l'ancienne curie? C'est une question
difficile, qui divise les archéologues. Tout en étant
convaincu que la *curia Julia*, plus grande sans doute
que l'ancienne curie et autrement orientée, s'éleva
cependant sur le même emplacement, je dois reconnaître que les documents ne sont pas assez clairs pour
permettre d'établir une solution qui s'impose et mette
fin aux divergences d'opinion [3]. Ce qui est certain et

---

1. Dio, XLV, 17. — 2. *Id.*, XLVII, 19. — 3. Les principaux
arguments que l'on peut faire valoir en faveur du déplacement de la curie sont les suivants : 1° A la place de la curie
de Sylla et de son fils, on construisit le temple à la déesse
Félicité (Dio, XLIV, 5). — Mais ce temple, simple prétexte ima-
giné par César pour enlever à Sylla l'honneur d'être éponyme
de la curie, disparaît complètement de l'histoire après cette
unique mention; ce silence autorise l'opinion de ceux qui
croient qu'il a été démoli. — 2° On sait que, pour construire la
curia Julia, il a fallu procéder à une nouvelle auguration (Gell.
XIV, 7). — Mais les dimensions plus grandes de la nouvelle
curie excédant les limites du terrain occupé par l'ancienne
rendaient une auguration aussi nécessaire qu'un changement
d'emplacement. — 3° L'orientation de la nouvelle curie n'est plus
en accord avec le texte si connu de Pline, d'après lequel, jusqu'aux guerres Puniques, un héraut, placé devant la curie
annonçait l'heure de midi au moment où il voyait le soleil entre
les rostres et la Graecostase, et la dernière heure quand le soleil
était descendu entre la colonne Maenia et la prison. (Plin., *Hist
nat.*, VII, 60, 1.) — Cela est vrai, mais il est fort possible que
faisant une curie plus grande que l'ancienne et entrant dans un

admis par tous, c'est que la curia Julia remplaça la
curia Hostilia qui disparut [1]; qu'elle fut construite sur
le comitium, plus somptueuse et plus grande [2], et,
probablement, différemment orientée [3]. En dehors de
ces points acquis, on n'a rien de nouveau à demander

plan d'ensemble auquel se rattachait la création du forum de
César, on ait été amené à en modifier l'orientation. En outre, on
ne connaît que par conjecture les emplacements précis des
rostres anciens, de la Graecostase et de la colonne Maenia. —
4° D'un texte de Cicéron (*De fin. bon.*, V, 1), écrit en l'an 709
(= 45 av. J.-C.), on peut tirer la conclusion que l'ancienne curie
était encore debout à cette époque pendant que l'autre se cons-
truisait. « Equidem etiam curiam nostram, Hostiliam dico, non
hanc novam, quae mihi minor esse videtur, posteaquam est
major. » — Mais l'auteur ajoute : « Solebam intuens, Scipionem,
Catonem... cogitare ». Celui qui emploie ici un temps passé ne
semble-t-il pas parler de l'ancienne curie comme d'un monument n'existant déjà plus? Enfin le mot employé par Dion
lorsqu'il rapporte le décret ordonnant la reconstruction de la
curia Hostilia (ἀνοιχοδομηθῆναι) ne semble-t-il pas indiquer le
relèvement d'un édifice détruit plutôt que la construction d'un
édifice tout nouveau ?

Ajoutez à ce qui précède les textes d'auteurs assignant à la
curia Julia un emplacement analogue à celui qu'occupait l'ancienne (cités par Lanciani, *L'aula e gli uffici del senato romano*,
dans *Atti della reale Accad. d. Lincei, Memorie*, 3ᵉ sér. t. XI
(1882-83), p. 10). M. Lanciani, qui se prononce nettement contre
le déplacement de la curie, fait observer (*l. c.*) que jamais on
n'aurait osé déplacer la curie, symbole des destinées de Rome
au point de vue politique, comme le temple de Jupiter Capitolin
l'était au point de vue religieux. Il faut attendre les fouilles pour
trancher la question. Sur l'opinion favorable au déplacement
de la curie, cf. Jordan, *St. Rom.*, t. I², p. 253 et suiv.; Huelsen,
*Das Comitium und seine Denkmäler in der Top. d. republick.
Zeit.*, dans *Mittheilung. d. k. d. arch. Inst.*, t. VIII (1893), p. 79 ss.,
pl. IV. — 1. Lanciani l'a démontré d'une manière définitive et
irréfutable (*l'Aula e gli Uffici*, etc.). — 2. Dio, XLVII, 19 ; Plin.,
Hist., nat., XXXV, 10 ; Cic., *De fin. bon.*, V, 1. — 3. Cela ressort de
la difficulté de concilier avec l'orientation de   curie actuelle
le texte de Pline sur l'observation du soleil de midi entre les
rostres et la Graecostase (voir plus haut la note 7, 3°). Dans
son mémoire (*Das Comit.*, dans *Mittheilung.*, 1893, p. 88 ss. et
pl. IV), Huelsen a très bien démontré quelle doit être l'orientation
de la curie pour que le texte de Pline soit vérifié exact.

aux textes. Ici encore nous devons attendre les fouilles
et le déblaiement du côté nord du forum; étant donnée
la manière dont bâtissaient les Romains, on retrouvera
les substructions, superposées ou espacées, des divers
édifices qui se sont succédé. Alors seulement on saura
avec certitude si les deux curies ont occupé le même
emplacement; on saura aussi quelles étaient les
dimensions du comitium, et si, placé devant la curie,
il s'étendait cependant aussi loin vers le nord que le
pense M. Huelsen (fig. 5, p. 73).

La curia Julia, commencée par les triumvirs, fut
achevée par Auguste [1] qui la dédia en l'année 725
(= 29 av. J.-C.); cette même année, Auguste célébra
trois triomphes et ferma le temple de Janus. Il orna la
nouvelle curie de deux grands tableaux signés l'un par
Nicias, l'autre par Philocharès [2]. Au centre de la
curie [3] il plaça une magnifique statue de la Victoire,
apportée autrefois de Tarente et ornée avec les
dépouilles de l'Égypte [4]; et, devant la statue, il érigea
un autel qui fut consacré le 28 août de la même
année [5]. C'est ce même autel qui, à la fin du IV° siècle,
souleva de si vives discussions entre les païens et les
chrétiens, ceux-ci demandant qu'il disparût de la salle
des séances où ils siégeaient [6]. La curie était encore
ornée de boucliers offrant, en bustes, les portraits des
citoyens auxquels le Sénat avait décrété cet honneur [7].

1. Dio, LI, 22; Res gest.,Div. Aug.,IV,1; Plin.,Hist. nat.;XXXV,10.
— 2. Plin., l. c. — 3. Herodian., V, 5. — 4. Dion, l. c.; cf. Sueton.,
Aug. C. — 5. Corp. inscr. lat., I, Commentar. diurn., 28 août. Il ressort du texte d'Herodien (l. c.) que l'autel était devant la statue.
— 6. Cf. Gerhard, Der Streit am den Altar der Victoria; Otto
Seck, dans sa préface à Aurelius Symmaque, dans Monum.
german. hist., t. VI¹, p. LIII ss. — 7. Trebell., Claud., III. Cf. Lanciani, l'Aula e gli Uffici, p. 7. Le bouclier sur lequel était
représenté le buste de Claude II dans le sénat était en or et orné
de palmes.

A la curie, Auguste ajouta un portique (*chalcidicum*) y attenant (*curiam et continens ei chalcidicum*) [1], appelé *chalcidicum Minervae* par Dion Cassius [2]. Ce portique fut sans doute ajouté à la curie pour lui donner, con-

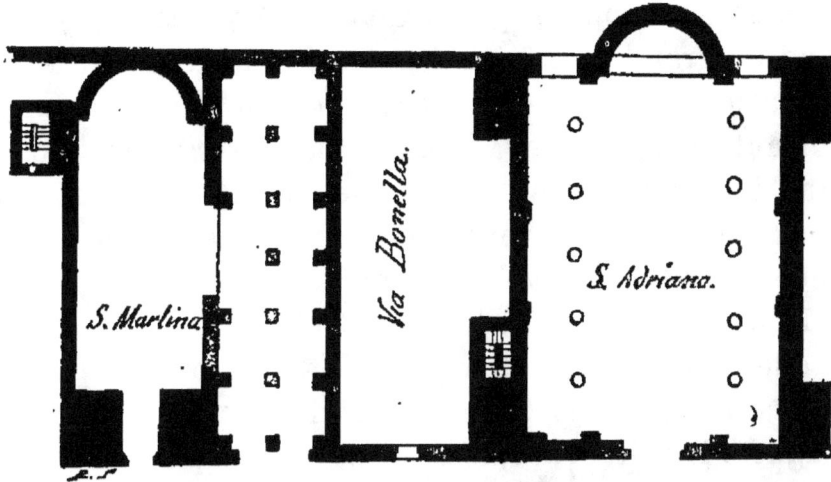

Fig. 11. — Le plan de la curie de Dioclétien, d'après un dessin de Sangallo publié par Lanciani.

formément au précepte de Vitruve [3], des proportions harmonieuses. Il est probable qu'il faut l'identifier avec l'*atrium Minervae* [4] que les catalogues placent près du Sénat [5]. M. Huelsen le reconnaît dans le portique couvert (fig. 11, *via Bonella*; plan II, K, 2) qui sépare la curie (fig. 11, *S. Adriano*; plan II, K, 3) du *secretarium senatus* (fig. 11, *S. Martina*; plan II, K, 1)[6];

1. *Res gest. Div. Aug.*, IV, 1. — 2. LI, 22. Il faut lire : Τό τε ʼΑθήναιον τὸ Χαλκιδικὸν ὠνομασμένον... καθιέρωσεν (Lanciani, *O. l.*, p. 7), et non, comme beaucoup d'éditions : Τό τε ʼΑθήναιον τὸ καὶ Χαλκιδικὸν. — 3. V, 1. — 4. Lanciani, *l'Aula e gli Uffici*, p. 7; Mommsen, *Res gest. div. Aug.* (2ᵉ éd.), p. 79. — 5. *Curios. Urb.* et *De region.*, dans Urlichs, *Cod. Urb. Rom, topograph.* Regio VIII, p. 10 et 11. — 6. *Mittheilung. d. k. d. arch. Inst.*, t. VIII, 1893, p. 179, et plan; le mur qui, aujourd'hui, sépare ce portique en deux parties, ne serait pas antique, et la salle (*via Bonella* de la fig. 11) marquée sur le dessin de Sangallo, ferait partie du portique; ce qui, d'ailleurs, semble

M. Lanciani au contraire a cru retrouver ce portique dans un dessin de Sangallo [1] : ce serait le portique rectangulaire dont les restes ont été reconnus derrière la curie (plan II, K, 4); un de ses petits côtés, composé de trois colonnes, ouvrait sur l'Argiletum (c'). Au fond du grand côté faisant face au mur de derrière de la curie, s'ouvrait une niche avec un piédestal supportant la statue de Minerve. Une inscription, d'origine inconnue [2], qui mentionne l'érection, après un incendie, d'une nouvelle statue de Minerve, provient peut-être de l'*atrium Minervae* [3].

La curia Julia dut souffrir de l'incendie de Néron; si elle y périt complètement, au moins put-on sauver la statue de la Victoire et les deux peintures dont Auguste l'avait ornée, car Pline décrit plus tard ces peintures comme existant encore de son temps [4]. En tout cas, une reconstruction de la curie est attribuée à l'empereur Domitien [5]. Elle fut de nouveau détruite par un incendie sous Carinus [6] et reconstruite par Dioclétien [7]. On a retrouvé, à différentes époques, des inscriptions et des bas-reliefs [8] qui ont dû appartenir à ce nouvel édifice. Une inscription monumentale, entre autres, mentionnant une voûte *auri fulgore decoratam* paraît avoir fait partie des inscriptions commémoratives de la reconstruction de Dioclétien [9]. La curie de Dioclétien resta à peu près intacte jusqu'au VIe siècle.

confirmé par un dessin de Baldassare Peruzzi publié par Lanciani (*l'Aula e gli Uffici*, planche II), mais dans lequel il est difficile de distinguer, des projets de restauration, ce qui est réel. — 1. Lanciani, *l'Aula e gli Uffici*, p. 18, pl. I. — 2. *Corp. inscr. lat.*, VI, 526. — 3. Lanciani, *l'Aula e gli Uffici* p. 17. — 4. Cf. Lanciani, *ibid.*, p. 11. — 5. Mommsen, *Ueber der Chronograph. von Jahre*, 354, p. 646; Cassiodor., dans Urlichs, *Cod. Urb. Rom. topograph.*, p. 195. — 6. Mommsen, *Ueber d. Chronogr. von Jahre*, 354, p. 648. — 7. *Ibid.* — 8. Cf. Lanciani, *Op. l.*, p. 12, 17. — 9. Cf. *ibid.*

C'est à cette époque que le pape Honorius Ier en
fit l'église de Saint-Adrien [1]. Cette église, au moins
à l'extérieur, est encore la curie de Dioclétien. Nous

Fig. 12. — La curie de Dioclétien (Saint-Adrien) au xvie siècle.

en donnons un dessin (fig. 12) exécuté par Du Pérac,
qui a vu le monument au xvie siècle, dans un temps
où il était plus dégagé qu'aujourd'hui et conservait
des restes plus nombreux de son ancienne ornemen-

1. Lanciani, p. 13. La nouvelle église fut appelée *S. Hadrianus
in tribus fatis* parce que, près des anciens rostres, c'est-à-dire
à côté de la curie, se trouvaient les statues des trois Sibylles
(Plin., *Hist. nat.*, XXXIV, 11) encore existant à cette époque et

tation[1]. La maçonnerie était revêtue de briques couvertes de stuc sur lequel on avait imité les joints des pierres de taille; il en existait encore quelques restes au temps de Du Pérac. La corniche, également en briques recouvertes de stuc, repose sur une série de consoles en marbre. Aujourd'hui l'encadrement en marbre de la porte a disparu; la porte de bronze, qui figure encore sur le dessin de Du Pérac, a été enlevée et transportée par Alexandre VII à Saint-Jean-de-Latran[2]. L'identification de l'église San Adriano avec la curie de Dioclétien est absolument démontrée et au point de vue topographique et au point de vue architectural[3].

Mais on possède, sur la curie de Dioclétien, des documents d'une plus grande importance que le dessin de Du Pérac. Ce sont des dessins d'Antonio da Sangallo, de Baldassare Peruzzi et de son fils, trouvés et publiés par Lanciani[4]. Nous avons reproduit plus haut le dessin d'Antonio da Sangallo donnant un plan relevé au XVIᵉ siècle de la curie de Dioclétien et de ses dépendances (fig. 11, p. 109)[5]. L'ensemble de ces bâti-

---

désignées alors sous le nom de *tria Fata*. Procope (*Bell. Goth.*, I, 25) avait écrit aussi que le temple de Janus (voisin de la curie) était près des *tria Fata*. — 1. *I vestigi dell' antichità di Roma*, 1575, pl. III. Middleton (*The remains of ancient Rome*, I, p. 240) donne un dessin de Ligorio, à peu près contemporain de celui de Du Pérac; d'après ce dessin. — *Ligorio si credere justum est* — la porte de la curie aurait été précédée d'un portique de dix colonnes surélevé de cinq marches. — 2. Lanciani, p. 20-21. — 3. Cf. *Id.*, *ibid*. Aujourd'hui le niveau du sol s'élève à peu près jusqu'aux trois petites fausses arcades que l'on distingue à peine sur le dessin, de chaque côté du fronton de la porte; les trois fenêtres sont murées, sauf la partie inférieure de la fenêtre centrale qui est prise par la porte actuelle. Au XVIᵉ siècle, le devant de la porte de l'église était déblayé et on y descendait par un escalier (voir fig. 12). — 4. *O. l.*, p. 14 et suiv., pl. I, II. — 5. Cette figure est empruntée à Lanciani, *l'Aula e gli Uffici*, pl. I; cf. *id.*, p. 14 ss.

ments formait un rectangle long de 51 m. 28 et large
de 27 m. 54. La façade s'ouvrait sur le comitium (*i*);
du côté opposé, les constructions étaient adossées à
un mur de tuf et de travertin qui appartenait à l'enceinte du forum de César (plan II, I); à droite étaient
l'Argiletum (*c'*) et le forum de Nerva (plan II, H); à
gauche s'étendait une place en bordure sur la rue
qui passait devant la prison (2), *clivus argentarius* [1]. La
curie ou salle des séances du Sénat est occupée par
l'église San Adriano (fig. 11, p. 109; plan II, K, 3). C'est
une salle longue de 25 m. 20 sur 17 m. 61. Les dix
colonnes qui divisent l'église en trois nefs et l'abside
sont modernes; aux murs sont appliqués des pilastres
corinthiens antiques en marbre, deux de chaque côté,
et en plus ceux des coins. Chaque angle de la salle
est flanqué, à l'extérieur, de massifs de maçonnerie
carrés, qui soutenaient sans doute cette voûte *auri
fulgore decoratam* dont il a déjà été parlé plus haut;
dans l'un de ces massifs était un escalier. Il est difficile de déterminer l'usage précis de la salle suivante
(fig. 11, p. 109; plan II, K, 2); c'était un vestibule ou
peut-être une cour; elle est traversée aujourd'hui par
la via Bonella, qui ne date que de la fin du XVIe siècle [2].
Il est probable, quoique les dessins ne l'indiquent
pas, que cette partie communiquait avec la curie.
Venait ensuite un portique couvert [3], long de 26 mètres,
large de 7 m. 47, séparé en deux nefs par six piliers
carrés, correspondant à des pilastres appuyés aux
murs, et soutenant sans doute une voûte à arêtes. Ce

---

1. Aujourd'hui la *via di Marforio* (plan II). — 2. La via Bonella
fut construite sous le pontificat de Sixte V par le cardinal
Alessandrino Michele Bonelli; elle ne correspond à aucune voie
antique. — 3. D'après un autre dessin, le mur mitoyen entre
les deux salles centrales daterait du moyen âge (cf. Huelsen,
Mittheilung., VIII, 1893, p. 279).

portique communiquait, par une grande arcade mon
tant jusqu'au toit, avec la dernière salle (fig. 11, S
Martina; plan II, K, 1), dont la destination nous es
connue : c'était le *secretarium senatus*, aujourd'hu
l'église Santa Martina. Le secretarium était une sall
longue de 18 m. 17, large de 8 m. 92, en forme d
basilique, terminée par une abside circulaire. C'est là
si l'on en croit une note de Sangallo, que furen
trouvés les bas-reliefs exposés aujourd'hui dans l'es
calier du palais des Conservateurs, qui ornaient l'ar
de Marc-Aurèle[1]. On a retrouvé en place l'inscriptio
mentionnant la reconstruction, sous Honorius et Théo
dose, du *secretarium amplissimi senatus*, qui avait ét
construit par Flavianus, *vir inlustris*, puis détruit pa
un incendie[2]. L'inscription nous donne à peu près l
date de la restauration, vers 412 ap. J.-C.; quant à l
première construction, on ne sait pas auquel des Fla
viani, qui furent préfets de Rome, il faut l'attribue
Une autre note de Sangallo nous apprend que l
Secretarium était construit en travertin; d'où il fau
drait conclure que le Flavianus du IVe siècle, à q
l'inscription attribue la construction du Secretariun
se serait borné, comme on le faisait souvent de so
temps, à adapter à un nouvel usage une dépendanc
de la curie[3].

1. On suppose que ces bas-reliefs avaient appartenu à l'a
érigé par Marc-Aurèle, en 176, après son triomphe sur les Da
mates et dont l'inscription a été conservée par l'anonyme d'Ei
siedeln (*Corp. inscr. lat.*, VI, 1014). Cet arc, d'après différen
témoignages, aurait été élevé à l'entrée du forum, à l'extrémi
du Clivus argentarius, entre le Secretarium senatus (s'il exi
tait déjà) et la prison. Nibby croit que le Secretarium senatu
fut construit par Marc-Aurèle, et que les bas-reliefs furent de
tinés, dès l'origine, à son ornementation et non à un arc-
triomphe (cf. Lanciani, p. 15-16). — 2. *Corp. inscr. lat.*, VI, 171
— 3. Cf. Lanciani, *O. l.*, p. 12 et 15.

M. Mommsen [1] a émis l'opinion partagée par M. G. B. de Rossi et Gatti [2] que, au vi[e] siècle, le *secretarium senatus* avait changé de destination et était devenu l'*Atrium libertatis*.

Le senaculum (cf. fig. 5, p. 73). — On ignore complètement à quelle date remonte le senaculum, mais il est naturel d'en parler après la curie, car il fut, comme elle, à l'usage des sénateurs [3]. Il était situé entre le Capitole et le forum [4], vers l'endroit où s'élevèrent le temple de la Concorde (6) [5] et la basilique Opimia, plus haut que la Graecostase [6], devant l'autel de Saturne [7] situé sans doute près de son temple (19). Tous ces renseignements nous permettent de placer le senaculum sur le Vulcanal, ou peut-être, comme le fait M. Huelsen (fig. 5, p. 73), sur l'extrémité sud-ouest du comitium qui confinait au Vulcanal. Il est impossible de marquer avec probabilité un emplacement précis.

On ne sait pas davantage si le senaculum était une place découverte, un portique ou un édifice [8]. Son usage n'est pas déterminé avec plus de précision. C'était, suivant quelques auteurs, un simple vestibule ou salle d'attente du Sénat [9]; là en effet, d'après Valère Maxime [10], des sénateurs, dans les temps anciens de discipline et de mœurs austères, avaient l'habitude de se réunir, afin d'être prêts à entrer, à la première

---

1. *Hermes*, t. XXIII, 1888, p. 631; cf. Huelsen, *Mittheilung. k. d. a Inst.*, t. IV, 1889, p. 240. — 2. *Bullet. della com. arch. com. di Roma*, 1889, p. 362. — 3. Festus, ap. Paul. Diac., *s. v. Senaculum*, p. 337 : « Senaculum, locus senatorum ». — 4. Nicostrat., in Fest, *s. v. Senacula*, p. 347. — 5. *Ibid.* — 6. Varr., *Ling. lat.*, V, 56. — 7. Macrob, *Sat.*, I, 8. — 8. Cf. Nichols, *The rom. Forum*, p. 168. Il paraît cependant plus probable que ce fut un édifice. — 9. Cf. Willems, *le Sénat de la République romaine*, t. II, p. 146. — 10. Val. Max., II, 2, 6.

invitation, dans la salle des séances, sans attendre la
convocation par édit. D'autres pensent, avec plus de
vraisemblance, que le senaculum du forum était le lieu
où les sénateurs conféraient avec les tribuns, auxquels
l'entrée de la curie était interdite [1]; cette opinion est
autorisée par un texte de Festus [2], et aussi par le fait
que les sénateurs entendaient, dans un autre senaculum, au temple de Bellone, ceux des ambassadeurs
des nations étrangères auxquels on ne permettait pas
d'entrer dans la ville [3] ou les personnages soumis à la
même défense [4]. Il existait un troisième senaculum
près de la porte Capène [5].

La pila Horatia. — Après la défaite des Albins, ou
plutôt des trois Curiaces par le dernier des Horaces, le
roi Tullus Hostilius fit attacher, en guise de trophée,
les armes des Curiaces à un pilier que, au temps
d'Auguste, on voyait encore à l'angle d'un des deux
portiques du forum [6]. Le vieil Horace, pour exciter la
pitié du peuple et lui arracher une sentence favorable
à son fils, meurtrier de sa sœur, montrait ce trophée
en rappelant la victoire qui avait sauvé Rome [7]. Le
temps avait détruit les armes, mais, à l'époque de
Denys d'Halicarnasse et de Tite-Live, le pilier existait

1. Cf. T. H. Dyer, dans Smith, *A dictionnary of greek and
roman geography*, II, p. 780. — 2. Nicostrat., in Festo, s. v. *Senacula*, p. 347 : [senaculum] « in quo solebant magistratus cum
senioribus deliberare ». — 3. *Ibid.* — 4. Liv., XXVIII, 38.
Scipion qui, au retour d'Espagne, désirait le triomphe et ne
pouvait, pour cette raison, entrer dans Rome, est entendu
par le Sénat dans le senaculum du temple de Bellone. — 5. Nico-
trat., in Festo, *l. c.*; cf. Liv., XXIII, 32. Si ces senaculum n'étaient
pas augurés, et aucun texte ne dit qu'ils le furent, le Sénat ne
pouvait pas y faire de sénatusconsultes (cf. Varr., ap. Gell., XIV,
7); toutefois, du rapprochement des textes cités, il semble
bien résulter que le senaculum était un lieu où, sous une forme
quelconque, on délibérait. — 6. Dionys., III, 22. — 7. Liv., I, 2

encore et avait conservé le nom de *pila Horatia* ¹. On s'est demandé s'il ne fallait pas reconnaître ce pilier dans une base carrée, située à l'angle nord-est du portique de la basilique Julia (17), au point d'intersection de la voie sacrée (13) et du vicus Tuscus (18) ². Mais il est beaucoup plus probable que cette base servait de piédestal à une statue.

M. Otto Gilbert pense que la *pila Horatia* dut être érigée à la limite nord du forum, près de l'endroit où s'élevèrent plus tard les *tabernae novac* (fig. 5, p. 73); du côté par où elles se rapprochaient du *comitium*. A ce dernier endroit, en effet, la *gens Horatia* éleva plus tard un autre monument consacré à sa gloire : la statue d'Horatius Coclès ³.

La prison (2), *le Tullianum, les Lautumiae, les scalae Gemoniae*. — La prison était située à un endroit d'où elle dominait le forum ⁴, à côté du temple de la Concorde (6) ⁵, près d'un escalier qui descendait du Capitole (3) ⁶. Ces indications et les restes qui subsistent concordent parfaitement avec l'attribution de la prison aux églises San Pietro in Carcere et San Giuseppe de' Falegnami.

A la suite d'un accroissement de la population, Ancus Marcius fut contraint à la construire à cause de l'audace croissante des malfaiteurs ⁷ et pour réprimer les crimes et les attentats ⁸. Elle était composée d'une série de cellules dont une subsiste encore, creusée dans le roc et construite en grosses pierres bien

---

1. Dionys., *l. c.*; Liv., *l. c.*; Propert., III, 3, 7. — 2. Cf. Jordan., *Topogr. d. St. Rom.*, I², p. 394-395. Sur notre plan I, ce pilier est indiqué par un petit carré noir. — 3. Cf. Otto Gilbert., *Gesch. und. topogr.*, II, p. 69 et note 1. — 4. Liv., I, 33 : « Media urbe, imminens foro aedificatur ». — 5. Dio, LVIII, 11; Plin., *H. N.*, VII, 60. — 6. Dio, LVIII, 5. — 7. Liv., *l. c.* — 8. Cic., *Catilin.*, II, 12.

appareillées, avec une voûte [1]. Sous cette cellule s'étend un cachot souterrain, voûté, de forme ronde, qui ne communique avec la cellule supérieure que par un trou pratiqué dans la voûte (fig. 13, 14). C'est par ce trou qu'étaient précipités les condamnés : parfois on les étranglait[2]; souvent aussi on les laissait mourir de faim [3]. Beaucoup de condamnés périrent dans le *Tullianum* : dans le nombre, les complices de la conjuration des Gracques [4] et ceux de la conjuration de Catilina [5], Sabinus et ses esclaves[6], Séjan et ses enfants[7]. Pendant les triomphes, le cortège s'arrêtait près du temple de Saturne; les chefs ennemis, qui jusque-là en avaient fait partie, étaient conduits dans la prison, et mis à mort [8], sauf les cas peu fréquents où le triomphateur leur faisait grâce. Ainsi périrent Jugurtha [9], Vercingétorix [10], Simon [11].

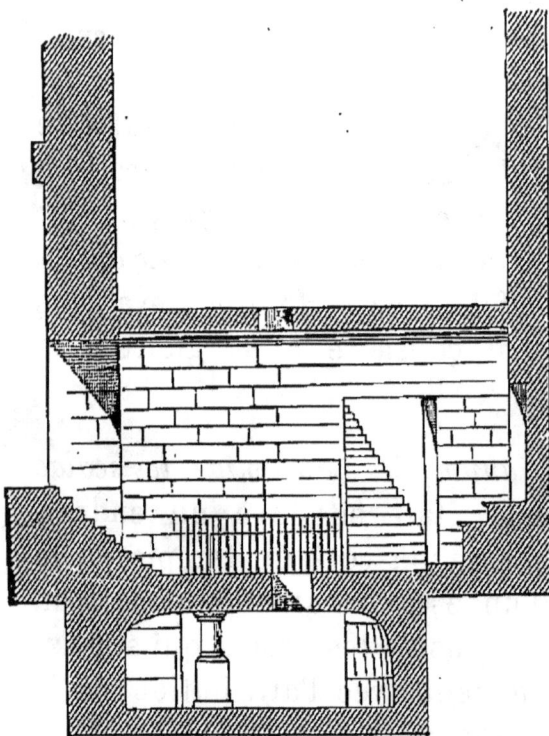

Fig. 13. — Coupe de la prison (état actuel).

1. Cf. Parker, *The primitive fortification of Rome*, p. 171; Fabio Gori, *Il carcere Mamertino*, p. 8. — 2. Liv., XXIX, 22; Sallust., *Catil.*, LV; Plutarch., *Cic.*, XXII; Servius, ad *Aen.*, VI, 573. — 3. Plut., *Marius*, XII; Liv., XXXVIII, 59. — 4. Appian., *B. C.*, I, 26. — 5. Sallust., *Catilin.*, LV. — 6. Tacit., *Hist.*, III, 74. — 7. Tacit., *Ann.*, V, 9. — 8. Cicer., *Verr.*, V, 30. — 9. Plutarch., *Marius*, XII. — 10. Dio, XL, 41. — 11. Joseph., *Bell. Jud.*, VII, 5.

Ce cachot souterrain était une citerne transformée en prison; il fut attribué à Servius Tullius [1] vraisemblablement à cause de son nom *Tullianum*. On lui donnait aussi le nom de *carcer inferior* [2]. Salluste nous en a laissé une horrible description, encore exacte aujourd'hui [3]. Sur la façade qui regarde le Forum on lit encore une inscription gravée en souvenir d'une restauration faite pendant le règne de Tibère, sous les consulats de C. Vibius Rufinus et M. Cocceius Nerva [4]. L'appellation vulgaire de la prison désignée aujourd'hui sous le nom de prison Mamertine date du moyen âge seulement.

Fig. 14. — Plan de la prison.

A côté de la prison d'Ancus Marcius, il existait une autre prison appelée *Lautumiae*, par analogie avec les célèbres prisons de Syracuse, parce que, comme elles, elle était établie dans d'anciennes carrières [5]. On y enferma des prisonniers de guerre [6] et Sabinus demanda comme une faveur d'y être transféré [7]; elle était sans doute moins rigoureuse que l'autre.

On arrivait à la prison par un escalier dont l'emplacement exact n'est pas encore bien déterminé. C'étaient les *scalae Gemoniae*. Leur nom revient souvent dans

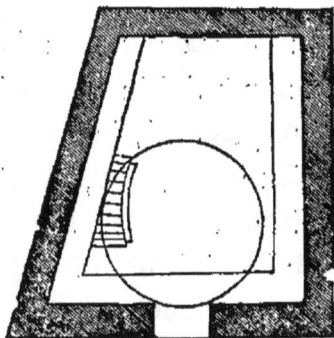

---

1. Varr., *Ling. lat.*, V, 151; Sallust., *Cat.*, LV; Festus, s. v. *Tullianum*, p. 356; Liv., XXIX, 22. — 2. Liv., XXXIV, 44. — 3. Sallust., *l. c.* : « Est locus in carcere quod Tullianum appellatur.... Eum muniunt undique parietes, atque insuper camera lapideis fornicibus vincta; sed incultu, tenebris, odore, foeda atque terribilis ejus facies. » Cf. Calpurnius Flaccus, *Declamat.*, IV. — 4. *Corp. inscr. lat.*, VI, 1539. L'année de ce consulat est incertaine. — 5. Varr., *Ling. lat.*, V, 151. — 6. Liv., XXXII, 26; XXXVII, 3. — 7. Senec., *Controv.*, IV, 27; cf. Nichols, *The rom. Forum*, p. 275.

les récits des historiens. On y exposait les cadavres des suppliciés [1]. Pline les appelle *gradus gemitorii* [2], nom qui rappelle le pont des Soupirs.

La cloaca maxima (*v*). — Commencée par Tarquin l'Ancien à l'aide d'ouvriers appelés d'Étrurie [3] et continuée après lui, la *cloaca maxima* se rattache à tout un système d'égouts, dont elle est le plus considérable, destiné à dessécher non seulement le forum, mais toute la plaine [4] où s'établissaient peu à peu les populations descendues des hauteurs. Pline loue déjà sa solidité qui a résisté à tant de siècles [5]. Strabon [6], non sans quelque exagération, dit que, par endroits, un char plein de foin aurait pu y passer. Agrippa, pour pousser jusqu'au Tibre les immondices qu'elle recevait, y lança les eaux de sept rivières [7]. Elle appartenait à tout un ensemble d'égouts qui faisaient dire à Pline que Rome était une ville suspendue sous laquelle on naviguait [8]. Théodoric fit réparer les égouts de Rome qui, en ce temps-là, excitaient encore la même admiration [9].

La cloaca maxima entre sous le forum près de l'Argiletum (*c'*), passe à peu près sous la base de statue dont on voit les débris sur l'aréa du forum (*m*), sous la voie sacrée (13) et sous l'extrémité orientale de la basilique Julia (16) où l'on a pratiqué un regard (*v*) qui permet de se rendre compte de son admirable construction. Dans un travail récent, M. Lanciani a déterminé le trajet de la cloaca maxima sous le forum

---

1. Dio, LVIII, 5; Liv., XXXVIII, 59; Val. Max., VI, 3, 3; Tacit., An., III, 14; V, 9; *Hist.*, III, 74, 85; Sueton., *Vitell.*, XVII. — 2. *Hist. nat.*, VIII, 61, 3. — 3. Liv., I, 56. — 4. Dionys., III, 67; Liv., I, 38, 56; Plin., *Hist. nat.*, XXXVI, 24, 4. — 5. *L. c.* — 6. V, 8. — 7. Plin., *l. c.* — 8. XXXVI, 24, 3. — 9. Var., l. III, ep. 30, apud Cassiodor.

de Nerva et le point précis où elle pénètre sous le
forum romain un peu à droite de Saint-Adrien [1]. Au
sortir du forum, elle traverse le Vélabre, laissant le
vicus Tuscus (18) un peu à gauche; puis, après un

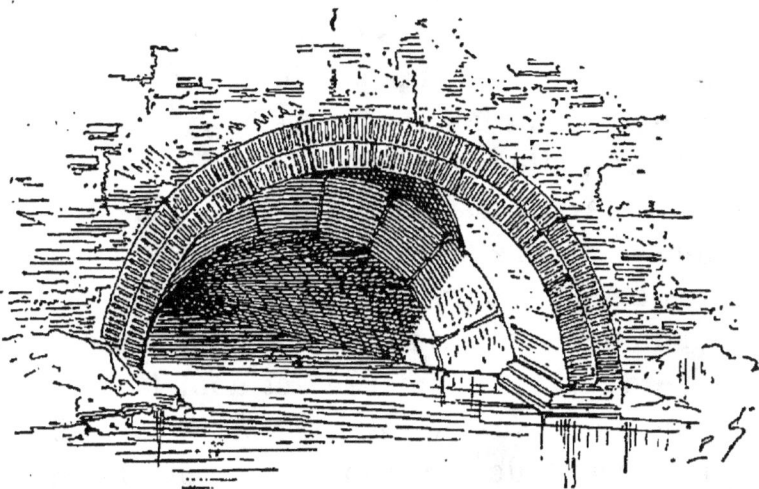

Fig. 15. — Embouchure de la cloaca maxima.

détour vers l'ouest, pénètre sous le Forum boarium,
passant sous l'emplacement de l'arc de Janus Quadrifrons, et enfin débouche dans le Tibre, sous la place
Bocca della Verita, près du *ponte Rotto*, au pied, ou à
peu près, du petit temple rond appelé aujourd'hui
Santa Maria del Sole [2].

Les portiques, les boutiques, les Maeniana. — Tarquin entoura le forum de portiques; c'est-à-dire qu'il
distribua aux particuliers le terrain qui s'étendait
autour du forum, avec charge d'y bâtir des boutiques

1. *La Cloaca massima*, dans *Bull. d. com. arch. comun.*, 1890,
p. 95, pl. VII-VIII. — 2. Cf. Lanciani, *Forma*, pl. XXII et XXIX;
Kiepert et Huelsen, *Formae Urbis Romae*, pl. III. Sur la cloaca
maxima, voir aussi M. Ronna, *Les égouts de Rome*, dans le *Bul-
letin de la Société d'encouragement pour l'industrie nationale*,
n° d'octobre 1897. .

et de les orner de portiques[1]; il est probable que toutes ces constructions étaient édifiées sur un plan uniforme.

Plus tard les portiques eurent un étage supérieur formant une galerie couverte ou des loges, d'où l'on pouvait suivre les jeux qui se donnaient sur le forum[2]. On appela ces loges *maeniana*, du nom de Maenius, le premier qui en ait fait construire[3]. Les *maeniana* du forum romain, situés à l'endroit appelé *sub veteribus*, c'est-à-dire devant les *tabernae veteres* (fig. 5, p. 73), dont nous parlerons tout à l'heure, étaient ornés de peintures de Sérapion[4]. Il exista, aussi, aux *tabernae veteres*, une peinture qui représentait un Gaulois tirant la langue d'une façon hideuse[5] et dont le pendant se voyait, en face, aux *tabernae novae* (figure citée)[6]. D'ailleurs l'habitude se répandit de bonne heure d'orner le forum de tableaux[7] et ils n'étaient pas toujours du goût le meilleur : un de ces tableaux représentait un berger avec sa houlette; un ambassadeur des Teutons que l'on interrogeait sur sa valeur, répondit qu'il n'accepterait pas l'original, même vivant et pour rien[8].

Parmi les boutiques qui s'élevaient sur le forum, deux groupes sont particulièrement connus : ce sont les *tabernae veteres* et les *tabernae novae* (voir fig. 5, p. 73).

Nous savons par un texte de Tite-Live que la basilique Sempronia occupait l'emplacement de la maison de Scipion, près de la statue de Vertumne et à côté

1. Liv., I, 35; Dionys., III, 67. Il existait d'ailleurs des portiques sur le forum avant Tarquin (cf. Dionys., III, 22). — 2. Vitruv., V, 1. — 3. Isid., *Orig.*, XV, 3; Fest., ap. Paul. Diac., *s. v. Maeniana*, p. 135; Ascon., *in Caec. div.*, § L, p. 120, éd. Orelli. — 4. Plin., *Hist. nat.*, XXXV, 37, 2. — 5. Plin., *H. N.*, XXXV, 8. — 6. Cic., *De Orat.*, II, 66. — 7. Plin., *H. N.*, XXXV, 8. — 8. *Id.*, *ibid.*

des *tabernae veteres*[1]. Or la statue de Vertumne était
sur le vicus Tuscus (18)[2] et on sait que la basilique
Sempronia (fig. 5) fut absorbée dans la construction
de la basilique Julia (16). Ce texte nous permet donc
de placer les *tabernae veteres* le long de la voie sacrée,
(13) à peu près à la place où fut plus tard le portique (17) de la basilique Julia (16). Lorsque le soleil
devenait insupportable aux promeneurs qui erraient
sub novis, c'est-à-dire devant les *tabernae novae*, ils
allaient chercher un peu de fraîcheur *sub veteribus*,
c'est-à-dire devant les *tabernae veteres*[3]. Que conclure
de ce fait, sinon que les *tabernae veteres* étaient en
bordure sur le côté sud du forum où elles projetaient
leur ombre? Renseignement qui concorde avec les
précédents. Quant aux *tabernae novae*, le même texte
démontre que, inondées par les rayons du soleil, elles
étaient sur le côté nord du forum. Et en effet Tite-
Live dit que, derrière elles, on construisit la basilique
Aemilia (*d'*)[4]. On sait aussi que le père de Virginie,
après avoir entraîné sa fille près du sacrarium de Vénus
Cloacina, à côté des *tabernae novae*, saisit, pour l'en
frapper, le couteau d'un boucher qui occupait l'une de
ces boutiques[5]; or ce sanctuaire était également sur
le côté nord du forum (voir plus haut, p. 87).

Les *tabernae novae* étaient ainsi appelées parce
qu'elles avaient été reconstruites après un incendie[6]
qui éclata sur plusieurs points du forum à la fois
(544 = 210 av. J.-C.). Avant l'incendie, elles étaient
au nombre de sept, mais on n'en releva que cinq qui

1. Liv., XLIV, 16. — 2. Varr., *Ling. lat.*, V, 46; Ascon., in *II
Verr.*, I, § 154, p. 199. Asconius appelle le vicus Tuscus, vicus
Turarius; mais ces deux noms désignent la même rue; cf. Cruq.,
in *Hor. Serm.*, II, 3, 228; Propert., IV, 2. — 3. Cic., *Acad.*, II, 22.
— 4. Liv., XL, 51. — 5. Liv., III, 48. — 6. Liv., XXVI, 27.

furent occupées par des orfèvres [1]. On les appelait aussi *tabernae plebeiae* parce qu'elles furent construites par les soins des édiles M. Junius Brutus et L. Opius [2].

Nous avons vu plus haut que les boutiques furent construites par des particuliers sur le terrain que leur avait donné le roi; cependant certaines appartenaient à l'État, car, après l'incendie des sept boutiques, leur reconstruction fut mise en adjudication par les censeurs [3].

Les boutiques souffrirent, plus encore que les grands édifices, des incendies fréquents qui dévastèrent le forum romain; il serait sans intérêt de rechercher les désastres qui détruisirent ces humbles constructions. Simples boutiques d'un marché à l'origine, elles devinrent plus riches à mesure que le forum devint lui-même un centre de promenade et d'affaires; les banquiers et les orfèvres y remplacèrent les bouchers, les marchands de comestibles et les maîtres d'école [4], et on leur distribua, pour orner le forum aux jours de fête, les boucliers dorés pris aux Samnites [5]. On ne peut pas assigner de date à ce changement qui se fit sans doute lentement et progressivement; la mention la plus ancienne qui soit faite des boutiques des banquiers remonte au triomphe de L. Papirius Cursor, en l'année 445 (= 309 av. J.-C.) [6]. Nous savons par Tite-Live que sous Tarquin le forum fut entouré de boutiques [7] et qu'il en était encore ainsi au temps où Hannibal assiégeait Rome [8]; la phrase même de Tite-

---

1. Liv., XXVI, 27. — 2. Festus, *s. v.* [Plebe ias], p. 230. Il est bon de faire remarquer que cette dénomination s'appuie sur des conjectures de Müller, qui d'ailleurs sont vraisemblables. — 3. Liv., XXVII, 11. — 4. Non. Marc., XII, 55; Liv., IX, 40, XXVI, 27. — 5. Liv., IX, 40. — 6. *Id., ibid.* — 7. *Id.*, I, 35. — 8. *Id.*, XXVI, 11.

Live, dans ce dernier passage, fait entendre que, de son temps, ces boutiques n'existaient déjà plus. Et, en effet, elles disparurent peu à peu vers la fin de la République pour faire place aux grandes constructions publiques.

Les jours de deuil et les jours de comices on fermait les boutiques[1]; on les ornait les jours de fête et les jours de triomphe[2].

1. Liv., III, 27; IV, 31; IX, 7; Varr., *Ling. lat.*, VI, 91; Cic., *Pro dom.*, XXI. — 2. Liv., IX, 40.

CHAPITRE V

Temple de Saturne. — Les Tarquins laissèrent le forum complètement desséché, entouré de portiques et orné de temples, déjà conforme au type traditionnel du forum romain. C'est peut-être aux Tarquins aussi qu'on doit le temple de Saturne; tout au moins certains auteurs le leur attribuent. En tout cas il fut dédié sous la République; d'ailleurs ses premières origines, plus anciennes que celles de Rome même, remontent aux temps mythologiques.

Le temple de Saturne était situé entre trois rues : le vicus Jugarius (*a'*) à l'est, la voie sacrée (13) à l'est et au nord; le Clivus Capitolinus (*a*) à l'ouest. Son identification avec le temple à colonnes ioniennes dont le portique hexastyle est encore debout dans l'espace circonscrit par ces trois voies antiques, est certaine. Plusieurs textes très explicites[1] et surtout un passage décisif de l'inscription d'Ancyre plaçant la basilique

---

1. Varr., *Ling. lat.*, V, 42; Dionys., I, 34; Plin., *H. N.*, III, 66; Tacit., *Hist.*, I, 27; Festus, *s. v. Saturnia*, p. 322.

Julia (16) entre ce temple et le temple de Castor (15)[1] ne laissent subsister aucun doute. D'ailleurs les fragments du plan antique rapprochés dans la figure 16, nous montrent, par la coïncidence des lignes qui se

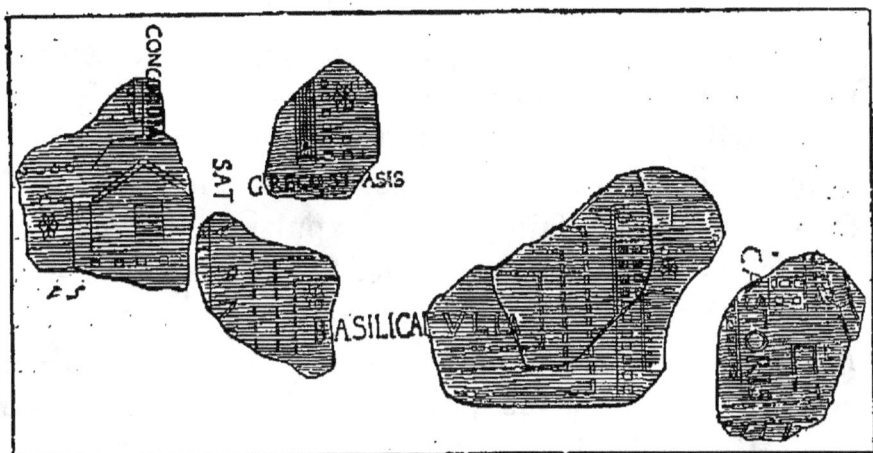

(6) (19)   (16)   (15)

Fig. 16. — Monuments du forum figurant sur le plan antique de Rome.

continuent d'un édifice à l'autre, la basilique Julia placée, comme le dit l'inscription d'Ancyre, *inter aedem Castoris et aedem Saturni*, et le temple de Saturne lui-même, conformément à un texte de Servius, *ante clivum Capitolinum, juxta Concordiae templum*[2].

Suivant Denys d'Halicarnasse[3], des Grecs conduits par Hercule érigèrent au pied du *collis Saturnius* (plus tard le Capitole), sur lequel ils s'étaient établis au milieu des ruines de la ville jadis fondée par Saturne[4],

1. *Res gestae divi Augusti*, édit. Mommsen, IV, 12-13 : « Basilicam quae fuit inter aedem Castoris et aedem Saturni ». — 2. Servius, *in Aen.*, II, 116; cf. VIII, 319, et Hygin., *Fab.*, CCLXI, in fine. Sur l'emplacement du temple de Saturne, cf. la dissertation de F. M. Nichols, *The roman Forum*, p. 23 ss.; Jordan., *Eph. epigr.*, III, 67 ss. — 3. I, 34; cf. Virgil., *Aen.*, VIII, 355; Varr., *Ling. lat.*, V, 42. — 4. Virgil., *Aen.*, 357-358; Servius, *ad Aen.*, VIII, 319.

un autel à Saturne, sur lequel, à l'époque romaine, on continuait à sacrifier suivant le rite grec[1]; dans le temple même, d'après un usage remontant à la plus haute antiquité suivant Macrobe[2] et Festus[3], les Romains sacrifiaient la tête découverte.

Les traditions sur l'époque à laquelle le temple s'éleva au même endroit que l'autel, sont multiples : on l'attribua à Tullus Hostilius[4]. Selon d'autres, Tarquin en aurait ordonné la construction[5], mais la dédicace en aurait été faite, après l'expulsion des rois, par T. Lartius[6], dictateur en l'année 253 (= 501 av. J.-C.); ou par Posthumius Cominius[7], consul la même année. D'autres rapportent que les travaux en auraient été adjugés par T. Lartius[8], consul de l'année 256 (= 498 av. J.-C.). Aulu-Gelle a retrouvé un sénatus-consulte chargeant de la construction du temple L. Furius, tribun des soldats[9] en l'an 373 (= 381 av. J.-C.)[10]. Mais la date qui semble devoir être admise pour la dédicace est le jour des Saturnales (le 18 décembre)[11] de l'année 257 (= 497 av. J.-C.), datée par les noms des consuls A. Sempronius Atratinus et M. Minicius[12].

Le temple de Saturne fut reconstruit, à la demande de l'empereur Auguste[13], par les soins de L. Munatius Plancus[14]. Les débris qui en subsistent appartiennent probablement à cette reconstruction; mais, comme l'indique l'inscription qu'on lit encore[15], le

1. Dionys., I, 34. — 2. *Saturn.*, I, 8. — 3. *S. v. Saturnia*, p. 322. — 4. Macr., *Saturn.*, I, 8. — 5. Dionys., VI, 1. Suivant Varron (*Ling. lat.*, V, 74), Tarquin aurait élevé un autel à Saturne. — 6. Macrob., *l. c.* — 7. Dionys., *l. c.* — 8. *Ibid.* — 9. Cité par Macrobe, *Sat.*, I, 8. — 10. Cf. *Fasti consulares*, dans *Corp. inscr. lat.*, 2e édit., à cette année (p. 123). — 11. Festus, *s. v.* Saturnia, p. 322; *Commentarii diurni*, ad 17 Dec., dans *Corp. inscr. lat.*, I. — 12. Liv., II, 21; Dionys., VI, 1. — 13. Suet., *Aug.*, XXIX. — 14. *Corp. inscr. lat.*, X, 6087; VI, 1316. — 15. *Ibid.*, VI, 937.

temple fut, à la suite d'un incendie, très vraisemblablement l'incendie de Carinus, de nouveau restauré.
Cette dernière restauration doit en effet avoir été exécutée à une basse époque, car les colonnes redressées
sans soin et sur des bases inégales et d'autres détails
de la construction marquent un temps de décadence.

Suivant Macrobe [1], l'usage existait d'orner le faîte
des temples de Saturne de tritons embouchant la
trompette; l'auteur ne fait peut-être que généraliser
une particularité du temple du forum. La façade regardait le nord; on y montait par un escalier monumental. Le temple était prostyle exastyle.

Le Trésor public était déposé dans le temple de
Saturne [2] et s'appelait pour ce motif *aerarium Saturni*.
La chambre du Trésor se trouvait sous le temple dans
le soubassement. Les questeurs, chargés de l'administration du Trésor sous le contrôle du Sénat, conservaient dans les archives du temple, les livres des
recettes et des dépenses et leurs comptes [3]; on déposait dans les mêmes archives une partie des registres
de l'état civil [4], les lois [5] et les sénatus-consultes [6].
Dans le Trésor aussi on gardait les étendards des
légions [7]. Les paiements s'y faisaient au poids avec
une balance [8]. C'est au temple de Saturne que les questeurs prêtaient serment avant d'entrer en charge [9].

Les auteurs anciens font souvent mention d'un

---

1. *Saturn.*, I, 8. — 2. Plut., *Quaest. Rom.*, XLII; Macrob.,
Saturn., I, 8; Varr., *Ling. lat.*, V, 184; Suet., *Claude*, XIV;
Tacit., *Ann.*, XIII, 28; Servius, *ad Aen.*, III, 319. — 3. Cicer.,
II, *Verr.*, I, 14, 39; Ascon., *ibid.*, 11; Liv., XXIX, 37; XXXVIII,
54, 58; Plutarch., *Cato Utic.*, XIX; Gell., IV, 18. — 4. Servius,
Ad Georg., II, 502. — 5. Cicer., *De leg.*, III, 4; Sueton, *Caes.*,
XXVIII. — 6. Liv., XXXIX, 4; Tacit., *Annal.*, III, 61; Sueton.,
Aug., XCIV. — 7. Liv., III, 69; IV, 22; VII, 23; cf. Dionys., X,
18. — 8. Varr., *L. l.*, V, 142. — 9. Appian., *B. C.*, I, 31.

aerarium sanctius conservé dans le temple de Saturne [1].
Ce n'était pas un second Trésor avec un local spécial
mais un simple fonds de réserve [2].

Devant le temple de Saturne s'étendait une place
appelée *area Saturni* [3]; les *praetores aerarii* L. Calpurnius Piso et M. Selvius en rectifièrent les limites [4]
elle était entourée de stèles [5] portant des textes de
lois gravées sur bronze [6] et d'une balustrade [7]. Sur
l'aréa, à côté de l'autel de Saturne, avait été élevé un
sacellum Ditis [8]. Les cendres d'Oreste apportées d'Aricie, y reposaient [9]; il y avait aussi, sur l'*area Saturni*,
une statue de Silvain à l'ombre d'un figuier que l'on
dut arracher après les cérémonies religieuses requises
parce que ses racines menaçaient de renverser la
statue [10].

Derrière le temple s'élevait, près du vicus Jugarius [11]
un autel à Ops et à Cérès, érigé le 10 août de l'an de
Rome 760 (= 7 après J.-C.) [12], sans doute à l'occasion
d'une grande famine qui, cette même année, éprouva
l'Italie [13]. Le jour anniversaire de l'érection de cet
autel était férié [14].

Une inscription publiée par Gruter [15] et, d'après
lui, par Orelli [16], a longtemps autorisé l'opinion que le
temple de Saturne était aussi sous le vocable d'Ops,
sa femme d'après la mythologie [17] : *aedes Opis et*

---

1. Liv., XXVII, 10; Cic., *Ad Attic.*, VII, 21. — 2. Cf. Marquardt, *Röm. Staatsverw.*, II, 293; trad. Vigié, *Organis. financ.*
p. 384. — 3. *Corp. inscr. lat.*, I, 638; VIII, 9249. — 4. *Corp. inscr.
lat.*, VI, 1265. — 5. Dio, XLV, 17. — 6. *Corp. inscr. lat.*, I, 202
204. — 7. *Ibid.*, 202, *l.* 41. — 8. Macrob., I, 7; cf. 8. — 9. Servius, *ad Aen.*, II, 116; Hygin., *Fabul.*, CCLXI. — 10. Plin., *H. N.*
XV, 20, 4. — 11. *Corp. inscr. lat.*, I, *Comment. diurni*, 10 août
« arae Opis et Cereris in vico jugario ». — 12. *Ibid.*, et le
commentaire de Mommsen. — 13. Dio, LV, 31. — 14. *Corp.
inscr. lat.*, *l. c.* — 15. *Inscr. rom. corpus*, p XXVI, 3. — 16. *Inscr.
lat. collect.*, n° 1506. — 17. Macrob., *Sat.* I, 10.

Saturni. Mais la fausseté de cette inscription est aujourd'hui démontrée [1].

Il n'est pas exact non plus qu'il ait existé, à côté du temple de Saturne, un temple d'Ops. Les textes qui mentionnent ce dernier se rapportent au temple d'Ops qui s'élevait sur le Capitole [2], ou au sanctuaire d'Ops Consiva dans la regia [3]. Pendant les saturnales on célébrait les fêtes d'Ops à l'autel du forum, le 19 décembre [4].

Le temple de Castor (15). — L'expulsion des Tarquins fut suivie d'une série de complots et de guerres auxquels mit fin la bataille du lac Régille en l'année 258 (= 496 av. J.-C.). Pendant le combat, le dictateur A. Postumius fit vœu d'élever un temple à Castor [5]. Aussitôt on vit les deux Dioscures, sous la forme de jeunes gens d'une beauté et d'une stature surhumaines, combattre à la tête des Romains [6]; longtemps on montra, sur un rocher du champ de bataille, l'empreinte du pied d'un de leurs chevaux [7]. Puis, l'ennemi vaincu, ils apparurent sur le forum, à la tombée de la nuit, abreuvant à la fontaine Juturne leurs chevaux baignés de sueur (fig. 18, p. 136) et annoncèrent la victoire à la foule rassemblée devant eux [8]. C'est au lieu même de l'apparition qu'on construisit le temple voué par Postumius [9]. Le temple de Castor était donc sur le forum et près de la fontaine Juturne

1. Henzen, *Acta fratr. Arval.*, p. 240; *Corp. inscr. lat.*, VI⁵, n° 3240*. — 2. Liv., XXXIX, 22 : « aedes Opis in Capitolio »; *Corp. inscr. lat.*, VI, *Acta Arval.*, an. 80, 2059, 11. — 3. Varr., *Ling. lat.*, VI, 21; cf. *Corp. inscr. lat.*, I, *Com. diur.*, 25 août. — 4. *Corp. inscr. lat.*, *l. c.*, 19 décembre. — 5. Liv., II, 20, 42. — 6. Dionys., VI, 13; Plut., *Coriol.*, III; Val. Max., I, 8, 1. — 7. Cic., *De nat. Deor.*, III, 5. — 8. Dionys., *l. c.*; Plutarch., *l. c.*, et *Paul. Aemil.*, XXV. — 9. *Ibid.*

(fig. 5, p. 73)[1]; c'est bien là en effet que le placent le plan antique de Rome (fig. 16, p. 127)[2] et le renseignement fourni par l'inscription d'Ancyre[3]. Il en subsiste encore des ruines imposantes et particulièrement trois belles colonnes corinthiennes (15). Quoique dédié aux deux Dioscures, Castor et Pollux, on le désignait généralement sous le nom de temple de Castor; c'est ainsi qu'il est nommé sur le plan antique et par de nombreux auteurs. Bibulus, édile avec César, souvent effacé par son illustre collègue, disait plaisamment qu'il était sacrifié comme Pollux, dont le nom était omis dans le vocable du temple, dédié cependant aux deux Dioscures[4].

La dédicace eut lieu le 27 janvier[5] de l'an de Rome 270 (= 484 av. J.-C.); elle fut faite par le fils du dictateur Postumius auteur du vœu, nommé duumvir à cette occasion[6]. Le temple de Castor fut reconstruit 367 ans plus tard, avec le butin de la guerre de Dalmatie, par L. Caecilius Metellus Calvus Dalmaticus[7], consul en l'année 637 (= 107 av. J.-C.), qui l'orna de statues, de tableaux et du portrait de la courtisane Flora[8].

1. Dionys., *l. c.*; Plutarch., *Coriol.*, III; Ovid., *Fast.*, I, 708; Cic. *De nat. Deor.*, III, 5; Martial, I, 71, 3-4. Suet., *Caes.*, X. — 2. Cf Lanciani, *Notizie*, 1882, p. 233, pl. xiv. — 3. *Res gest. div. Aug.* IV, 1, 13. — 4. Suet., *Caes.*, X; Dio, XXXVII, 8. — 5. *Corp. inscr lat.*, I, *Commentarii diurni*, 27 janvier; cf. Ovid., *Fast.*, I, 705 Tite-Live (II, 42) assigne à la dédicace la date des ides de juillet (15 juillet). Cette date, qui est en contradiction avec celle des calendriers, est aussi la date de la bataille du lac Régille. M. Mommsen pense avec vraisemblance (*Corp. inscr. lat.*, *l. c.*) que la construction du temple ayant eu la bataille pour cause Tite-Live a confondu les deux dates. Ceux qui n'acceptent pas cette conjecture doivent admettre que le temple fut dédié la première fois le 15 juillet, puis, après sa reconstruction, le 27 janvier. — 6. Liv., II, 42. — 7. Cic., *Pro Scaur.*, frag., p. 87 du t. XXIX de l'édit. Leclerc; *II Verr.*, I, 59; Ascon., *Pro Scaur.*, éd. Orelli p. 28; *in II Verr.*, I, § 154, p. 199. — 8. Plutarch., *Pomp.*, II

Cicéron accuse Verrès d'avoir profité de cette construction pour faire des gains illégitimes [1]. Une seconde reconstruction fut faite sous Auguste, avec les dépouilles des Germains, par Tibère qui dédia le nouvel édifice en l'année 748 (= 6 av. J.-C.), au nom de son frère Drusus et au sien [2].

Caligula fit ouvrir dans la cella du temple une porte qui donnait accès à son palais du Palatin, disant que les deux Dioscures, fils de Jupiter et de Léda, seraient désormais ses portiers [3]. Lui-même, assis entre Castor et Pollux, venait recevoir les adorations des visiteurs [4]. Claude remit le temple dans l'état primitif [5].

Au jour anniversaire de la dédicace, c'est-à-dire le 27 janvier, on célébrait à Ostie des jeux en l'honneur des Dioscures [6]. Le 15 juillet, jour anniversaire de la bataille du lac Régille et de l'apparition des Dioscures, les chevaliers couronnés de rameaux d'olivier, vêtus de robes de pourpre et portant les décorations gagnées sur le champ de bataille, au nombre de cinq mille, se rendaient en procession au temple de Castor après avoir célébré un sacrifice solennel [7].

Le temple de Castor, placé sur un podium élevé, était un temple octastyle, avec onze colonnes environ sur les côtés. Il était complètement revêtu de marbre pentélique ; toute son ornementation était pure et d'une élégante simplicité [8] (voir fig. 17). Sa façade

---

1. Cic., II, *Verr.*, I, 59 : [Verres] « qui manubias sibi tantas ex L. Metelli manubiis fecerit ». *Ibid.*, 55, 56. Voir l'exposé complet de cette affaire dans Nichols, *The rom. Forum*, p. 100 ss. — 2. Dio, LV, 27; Suet., *Tib.*, XX; Ovid., *Fast.*, I, 705 ss. : « Fratribus illa (templa) deis fratres de gente deorum ». — 3. Dio, LIX 28; Suet., *Calig.*, XXII. — 4. Suet., *l. c.* — 5. Dio, LX, 6. — 6. *Corp. inscr. lat.*, I, *Comment. diurni*, 27 janvier; *Corp. inscr. lat.*, XIV, 1. — 7. Dionys., VI, 13; *Corp. inscr. lat.*, I, *Commentar. diurni*, 15 juillet. — 8. Cf. la description de Middleton, *The remains of anc. Rome*, I, 276 ss.

dominait la voie sacrée (13); deux escaliers latéraux

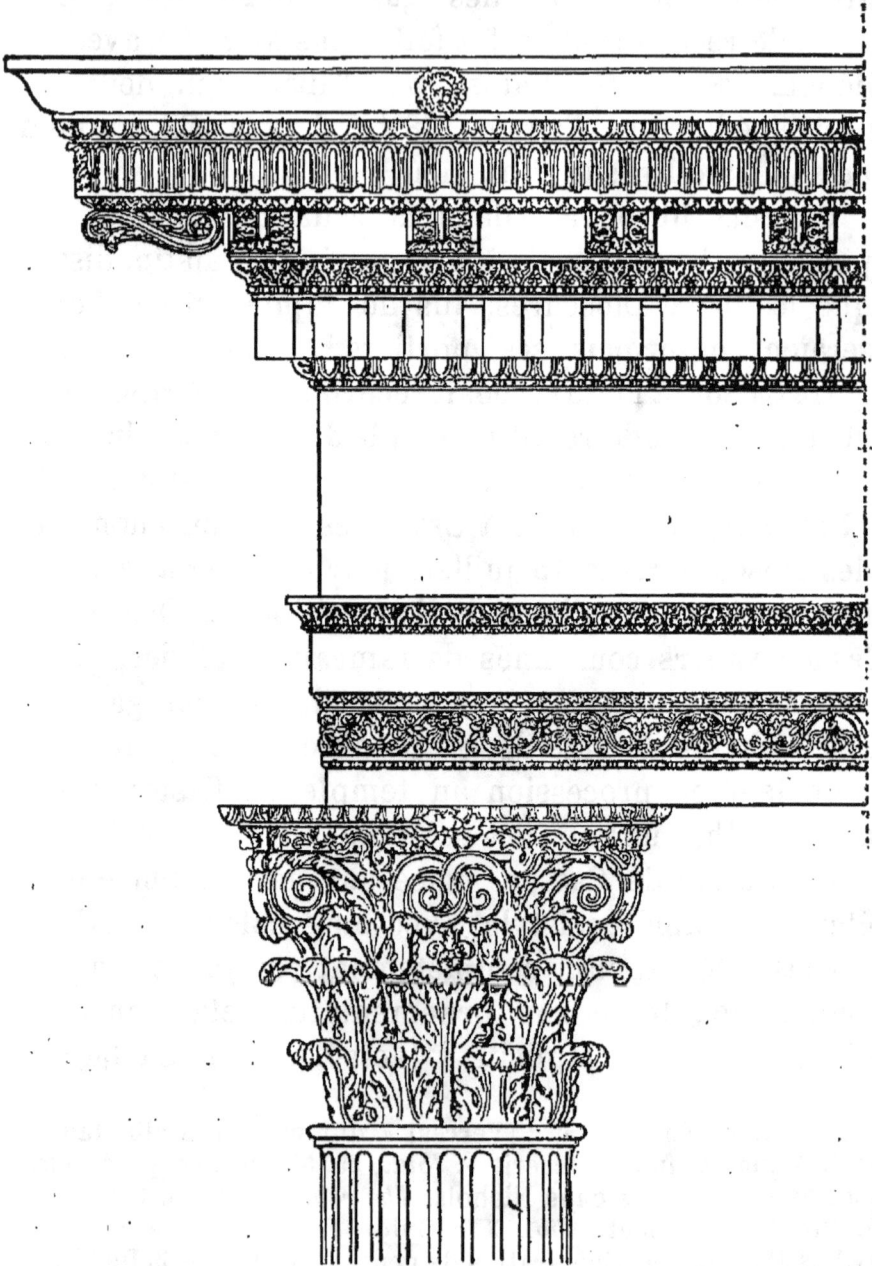

Fig. 17. — Chapiteau et entablement du temple de Castor.

descendaient l'un vers le vicus Tuscus (18), l'autre vers
l'arc d'Auguste (14). Il avait une cella où était déposée

une partie du Trésor et aussi un bureau où étaient conservés les types des poids officiels; les particuliers y faisaient vérifier les leurs ; ce qui était attesté par l'inscription *exactum ad Castoris* gravée sur le poids[1].

Sur le forum, en face du temple, on érigea une statue à Marcius Tremellus, vainqueur des Herniques[2].

La situation élevée du temple de Castor lui donna une grande importance dans les troubles politiques et il fut le théâtre de scènes violentes [3]. Le Sénat y tenait des séances [4]; c'était un centre d'affaires très fréquenté [5]; Cicéron l'appelle *celeberrimum clarissimumque monumentum* [6] et il salue Castor et Pollux comme *omnium rerum forensium, consiliorum maximorum, legum judiciorumque arbitri et testes*[7].

Il y avait, comme dans le temple de la Paix, un trésor où les particuliers pouvaient mettre en dépôt leur argent et les objets précieux qu'ils possédaient [8]. C'est là qu'on fixait le taux du change [9].

Le temple de Castor est représenté sur un des bas-reliefs du forum (p. 149, fig. 22, 15) [10].

Il existait, autour du temple de Castor, beaucoup de banquiers et d'hommes d'affaires [11] plus ou moins véreux [12].

---

1. Gatti, *Annali dell' ist. arch. di Roma*, 1881, p. 182; cf. Borsari, *Atti dei Lincei, Memorie*, 3e série, t. XIII (1883-1884), p. 410. — 2. Cic., *Philip.*, VI, 5, 5; Liv., IX, 43; Plin., *Hist. nat.*, XXXIV, 11. — 3. Cic., *Pro Sext.*, XV; *In Pis.*, V; *Pro dom.*, XXI; Plutarch., *Cat. min.*, XXVII, XXVIII; *Syll.*, VIII. — 4. Cic., II, *Verr.*, I, 49 : « Quo saepenumero senatus convocatur. » — 5. *Ibid.* : « Quo maximarum rerum frequentissimae quotidie advocationes fiunt ». — 6. *Ibid.* — 7. *In Verr.*, V, 72. — 8. Juvenal, XIV, 260. — 9. Cic., *Pro Quintio*, IV. — 10. Voir des dessins de chapiteaux et de frises du temple de Castor, dans Dutert, *le Forum romain*, pl. XII, XIII. — 11. Cic., *Pro Quintio*, IV; *Corp. inscr. lat.*, VI, 363, 8688, 9177, 10024, etc. — 12. Plaut., *Curcul.*, IV, 1, 20; Senec., *De Const.*, IV, 13.

La fontaine de Juturne (12? et fig. 5, p. 73). — Il
est naturel de parler de la fontaine de Juturne en
même temps que du temple des Dioscures. Nous
n'avons pas à nous occuper ici de l'histoire mytholo-
gique de Juturne que Virgile rattache aux origines
romaines en en faisant la sœur de Turnus [1]. La fontaine qui portait son nom se trouvait près des temples
de Castor (15) et de Vesta (11) [2]. Il est probable que
l'emplacement du temple de Vesta fut déterminé par
le voisinage de cette source, car Numa avait confié
aux Vestales le soin non seulement du feu, mais aussi
des sources [3]. La fontaine de Juturne

Fig. 18. — Les Dios-
cures à la fontaine de
Juturne sur un denier
de la République.

était célèbre par l'apparition des Dioscures qui y firent boire leurs chevaux
après la bataille du lac Régille et
annoncèrent la victoire aux Romains
rassemblés sur le forum [4]. Le même
prodige se renouvela près de la fontaine après la défaite de Persée par
Paul-Émile [5]. Un denier de la famille
Postumia offre comme type la représentation de l'apparition des Dioscures (fig. 18) [6]. On y voit la fontaine
Juturne sous la forme d'une vasque que supportait
une petite colonne posée sur plusieurs degrés.

Quelques auteurs croient voir ses restes dans des
substructions circulaires voisines du temple de Castor (12).

Une étymologie faite après coup donnait comme origine au nom Juturne le verbe *juvare*, aider, secourir;

1. *Aen.*, XII, 196 ss.; cf. Servius, *ad h. l.* — 2. Dionys., VI,
13; Ovid., *Fast.*, I, 706-708; Plutarch., *Coriol.*, III. — 3. Suid., s. v.
Νοῦμας, t. II, col. 1010, éd. Bernhardy; Propert., IV, 4, 15.
— 4. Dionys., *l. c.*; Plut., *l. c.*; Val. Max., I, 8, 1. — 5. Ior.
II, 12; Val. Max., *l. c.* — 6. Babelon, *Mon. de la Rép. rom.*, II,
p. 379, n°s 5, 6.

et cette croyance attirait à la fontaine de nombreux malades qui espéraient y trouver la santé[1]. C'est sans doute dans le même sens que Properce appelle cette fontaine bienfaisante[2]. Elle partageait avec la fontaine d'Apollon et la fontaine des Muses la vénération populaire et le don de guérir[3].

Tel était l'état du forum quand les Gaulois prirent et incendièrent Rome en l'année 364 (= 390 av. J.-C.).

1. Varro, *Ling. lat.*, V, 71. — 2. Propert, III, 22, 27. — 3. Frontin., IV.

CHAPITRE VI

DE LA PRISE DE ROME PAR LES GAULOIS JUSQU'A CÉSAR

Le lucus Vestae et l'autel d'Aius Locutius ou Loquens.
— Le premier monument que les Romains élevèrent au forum, avant de commencer la restauration générale de leurs édifices détruits, se rattache à l'invasion gauloise où Rome avait failli périr.

Près du temple de Vesta, sur la pente du Palatin d'où il descendait vers la via nova (*e'*), était un bois sacré, le *lucus Vestae*. De là, peu avant l'arrivée des Gaulois, un Romain de basse condition, nommé M. Caeditius, entendit, la nuit, une voix surhumaine qui lui annonçait la prochaine arrivée des Gaulois. La voix lui ordonnait en même temps de prévenir les magistrats qu'il était urgent de réparer les murs et les portes de Rome qui, sans cette précaution, serait prise : un tel avis, donné par un pauvre homme, ne fut pas pris en considération. Plus tard, quand l'événement eut démontré la vérité du témoignage de M. Ceditius, par reconnaissance envers le dieu inconnu qui avait parlé, et aussi en expiation de n'avoir pas tenu compte de son avis, on lui érigea, au même lieu, sous le vocable d'*Aius Locutius* (celui qui a parlé), un autel qui subsista longtemps, près du temple, dans la partie basse de la via nova[1].

Il semble, d'après le silence des auteurs, que le *lucus Vestae* disparut de bonne heure pour faire place à des édifices; en effet, après Cicéron, il n'en est plus question.

Le temple de la Concorde (6). — Le vote des lois liciniennes fut un grand événement dans l'histoire de Rome; en rétablissant l'union entre les deux ordres, ces lois permirent à la République pacifiée à l'intérieur de s'étendre au dehors (387 = 367 av. J.-C.). Mais, vivement combattues par les patriciens, elles ne passèrent pas sans graves désordres[2]. Au milieu d'un tumulte plus violent que tous ceux que le forum avait vus jusqu'alors, Camille fit vœu d'élever, aussitôt que la paix serait faite, un temple à la Concorde. Dès le lendemain du jour où les lois furent votées, on décréta l'érection du temple voué par Camille[3].

Ce temple fut construit dans un lieu d'où il dominait le forum et le comitium (*i*)[4], près de la prison (2)[5], du temple de Saturne (19) et du clivus Capitolinus (*a*)[6], entre le Capitole et le forum[7], près des *gradus Monetae*[8]. Ces renseignements sont confirmés par des fragments du plan antique de Rome (fig. 16, p. 127). L'emplacement attribué à cet édifice (6) est donc certain.

On ignore la date de la dédicace du temple de

---

1. Cic., *De divin.*, I, 45; II, 32; Varr., ap. Gell., XVI, 17; Liv., V, 32, 50; Plut., *Camill.*, XXX; *De fort. rom.*, V; Arnob., *Advers. gent.*, I, 28. Sur le *lucus Vestae*, cf. Maes, *Vesta e Vestali*, 134. — 2. Liv., VI, 42. — 3. Plutarch., *Cam.*, XLII; Ovid., *Fast.*, I, 639 ss. — 4. Plutarch., *l. c.* Cf. Ovid., *l. c.* — 5. Dio, LVIII, 11. — 6. Serv., *ad Aen.*, II, 116; Cic., *Phil.*, II, 7. — 7. Fest., s. v. *Senacula*, p. 347. — 8. Ovid., *Fast.*, I, 638.

Camille. En l'année 543 (= 211 av. J.-C.), une Victoire, qui en couronnait le faîte, fut renversée par la foudre; les antéfixes étaient également ornées de Victoires [1].

En l'année de Rome 633 (= 121 av. J.-C.), le sénat, après la défaite et la mort de C. Gracchus, décréta que le temple serait reconstruit par Opimius [2]. Le peuple, mécontent de la défaite de Gracchus, le fut plus encore de voir un monument, érigé en souvenir d'une victoire plébéienne, reconstruit comme témoignage du triomphe de l'aristocratie; et, une nuit, on écrivit, au-dessous de l'inscription du temple, ces mots : « La Discorde élève ce temple à la Concorde » [3]. Antoine eut des statues dans ce temple et le droit d'y manger avec s femme et ses enfants (719 = 35 av. J.-C.) [4], mais, après Actium, ses statues furent renversées et le jour de sa naissance déclaré néfaste [5].

Sous le règne d'Auguste, le 1er janvier de l'an d Rome 747 (= 7 av. J.-C.), Tibère inaugura son consulat en convoquant le sénat à une séance où il se fi charger de reconstruire le temple de la Concorde avec les dépouilles des Germains [7]. L'édifice fut, comme le temple de Castor et Pollux, dédié par Tibère, en son nom et au nom de Drusus son frère [8] déjà mort; la cérémonie eut lieu le 16 janvier [9] de l'année 763 (= 10 ap. J.-C.) [10] et la déesse reçut le vocable

1. Liv., XXVI, 23. — 2. Appian., *Bell. civ.*, I, 26; Plutarch., *C. Gracch.*, XVII. — 3. Plutarch., *l. c.* : « Ἔργον ἀπονοίας ναὸν ὁμονοίας ποιεῖ ». Il est probable que, en même temps que le temple, Opimius construisit la basilique Opimia qui portait son nom et qui était voisine du temple; cf. Varr., *Ling. lat.*, V, 156 : « senaculum supra Græcostasim ubi aedis Concordiae et basilica Opimia ». — 4. Dio, XLIX, 18. — 5. *Id.*, LI, 19. — 6. Dio, LV, 8. — 7. Suet., *Tib.*, XX. — 8. Dio, LVI, 25; Suet., *l. c.* — 9. *Corp. inscr. lat.*, t. I, *Comment. diurni*, 16 janvier; Ovid., *Fast.*, I, 637. — 10. Dio, *c.* Cf. le commentaire de Mommsen dans *Corp. inscr. lat.*, *l. c.*

nouveau de *Concordia Augusta* [1]. Pendant un voyage à Paros, Tibère avait contraint les habitants de cette ville à lui vendre une statue de Vesta qu'il destinait à l'ornementation du temple encore en construction [2]; Livie, sa mère, avait donné l'autel et d'autres présents [3]. On admirait, dans le temple de la Concorde, un Marsyas lié, peint par Zeuxis [4], une Cassandre peinte par Théodoros [5], un Bacchus de Nicias [6], quatre éléphants en obsidienne, pierre qu'Auguste aimait à cause de sa transparence [7], enfin une sardoine qui, s'il faut en croire les traditions, provenait de la bague que Polycrate, tyran de Samos, avait jetée dans la mer pour désarmer la Fortune [8]. Il était orné aussi d'un grand nombre de statues d'artistes grecs en renom : un Apollon et une Junon de Baton [9], une Latone tenant Apollon et Diane, par Euphranor [10], Esculape et Hygie, de Niceratus [11], Mars et Mercure, de Piston [12], Cérès, Jupiter et Minerve, de Sthennis [13]. On voit que Tibère avait fait du troisième temple de la Concorde un des plus beaux édifices de Rome [14] et un véritable musée.

L'inscription aujourd'hui détruite, dont le texte nous a été transmis par l'anonyme d'Ensiedeln, fait allusion à une reconstruction postérieure à celle de Tibère, sans doute après l'incendie de Carinus : *S(enatus) p(opulus)q(ue) r(omanus) aedem Concordiae vetustate*

---

1. *Corp. inscr. lat.*, *l. c.*; cf. Jordan, *Ephem. epigr.*, I, 236. — 2. Dio, LV, 9. — 3. Ovid., *Fast.*, I, 649. — 4. Plin., *Hist. nat.*, XXXV, 36, 6. — 5. Plin., XXXV, 41. — 6. *Ibid.*, 40, 7. — 7. *Id.*, XXXVI, 67. — 8. *Id.*, XXXVII, 2. — 9. *Id.*, XXXIV, 19, 24. — 10. *Ibid.*, 19, 27. — 11. *Ibid.*, 19, 30. — 12. *Ibid.*, 17, 39. — 13. *Ibid.*, 19, 40. — 14. On conserve à Rome, dans le musée du Tabularium, un magnifique fragment de la corniche du temple; il permet de juger de la beauté de l'édifice. On en peut voir un dessin dans Dutert, *le Forum romain*, pl. xiv. Cf. Middleton, *The rem. of anc. Rome*, I, p. 335.

collapsam in meliorem faciem opere et cultu splendidiore restituit [1].

Les restes du temple de la Concorde, quoiqu'ils ne se composent guère que du podium, permettent de se rendre compte de sa disposition. La cella, plus large que longue, a encore les piédestaux de deux statues (6, *d d*). En avant, était un très vaste portique auquel donnait accès un escalier divisé en deux parties [2].

Devant le temple s'étendait une aréa [3], à laquelle le mur circulaire qui se voit derrière les rostres (8) servait de soutènement. Sur cette aréa, en (571 = 183 av. J.-C.), il tomba une pluie de sang [4]; le même prodige se reproduisit en l'an de Rome 573 (= 181 av. J.-C.) [5]; en l'an de Rome 711 (= 43), prodige funeste, de nombreux vautours se posèrent sur le temple de la Concorde [6], et, présage non moins grave, en 722 (= 32), un hibou y pénétra [7].

Comme le temple de Castor, le temple de la Concorde eut une grande importance politique : il fut le théâtre d'événements tumultueux [8]; le sénat s'y réunissait souvent [9] : c'est là que Cicéron prononça sa quatrième catilinaire et obtint du sénat la condamnation et l'exécution immédiate, dans la prison (2), des complices de Catilina [10]. Un procès-verbal des Actes des Frères Arvales nous a conservé le souvenir d'un sacrifice à la déesse Dia offert pour le salut de l'empereur Antonin *in pronao aedis Concordiae*, le 7 janvier

---

1. *Corp. inscr. lat.*, VI, 89 et 938. — 2. Sur l'état actuel du temple de la Concorde, cf. Middleton, *Op. laud.*, t. I, p. 333 ss. — 3. Liv., XXXIX, 56; Jul. Obseq., LIX, 60. — 4. *Ibid.* — 5. Liv., XL, 19. — 6. Dio, XLVII, 2. — 7. Dio, L, 8. — 8. Cic., *Phil.*, II, 7; VII, 8; *Pro Sext.*, XII; Sallust., *Catil.*, XLIX. — 9. Sallust., *Catil.*, XLVI, XLIX; Cic., *Phil.*, II, 7; Dio, LVIII, 11; Lamprid., *Alexand.*, VI; *Prob.*, XI; Capitolin., *Max. et Balb.*, I. — 10. Sallust., *Catilin.*, XLVI.

de l'année 898 (= 145 ap. J.-C.) [1]. C'était un des lieux où les Frères Arvales se réunissaient pour les *cooptatio* [2], et où ils prononçaient l'*indictio* solennelle des sacrifices [3].

Des inscriptions mentionnent des *aeditui* du temple de la Concorde [4]. On a trouvé dans les ruines plusieurs inscriptions votives à la Concorde [5].

Les rostra vetera (fig. 5, p. 73 et plan I, 8). — Nous avons vu que, après le Vulcanal, le comitium fut le lieu où les magistrats haranguaient le peuple; on ignore à quelle époque une tribune y fut construite à cet effet. En l'an de Rome 416 (= 338 av. J.-C.), C. Maenius triompha des Antiates et orna la tribune avec les rostres des vaisseaux pris à l'ennemi [6]. C'est le premier témoignage historique que l'on ait de l'existence de la tribune, qui, depuis cette époque, s'appela les rostres [7]. Tite-Live nous dit bien que les statues des ambassadeurs tués par les Fidénates furent placées sur les rostres en l'année 328 (= 426 av. J.-C.) [8]; mais ce texte, où la tribune est, par anticipation, appelée *Rostra*, ne prouve pas d'une façon certaine qu'il y ait eu, dès cette époque, une tribune proprement dite. Peu auparavant, en l'an de Rome 305 (= 449 av. J.-C.), Appius Claudius avait encore convoqué le peuple au Vulcanal [9]. Il semble donc probable que la tribune fut construite entre la chute des décemvirs et la victoire de C. Maenius

1. Gatti, *Un nuovo fragmento degli atti de' fratelli Arvali*, dans *Bullet. del. com. arch. comunale*, 1886, p. 361 ss. — 2. Henzen, *Acta Fratrum Arvalium*, p. 151. — 3. *Id.*, *ibid.*, p. 5. — 4. *Corp. inscr. lat.*, VI, 2204, 2205, 8703. — 5. Jordan, *Sylloge*, 10-16. — 6. Liv., VIII, 14; Flor., I, 11; Plin., *Hist. nat.*, XXXIV, 11. Ces rostres étaient au nombre de six (cf. Florus, *l. c.*). — 7. Liv., *l. c.* — 8. Liv., IV, 17. Cicéron dit que ces statues subsistèrent jusqu'à son temps (*Phil.*, IX, 2). — 9. Dionys., XI, 39.

sur les Antiates, c'est-à-dire entre les années 305 (=449) et 416 (= 338 av. J.-C.).

Elle était située sur les confins du comitium et du Forum[1]. Les orateurs pouvaient ainsi se faire entendre à la fois des patriciens et des plébéiens. Ce fut long-temps un usage que l'orateur parlât tourné vers le comitium; mais C. Gracchus[2] ou Licinius Crassus[3] introduisirent l'habitude de se tourner vers le peuple comme vers le véritable souverain. La tribune était en outre devant la curie[4], et en même temps très rap-prochée de cet édifice, car Cicéron raille ces tribuns qui, pendant les funérailles de Clodius, continuèrent, de la tribune, à exciter le peuple par leurs discours, jusqu'au moment où ils furent obligés d'en descendre par le feu qui consumait la curie[5].

La tribune avait été consacrée par les augures; c'était donc un temple[6].

Les rostres du comice étaient ornés ou entourés de nombreuses statues : celles de Tullius Clodius, L. Ros-cius, Sp. Nautus, C. Fulcinius, ambassadeurs tués par les Fidénates[7]; de Cn. Octavius, envoyé près d'Antio-chus et tué par lui[8]; le même honneur avait été décrété à P. Junius et T. Coruncanius, tués également pendant une ambassade en Illyrie[9]; il était d'usage

---

1. Cic., *Pro Sext.*, XXXV; *De amicit.*, XXV; Plut., *C. Gracch.*, V. — 2. Plutarch., *l. c.* — 3. Cic., *De amic.*, XXV; cf. Varro, *Res rust.* I, 2, 9. — 4. Varro, *Ling. lat.*, V, 155. — 5. Cic., *Pro Mil.*, V « Hujus ambusti tribuni plebis illae intermortuae conciones. » Cf Ascon., *in Mil.*, § XII, p. 43, éd. Orelli. Cicéron, dans un autre discours, dit que la tribune était près de la curie afin que celle-ci pût la surveiller et la modérer : « Speculatur atque obsidet rostra vindex temeritatis et moderatrix officii curia ». (*Pro Flacc.*, XXIV) — 6. Liv., VIII, 14 : « Rostraque id templum appellatum ». Cic. *In Vatin.*, X, 24 : « In rostris, in illo inquam augurato templo a loco ». Cf. Liv., II, 56; III, 17. — 7. Liv., IV, 17; Cic., *Phil.*, IX, 2 Plin., *H. N.*, XXXIV, 11, 3. — 8. *Id., ibid.*, 4. — 9. *Ibid.*, 3.

de décerner cet honneur à tout Romain tué contre le droit des gens [1]. On voyait aussi aux rostres la statue de Camille [2], la statue équestre de Sylla, en bronze doré, avec l'inscription *Cornelii Syllae imperatoris felicis* [3], et celle de Pompée [4]; le peuple renversa ces deux dernières statues, et César les rétablit aux nouveaux rostres [5]. L'année même de la mort de César, le sénat, entre autres honneurs, lui avait voté deux statues aux rostres, l'une avec la couronne civique, l'autre avec la couronne obsidionale [6].

Près de la tribune aux harangues, on admirait encore une magnifique statue en bronze d'Hercule revêtu de la tunique de Nessus, et expirant sur le mont Oeta, chef-d'œuvre d'un auteur inconnu, rapporté par Lucullus dans son butin, et, plus tard, réclamé à son fils par les édiles, pour le domaine public; une triple inscription relatant ces faits, était fixée à la statue [7].

A ces rostres se livrèrent des combats incessants entre l'aristocratie et la démocratie [8]; Cicéron y prononça deux de ses *Catilinaires*; on y exposa la tête d'Antoine, orateur et soldat, qui avait illustré la tribune par son éloquence, et l'avait embellie avec le butin conquis sur l'ennemi [9], les têtes du consul Octavius [10] et des victimes de Marius et de Sylla [11]; les cadavres de Sylla [12] et de Clodius [13] y reposèrent avant

---

1. Plin., *Hist. nat.*, XXXIV, 11, 3. — 2. *Id.*, *ibid.*, 2; Liv., VIII, 13. — 3. Dio, XLII, 18; Cic., *Phil.*, IX, 6, 13; Appian., *Bell. civ.*, I, 97. — 4. Dio, XLII, 18, XLIII, 49; Velleius, II, 61. — 5. Suet., *Caes.*, LXXV. — 6. Velleius, *l. c.*; Dio, XLIV, 4. On y voyait aussi la statue d'Octavius (Cic., *Phil.*, IX, 2). Cicéron en fit voter une à Serv. Sulpicius Rufus (*Phil.*, IX). — 7. Plin., *H. N.*, XXXIV, 19. — 8. Voir ce que nous avons dit sur les troubles politiques du forum et du comitium (p. 19, 346). Cf. Nichols, *The rom. Forum*, p. 200 ss. — 9. Cic., *De Orat.*, III, 3; Flor., III, 21. — 10. Appian., *Bell. civ.*, I, 71. — 11. *Ibid.*, 94; Flor., *l. c.*; Dio, *Fragm.*, CXIX. — 12. Appian., *Bell. civ.*, CVI. — 13. Dio, XL 49.

leurs funérailles. C'est aux rostres qu'étaient fixées les douze tables de la loi [1]. On y avait aussi érigé la colonne rostrale de Duilius [2], vainqueur des Carthaginois en l'an de Rome 494 (= 260 av. J.-C.) [3]. Un fragment considérable de l'inscription de cette colonne, trouvé près de l'arc de Septime Sévère [4], est aujourd'hui déposé au palais des Conservateurs [5].

Nous ne connaissons les rostres du comitium que par une monnaie qui nous en donne une représentation conventionnelle.

Fig. 19. — Les rostres du comitium sur un denier de la République.

C'est un denier de la famille Lollia (fig. 19); la tribune y figure posée sur une série d'arcades que supportent des piliers auxquels sont fixés les éperons [6]. Cette attribution a été contestée [7]. Il est probable cependant que ce type représente les anciens rostres du comitium, et que la forme ovale qu'ils semblent avoir sur cette monnaie est due uniquement au graveur [8].

Comme la tribune par laquelle César la remplaça, elle se composait d'une plate-forme assez étendue, car Plutarque nous apprend que C. Gracchus le premier y prit l'habitude de marcher en parlant [9].

L'année même de sa mort, en 710 (= 44 av. J.-C.), César transféra les rostres du comitium sur le

. 1. Diodor., XII, 26. — 2. Serv., In Georg., III, 29. — 3. Plin., Hist. nat., XXXIV, 11, 2; Sil. Ital., VI, 363; Quint., I, 7. Servius (l. c.) dit que la colonne de Duilius était : in rostris; les autres disent : in foro. — 4. Corp. inscr. lat., I, 195. — 5. Helbig, Guide dans les musées d'arch. classique de Rome (trad. Toutain), n° 543. — 6. Babelon, Descr. des monnaies de la République romaine, t. II, p. 148. — 7. Cf. entre autres Becker, Handbuch der röm. Alterthüm, I, p. 290, n. 488; p. 698, 699. — 8. Cf. Jordan, Sui rostri del foro rom., dans Annali, 1883, p. 51-52. — 9. Plutarch., Ti. Gracchus, II.

Forum [1], à l'endroit où l'on en voit encore aujourd'hui des restes considérables (8). L'attribution de ces ruines aux rostres de César est certaine, et a été démontrée par Tocco [2] ; ils formaient l'extrémité du forum à l'ouest, comme l'arc de Fabius la formait à l'est [3]. Un bas-relief de l'arc de Constantin, déjà signalé par Canina, et depuis par de nombreux auteurs [4], en donne une démonstration tout à fait évidente (fig. 20). L'empereur y figure, debout sur les

(16-17) (20)   (8)   (7)

Fig, 20. — La tribune sur un bas-relief de l'arc de Constantin.

rostres (8), haranguant le peuple ; la foule se presse autour de la tribune ; à droite on voit l'arc de Septime Sévère avec ses trois arcades (7) ; à gauche l'arc de Tibère (20) avec son arc unique sous lequel passait la voie sacrée (13) ; puis la basilique Julia (16, 17). Sur un autre bas-relief, du temps de Trajan, l'empereur fait brûler, devant les rostres [5], les livres où sont inscrits les noms des citoyens en retard avec le fisc (fig. 21). La tribune y est représentée d'une façon symbolique et non réelle, par des rostres ; mais ce bas-

1. Dio. XLIII, 49 ; Ascon., *In or. pro. Milon.*, § XII, p. 43 : *rant enim tunc rostra non eo loco quo nunc sunt, sed ad comitium, prope juncta curiae* ; Diod., XII, 26. — 2. *Rispristinazione del foro romano*, Rome, 1858, p. 20. — 3. Senec., *De const. ap.*, I ; cf. Jordan, *Topograph.*, I[2], p. 209, n. 45, et p. 330, n. 65. — 4. Cf. Jordan, *Sui rostri del foro romano*, dans *Annali*, 1883, p. 49. — 5. La tribune est figurée à droite par un rostre de navire sculpté sur la pierre à laquelle est appuyé le dernier personnage de la scène.

relief a l'intérêt tout particulier de nous donner les
vues de plusieurs monuments du forum. Derrière la
tribune (8), en effet, apparaît le temple de Vespasien (5) dont trois colonnes sont encore complètes; à
côté un arc qu'on n'a pas encore déterminé d'une

(16-17)   (19)   (1) (5) (8)

Fig. 21. — Bas-relief représentant des monuments du forum.

manière satisfaisante; peut-être est-ce tout simplemen
une des arcades du premier étage du Tabularium (1)
On voit ensuite une partie du fronton et les six colonnes
ioniques du temple de Saturne (19), puis la basilique
Julia (16-17) [1]. A la suite, la statue de Marsyas, à
côté du figuier qui ombrageait le milieu du forum
près du lacus Curtius.

L'autre bas-relief (fig. 22) représente l'empereur sur
les rostra *Julia* qui occupaient la façade du temple de
César (9), vis-à-vis des anciens rostres à l'autre extrémité du forum. L'empereur a, à sa gauche, un peu en
arrière, l'arc d'Auguste (14), le temple de Castor (15)
la trouée du vicus Tuscus (18), enfin l'autre extrémité
de la basilique *Julia* (16-17) [2].

. 1. La basilique Julia, reconnaissable sur ce dessin, est beaucoup mieux conservée sur le bas-relief de l'arc de Constanti
(fig. 20) et sur l'autre bas-relief des rostres reproduit ci-contr
(fig. 22). — 2. La plupart des auteurs ont vu dans ce bas-relie
le côté nord du forum avec la curie et la basilique Aemilia. J'a

Le groupe de Marsyas et du figuier était au milieu
du forum, entre les deux tribunes; aussi, sur le premier bas-relief, celui qui se tenait sur la tribune avait,
devant lui, Marsyas d'abord, puis le figuier (fig. 21);
tandis que l'orateur placé sur les rostres du temple

(14) (9)   (15)   (18)   (16-17)

Fig. 22. — Autre bas-relief représentant des monuments du forum.

de César, avait, devant lui, d'abord le figuier, puis la
statue du satyre (fig. 22)[1].

Les restes de la tribune retrouvés et identifiés avec
certitude, on chercha à la reconstituer telle qu'elle
subsista sous l'empire. On fit, à cette intention, en

préféré adopter l'opinion de Marucchi (*Descript. du forum romain*, p. 163, ss.). — 1. Ces deux bas-reliefs n'intéressent notre
travail qu'au point de vue topographique; il n'y a pas lieu
de discuter ici les opinions relatives aux scènes diverses qui
y sont représentées. De nombreux auteurs s'en sont occupés,
spécialement Henzen (*Rilievi di marmo scoperti nel foro romano*,
dans *Bullet. d. instit. di c. a.*, 1872, p. 273 ss.). Jordan, *Topograph.*, I², p. 219 ss., Brizio, *Annali*, 1872, p. 300. Dutert, *Le
forum*, p. 27 ss., Nicholes, *The roman forum*, p. 61 ; Richter,
Jahrbuch d. Istit., t. IV, 1889, p. 1, Hülsen, *Mittheilung.*, 1892,
p. 287. Marucchi, *Description du Forum romain*, p. 159 ss., et
le travail de Cantarelli, *Osservazioni sulle scene storiche rap-
presentate nei due bassirilievi marmorei del foro romano*, dans
Bullet. d. comm. arch. comun., 1889, p. 99. Ceci était déjà
imprimé quand j'ai eu connaissance, sans pouvoir l'utiliser,
d'un mémoire de M. Petersen : *Die Reliefschranken auf dem
roemischen Forum*, 1897.

1882-1883, des fouilles spéciales dont Jordan a rendu
compte d'après un rapport de Fabricius[1]. Ces fouilles
donnèrent de bons résultats, mais incomplets, parce
qu'on ne s'occupa pas de rechercher quelle pouvait
être la profondeur de la tribune. M. Richter, par des
fouilles nouvelles, compléta les informations sur ce
point[2]. Il arriva ainsi à démontrer que la tribune était
une vaste plate-forme, élevée de 3 mètres environ
au-dessus de l'aréa du Forum, présentant, sur cette
même aréa, une façade de 23 m. 69, ornée de deux
rangs de rostres et regardant vers l'est; quant à la
profondeur du monument, elle était de 10 mètres. Le
sol même de la tribune était soutenu par des pilastres
que les fouilles de M. Richter ont mis au jour[3]. A
l'aide de ces documents et du bas-relief de Constantin
(fig. 20, 147), M. Richter a fait une intéressante reconstitution de la tribune[4]. Aux extrémités, deux statues
assises, probablement celles de Stilicon[5], reposen
sur des bases dont l'une, déplacée, est encore sur le
forum[6] (j). Tout le long de la façade, sauf au centre
régnait une balustrade en marbre. Cinq colonnes supportaient des statues. Jusqu'ici, cette reconstitution
est parfaitement justifiée par le bas-relief de l'arc de
Constantin. Ce qui suit est beaucoup plus hypothétique[7] : un escalier, situé en arrière, du côté de

1. Jordan, *Sui rostri del foro romano*, dans les *Annali de
istit. arch.*, 1883, p. 23 ss., et *Monumenti dell' ist. arch.*, t. X
pl. XLIX. — 2. *Scavo ai rostri del foro romano*, dans *Bullettin
dell' ist. arch.*, 1884, p. 113 ss. — 3. Suivant Florus (I, 11), l
anciens rostres furent transférés de l'ancienne tribune à la nouvelle. Sur les fouilles et la description de la tribune, cf. Richte
Scavo ai rostri, etc.; *Rekonstruktion und Geschichte der römi-
chen Rednerbühne*, 1884; *Die römischen Rednerbühne*, dans *Jah
buch der k. d. archäolog. Instituts*, t. IV (1889), p. 1 ss. — 4. L
röm. Rednerb. dans *Jahrbuch d. Istit.*, p. 8 et 14. — 5. *Ibi
p. 16. — 6. *Corp. inscr. lat.*, VI, 1730. — 7. Il est regrettabl

l'aréa du temple de la Concorde, à laquelle le mur
demi-circulaire qui existe encore (8) servait sans doute
de soutènement, aurait donné accès à la tribune ;
cet escalier aurait eu comme rampes les deux beaux
bas-reliefs qui se voient encore sur le Forum (24,
fig. 21, 22) et qui auraient conservé le souvenir d'une
restauration de la tribune faite par Trajan ou Hadrien[1].
Il est probable que la construction de basse époque,
en briques, accotée au côté nord des restes de la tribune (h', était une base de statue[2].

César, après avoir décrété le déplacement de la tribune, laissa à Antoine l'honneur de la reconstruire et
la gloire d'inscrire son nom dans l'inscription[3]. Il y fit
replacer les deux statues de Sylla et de Pompée, ce
dont on lui sut gré[4], car elles avaient été enlevées des
rostres du comitium après la bataille de Pharsale[5] ;
toutefois Cicéron fait remarquer avec malice qu'il se
donnait ainsi le droit d'y rétablir aussi les siennes[6].
Aux statues transférées des anciens rostres, on ajouta
une statue équestre du jeune Octavianus, âgé alors de
dix-neuf ans[7], et la statue de Lépide, ensuite renversée par décret du sénat[8]. Auguste y érigea à Antoine
un char en bronze[9] ; le père de Vitellius y eut une

que la partie supérieure de la tribune soit seule représentée sur
ce bas-relief, de telle sorte que les rostres n'y figurent pas. —
1. Cf. Richter, *Topographie von Rom*, dans *Handbuch der klas.
Alterthumswissenchaft*, t. III, p. 789. — 2. M. Nichols (*The rom.
Forum*, p. 217) pense avec raison que l'expression *in rostris*,
chez les auteurs, quand il s'agit de statues, doit souvent s'entendre dans le sens de : près des rostres, aux rostres ; s'il en
était autrement les rostres auraient été par trop encombrés. —
3. Dio, XLIII, 49. — 4. *Ibid.*; Sueton, *Caes.*, LXXV. — 5. Dio,
XLII, 18. — 6. Plut., *Caes.*, LVII; *Apophtegm. Roman. Cicer.*, XX.
— 7. Vel. Paterc., II, 61. L'inscription de la statue indiquait
l'âge d'Octavianus qui avait mérité si tôt un honneur décerné
seulement, dans l'espace de trois cents ans, à Sylla, à Pompée
et à César (Paterc., *l. c.*). — 8. Dio, XLVI, 51. —9. Dio, XLIX, 18.

statue avec l'inscription : *Pietatis immobilis ergā principem* [1] ; on y trouva la base de celle de Stilicon [2]. Sur le bas-relief de Constantin nous voyons (fig. 20, p. 147) la tribune ornée de colonnes supportant des statues; or on sait que le Sénat, entre autres honneurs, décréta qu'on élèverait à l'empereur Claude II, sur les rostres, une colonne ornée de palmes et surmontée de sa statue en argent, du poids de quinze cents livres [3]. Une inscription de Rome mentionne l'érection sur les rostres d'une statue en bronze et en argent de l'empereur Honorius [4]. On a d'ailleurs trouvé aux environs de la tribune les bases de nombreuses statues [5]. Enfin, près des rostres, s'élevait un édicule au génie du peuple romain [6] qu'Aurélien orna d'une statue en or [7]; on y sacrifiait le 9 octobre [8]. Au temps de Théodose, il y avait sur la tribune un siège en ivoire pour l'empereur ou pour le magistrat [9].

C'est sur ces rostres que furent exposées, par ordre d'Antoine, les mains et la tête de Cicéron [10]; c'est de là aussi qu'Antoine parla au peuple devant le cadavre de César [11].

Une monnaie, appartenant à la gens Sulpicia, frappée vers l'an de Rome 718 (= 36 av. J.-C.), repré-

1. Sueton., *Vitell.*, III. — 2. *Corp. inscr. lat.*, VI, 1730, 1731. — 3. Trebell. Pol., *Claud.*, III. — 4. *Corp. inscr. lat.*, VI, 1195. — 5. Jordan, *Sylloge inscr. fori*, n°ˢ 111 ss. — 6. *Corp. inscr. lat.*, I, *Commentar. diurn.*, 9 octobre; cf. Dio, XLVII, 2; Jordan, *Sillog. inscr. fori*, 40. — 7. Cf. Mommsen, *Ueber der Chronograph. vom Jahre*, 354, p. 648; *Curios. Urb.* et *De regionib.*, reg. VIII; *Corp. incr. lat.*, VI, 248. — 8. *Corp. incr. lat.*, I, *Comment. diur.*, 9 octobre. — 9. Claudian., *De VI consul. Honor.*, 589; *De laud. Stilich.*, III, 199. — 10. Liv., *Epit.*, CXX; Appian., *Bell. civ.*, IV, 20; Dio, XLVII, 3; Juvenal, X, 120. — 11. Appian., *Bell. civ.*, II, 143; Dio, XLIV, 35; Plut., *Caes.*, LXVIII; *Brutus*, XX. Sur les rostres sous l'empire, cf. plus haut, p. 27; Nichols, *The rom. forum*, p. 204 ss.; Richter, *Rekonstruktion und Geschichte der römisch. Rednerbühne*, dans *Jahrbuch d Ist.*, 1889.

senté la tribune figurée sous la forme très rudimentaire d'un simple suggestus symbolisé par trois rostres (fig.23); deux magistrats y siègent; sans doute Auguste et Agrippa[1].

A la tribune étaient attenants deux monuments dont on ne peut guère la séparer, quoiqu'ils soient, l'un et l'autre, d'une époque plus récente : le *milliaire d'or* (*f*), l'*umbilicus Romae* (*e*).

Fig. 23. — La tribune du forum sur un denier de l'an de Rome 787.

Milliarium aureum (*f*). — Le milliaire d'or était une colonne à laquelle venaient aboutir toutes les routes qui traversaient l'Italie[2]. Ce n'était pas cependant de ce milliaire, mais des extrémités de la ville que, légalement, on devait compter les distances[3]. Le milliaire d'or fut élevé par Auguste en vertu de sa charge de curateur des voies des environs de Rome l'an 734 (= 20 av. J.-C.)[4]. Il était situé à l'extrémité du forum[5], près du temple de Saturne (19)[6]; dans les catalogues il est mentionné immédiatement avant le vicus Jugarius (*a'*)[7], ou avant la basilique Julia (16)[8]. Ces indications concordent bien avec l'emplacement que les archéologues attribuent au milliaire d'or à

1. Cf. Babelon, *Mon. de la Rép.*, II, p. 476. — 2. Plut., *Galb.*, XXIV. — 3. *Digest.*, L, XVI, 144 : « Mille passus non a miliario Urbis sed a continentibus aedificiis numerandi sunt. » — 4. Dio, LIV, 8. — 5. Plin., *Hist. nat.*, III, 9, 13, 14 : « in capite romani Fori ». Pline donne dans ce texte la distance du milliaire aux douze portes de la ville et aux dernières maisons, en suivant les rues aboutissant à toutes les grandes voies, c'est-à-dire aux endroits d'où commençaient à compter les milles pour ces voies (cf. Dig., *l. c.*). — 6. Tacit., *Hist.*, I, 27 : sub aedem Saturni; Suet., *Otho*, VI : in Foro, sub aede Saturni. — 7. *Curios. Urbis*, reg. VIII. — 8. *De regionib.*, reg. VIII.

l'extrémité sud du terre-plein semi-circulaire qui est derrière la tribune (8). On a d'ailleurs trouvé à cet endroit, dans les fouilles de 1849-50, les restes d'une base en marbre cylindrique, encore en place, concordant parfaitement, par sa forme, son style et sa situation, avec ce que l'on sait du milliaire d'or. Cette base, d'abord enlevée de son lieu d'origine, a été ensuite remise là où on l'avait trouvée [1].

Un seul souvenir historique s'attache au milliaire d'or : c'est là qu'Othon avait donné rendez-vous aux quelques soldats qui commirent envers Rome le double crime de le porter à l'empire et d'assassiner Galba [2].

Umbilicus Romae (e). — L'umbilicus est un monument de beaucoup plus basse époque que le milliaire d'or. On est maintenant d'accord pour ne pas l'identifier, comme l'a fait Becker [3], avec le milliaire d'or. A l'extrémité nord de la tribune, on voit les restes d'une base circulaire, en briques, retenant encore quelques fragments de son revêtement de marbre (e). Ce sont, d'après l'opinion généralement admise, les restes de l'*Umbilicus Romae.* L'itinéraire d'Einsiedeln confirme cette attribution : *S. Sergii ibi umbilicum* [4]; or l'église des Saints-Serges-et-Bacchus était située derrière les rostres (8) sur l'aréa du temple de la Concorde (6) et sur le vicus Jugarius [5]. Le *Curiosum* ne

---

1. Cf. Jordan, *Topograph. der Stadt Rom*, I², p. 244, 245; Id., *Sui rostri del foro romano*, dans *Annali del ist. arch.*, 1883, p. 57; Middleton, *The remains of anc. Rome*, t. I, p. 265. — 2. Tacit., *Hist.*, I, 27; Plut., *Galb.*, XXIV. Sur le milliaire d'or, cf. aussi, Marini, *Arvali*, LXXXVI ss.; G.-B. de Rossi, *Piante iconogr. di Roma*, p. 21 ss. — 3. *Handbuch der röm. Alt.*, I, p. 360. — 4. 1, 5, 7, 7, cité par Jordan, *Top. der Stadt Rom*, I², p. 246, n. 79.— 5. Cf. Huelsen, *Bullet. d. com. arch. com.*, 1888, p. 155-156, pl. x; *Mittheilung. d. k. d. arch. Inst.*, t. III (1888), pl. viii.

mentionne pas l'*umbilicus*, mais le *De regionibus* le nomme immédiatement après le temple de la Concorde [1]. Ce monument, réminiscence sans doute de l'ὄμφαλος des Grecs, ne paraît pas antérieur à l'époque de Constantin.

La statue de Marsyas. — Il existait sur le forum, près des rostres [2], du tribunal et du putéal de Libon [3], une statue célèbre du satyre Marsyas, statue dont le type emprunté aux Grecs remonte, à Rome même, à une haute antiquité [4]. Le satyre était représenté nu, portant une outre sur l'épaule, la main levée.

La statue de Marsyas qui figure sur les bas-reliefs trouvés au forum (fig. 21, p. 148, 22, p. 149), est en outre connue par plusieurs monuments figurés [5]; elle figure comme type sur une monnaie de L. Marcius Censorinus, monétaire vers l'an de Rome 670 (= 84 av. J.-C.) [6], à côté d'une colonne surmontée d'une statue.

Autour de la statue de Marsyas se réunissaient les avocats et les plaideurs [7].

> ... *Fora litibus omnia fervent,*
> *Ipse potes fieri, Marsya, causidicus* [8].

L'ensemble des textes prouve que si la statue de Marsyas se dressait non loin des rostres, elle était

---

1. Reg. VIII. — 2. Acro, in Horat., *Serm.*, I, 6, 120 : Marsya statua erat in rostris. Cf. Cruq., *ibid.*; Senec., *De benef.*, VI, 32. — 3. Cela ressort du rapprochement de plusieurs textes : Horat., *Serm.*, I, 6, 120; II, 635; *Ep.*, I, 19, 8. Cf. Richter, *Topogr. v. Rom.*, dans *Handbuch d. klass. Alt.*, III, p. 801. — 4. Cf. Otto Gilbert, *Gesch. u. Top.*, t. VII, p. 156, note 1. — 5. Cf. Jordan, *Marsyas auf dem Forum in Rom*; Huelsen, *Mittheilungen*, t. VII (1892), p. 288. — 6. E. Babelon, *Mon. de la Républ.*, II, p. 195. — 7. Cruq., in Hor., *Serm.*, I, 6, 120 : « ad quam solebant convenire causidici »; Acro, *ibid.* : « Ad quam solebant homines illi convenire qui inter se lites atque negotia componebant ». — 8. Martial, II, 64, 7.

cependant plus rapprochée encore du tribunal, car elle semble surtout être le rendez-vous des plaideurs et des avocats. Elle devait être au milieu du forum, près du figuier du lac Curtius [1]; ce que confirment les deux bas-reliefs du forum [2].

Il semble que ce fut un usage de couronner Marsyas de fleurs. Peut-être le satyre devait-il cette parure à des avocats ou à des plaideurs heureux dans leur procès. Un jeune homme fut condamné aux fers par les triumvirs pour s'être couronné de fleurs qu'il avait enlevées à la statue [3]. Les environs de la statue de Marsyas étaient, la nuit, mal fréquentés. Julie, fille de l'empereur Auguste, qui se plaisait à braver, aux rostres même, les lois sévères que son père y avait promulguées, venait aussi, près de Marsyas, se livrer à ces scènes de désordres qui la firent exiler; et, comme les plaideurs heureux, avant de se retirer, elle couronnait le satyre [4].

Fig. 24. — La statue de Marsyas sur une monnaie coloniale.

Sur les forums provinciaux [5], la statue de Marsyas indiquait la possession du droit italique et souvent elle figurait,

---

1. Plin., XV, 20, 4. Il y eut trois figuiers au forum : celui du lac Curtius; celui du comitium qui passa pour être le figuier Ruminal transporté du Palatin; enfin le figuier voisin d'une statue de Silvain sur l'aréa de Saturne (cf. Plin., XV, 20, 3-4). — 2. Voir p. 149 et les fig. 21, 22, p. 148, 149. Cf. G. Loeschcke, cité par Huelsen, *Mittheilung.*, t. VIII, p. 287 ss. — 3. Plin., *Hist. nat.*, XXI, 6. — 4. Senec., *De benef.*, VI, 32; Plin., *Hist. nat.*, XXI, 6. — 5. MM. Cagnat et Boeswillwald (Timgad, *Une cité africaine sous l'empire romain*, p. 68 ss.) ont trouvé, sur le forum de Timgad, la base de la statue du Marsyas de la colonie. On connaît deux autres inscriptions analogues, toutes deux africaines (*Corp. inscr. lat.*, VIII, 4219; 16417; cf. Cagnat, *ibid.*).

comme type et comme symbole de leur droit, sur les monnaies de ces villes (fig. 24) [1].

La Graecostasis (fig. 5, p. 73). — La Graecostasis était, nous dit Varron [2], un lieu où les députés des nations étrangères attendaient les audiences du Sénat [3]. C'était un *locus substructus* situé à droite des rostres en regardant du comitium (voir fig. 5, p. 73) [4], par conséquent près du Sénat [5], et devant cet édifice, puisque le crieur public annonçait l'heure de midi quand, du Sénat, il voyait le soleil entre les rostres et la Graecostasis [6]. C'était un lieu découvert, car on y signale des pluies de sang et de lait [7]. Des textes qui viennent d'être cités, il ressort que la Graecostasis était sur le comitium ou un peu au-dessus [8]; elle fut, à une époque qu'on ignore, transférée hors du comitium [9].

En l'an de Rome 450 (= 304 av. J.-C.), au milieu de troubles graves, Cn. Flavius, à l'exemple de Camille, fit vœu de dédier un temple à la Concorde s'il réconci-

1. Macrob., *Saturn.*, III, 12; Serv., *in Aen.*, III, 20; IV, 58; cf. Eckhel, *Doctrin. num. veter.*, IV, 492 ss.; Mommsen, *Röm. Staatsrecht* (1887), t. III, p. 807 ss.; traduct. Girard, *Le droit public romain*, t. VI[2], p. 456; H. Jordan, *Marsyas auf dem Forum in Rom.*, p. 19, pl. I-III. — 2. Varr., *Ling. lat.*, V, 155. — 3. Vers la fin de la République, l'usage s'était établi de consacrer le mois de février à l'audience des députations provinciales et étrangères (Ascon., *in II Verr.*, I, § 90, p. 184); cet usage fut bientôt consacré par la loi Gabinia (Cic., *Ad Q. fr.*, II, 13. Cf. P. Willems, *Le Sénat de la République romaine*, t. II, p. 156). Quant aux députés qui ne devaient pas entrer dans la ville, ils étaient reçus au senaculum du temple de Bellone (Festus, s. v. *Senacula*, p. 347). — 4. Varr., *l. c.* — 5. Cela d'ailleurs ressort d'un texte de Cicéron (*Ad Q. fr.*, II, 1). — 6. Plin., *H. N.*, VII, 60, 1. — 7. Jul. Obseq., LXXXIII, XCI. — 8. Plin., *Hist. nat.*, XXXIII, 6, 3 : Graecostasis, « quae tunc supra comitium erat ». — 9. *Ibid.*

liait les ordres avec le peuple. Comme des fonds d'État ne furent pas votés pour cette construction, il se contenta d'élever, avec le produit des amendes infligées aux usuriers, une chapelle en airain dans la Graecostasis [1]. Il la dédia l'année suivante [2]; l'inscription, gravée sur une plaque de bronze, indiquait que cette dédicace avait été faite deux cent quatre ans après celle du temple du Capitole [3]. Il y avait aussi sur la Graecostasis un édicule ou autel à la Lune, devant lequel on faisait un sacrifice le 24 août [4]. Le nom de la Graecostasis se lit sur un des fragments du plan antique de Rome (fig. 16, p. 127). La date de sa fondation est ignorée.

On ne sait pas s'il faut identifier avec la *Graecostasis* un monument appelé *Graecostadium* restauré par Antonin le Pieux [5], incendié sous Carinus en même temps que la basilique Julia [6], que le *Curiosum* mentionne entre le vicus Jugarius (*a'*) et la basilique Julia (16) [7], et le *De regionibus* entre le temple de Castor (15) et le temple de Vesta (11) [8].

Le solarium. — Les Romains ne connurent que tardivement l'usage de diviser le temps en heures [9]; la loi des douze tables fait seulement mention du lever et du coucher du soleil; quelques années après, on ajouta l'heure du midi que le crieur public annonçait quand, de la curie, il apercevait le soleil entre les rostres et la Graecostasis; il annonçait la dernière heure du jour quand le soleil était descendu entre la colonne

1. Plin., *Hist. nat.*, XXXIII, 6, 3. — 2. Liv., IX, 46. Tite-Live dit que ce temple était élevé sur l'aréa de Vulcain. — 3. Plin., *l. c.* — 4. *Corp. inscr. lat.*, I, *Commentar. diurn.*, 24 août. — 5. Capitol., *Antonin.*, VIII. — 6. *Chronogr. von Jahre*, *354*, p. 648. — 7. Reg. VIII, Urlichs, p. 10. — 8. *Ibid.*, p. 11-13. — 9. Censorin., *De die natal.*, XXIII.

Maenia et la prison (2)[1]. Il en fut ainsi jusqu'au temps
des guerres Puniques. L. Papirius Cursor établit bien,
auprès du temple de Quirinus, un cadran solaire en
l'an 461 (= 293 av. J.-C.); mais Pline, qui nous fournit
ces renseignements, dit qu'on ne sait rien de précis
sur ce cadran ni sur le lieu exact où il se trouvait. Il
ajoute, d'après Varron, que le premier cadran solaire
public fut placé près des rostres, sur une colonne,
par M. Valerius Messala, consul, qui l'avait rapporté
de Catane en Sicile après la prise de cette ville (491 =
263 av. J.-C.)[2]. Ce cadran, bien imparfait puisque les
lignes, tracées pour la Sicile, ne concordaient pas
avec les heures de Rome[3], servit pendant quatre-
vingt-dix-neuf ans, jusqu'à ce que le censeur L. Marcius Phillippus en fit poser, à côté de l'ancien, un
autre mieux construit[4]. Quand le temps était couvert, l'heure devenait incertaine, le crieur public ne
pouvant, pas plus que le cadran, exercer sa fonction.
Ce ne fut qu'en l'année 595 (= 159 av. J.-C.) que le
censeur P. Scipio Nasica dédia la première clepsydre à
eau, marquant les heures du jour et de la nuit[5], qu'il
plaça dans la basilique Aemilia[6].

Les septa du Forum. — La première fois qu'on
réunit par surprise les *comitia tributa* sur le forum,
rien n'étant préparé pour le vote, on suppléa aux *septa*
par des cordes tendues[7]. Il semble que plus tard on
établit des vrais *septa* pour les jours de vote[8] et nous
voyons même leurs débris servir d'armes improvi-
sées à une troupe de partisans de Clodius[9].

---

1. Plin., *Hist. nat.*, VII, 60; Varr., *Ling. lat.*, VI, 4. — 2. Censorin., *l. c.* — 3. *Ibid.* — 4. Plin., *l. c.* — 5. Plin., *l. c.*; Censorin., *l. c.* — 6. Varro, *l. c.* — 7. Dionys., VII, 59. — 8. Appian.,
Bell. civ., III, 30. — 9. Cic., *Pro Sext.*, XXXVII.

M. Middleton a émis l'hypothèse que les lignes tracées sur le pavé de l'aréa du forum (*l*) marquaient peut-être l'emplacement de ces *septa*[1]. Mais, depuis le temps où les *septa* du forum cessèrent de servir, c'est-à-dire depuis César, le dallage du forum subit tant de restaurations qu'il est difficile de croire que ces lignes se soient si bien conservées. On ne peut pas davantage admettre que, si elles étaient destinées à marquer la place des *septa*, on ait, à chaque restauration, pris soin de les renouveler, puisqu'elles étaient devenues inutiles. Elles ont dû être tracées à une basse époque, pour un but qui nous échappe.

Eckhel croit que la monnaie au type de Vénus Cloacina (fig. 7, p. 88) représente les *septa* du forum[2] : mais il semble bien que les personnages figurés sur cette monnaie sont des statues et non des citoyens procédant au vote.

La basilica Porcia (fig. 5, p. 73). — La justice se rendit d'abord à Rome devant des tribunaux en plein air ; le nombre toujours croissant des habitants fit bientôt les procès plus nombreux et aussi le Forum plus encombré. C'est pour ce motif qu'on commença à construire des basiliques : palais de justice, lieux de réunion et d'affaires. Toutefois les basiliques ne supprimèrent pas les tribunaux du forum[3].

La première basilique[4] fut élevée par Porcius Cato[5] (Cato Major) en l'année 570 (= 184 av. J.-C.), près de

---

1. *The rem. of anc. Rome*, t. I, p. 236. — 2. *Doctrin. num. vet.*, t. V, p. 258. — 3. Senec., *Controv.*, IV, préface. — 4. *De vir illustr.*, XLVII. Dans un texte qui se rapporte à l'année 544 (= 210 av. J.-C.), Tite-Live nous apprend qu'il n'existait pas encore de basiliques (Liv., XXVI, 27) : « neque tunc basilicae erant ». — 5. Liv., XXXIX, 44.

à *curia Hostilia*[1]. Elle était à l'ouest de la curie, car, pour faire l'emplacement nécessaire à sa construction, Caton acheta, outre quatre boutiques, deux maisons, celles de Maenius et de Titius, situées *in Lautumiis*[2], c'est-à-dire du côté de la prison (2). En vendant sa maison, Maenius s'était réservé le droit de conserver une colonne pour y établir un pont volant en bois d'où lui et ses descendants assisteraient aux jeux donnés sur le forum. Cette colonne est mentionnée dans les auteurs sous le nom de *columna Maenia*[3]. Le Trésor public fit la dépense de la construction[4]. Caton mena l'œuvre à bonne fin malgré une vive opposition[5] et, de son nom de famille, appela la nouvelle basilique *basilica Porcia*[6]. Les tribuns du peuple y avaient leur tribunal[7], et c'est en plaidant contre eux, pour les empêcher d'enlever un pilier qui gênait leurs sièges, que le jeune Caton (Cato Minor) fit, comme orateur, des débuts très remarqués[8]. La basilique Porcia fut incendiée avec la curie par le bûcher de Clodius[9] en 702 (= 52 av. J.-C.). On ignore si elle fut restaurée; comme son nom disparaît complètement à dater de cette époque, il est fort probable qu'elle ne fut pas reconstruite.

Basilica Fulvia et Aemilia, basilica Paulli (d'). — En l'année 575 (179 av. J.-C.), M. Fulvius Nobilior, censeur en même temps qu'Aemilius Lepidus, fonda, derrière les *tabernae novae* (fig. 5, p. 73), une basilique, appelée de son nom, *basilica Fulvia*, et l'entoura

1. Plutarch., *Cato Maj.*, XIX. — 2. Liv., *l. c.*; Ascon., *In Caec. divin.*, § L, p. 120; Cruq., *in Horat. Serm.*, I, 3, 21. — 3. Plin., *H. N.*, VII, 60; Acr. et Phophyr., ad *Horat.*, *Satir.*, I, 3, 21; Ascon., *l. c.* — 4. Plutarch., *l. c.* — 5. *Ibid.* — 6. Liv., XXXIX, 44; Plutarch., *Cato Min.*, V. — 7. Plutarch., *l. c.* — 8. *Ibid.* — 9. Ascon., *Pro Mil.*, arg., p. 34, édit. Orelli.

de boutiques qui furent louées à des particuliers [1]
P. Cornelius Scipio Nasica, censeur, y établit en 59?
(= 159 av. J.-C.), une clepsydre à eau [2]; M. Aemilius
Lepidus, consul en l'année 676 (= 78 av. J.-C.), l'orna

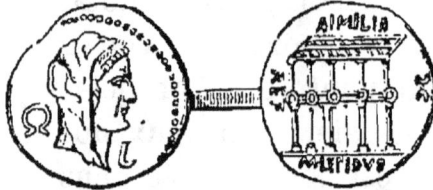

Fig. 25. — La basilique Aemilia sur
un denier de la République.

de boucliers représen-
tant les portraits de se:
ancêtres [3] et adopt:
comme type d'une d:
ses monnaies une vu:
de la basilique ornée d:
ces boucliers (fig. 25 [4])

Il semble même, d'après la légende de cette monnai:
M. *Lepidus Aemilia ref(ecta) s(enatus) c(onsulto)*, qu:
M. Aemilius Lepidus aurait non seulement orné, mai:
restauré complètement la basilique; il est probabl:
qu'elle prit, à cette époque, le nom d'Aemilia. Il fau:
croire cependant que cette restauration ne fut pa:
aussi complète que semble l'indiquer l'expressio:
refecta de la légende; en effet, moins de vingt-cinq an:
plus tard, nous voyons la basilique reconstruite par u:
autre Émile, L. Paullus, fils du précédent, qui, pou:
faire face à cette dépense, reçut de César, sur l'or provenant de la Gaule, quinze cents talents [5]; César achetai:
ainsi l'abstention d'un homme jusque-là hostile à s:
politique [6]. Dans une lettre datée de l'an de Rome 70:
(= 54 av. J.-C.), Cicéron envoie à Atticus les nouvelle:
de Rome : Paullus a déjà presque achevé sa basilique:
il emploie de nouveau les anciennes colonnes; mai:
quel beau monument, agréable au peuple, glorieu:

1. Liv., XL, 51. — 2. Varr., *Ling. lat.*, VI, 4 (dans ce text:
Varron donne à la basilique le double nom de *Basilica Fulvi*
et Aemilia); Plin., VII, 60. — 3. Plin., *Hist. nat.*, XXXV, 4. —
4. E. Babelon, *Descr. des monn. de la Rép. rom.*, I, p. 129. —
5. Plut., *Caes.*, XXIX. — 6. Appian., *Bell. civ.*, II, 26.

pour celui qui le fait construire [1]! Plutarque [2] et Appien [3] louent également la magnificence du nouvel édifice, que les auteurs désignent dès lors sous le nom de *basilica Paulli* [4]. Quoique presque achevée en 699 (= 55 av. J.-C.), au témoignage de Cicéron, la basilique ne le fut complètement que vingt et un ans plus tard, en 720 (= 34 av. J.-C.), sous le consulat et par les soins de Paullus Aemilius, fils de L. Aemilius Paullus, qui en fit la dédicace cette même année [5]. Vingt ans plus tard, en 740 (= 14 av. J.-C.), à la suite d'un incendie qui menaça aussi le temple de Vesta, la basilique fut restaurée sous le nom d'Aemilius Paullus, représentant de la famille qui avait donné son nom à la basilique, mais, en réalité, aux frais d'Auguste et des amis de la famille Aemilia [6]. C'est sans doute à cette restauration qu'appartiennent les magnifiques colonnes phrygiennes qui, au dire de Pline, faisaient de la basilique de Paul un des plus magnifiques monuments de Rome [7]. Sous le règne de Tibère, Aemilius Lepidus obtint la permission de réparer et d'embellir à ses frais, malgré la médiocrité de sa fortune, ce monument qui portait le nom de ses ancêtres et en perpétuait le gloire [8]. La *basilica* Pauli est encore mentionnée dans les régionnaires [9].

---

1. *Ad Attic.*, IV, 16 : « Nihil gratius illo monumento, nihil gloriosius ». — 2. *L. c.* — 3. *L. c.* — 4. Tac., *Ann.*, III, 72 : basilica Paulli Aemilia monumenta; cf. Dio, LIV, 24 ; XLIX, 41. — 5. Dio, XLIX, 42. — 6. Dio, LIV, 24. — 7. Plin., *Hist. nat.*, XXXVI, 2. M. Lanciani a plusieurs fois soutenu l'opinion que vingt-quatre de ces magnifiques colonnes, employées à la construction de la basilique de Saint-Paul-hors-les-Murs, avaient péri en 823, dans l'incendie de ce monument (cf. *Mittheilung. d. k. d. arch. Inst.*, 1888, p. 95). Cette opinion a été combattue par M. G.-B. de Rossi et Hülsen (cf. *ibid.*). — 8. Tacit., *Ann.*, III, 72. — 9. *Curios.*, Reg. IV, Basilicae; *De reg.*, Reg. IV, Basilicae, dans Urlichs, *Cod. Urb. Rom. topogr.*, p. 6, 5; 7, 7; 22, 9; 23, 10.

Il n'y a pas de doute à émettre sur l'emplacemen
occupé par la basilique Aemilia (d'). Elle était situé
sur le forum [1], derrière les *tabernae novae* [2], du côt
opposé à la *basilica Julia* [3], près du temple d
Janus [4].

M. G. B. de Rossi a communiqué à l'Institut archéo
logique de Rome les photographies d'un dessin repré
sentant des vues de Rome, conservé à la bibliothèqu
de l'Escurial [5] et déjà signalé par M. Müntz [6]. Sur c
dessin, sont figurées des représentations du templ
de Vespasien, du temple de Saturne et de l'arc d
Septime Sévère. Au delà d'une des arches de l'arc d
Septime Sévère, apparaît l'angle d'un édifice souten
par des pilastres sur lesquels repose une frise doriqu
M. Huelsen a cru reconnaître dans ce monument l
basilique Aemilia dont il aurait par conséquent exist
des restes considérables à la fin du xve siècle [7]. U
fragment du plan antique, avec le nom (A)emili(a
concerne probablement cette basilique, mais san
donner aucun renseignement sur sa disposition ou so
emplacement [8].

---

1. Plut., *Caes.*, XXIX. — 2. Liv., XL, 51. — 3. *Stat. Sylv.*, I,
29-30. — 4. Cruq., *In Horat. Serm.*, II, 3, 18. — 5. *Mittheilun*
d. k. d. arch. Inst., t. III (1888), p. 95. — 6. *Rev. archéol.*, t. 1
(1887), p. 277, fol. 9; *Rendiconti dell' acc. dei Lincei*, 1888, p. 7
G. Boissier, *Compte rend. de l'Ac. des Inscr.*, 1887, p. 451; c
Richter, *Die Augustus bauten auf dem Forum romanum*, dar
Jahrbuch d. k. d. arch. Inst., t. IV (1889), p. 158. — 7. C
Mittheilungen, t. III (1888), p. 95; t. IV (1889), p. 236, avec ur
reproduction du dessin, et 242; t. VIII (1893), p. 281. D'après
dessin M. Huelsen a identifié avec la basilique Aemilia ce mon
ment auquel il avait déjà consacré une étude étendue, sa
pouvoir le déterminer : *Sopra un edifizio antico gia esisten*
presso la chiesa di San Adriano, dans *Annali dell' istit. arc*
di Roma, 1884, p. 326 ss. M. Lanciani croit au contraire que
monument est le temple de Janus (voir plus haut, p. 82-83).
8. Jordan, *Forma urbis Romae*, pl. III, 24.

Basilica Sempronia (fig. 5, p. 73). — On sait très peu de choses sur cette basilique. En l'an de Rome 585 (= 169 av. J.-C.), Ti. Sempronius Gracchus, censeur, acheta, avec la part des impôts qui lui avait été attribuée, la maison de P. Scipio Africanus et quelques boutiques et boucheries y attenant. Tite-Live, qui nous fournit ce renseignement, ajoute que la maison de Scipion l'Africain était située près des *tabernae veteres* et de la statue de Vertumnus [1]. Nous pouvons tirer de ces renseignements topographiques la conclusion que la basilique Sempronia occupait, près du *vicus Tuscus* (18), à peu près l'extrémité de l'emplacement sur lequel s'éleva plus tard la basilique *Julia* (16). Comme les historiens n'en parlent plus, il est probable qu'elle disparut, absorbée par la grande basilique de César.

La basilique Opimia (fig. 5, p. 73). — Cette basilique est moins connue encore que la précédente. On suppose, avec toute vraisemblance, que le consul L. Opimius la construisit en même temps qu'il réédifia le temple de la Concorde en l'année 633 (= 121 av. J.-C.). Varron, en effet, dit que ces deux monuments étaient voisins l'un de l'autre et situés sur le Vulcanal [2]. Ce texte et deux inscriptions du musée du Vatican, de l'époque républicaine, mentionnant les *servi publici* de la basilique *Opimia* [3] sont les seuls renseignements que nous possédions. Comme aucun autre auteur ne parle plus de cette basilique, il est probable qu'elle disparut quand Tibère reconstruisit le temple de la Concorde entre les années 747 (= 7 av. J.-C.) et 763 (= 10 ap. J.-C.) [4].

---

1. Liv., XLIV, 16. — 2. Varr., *Ling. lat.*, V, 156. — 3. *Corp. inscr. lat.*, t. I, 1067, 1068; cf. t. VI, 2338, 2339. — 4. Cf. le commentaire au *Corp. inscr. lat.*, *l. c.*

L'arc de Fabius (f'; plan II, f). — C'est le plus
ancien des arcs de triomphe du forum romain [1]. Il fut
érigé par Q. Fabius, vainqueur des Allobroges [2], on ne
sait pas exactement en quelle année, sans doute pendant celle de son consulat (633 = 121 av. J.-C.) [3]. Un
de ses descendants, probablement son petit-fils, portant les mêmes noms que son ancêtre, le restaura
vers l'année 698 (= 56 av. J.-C.) [4]. Il était orné des
tituli [5] et des statues de la gens Fabia [6] et aussi de
bas-reliefs représentant des boucliers et des insignes
de victoire [7].

L'arc de Fabius (*fornix Fabianus* [8], *fornix Fabii* [9],
fornix Fabius) [10] formait, à l'est, l'extrémité du forum
comme les rostres à l'ouest [11], et y donnait accès [12]
par la voie sacrée sur laquelle il était posé [13], plus bas
que l'endroit appelé *summa sacra via* [14]; il s'élevait
près de la *regia* (10) [15], du temple d'Antonin et de Faustine (*p*) [16], du putéal de Libon [17] qui, lui-même, était
voisin des rostres [18] (les *rostra nova* ou *Julia* du temple

1. Mais non le plus ancien de Rome : on en connaît trois qui
lui sont antérieurs. Cf. T. H. Dyer, dans Smith, *A dictionary o[f]*
gr. and rom. geography, t. II, p. 788. — 2. Ascon., *In Verr.*
I, § 19, p. 133, édit. Orelli. — 3. Cf. Th. Mommsen, *Sul fornic[e]*
Fabiano, dans *Annali dell' ist. di corrisp. arch.*, 1858, p. 176[;]
Corp. inscr. lat., VI, p. 286. — 4. *Corp. inscr. lat.*, I, 606; cf. *ibid.*
p. 178; VI, 1303. — 5. *Corp. inscr. lat.*, I, 607; VI, 1303, 1304[.]
— 6. Ascon., p. 133; Schol. Gronov., p. 393, éd. Orelli. — 7. Mar[-]
liani, *Urbis Romae topographia*, p. 42; Fabricius, *Roma*, chap[.]
XIV, p. 138; cf. Jordan, *Sylloge*, p. 263 ss. — 8. Cicer., *Verr.*, [I,]
7, 19. — 9. *Id.*, *De orat.*, II, 66. — 10. *Id.*, *Pro Planc.*, VII, 17[.]
— 11. Senec., *De constant. sapient.*, I. — 12. Cic., *De orat.*, [I,]
66. — 13. Ascon., *l. c.* — 14. Cic., *Pro Planc.*, VII, 17. La *summ[a]*
sacra via était à l'endroit où s'éleva plus tard l'arc de Titu[s.]
— 15. Ascon., *l. c.* D'autres scholiastes de Cicéron disent qu'[il]
était près du temple de Vesta et qu'on le rencontrait sur l[a]
voie Sacrée après avoir dépassé le temple de Castor (Scho[-]
liast. Gronov., *In Verr.*, I, § 19, p. 393 et 399, édit. Orelli). —
16. Solin., I. — 17. Porphyr., *In Horat. Epist.*, I, 19, 8. —
18. Cruq., *In Horat. Serm.*, II, 6, 35.

de César) et du *porticus Julia* [1]. Ces renseignements, complétés par des documents relatifs à des fouilles anciennes [2] et par les résultats de fouilles récentes [3], autorisent l'opinion que l'arc de Fabius se trouvait entre la *regia* (10) et le temple d'Antonin et de Faustine (*p*). Une fresque de Sodoma, dans le cloître de Monte Oliveto Maggiore, près de Sienne [4], un dessin de Martino Heemskerk [5] conservé à la bibliothèque impériale de Berlin, et un dessin de la bibliothèque de l'Escurial [6], datant tous de la fin du xv⁰ ou de la première partie du xvi⁰ siècle, représentent la vue d'une partie du forum et un arc à demi enfoui que l'on a non sans quelque vraisemblance, regardé comme l'arc de Fabius encore debout à cette époque [7].

Le puteal Libonis ou Scribonianum. Les tribunaux. — Un denier de L. Scribonius Libo, monétaire vers l'an 700 (= 54 av. J.-C.), représente la margelle

1. *Glossae veteres in Pers. Sat.*, IV, 49, p. xlviii, édit. Cassaubon-Duebner. Ce *porticus Julia* ne peut pas être celui de la basilique Julia et on s'accorde pour le considérer comme étant en rapport avec le temple de César. — 2. Cf. G. B. de Rossi, *Sull' arco Fabiano nel foro romano*, dans *Annali dell' ist.*, 1859, p. 322; Fabricius, ch. xiv, *Roma*, p. 138; Huelsen, *Die regia*, dans *Jahrbuch. d. k. d. Inst.*, p. 230 et n. 4; Marliani, *Urbis Romae topographia*, cité par de Rossi, *Annali*, 1859, *l. c.*; Richter, *Die Augustusbauten...* dans *Jahrbuch...* 1889, p. 148; *Corp. inscr. lat.*, VI, ad. n. 1303. — 3. Cf. Lanciani, *Notizie degli scavi*, 1882, p. 224 ss.; Jordan, *Sylloge*, p. 263 ss.; Gilbert, *Gesch. und Topogr.*, I, 311, note; Middleton, *The remains*, I, p. 330. — 4. Cf. G. B. de Rossi, *Mittheilung. der k. d. arch. Inst.*, t. II (1887), p. 150; t. III (1888), p. 94. — 5. Cf. Huelsen, *Bullettino della com. arch. comun. di Roma*, 1888, p. 154, pl. vii. — 6. G. B. de Rossi, *Mittheilung.*, t. III (1888), p. 94; cf. Huelsen, *ibid.*, p. 95; t. VI (1889), p. 246, avec une reproduction du dessin. — 7. Ce serait, d'après M. Richter, un arc de triomphe élevé par Auguste sur le côté nord du temple de César. *Topographie von Rom*, dans *Handbuch der klassisch. Alterthum*, p. 795; *Id.*, *Augustusbauten auf For. rom.*, dans *Jahrbuch der k. d. arch. Inst.*, t. IV, p. 158.

d'un putéal orné de deux lyres et d'une guirlande de lauriers, avec la légende : *Puteal Scribonian(um)* [1] (fig. 26). Un texte de Festus [2] nous donne l'explication de ce type monétaire : le Sénat confia à un Scribonius la mission de rechercher les lieux frappés de la foudre ; car ces lieux devenaient *religiosi*; on ne devait ni les fouler aux pieds ni les couvrir d'une construction, mais les entourer d'un mur et les laisser à ciel ouvert [3]. Un putéal fut, à cette occasion, élevé par Scribonius à un endroit que Festus désigne par l'expression peu claire *ante atria* [4]. Scribonius Libo avait donc adopté comme type monétaire le monument construit par son ancêtre.

Fig. 26. — Le putéal de Libon, d'après un denier de la République.

Le *puteal Scribonianum*, appelé aussi par les auteurs *puteal Libonis*, était sur le forum [5], près de l'arc de Fabius [6], des rostres [7], du tribunal du préteur [8] et du porticus Julia [9]. C'était un lieu très fréquenté où se rencontraient, attirés par le tribunal, les plaideurs [10], les marchands [11], les usuriers [12].

Pendant longtemps les archéologues ont été à peu près d'accord pour reconnaître les restes du putéal de

1. Babelon, *Descr., des monnaies de la République*, II, p. 427. — 2. *S. v. Scribonianum*, p. 333. — 3. Varr., *Ling. lat.*, V, 150; *Schol. in Pers.*, II, 27; Festus, *l. c.* — 4. *Loc. cit.* Le texte de Festus est d'ailleurs très mutilé. — 5. Cruq., *In Horat. Serm.*, II, 6, 35 : Puteal locus erat in Foro. — 6. Porphyr., *In Horat. Epist.*, I, 19, 8; *Schol. in Pers.*, IV, 49. — 7. Cruq., *l. c.* Il s'agit sans doute des rostres du temple de César. — 8. *Ibid.* — 9. *Schol. in Pers., l. c.* — 10. Horat., *Epist.*, I, 19, 8; Porphyr., Cruq., *ibid.* — 11. Cruq, *In Horat. Serm.*, II, 6, 35. — 12. *Id., ibid.; Schol. in Pers., l. c.*; Ovid., *Remed., amor.*, 561-562; Cic., *Pro Sext.*, VIII.

Libon dans des débris de forme circulaire (12) assez semblables à la base d'une margelle, gisant entre les temples de Castor (15) et de Vesta (11). Des fouilles récentes ont conduit M. Richter à l'opinion peu justifiée par l'apparence des pierres que ces débris proviennent de l'arc d'Auguste [1]. M. Nichols croit, et ce n'est pas plus démontré, qu'ils appartenaient à une grande vasque en pierre, qui resta vers cet endroit jusqu'en 1816, époque à laquelle on la transporta aux fontaines de Monte Cavallo [2].

On conserve au Musée de Latran un autel rond, avec l'inscription *pietatis sacrum*, trouvé à Vei et dont la forme et l'ornementation rappellent le type monétaire de notre figure 27; on a voulu y trouver une représentation du *puteal Libonis*; je ne crois pas qu'il y faille chercher autre chose qu'une ressemblance fortuite [3].

Un Scribonius Libo, peut-être le même qui consacra le putéal, établit à côté, pour la première fois, le tribunal du préteur [4] qui, jusque-là, avait été uniquement sur le comitium. Il ne faut pas cependant tirer la conclusion certaine que, pour cette raison, le tribunal du comitium disparut [5]. Il y avait d'ailleurs plus d'un tribunal sur le forum. Cicéron fait plusieurs fois mention d'un *tribunal Aurelium* qui semble, de son temps, avoir tenu une grande place dans les troubles politiques et judiciaires du forum [6]. Deux des procès plaidés

1. Cf. Richter, *Mittheilung. d. k. d. arch. Inst.*, t. III (1888), p. 100; *Topogr. von Rom*, dans *Handbuch d. klass. Alt.*, p. 801, 1. — 2. Nichols, *Mittheilung.*, t. I (1886), p. 189; voir plus haut, p. 48, 51. — 3. Sur cet autel, cf. Benndorf et Schöne, *Die antiken Bildwerke der Lateranensischen Museums*, n° 440. — 4. Porphyr., *In Horat. Epist.*, I, 19, 8; Cruq., *ibid.*, et *Serm.*, II, 6, 35; Cic., *Ad Quint. fratr.*, II, 3 : « Dixi pro Bestia de ambitu, apud praetorem Cn. Domitium in Foro medio. — 5. Cf. Becker, *Handbuch der röm. Alterthüm*, I, p. 324. — 6. Cic., *In Pis.*, V; *Pro dom.*, XXI; *Pro Sext.*, XV. Dans ces textes de Cicéron,

devant ce tribunal sont des années 680 (= 74 av. J.-C.) et 695 (= 59 av. J.-C.) [1]. Il y avait, près de ce tribunal, des degrés appelés *gradus Aurelii*, qui étaient récemment construits en 680, et d'où le peuple pouvait assister aux procès [2]. Si l'on doit admettre que les expressions *tribunal Aurelium* et *gradus Aurelii* sont synonymes, ou que le tribunal et les degrés ont été construits en même temps et forment un tout, on peut, avec Becker [3] et Jordan [4], attribuer l'érection et le nom de ce tribunal à M. Aurelius Cotta, consul cette même année. Ces tribunaux durent peu à peu disparaître du forum, à mesure que les basiliques se construisirent ou devinrent plus spacieuses, et que les empereurs créèrent de nouveaux forums; ils coexistèrent cependant avec les basiliques; Sénèque, ou l'auteur des *Controverses*, en témoigne [5]. On n'en a retrouvé aucune trace sur l'*area* du forum; et cela n'a rien de surprenant, car ils devaient être en bois, mobiles et d'un enlèvement facile quand des assemblées populaires ou des fêtes rendaient nécessaire le déblaiement du forum. Et, ce qui prouve bien qu'ils étaient en bois, c'est que nous voyons le peuple briser les tribunaux et les sièges, et se servir de leurs débris pour dresser les bûchers qui consumèrent les corps de Clodius [6] et de César [7].

on voit, plus d'une fois, le temple de Castor mentionné, à propos de troubles politiques, en même temps que le *tribunal Aurelium*. On en a tiré la conclusion purement hypothétique que le tribunal était voisin du temple (cf. Jordan, *Topogr. d. Stadt Rom*, I², p. 405, n° 123). — 1. Cic., *Pro Cluent.*, XXXIV; *Pro Flacc.*, XXVIII; cf. Jordan, *l. c.* — 2. Cic., *Pro Cluent.*, XXXIV : « Gradus illi Aurelii tum novi quasi pro theatro illi judicio aedificati videbantur »; *Pro Flacc.*, XXVIII. — 3. *Handbuch d. röm.*, *Alt.*, I², p. 324, note 590. — 4. *Topogr.*, I², p. 405. — 5. *Controvers.*, IV, préface. — 6. Ascon., *In Milon.*, argum., p. 34, éd. Orelli. — 7. Plutarch., *Caes.*, LXXVIII; Sueton., *Caes.*, LXXXIV; Appian., *B, C.*, II, 143.

CHAPITRE VII

Tarquin avait laissé le forum complètement desséché par les égouts, entouré de boutiques ouvrant
sous des portiques et orné de quelques temples et édifices publics. Le nombre des temples augmenta sous
la République ; puis, la première basilique construite,
les autres se succédèrent avec une rapidité qui montre
combien ces édifices étaient nécessaires et combien
rapidement les anciens devenaient insuffisants. Ces
travaux changèrent complètement la physionomie du
forum en éliminant peu à peu les maisons privées au
profit des grands édifices de l'État.

L'époque à laquelle nous arrivons acheva cette
transformation. César et Auguste en furent les principaux auteurs. La reconstruction sur un plan plus vaste
de la basilique Aemilia et la fondation de la basilique
Julia, la curie relevée avec plus de grandeur, les rostres transportés à l'extrémité du forum, et, à l'extrémité opposée, le temple de César flanqué de l'arc
d'Auguste, les temples de Castor et de la Concorde
réédifiés avec magnificence, donnèrent au forum cet
aspect grandiose que l'on devine encore malgré son

état de ruine; plus tard les deux arcs de Tibère et de Septime Sévère compléteront son ornementation et en feront le type définitif des forums de l'époque impériale.

La basilique Julia (16, 17). *Le lacus Servilius.* — La basilique Julia occupait une grande partie du côté sud du forum; elle était, nous dit le testament d'Auguste [1], située entre les temples de Castor (15) et de Saturne (19), et ce témoignage de l'empereur qui l'a terminée et reconstruite est confirmé par les fragments du plan antique parvenus jusqu'à nous (fig. 16, p. 127) [2].

La basilique Julia fut commencée par César. C'est peut-être d'elle que parle Cicéron dans une lettre à Atticus, datée de l'an 700 (= 54 av. J.-C.) où il est question aussi de la basilique Aemilia [3]. César la dédia, sans qu'elle fût complètement terminée, en l'année 708 (= 46 av. J.-C.) [4], en même temps que son forum et que le temple de Vénus Genitrix [5]; les derniers travaux furent achevés par Auguste [6], mais bientôt un incendie contraignit cet empereur à reconstruire l'édifice; il le fit sur un plan vaste [7], en y ajoutant un portique (17), et donna à ce double édifice les noms de ses petits-fils Gaius et Lucius Caesar [8]. La

---

1. Mommsen, *Res gest. div. Aug.*, IV, 13. — 2. Jordan, *Forma urbis Romae*, p. 25, pl. III, n. 20, 23. — 3. *Ad Att.*, IV, 16; cf. Becker, *Handbuch der Röm. Alt.*, I, p. 302 ss. Elle était à ce moment en construction. — 4. Cf. Mommsen, *Ueber die Quellen der Chronik des Hieronymus*, p. 691. — 5. Dio, XLIII, 22. — 6. *Res gest. div Aug.*, IV, 14. — 7. *Ibid.*, 14-15. Voici d'ailleurs ce texte, trop important pour ne pas être cité en entier : « Forum Iulium et basilicam quae fuit inter aedem Castoris et aedem Saturni, coepta profligataque opera a patre meo perfeci, et eamdem basilicam consumptam incendio, ampliato ejus solo, sub titulo nominis filiorum m[eorum i]nchoavi, et, si vivus non perfecissem, perfici ab heredib[us jussi]. — 8. *Res gest.*, IV, 15; cf. Suet., *Aug.*, XXIX; Dio, LVI, 27.

dédicace eut lieu en l'année 765 (= 12 ap. J.-C.) [1]. Il est probable que le portique seul fut dédié alors, la basilique n'étant pas encore achevée au moment où, quelques mois avant sa mort, Auguste écrivit dans ses *Res gestae* : *Et si vivus non perfecissem perfici ab heredibus [meis iussi]* [2].

On sait peu de chose sur l'histoire de la basilique Julia. Il est probable qu'elle supportait une partie du pont par lequel Caligula avait réuni à son palais le temple de Jupiter Capitolin [3]. De là cet empereur jetait quelquefois des pièces d'or et d'argent au peuple qui se les disputait sur le forum [4] avec un tel acharnement qu'il y eut souvent mort d'homme [5]. La basilique fut incendiée sous Carinus [6] et reconstruite par Dioclétien [7]. Elle fut, en l'année 1130 (= 377 ap. J.-C.), restaurée et ornée de statues par Gabinius Vettius Probianus, préfet de Rome [8].

Les centumvirs avaient, dans la basilique Julia, quatre tribunaux [9] que, pour les causes importantes, on réunissait en un seul [10]. Pline le Jeune [11] nous a laissé le récit d'une cause plaidée par lui; il y peint sur le vif la physionomie de la basilique un jour de grand procès : les juges des quatre tribunaux réunis au nombre de cent quatre-vingts; tout le barreau occu-

1. Dio, *l. c.* — 2. *Res gest.*, IV, 16. Cf. Mommsen, *ibid.*, p. 85. Quant à Dion Cassius, il ne fournit aucun renseignement sur ce point spécial, car le mot στοά, qu'il emploie, a, chez lui, le double sens de portique et de basilique. — 3. Cf. Becker, *Handbuch der röm. Alt.*, I, p. 431, n. 879. — 4. Suet., *Calig.*, XXXVII; Joseph., *Antiq. Jud.*, XIX, 1, 11; Mommsen, *Ueber d. Chronogr. vom Jahre 354*, p. 646. — 5. D'après le chronographe de l'an 354 (*l. c.*), il y périt 32 hommes, 247 femmes et 1 eunuque. — 6. Mommsen, *ibid.*, p. 648. — 7. *Ibid.* — 8. *Corp. inscr. lat.*, VI. 1658; Lanciani, *Notizie degli scavi*, 1883, p. 48. — 9. Quintil., *Inst. or.*, XII, 5; Martial, VI, 38, 5. — 10. Quintil., *l. c.*; Plin., *Epist.*, VI, 33. — 11. Plin., *l. c.*

pant les places réservées aux avocats; la foule en rangs pressés, entourant même le tribunal; les tribunes combles[1]; la curiosité était très excitée. L'empereur Trajan rendit quelquefois la justice dans la basilique Julia [2]. On connaît plusieurs inscriptions de *nummularii de basilica Julia*[3]. Dans la basilique elle-même on a trouvé un certain nombre d'inscriptions, et aussi des graffites et des jeux tracés sur le pavé par les désœuvrés qui y passaient leurs journées ou y cherchaient un refuge contre les pluies d'orage [4].

Au xv[c] siècle et aussi au xviii[e] siècle, on a exploité comme une carrière les restes de la basilique Julia, fouillant jusqu'aux fondements pour en extraire les piliers dont les bases même, jusqu'à deux ou trois mètres au-dessous du sol, furent enlevées [5]. Les pilastres en briques que l'on voit aujourd'hui, de même forme que les anciens pilastres en travertin, ont été construits après les dernières fouilles pour que les visiteurs puissent se rendre compte de la disposition intérieure de l'édifice.

Le bas-côté de la basilique opposé à la voie sacrée, le long du Vélabre, était garni de boutiques (b'). Nous voyons, par la description de Pline le Jeune [6], que l'aréa centrale de la basilique (x, y), où siégeait sans doute le tribunal, était dominée, à l'étage supérieur, par des galeries ou loges [7]; les voûtes étaient ornées de

---

1. Il semble que cette agitation n'est pas exceptionnelle : cf. Quintil., *l. c.* « Cum in basilica Iulia diceret primo tribunali... atque omnia clamoribus fremerent »; Martial., *l. c* : « Jam clamor, centumque viri, densumque coronae vulgus... » — 2. Dio, LXVIII, 10. — 3. *Corp. inscr. lat.*, VI, 9709, 9711. — 4. Cf. Jordan, *Sylloge inscr. Fori romani*, dans *Ephem. epigr.*, t. III, p. 278 ss. — 5. Voir plus haut, p. 58. — 6. *Epist.*, VI, 33. — 7. Voir plus loin, fig. 45, p. 361, la restitution de la basilique Aemilia, dont la disposition est semblable.

figures et de feuillages en stuc très bien travaillés [1]. Les tribunaux, construits sans doute en bois, n'ont pas laissé de trace. La basilique Julia est représentée sur trois bas-reliefs (fig. 20, p. 147; 21, p. 148; 22, p. 149), donnant la vue de la façade qui longe la voie sacrée [2]. C'est un monument d'ordre toscan, entouré d'une série d'arcades à plein cintre surmontées d'un mascaron représentant une tête de lion (fig. 22, p. 149). Les arcades sont séparées par un pilastre sur lequel repose une demi-colonne dont le chapiteau monte jusqu'à la corniche.

La *basilica Julia* est mentionnée dans le *Curiosum* et le *De regionibus* [3].

Le lacus Servilius. — A l'entrée du vicus Jugarius (*a'*) et attenant à la basilique Julia, existait le *lacus Servilius*, ainsi appelé du nom de celui qui l'avait établi en cet endroit [4]. C'était une fontaine ou bassin; Rome en possédait un grand nombre, car les régionnaires en indiquent 1 350 [5]. Le lacus Servilius acquit, au temps de Sylla, une triste célébrité : on y exposait les têtes des proscrits. Cicéron le compare au lac Trasimène, si funeste aux Romains [6], et Sénèque l'appelle le *spoliarium proscriptionis Sullanae* [7]. Agrippa l'avait orné d'un bas-relief ou d'une statue représentant une hydre [8]. Il n'est mentionné par aucun auteur, ni avant Sylla, ni après Agrippa. On n'en a retrouvé aucune trace quand on a déblayé la partie du vicus Jugarius voisine de la basilique.

---

1. Cf. Oberlin, *Exposé d'une découverte*, p. 14; *Bullettino d. ist.* 1853, p. 52. — 2. V. fig. 38, p. 251, la restauration de Dukert. — 3. Reg., VIII. — 4. Fest., *s. v. Servilius lacus*, p. 290. — 5. *Curiosum et De regionibus*, p. 26, 27, édit. Urlichs. — 6. *Pro Rosc. Amer.*, XXXII. — 7. *De provid.*, III, 7. — 8. Fest., *l. c.*

Le temple de César et les rostra Julia (9). — A l'endroit où le peuple avait dressé le bûcher funèbre de César, c'est-à-dire sur l'aréa du forum de la république plus étendue que celle du forum impérial, et devant la Regia (10) [1], on dressa un autel où le peuple se mit à célébrer un culte non autorisé [2] et, à côté de l'autel, une colonne en marbre de Numidie, haute de près de vingt pieds, et portant l'inscription *parenti patriae* [3]. On y faisait des sacrifices et des vœux, on y terminait des différends en prêtant serment par le nom de César. Mais Antoine fit périr, contrairement aux lois, C. Amatius, usurpateur du nom et de la descendance de Marius et promoteur principal de l'érection de ces deux monuments [4]; cela fait, Dolabella, gendre de Cicéron, reconquit les bonnes grâces de son beau-père en faisant enlever autel et colonne [5]. Le peuple, réclamant le rétablissement de l'autel et un sacrifice célébré par les magistrats, se livra à de graves désordres; on les réprima par la force; le sang coula, et un certain nombre de manifestants furent condamnés, les esclaves à être mis en croix, les citoyens à être précipités de la roche Tarpéienne [6]. Un peu plus tard, Cicéron s'inquiétait du grand nombre des vétérans réunis sur le forum pour manifester dans le même sens [7].

L'agitation tomba quand, en l'année 712 (= 42 av. J.-C.), les triumvirs décrétèrent qu'on élèverait un temple à César sur le forum, à l'endroit même où son corps avait été brûlé, et que ce temple jouirait du

---

1. Appian., *Bell. civ.*, II, 148; Dio, XLVII, 18; Liv., *Epitome*, CXVI; Sueton., *Caes.*, LXXXIV. — 2. Suet., *ibid.*, LXXXV; Appian., *Bell. civ.*, III, 2; Dio, XLIV, 51. — 3. Suet., *l. c.* — 4. Appian., *Bell. civ.*, III, 3; Liv., *Epitome*, CXVI. — 5. Cic., *Ad Attic.*, XIV, 16 et 17; *Phil.*, I, 2; Lactant., *Inst. div.*, I, 15. — 6. Appian., *Bell. civ.*, III, 2; Dio, XLIV, 51. — 7. Cic., *Ad famil.*, XI, 2.

droit d'asile [1]. Il est probable que, en même temps qu'ils prenaient cette décision, les triumvirs relevèrent l'autel, car d'après Suétone, qui toutefois enregistre le fait sans prendre la responsabilité de son exactitude, l'année suivante, au jour anniversaire de la mort de César, Auguste y aurait fait immoler, comme victimes, trois cents prisonniers qui s'étaient rendus au moment de la capitulation de Pérouse [2]. Construit par Auguste [3], le temple devait être à peu près terminé vers l'année 721 (= 33 av. J.-C.), car il figure comme type sur les revers d'un aureus et d'un denier où Auguste est *consul iterum, designatus tertium*; à côté du temple s'élève un autel, peut-être l'autel qu'avait fait enlever Dolabella [4]. La dédicace eut lieu le 18 août [5] de l'année 725 (= 29 av. J.-C.) [6]. A cette occasion, on célébra les jeux troyens; on donna au peuple des combats où figura un sénateur, des chasses de bêtes féroces, des spectacles; on montra des animaux encore inconnus à Rome, et, entre autres, un rhinocéros et un hippopotame [7]. Auguste orna le temple de son père adoptif

1. Dio, XLVII, 18 et 19. Cette décision fut accompagnée de plusieurs autres : on jura de ratifier tous les actes de César; aux jeux du cirque on porta son image avec celle de Vénus; le jour de sa naissance fut déclaré jour de fête, et néfaste celui de sa mort; les ides de mars reçurent le nom de parricide; on convertit en latrines la salle où il avait été tué; suivant Suétone elle fut murée; Appien dit qu'elle fut brûlée par le peuple (Dio, *l. c.*; Suet., *Caes.*, LXXXVIII; Appian., *Bell. civ.*, II, 147). — 2. Sueton., *Aug.*, XV. — 3. *Res gest. div. Aug.*, IV, 2; aedem divi Iuli... feci. — 4. Babelon, *Descr. des mon. de la Rép.*, II, p. 59, 138. Voici la description de ce type : Temple à quatre colonnes dont le fronton est orné d'une étoile; sur la frise, on lit : *Divo Iul(io)*. Sous le portique on voit la statue de César debout, tenant le lituus; à gauche est un autel. — 5. *Corp. inscr. lat.*, I, *Commentar. diurn.*, 18 août; on célébrait un sacrifice au jour anniversaire. — 6. Dio, LI, 22. — 7. *Id.*, *ibid.*, Auguste avait aussi érigé à César, sur le forum, une statue surmontée d'une comète, en souvenir de la comète qui apparut

de riches dons provenant du butin de l'Égypte [1]; il y plaça plusieurs tableaux, entre autres les Dioscures [2], une Victoire [3], une Vénus Anadyomène peinte par Apelle; mais ce dernier tableau ayant été détruit par le temps et par l'humidité, Néron le remplaça par un autre, de la main de Dorothée [4].

Le temple de César était un des lieux où les Frères Arvales procédaient aux *cooptatio*, et nous voyons dans leurs procès-verbaux que, dans la séance du 26 février 822 (= 69 ap. J.-C.) tenue dans ce temple et présidée par Othon, on pourvut au remplacement de Galba [5].

Le temple de César était placé sur un podium artificiel très élevé [6]; c'est la seule partie qui en subsiste. L'extrémité de ce podium, s'avançant sur l'aréa du Forum, en avant de la façade du temple, formait le suggestus des *rostra Julia* que, en vertu d'un décret du Sénat, Auguste avait orné des éperons des vaisseaux égyptiens pris à la bataille d'Actium [7]. Au centre de la façade de cette tribune, on avait ménagé une niche demi-circulaire; les éperons étaient distribués sur le mur à droite et à gauche de cette niche; à chacun des deux angles de la façade, un escalier conduisait sur la plate-forme d'où l'orateur parlait à la foule répandue sur l'aréa du Forum [8]. C'est là qu'Auguste, à la mort

peu après la mort de César, et que le peuple regarda comme l'âme du nouveau Divus reçue dans le ciel (Plin., *Hist. nat.* II, 23, 4; Suet., *Caes.*, LXXXVIII). — 1. *Res gest. div. Aug.*, IV, 24. — 2. Plin., *Hist. nat.*, XXXV, 10, 1. — 3. *Id., ibid.* — 4. *Id.*, XXXV, 36, 28. — 5. Henzen, *Acta Fratr. Arval.*, p. 151; *Corp. inscr. lat.*, VI, 2051, 55. — 6. On en peut juger par ce qui en subsiste; Ovide appelle plusieurs fois le temple de César *aedes excelsa* (*Metam.*, XV, 841; *Pont.*, II, 2, 85). — 7. Dio, LI, 19. — 8. Pour la disposition de la tribune, cf. Richter, *Die Augustbaut auf dem For. rom.*, dans *Jahrbuch d. k. d. arch. inst.*, t. IV, p. 144 ss., et la reconstitution du temple, planche de la p. 141.

de sa sœur Octavie, prononça son éloge, pendant que Drusus la louait aux *rostra vetera*[1] et lui-même y fut, à ses funérailles, loué par Tibère[2]. T. Quinctius Crispinus, consul de l'année 745 (= 9 av. J.-C.), y promulgua une loi très sévère, la loi Quinctia, contre ceux qui manqueraient aux prescriptions relatives aux aqueducs[3]. Des monnaies datées du troisième consulat d'Hadrien représentent le temple de César et l'empereur, debout sur les rostres, haranguant la foule qui l'acclame[4] (fig. 27).

Fig. 27. — Le temple et les rostres de César sur une monnaie d'Hadrien.

Le temple de César était *pycnostylos*[5] et *prostylos*; sur les deux côtés, comme sur le devant, régnait une terrasse, avec balustrade interrompue seulement devant la tribune, à l'endroit d'où parlait l'orateur, comme aux *rostra vetera* (fig. 20, p. 147). Les chapiteaux étaient sans doute inoniens comme ceux du temple de Saturne[6]. D'après une des monnaies d'Hadrien, il semblerait que le temple était, à droite et à gauche, orné d'un quadrige[7]. M. Richter a fait une belle reconstitution du temple de César[8].

L'emplacement attribué au temple de César (9) est

1. Dio, LIV, 35. — 2. Dio, LVI, 34; Suet., *Aug.*, C. — 3. Front., XXIX. — 4. Cohen, *Monn. imp.* (2e édit.), Hadrien, nos 416-419; 388, 1389; cf. Richter, *Op. laud.*, p. 144, fig. 6 a-6 e. — 5. Vitruv., II, 3 (2) : « Pycnostylus est cujus intercolumnio unius et dimidiatae columnae crassitudo interponi potest, quemadmodum st divi Iulii et, in Caesaris foro, Veneris ». — 6. Sur la reconstitution du temple de César, cf. Richter, *Op. laud.*, p. 137 ss. — 7. Cf. Richter, *ibid.*, p. 146 et fig. 6c (p. 144). On sait par Auguste lui-même (*Res gest.*, IV, 24) qu'on lui avait érigé à Rome des statues d'argent sur des quadriges. — 8. *Op. laud.*, . 141.

certain, et les débris qui subsistent encore sont bien
ceux de son podium élevé. On sait qu'il était sur le
forum [1], faisant face au Capitole [2], voisin du temple
de Castor et de Pollux (15) [3] et de la Regia (10) [4] et
que, en face de lui, se dressait la statue équestre de
Domitien (m) [5].

Le second des bas-reliefs qui sont encore sur le
forum (24) confirme ces renseignements topographiques
(fig. 22, p. 149). L'empereur, en effet, y est représenté sur un suggestus garni d'éperons symbolisant
les *rostra Julia*. A sa gauche, un peu en arrière,
comme nous l'avons déjà expliqué plus haut [6], est
appuyé l'arc d'Auguste (14) qui s'étend jusqu'au temple
de Castor (15); suit un espace libre, la trouée du vicus
Tuscus entrant à cet endroit sur le forum (18), enfin la
basilica Julia [7] (16, 17), que l'autre bas-relief (fig. 21,
p. 148), si on le place à la suite de celui-ci, continue
pour nous donner ensuite la vue des monuments qui
terminaient le forum à l'ouest.

L'arc de triomphe d'Auguste (14). — Le jour des
Ides de septembre et les 19e et 18e jours avant les
calendes du même mois, c'est-à-dire les 13-15 août de
l'année 725 (= 29 av. J.-C.), Auguste triompha trois
fois en trois jours des Dalmates, de l'Égypte et des
vaincus d'Actium [8]. En même temps que ce triple

---

1. Ovid., *Fast.*, III, 703. — 2. *Id.*, *Métamorph.*, XV, 841. — 3. *Id.*,
Pont., II, 2, 85. — 4. Cela ressort du texte d'Appien, *Bell. civ.*, II,
148. — 5. Stat., *Sylv.*, l. 1, 22. — 6. Page 148. — 7. La plupart des
archéologues ont vu dans ce second bas-relief une vue du côté nord
du forum avec la curie et la basilique Aemilia. J'ai préféré adopter
l'opinion de O. Marucchi, *Descr. du forum romain*, p. 163 ss. —
8. Aug., *Res gest.* (graece), II, 9; Liv., *Epit.*, CXXXV; Macrobe, *Saturn.*, I, 12, 35; Virg., *Aen.*, VIII, 714; Servius, *ibid.*; Suet., *Aug.*,
XXII; Dio, LI, 21; Oros., VI, 20, 1; *Fasti Antiates* 14 août, dans *Corp.
Inscr. lat.*, I², p. 248, et *Acta triumph.*, année 725, *ibid.*, p. 180.

triomphe, le Sénat lui décréta l'érection d'un arc de triomphe sur le forum [1].

Une seconde fois, quand Auguste eut reconquis sur les Parthes les prisonniers et les enseignes pris à Licinius Crassus, le Sénat lui décerna les honneurs d'un arc de triomphe [2] (734 = 20 av. J.-C.) qui fut élevé à côté du temple du divin Jules [3]. Cet arc figure comme type sur un denier de l'an 736-737 (= 18-17 av. J. C.); il est à trois arches, orné de colonnes et de pilastres; sur le sommet, Auguste dans un quadrige, entre deux Parthes qui lui présentent, l'un une enseigne militaire, l'autre une aigle légionnaire [4].

On n'avait, sur l'emplacement de ces arcs, que les renseignements fournis par les auteurs : l'un était sur le forum, l'autre près du temple de César (9); mais, en pratiquant des fouilles pour explorer les environs de ce dernier temple, M. Otto Richter a retrouvé, tout à côté, les substructions d'un bel arc de triomphe à trois arches (14) [5]. Il est probable que cet arc est celui d'Actium plutôt que celui des Parthes, car, à peu près au même endroit, près du temple de Castor, on a mis au jour une inscription [6] datée de l'an 725 (= 29 av. J. C.) qui se rapporte, sans aucun doute, à la bataille d'Actium; peut-être, malgré ses dimensions peu considérables, provient-elle du premier arc de triomple [7]. S'il en était ainsi, le n° 14 de notre plan se rapporte-

---

1. Dio, LI, 19. — 2. Dio, LIV, 8. — 3. *Schol. Veron. in Aen.*, VII, 606. — 4. Cohen, *Mon. imp.*, 2ᵉ éd., Aug., 82-85. La légende de la monnaie est ainsi conçue : S. P. Q. R., imp. Caesari, Aug. cos., XI, tr. pot. VI, civib. et sign. milit. a Part. recup. — 5. Richter, *Mittheilung. d. k. d. arch. Inst.*, t. III (1888), p. 99; *Antike Denkmäler*, 1888, p. 14; cf. *Bullet. del. comm. arch. com.*, 1888, p. 167. — 6. *Corp. inscr. lat.*, VI, 873. — 7. Cf. Richter, *Die Augustusbauten*, dans *Jahrbuch*, 1889, p. 154. M. Richter croit aussi reconnaître cet arc sur une monnaie de la gens Vinicia (*ibid.*); Babelon, *Mon. de la Républ.*, II, p. 553, 2.

rait à cet arc; et celui qui fut élevé après le triomple
sur les Parthes aurait été construit, soit, comme le
pense M. Richter qui croit que les deux arcs se faisaient pendant de chaque côté du temple [1], sur le côté
nord du temple qui n'est pas encore déblayé, soit à
un autre endroit du forum.

Ici se présente de nouveau la question des dessins
dont nous avons parlé plus haut, à propos de l'arc de
Fabius. Il est difficile, dans l'état actuel, de décider
s'ils représentent l'arc de Fabius ou celui d'Auguste [2].

L'arc de triomphe de Tibère (20). — L'arc de Tibère
fut dédié près du temple de Saturne *ob recepta signa
cum Varo amissa, ductu Germanici, auspiciis Tiberii,*
en l'année 769 (= 16 ap. J. C.) [3]. En 1848-1849, en
déblayant l'extrémité ouest de la basilique Julia, on
mit au jour ses substructions qui furent aussitôt détruites. Au moins son emplacement est certain [4]. On a
cru retrouver des restes de son inscription [5]. L'arc de
Tibère est représenté sur le bas-relief de Constantin,
reproduit plus haut (fig. 20, p. 147). Il servait d'entrée
au forum; après être passée sous sa voûte, la voie
sacrée (13), quittant le Forum, se dirigeait vers la
droite pour contourner le temple de Saturne (19) et se
confondre avec le clivus Capitolinus (*a*). Tout à côté de
l'arc de Tibère, à l'endroit où le vicus Jugarius (*a'*)
et la voie sacrée (13) se rencontrent, s'élèvent, de
chaque côté de la rue, des fragments de murs (*z*) que
beaucoup d'archéologues ont pris à tort pour les restes
de l'arc de Tibère. C'était probablement un Janus.

1. *Op. laud.*, p. 153 ss., avec la reconstitution du temple et
des deux arcs, p. 157. — 2. Voir plus haut, p. 167. — 3. Tacit.,
Ann., II, 41. — 4. Cf. Jordan, *Ephem. epigr.*, III, p. 246. — 5. *Corp
inscr. lat.*, VI, 906, *a, b, c.*

Le temple de Vespasien (5). — Le temple de Ves-

Fig. 28. — En blement et frise du temple de Vespasien.

pasien, peut-être commencé par Titus, fut achevé
par Domitien qui le consacra aussi à Titus; c'est en

effet sous ce double vocable que le chronographe de l'an 354 l'attribue à Domitien [1] et qu'il figure dans le *Curiosum* [2]. Il en subsiste encore trois élégantes colonnes corinthiennes qui supportent le dernier mot de l'inscription, aujourd'hui disparue, mais dont une copie nous a été heureusement conservée par l'anonyme d'Einsiedeln : il y est dit que l'édifice fut restauré par Septime Sévère et Caracalla [3].

Longtemps on a pris ce temple pour le temple de Saturne et réciproquement. Nous ne reviendrons pas sur ce que nous avons dit à ce sujet en parlant du temple de Saturne [4]. En effet, en prouvant que le temple à six colonnes est bien le temple de Saturne, on établit indirectement l'identité de celui de Vespasien. On peut aussi alléguer cette raison que, en construisant ce dernier temple, on a condamné un escalier et une porte (*b*) du *Tabularium* (1), monument plus ancien que le temple de Vespasien, mais plus récent que celui de Saturne.

C'était un temple corinthien, hexastyle et prostyle, avec une cella carrée dont les murs intérieurs et le sol étaient recouverts de marbres orientaux; les sculptures ont beaucoup de grâce et de finesse (fig. 28); on en peut admirer un beau spécimen dans le musée du Tabularium. L'extérieur était recouvert de marbre pentélique [5].

37° *Le temple d'Antonin et de Faustine* (*p*). — Quand Faustine, femme de l'empereur Antonin le Pieux, mourut, en l'année 894 (= 141 ap. J.-C.), le Sénat lui décréta les honneurs divins, des jeux publics, un

---

1. Mommsen, *Ueber d. Chron.*, p. 646. — 2. Reg., VIII. — 3. *Corp. inscr. lat.*, VI, 938. — 4. Voir plus haut, p. 126. — 5. Pour la description du monument, cf. Middleton, *The remains of anc. Rome*, I, p. 339 et suiv., Reber, *Die Ruinensv. Rom.*, p. 81 ss.

temple, des flamines, des statues d'or et d'argent [1]. Le temple fut construit près du forum et, sur le fronton, on grava la simple inscription : *Divae Faustinae ex. s. c.* A la mort d'Antonin, en 914 (= 161 ap. J.-C.), le Sénat lui décréta tous les honneurs divins et aussi un temple [2]. Mais, au lieu d'élever un temple nouveau, on associa l'empereur défunt à Faustine et, au-dessus de l'inscription, on ajouta les mots *Div. Antonino et*, qui semblent, en effet, n'avoir pas été gravés en même temps que la seconde ligne [3].

Il n'y a aucune preuve à produire pour établir l'emplacement occupé par le temple d'Antonin et de Faustine. Il est encore debout avec son inscription ; c'est aujourd'hui l'église San Lorenzo in Miranda. Si l'intérieur a été, au temps de cette transformation, dénaturé et en partie détruit, la façade au moins, sauf le fronton, est restée intacte. Le temple d'Antonin est corinthien, hexastyle et prostyle ; on peut encore admirer les belles colonnes monolithes en marbre *cipollin* de son portique. Sur les côtés règne une frise en marbre d'un beau travail, ornée de griffons et de candélabres [4].

Fig. 29. — Le temple d'Antonin et de Faustine sur une monnaie.

Le temple de Faustine est représenté sur des monnaies avec ses six colonnes, un fronton orné de sculptures et surmonté d'un quadrige avec une Victoire à chaque angle (fig. 29) [5].

1 Capitol., *Anton. Pius*, VI. — 2. *Ibid.*, XIII. — 3. *Corp. inscr. lat.*, VI, 1005, 2001. — 4. Cf. Middleton, *The remains of anc. Rome*, I, 330. — 5. Cohen, *Mon. imp.* (2e éd.), *Faustine mère*, nos 191-194, avec la légende : Dedicatio aedis, *s. c.*

La chapelle de Faustine (*c*). — Au fond d'un long couloir formé par l'étroit espace laissé libre entre les soubassements des temples de la Concorde (6) et de Vespasien (5) existent quelques restes d'un édicule (*c*) qui était adossé au *tabularium* (1); on l'a cru dédié à Faustine parce qu'il s'y trouvait un piédestal portant une dédicace à cette impératrice déifiée [1].

M. Middleton croit ce petit monument contemporain du temple de Vespasien [2].

L'arc de Septime Sévère (7). — Cet arc de triomphe a été, comme l'indique l'inscription [3], érigé en l'honneur de Septime Sévère et de ses deux fils, Caracalla et Géta, en l'année 956 (= 203 ap. J.-C.). Plus tard, après le meurtre de son frère, Caracalla fit marteler, sur l'inscription de l'arc de triomphe comme sur tous les autres monuments, son nom et ses titres. Les sculptures dont cet arc est orné, peu remarquables au point de vue artistique, ont, pour l'étude des choses militaires, un grand intérêt. Elles représentent en effet les principaux épisodes des campagnes de Septime Sévère en Orient. La partie inférieure est ornée de groupes composés de soldats romains conduisant des prisonniers barbares enchaînés.

L'arc de Septime Sévère est, par ses sculptures, en pleine décadence artistique; il n'en est pas de même pour son architecture dont, malgré de graves défauts dans les proportions, les lignes sont heureuses. Il subsiste encore en entier, sauf les groupes en bronze qui en ornaient le faîte; mais une monnaie nous en a conservé la représentation (fig. 30) [4]. La base est en tra-

---

1. *Corp. inscr. lat.*, VI, 1019. — 2. Middleton, *The remains*, I, 341. — 3. *Corp. inscr. lat.*, VI, 1033. — 4. Cohen, *Mon. imp.* (2ᵉ éd.). *Septime Sévère*, nᵒ 53 et nᵒ 140, quelques variantes : Sévère

vertin plaqué de marbre; l'arc lui-même est en marbre
pentélique massif [1], et les colonnes en marbre plus
précieux. Le faîte était couronné d'un groupe en
bronze représentant
Septime Sévère dans
un char à huit chevaux,
entre deux trophées et,
à chaque angle, une
statue équestre, peut-
être Caracalla et Géta.

L'arc de Septime Sé-
vère est situé au nord
de la tribune; il forme
de ce côté l'entrée du
forum, comme l'arc de
Tibère du côté sud; il
donne accès, à la sortie

Fig. 30. — L'arc de Septime Sévère sur
un médaillon en bronze.

du forum, sur l'aréa du temple de la Concorde (6),
entre le clivus Argentarius qui passait devant la
prison (2) et le clivus Capitolinus (a).

La schola Xantha (g). — Cette schola était, comme
l'indique son inscription [2], l'*officium* des *scribae, librarii*
et *praecones aedilium curulium.* Elle fut construite,
d'après l'inscription, vers l'époque de Caracalla, par
C. Avillius Licinius Trosius [3]. D'autres personnages,
parmi lesquels A. Fabius Xanthus, dont la schola a

dans un char à six chevaux; de chaque côté une statue équestre
et une statue en pied. — 1. Cf. Middleton, *The remains,* I,
p. 343. — 2. *Corp. inscr. lat.,* VI, 403 : Huelsen, *Il sito et le
iscrizioni della schola Xantha, sul Foro romano,* dans *Mittheilungen d. k. d. arch. Instit.,* t. III (1888), p. 221. — 3. Ce C. Avillius Licinius Trosius est connu par une dédicace à l'empereur
Caracalla de l'année 214 (*Corp. inscr. lat.,* VI, 1068; cf. Huelsen,
Op. laud., p. 216-217).

conservé le nom, la refirent *ab inchoato* et, après sa
dédidace, l'enrichirent de dons : une Victoire, des
sièges en bronze, les statues en argent des sept
dieux, etc. [1].

Jusqu'à présent les archéologues ont été à peu près
d'accord pour placer la *schola Xantha* dans une série de
petites pièces situées au-dessous du portique des *Dii
Consentes* (4), local incommode et peu approprié à cet
usage. D'une étude attentive des documents concernant les fouilles faites à différentes époques dans la
partie sud-ouest du forum, M. Huelsen a tiré la conclusion que la *schola Xantha* (*g*) était construite en bordure sur la voie sacrée, entre les rostres (8) et la
basilique Julia (16), tout à côté de l'arc de Tibère (20) [2].

41° *Le portique des Dii Consentes* (4). — Ce portique
fut découvert en 1834 et restauré en 1858, comme en
témoigne une inscription encore en place. Ses colonnes
corinthiennes, en marbre cipollin, supportent une
inscription qui indique que Vettius Agorius Praetextatus, préfet de Rome en l'année 1120 (= 367 ap. J. C.),
rétablit dans leur portique restauré les douze *dii consentes* [3]. Ce sont ces mêmes douze dieux, *sex mares et*

1. Ces renseignements sont empruntés aux inscriptions. Un
des bienfaiteurs mentionnés dans l'inscription avec Xanthus
est un affranchi impérial du nom de *Bebryx Drusianus*. A cause
de ce nom, M. Huelsen ne croit pas pouvoir admettre avec
Henzen (*Corp. inscr. lat.*, VI, 103) que cette inscription soit
postérieure à celle de C. Avilius Licinius, qui est du commencement du III° siècle. Il en résulterait que celui-ci aurait reconstruit une seconde fois la *schola* déjà reconstruite par Fabius
Xantus et Bebryx Drusianus, quoique l'inscription soit ainsi
conçue : *C. Avillius Licinius Trosius, curator, scholam de suo
fecit* (et non refecit). Le premier auteur du monument resterait
inconnu. — 2. *Op. laud.*, p. 208 ss., pl. VIII; cf. *Bullettino del.
com. arch. comunale*, 1888, p. 427. — 3. *Corp. inscr. lat.*, VI, 102.

feminae totidem, dont Varron signale déjà les statues dorées sur le forum [1] et dont les noms sont réunis dans deux vers d'Ennius, bien connus [2] :

> *Juno, Vesta, Minerva, Ceres, Diana, Venus, Mars,*
> *Mercurius, Jovi', Neptunu', Volcanus, Apollo.*

M. Salomon Reinach a reconnu, sur un autel provenant de Marvilly (Côte-d'Or) et jusque-là non compris, une représentation des douze *dii consentes* [3]; représentation probablement conforme au type traditionnel, sauf les maladresses d'un sculpteur barbare. M. Salomon Reinach vient de compléter cette première étude, surtout en ce qui concerne l'image de Vesta, par un nouveau mémoire publié, comme le premier, dans la *Revue archéologique* [4].

Vettius Agorius Praetextatus fut, avec Symmaque, un des plus ardents défenseurs du paganisme expirant; il s'efforça de réveiller la foi païenne en favorisant les cultes les plus anciens et autrefois les plus vénérés; c'est à ce titre qu'il fut aussi le bienfaiteur des Vestales qui lui élevèrent une statue récemment retrouvée dans leur *atrium* [5]. La restauration du portique avait pour but de ramener les Romains au culte oublié des douze divinités antiques.

La colonne de Phocas (25). — Cette colonne fut, comme l'indique l'inscription gravée sur sa base,

---

1. Varr., *Res rust.*, I, 1 ; cf. *Id.*, *Ling. lat.*, VIII, 71. — 2. Fragm. XLV, édit. Vahlen. Sur les *dii consentes*, cf. Preller, *Römische Mythologie*, 2° éd., I, 68, et *Ausfürlich. Lexik. d. gr. und römisch. Mythologie, s. v.* Consentes. — 3. *Autel de Marvilly*, dans *Revue archéologique*, t. XXVII (1891), p. 1 ss., pl. I, II. — 4. *Une image de Vesta assise*, dans *Revue archéologique*, t. XXXI (1897), p. 313 ss. Voir plus haut, p. 93, ce que M. Salomon Reinach dit de l'image même de Vesta. — 5. Lanciani, *Ancient Rome*, p. 176 ss. (V. plus loin, p. 308)..

érigée à Phocas, en l'année 608 ap. J.-C., par Smaragdus, exarque d'Italie, avec une statue *auri splen-
dore fulgentem* [1].

La colonne est d'un style plus élégant que ne le
comporte l'époque de Phocas. On a pensé ou qu'elle a
été transportée d'un autre édifice, ou que le monument, élevé en l'honneur d'un empereur précédent,
peut-être du grand Théodose, a été attribué à Phocas
par Smaragdus qui aurait effacé l'inscription primitive
pour y substituer celle que l'on voit aujourd'hui [2]. L'attribution à Théodose est très hypothétique et, d'ailleurs, M. Nichols la présente comme telle. Quant à
l'inscription qui aurait précédé celle de Smaragdus,
j'en ai vainement cherché, sur la pierre, les traces
indiquées par M. Nichols. Qu'il s'agisse d'un déplacement de colonne ou d'une désaffectation de monument, il reste certain que la colonne de Phocas est
plus ancienne que l'inscription gravée sur sa base au
VIIe siècle. Il n'est pas probable en effet que, en ce
temps, on ait taillé tout exprès une colonne, quand
on n'avait qu'à en choisir une dans les monuments
abandonnés.

Au bord de l'aréa du forum, le long de la voie
sacrée, s'élève une série de monuments analogues à
la colonne de Phocas. Ce sont huit bases en briques
(23) hautes de quatre mètres environ, ayant à peu
près 4 m. 50 de côté, et distantes les unes des autres
de six ou sept mètres. On s'accorde pour reconnaître
qu'elles devaient être recouvertes de marbres et sur-

---

1. *Corp. inscr. lat.*, VI, 1200. — 2. Jordan, *Topogr.*, I², p. 246,
n. 80; Nichols, dans *Mittheilung. d. k. d. arch. Inst.*, t. III (1888),
p. 99, et *A revised history of the column of Phocas*, dans *Archaeologia*, t. LII (1890), p. 183 ss.; cf. Huelsen, *Mittheilung.*, t. IV
(1889), p. 242; t. VI (1891), p. 88.

montées de colonnes[1] et de statues; elles sont de l'époque de Constantin[2], comme le prouvent les marques de briques qu'on y a relevées[3].

1. Quelques tronçons de ces colonnes ont été retrouvés. — 2. Cf. Jordan, dans *Bullet. del. instit. di cor. arch.*, 1881, p. 106. — 3. Fea, *Varietà di Notizie*, p. 71 ss.; Jordan, *Ephemer. epigr.*, III, p. 259.

CHAPITRE VIII

Les statues du forum. — A plusieurs reprises, nous avons eu occasion de parler des statues érigées sur le forum. Il serait d'autant moins intéressant d'en faire ici l'énumération que, à propos des monuments qu'elles entouraient, nous avons cité les principales, spécialement celles qu'on avait érigées au comitium et près des rostres; elles étaient très nombreuses et si le forum devint rapidement insuffisant pour les vivants, il le fut bientôt aussi pour les statues des défunts. Aussi des revisions devenaient nécessaires, et, en l'année 596 (= 158 av. J.-C.), Scipion Nasica, pendant sa censure, fit enlever du forum toutes les statues d'anciens magistrats qui n'avaient pas été décrétées par le peuple ou le Sénat [1]. Nous les abandonnerons à leur sort, ne faisant exception que pour deux statues remontant à une haute antiquité, et pour la statue de Domitien qui, à cause de son intérêt topographique exceptionnel, mérite une mention spéciale.

Virgile décrivant le bouclier donné par Vénus à Énée dit qu'on y voyait représentés les deux rois,

1. Plin., *Hist. nat.*, XXXIV, 14; Aurel. Vict., *Vir. ill.*, XLIV

Romulus et Tatius, immolant, après le combat, comme gage de la paix, une truie sur l'autel de Jupiter :

.... *Inter se posito certamine reges*
Armati Jovis ante aram, paterasque tenentes
Stabant, et caesa jungebant foedera porca [1].

Le porc était l'animal dont l'immolation sanctionnait les traités de paix; quand Rome fit la paix avec Albe après le combat des Horaces et des Curiaces, on sacrifia un porc, et Tite-Live nous donne le rituel de cette cérémonie [2].

Servius commentant le passage de Virgile dit que deux statues conservaient le souvenir du sacrifice offert par les deux rois : la statue de Romulus du côté du Palatin et la statue de Tatius en avant des rostres [3].

La statue équestre de Domitien était au milieu du forum, sur l'emplacement ou à côté du lac Curtius [4]. Stace en a fait une description qui lui donne un grand intérêt et, en ce qui concerne l'emplacement des monuments du forum, une valeur topographique égale à celle des bas-reliefs des rostres [5].

Elle regardait le temple de César (9) :

.... *Hinc obvia limina pandit*
Qui fessus bellis, adscitae munere prolis,
Primus iter nostris ostendit in aethera divis [6].

Elle était placée entre la basilique Émilienne ou de Paule (*d'*) et la basilique Julia (16, 17) :

At laterum passus hinc Julia tecta tuentur,
Illinc belligeri sublimis regia Pauli [7].

---

1. Virgil., *Aen.*, VIII, 639 ss. — 2. I, 24; cf. Servius, *ad Aen.*, I, 62. — 3. Servius, *ad Aen.*, VIII, 641 : Hujus autem facti in sacra via signa stant, Romulus a parte Palatii, Tatius venientibus a rostris. — 4. Stat., *Silv.*, I, 1, 66 ss. — 5. *Silv.*, I, 1, 22 ss. — 6. Vers 22-24. — 7. Vers 29-31.

Derrière elle étaient les temples de Vespasien, père de Domitien (5), et de la Concorde (6).

Terga pater blandoque videt Concordia vultu[1].

Enfin elle paraissait surveiller le Palatin et le temple de Vesta (11) :

. . . . *Prospectare videris*
An nova contemptis surgant Palatia flammis
Pulchrius; an tacita vigilet face Troicus ignis
Atque exploratas jam laudet Vesta ministras[2].

On voit combien la topographie du Forum, telle qu'elle est établie aujourd'hui, concorde avec les renseignements fournis par le poète contemporain de Domitien.

Après la mort de Domitien, sa mémoire fut condamnée par le Sénat, et ses statues, y compris sans aucun doute celle du forum, furent renversées.

Plus tard la place de la statue de Domitien fut occupée par une statue équestre en bronze de Septime Sévère, de dimensions colossales. Hérodien nous dit en quelles circonstances : au moment où Pertinax fut proclamé empereur, Septime Sévère, alors gouverneur de la Pannonie, vit en songe, sur la voie sacrée, un magnifique cheval, avec les ornements impériaux, monté par Pertinax. Arrivé à l'entrée du forum, le cheval renverse son cavalier et vient se courber devant Septime Sévère pour l'inviter à monter; puis, devenu docile, il transporte son nouveau maître au milieu du forum, l'offrant aux hommages de la foule. Devenu empereur, Septime Sévère fit élever, au milieu du forum, sa statue équestre, en souvenir du songe qu'il

1. Vers 31. — 2. Vers 33-36.

lui avait prédit ses hautes destinées; elle était encore en place au temps d'Hérodien[1].

On voit encore, sur l'aréa du forum, le reste du piédestal d'une statue équestre (m). Il n'est pas possible que cette base, sans fondations, construite avec des matériaux arrachés à d'anciens monuments et simplement posés sur le sol, soit celle de la statue de Domitien qui, d'ailleurs, ne dut pas survivre à la statue renversée. Ce n'est probablement pas non plus la base de la statue de Septime Sévère qui fit élever à Rome tant de beaux édifices. Il est plus probable qu'elle supportait la statue de Constantin que les régionnaires signalent sur le forum[2].

La voie sacrée. — La voie sacrée, *via sacra*, de préférence *clivus sacer*[3] chez les poètes, allait du *sacellum Streniae* à la citadelle, c'est-à-dire au Capitole[4]. Le temple de la déesse *Strenia* occupait un emplacement que l'on n'a pas pu déterminer avec certitude, dans les environs du Colisée[5]; ses origines, liées probablement au *lucus Streniae*, se rattachent avec lui aux plus antiques légendes qui entourent la naissance de Rome[6].

Partant de ce temple, la voie sacrée gravissait, du côté qui regarde le Colisée, la pente de la Velia, jusqu'au point culminant qui s'appelait *summa sacra via*[7], là où est aujourd'hui l'arc de Titus.

---

1. Herodian., II, 9, 6-9. — 2. *De region.*, Reg. VIII. — 3. Horat., *Od.*, IV, 2, 35; Martial., I, 71, 5; IV, 79, 7. — 4. Varro, *Ling. lat.*, V, 47; cf. Festus, *s. v. Sacram viam*, p. 290 ss. — 5. Varro, *Ling. lat.*, V, 46-57. Cf. cependant C. Pascal, *La leggenda degli Horatii*, dans *Rendiconti dei Lincei*, 1896, p. 152. — 6. Symmach., *Epist.*, X, 36. — 7. Varro, *Res rust.*, I, 2; Cicer., *Pro Planc.*, VII, 17; Bas-relief du Latran dans *Annali*, 1849, p. 370; *Monumenti dell' istit.*, t. V, 7.

De cet endroit elle descendait l'autre pente de la Velia, dans la direction du forum, jusqu'à la regia (10)[1]. Cette partie de la voie sacrée allant de la *summa sacra via* à la *regia* était la seule généralement connue sous le nom de voie sacrée : *Hujus sacrae viae pars haec sola volgo nota, quae est a foro eunti, primiore clivo*[2]. Mais tout le parcours, du sacellum Streniae à la citadelle, n'en était pas moins la voie sacrée, et Festus semble avoir voulu compléter le texte de Varron quand il dit : *Itaque ne catenus quidem, ut vulgus opinatur sacra appellanda est a regia ad domum regis sacrificuli sed etiam a regis domo ad sacellum Streniae et rursus a regia usque in arcem*[3]. Et Pline nous dit aussi que César fit couvrir de voiles de lin toute la voie sacrée depuis sa maison jusqu'au *clivus capitolinus*[4]. Donc nous pouvons, en toute sécurité, sur tout son parcours l'appeler *sacra via*.

Quelle direction suivait la voie sacrée du sommet de la Velia au Capitole? Nous avons trois points certains et connus : la summa sacra via (plan II, F), la regia (10) et le Capitole.

De la summa sacra via à la regia, le parcours de la voie sacrée a varié suivant les temps. Le bon sens indique que, à l'origine, tracée sur un terrain libre de monuments, la *via sacra* descendait en ligne droite des hauteurs de la Velia jusqu'au point marqué par la regia, sans faire des détours que rien n'aurait justifié, car, alors, aucun monument ne les imposait.

Plus tard, à une époque très éloignée de ses origines, probablement même à une époque relativement basse, au sortir de l'arc de Titus (plan II, F), elle

1. Sueton., *Caes.*, XLVI; Festus, *s. v. Sacram viam*, p. 290. — 2. Varro, V, 47. *Ling. lat.* — 3. Festus, *s. v. Sacram viam*, p. 290-293. — 4. Plin., *Hist. nat.*, XIX, 6.

tourna brusquement à droite pour longer les degrés
du portique du temple de Vénus et de Rome (plan II, *d*),
puis, par un nouveau détour à angle droit, la basilique de Constantin (plan II, E), le temple rond de
Romulus, fils de Maxence (plan II, A); et là, un peu
avant la regia, à l'endroit où, à peu près en l'an de
Rome 633 (= 121 av. J.-C.) on avait élevé l'arc de
Fabius (*f'*; plan II, *f*), qui, sous la République, servait d'entrée au forum [1], elle retrouvait son ancien
tracé. Ce détour ne remonte pas à des temps reculés;
peut-être même, sinon le détour, tout au moins la
largeur extraordinaire de ce tronçon n'est-il pas antérieur à Maxence à qui l'on doit, comme on sait, la
construction du temple de Romulus (plan II, A) et de
la basilique de Constantin (plan II, E) et la restauration du temple de Vénus et de Rome (plan II),
c'est-à-dire, en somme, de tous les édifices qui
bordaient ce côté du nouveau tracé, depuis l'arc de
Titus jusqu'à la regia. Ajoutons que les monuments
honorifiques (plan II, C) qui bordaient l'autre côté
de la voie sont d'une époque peu ancienne et, pour
la plupart, de ce temps-là.

De l'arc de Fabius (f') la voie sacrée gagnait le temple
de Castor (15). Cette portion du trajet fut, elle aussi,
variable suivant les différentes époques. Sortant de
l'arc de Fabius, la voie sacrée ne passa jamais entre
la regia (10) et le temple de Vesta (11); les fouilles
récentes de MM. Nichols [2] et Jordan [3] l'ont démontré.
Elle continuait donc à descendre en ligne droite, laissant la regia à sa gauche; puis, arrivée à l'angle nord-

---

1. Cic., *De orat.*, II, 66; Senec., *De const. sap.*, I. — 2. *Some
remark upon the regia*, dans *Archaelogia*, 1887, p. 231 ss. —
3. *Gli edifizi antichi fra il tempio di Faustina e l'atrio di Vesta*,
dans *Mittheilungen d. k. d. arch. inst.*, t. I (1886), p. 99.

ouest de cet édifice, elle inclinait vers la gauche pour rejoindre le temple de Castor (15).

Que, de l'arc de Fabius, la voie sacrée se soit dirigée vers le temple de Castor, au lieu de continuer tout droit, le long du côté nord du forum, cela me paraît démontré, sinon d'une façon absolue, au moins vraisemblablement, par un texte d'un scoliaste de Cicéron disant que l'arc de Fabius se présentait *sacram ingredientibus viam, post templum Castoris* [1]. C'est-à-dire que, après avoir dépassé le temple de Castor, on entrait sur la voie sacrée par l'arc de Fabius. Ce texte concorde avec celui de Varron cité plus haut : *Hujus sacrae viae pars haec sola volgo nota quae est a foro eunti, primiore clivo*. Le scoliaste et Varron, en effet, appellent ici voie sacrée la partie *volgo nota*, le *clivus* qui va de la regia à la *summa sacra via*. Donc la voie sacrée tournant à gauche, à l'angle nord-ouest de la regia (10), se dirigeait vers le temple de Castor (15).

Après la construction du temple de César (9), la voie sacrée, plus resserrée, passa entre le mur de fond de cet édifice et la regia, pour entrer sur le forum près du temple de Castor, sous le nouvel arc de triomphe élevé par Auguste (14).

Plus tard ce dernier trajet put être modifié. L'incendie de Néron d'abord, puis celui de Commode changèrent complètement la disposition de ce coin du forum et par les ravages qu'ils firent et aussi à cause des constructions nouvelles, sans doute plus grandes, par lesquelles on les répara [2]. Il paraît que des fouilles ont démontré que des constructions du temps de Septime Sévère s'opposaient au passage de la voie sacrée entre la regia

---

1. Scholiast. Gronov., *In Verr.*, I, 19, édit. Orelli, p. 399, cf *ibid.*, p. 393. — 2. Cf. Lanciani, *Notizie*, 1882, p. 219; *Atti de Lincei, Memorie*, 3ᵉ série, t. XIII, p. 93.

et le temple de César[1]. Il est possible que, à dater de
cette époque, la voie sacrée ait, après la *regia*, continué
son parcours en ligne droite pour tourner ensuite à
angle droit devant la façade du temple de César,
au pied duquel existe encore une rue; elle rejoignait
ensuite son ancien tracé près du vicus Tuscus (18).

Mais, au temps d'Auguste, la voie sacrée passa
sous l'arc de ce prince, et, pour cela, derrière le
temple de César. L'érection de l'arc de triomphe me
paraît d'ailleurs en être une preuve suffisante. N'est-ce
pas sur la voie sacrée, c'est-à-dire sur la route que
suivait la pompe triomphale, qu'on élevait les arcs
destinés à commémorer ces triomphes? On y avait
élevé l'arc de Fabius qui, de ce côté, formait l'entrée
du forum. Auguste construisant le temple de César là
où le corps du dictateur avait été brûlé, et reculant
d'autant la limite du forum, fit un nouvel arc de
triomphe pour en marquer l'entrée nouvelle. L'arc de
Tibère, lié au triomphe de Germanicus et aussi au souvenir des aigles de Varus reconquis, fut aussi élevé
sur la voie sacrée, à l'autre extrémité, à la sortie correspondant à l'entrée marquée par l'arc d'Auguste.
L'arc de Titus occupe l'endroit le plus élevé de la voie
sacrée, là où le triomphateur voyait tout d'un coup se
dérouler au loin la pompe triomphale qui précédait
son char, la foule en habits de fête pressée sur le forum
pavoisé, et, dominant tout, sur le rocher du Capitole,
le temple de Jupiter, terme du triomphe.

Sous Auguste, la voie sacrée passait donc sous son
arc de triomphe, comme elle passait avant lui sous
celui de Fabius, comme elle passa plus tard sous ceux
de Tibère et de Titus.

1. Cf. Nichols, *Mittheilungen, d. k. d. arch. inst.*, t. III (1888), p. 95;
Marucchi, cité par Huelsen, dans *Mittheilung.*, t. VI (1891), p. 91.

Il existe une preuve certaine que la voie sacrée continuait ensuite en longeant la basilique Julia : Plutarque raconte que, le jour où il fit exécuter les complices de Catilina, Cicéron, consul, alla chercher lui-même Lentulus, l'un d'entre eux, dans une maison du Palatin où il était détenu. Et, ajoute l'historien, Cicéron conduisit Lentulus à la prison, d'abord par la voie sacrée, puis à travers le forum. Plus loin il dit encore : et lorsqu'il eut traversé le forum et fut arrivé à la prison, il remit Lentulus à l'exécuteur [1].

Que Cicéron soit venu du Palatin au forum par la porte Mugonia, près de la *summa sacra via*, ou par le Vélabre et le vicus Tuscus, si la voie sacrée avait été sur le côté nord du forum, il n'aurait pas pu la quitter pour traverser l'aréa du forum, mais il l'aurait suivie jusqu'à la prison où elle allait tout droit. Tout détour sur le forum l'eût retardé et éloigné du but. Remarquons qu'il conduisait au bourreau un complice de Catilina contre lequel il venait d'obtenir à grand'peine une sentence de mort; que, sur le forum, se trouvaient en grand nombre, mêlés à la foule, des parents, des amis et des complices des conjurés, et qu'il coupa certainement au plus court. Donc, si la voie sacrée avait longé le côté nord du forum, Cicéron n'aurait pas pu, pour aller du Palatin à la prison, traverser le forum après avoir quitté cette voie.

Au contraire, si la voie sacrée suivait le tracé du côté sud, c'est-à-dire longeait le temple de Castor puis, après avoir coupé le vicus Tuscus, la basilique Julia, Cicéron, pour aller du Palatin à la prison, ne pouvait pas traverser le forum sans être, auparavant, passé

---

1. Καὶ πρῶτον ἐκ παλατίου παραλαβὼν τὸν Λέντλον ἦγε διὰ τῆς ἱερᾶς ὁδοῦ, καὶ τῆξ ἀγορᾶς μέσης..... Διελθὼν δὲ τὴν ἀγορὰν καὶ γενόμενος πρὸς τῷ δεσμωτηρίῳ..., etc. (Plutarch., *Cicer.*, XXII.)

sur la voie sacrée; il suffit, pour s'en convaincre, de
jeter un coup d'œil sur le plan.

Cette direction de la voie sacrée le long de la basilique Julia continua sous l'empire, nous en avons pour
preuve l'arc d'Auguste et l'arc de Tibère. Je crois
même qu'elle ne changea pas jusqu'à la fin. L'arc de
Septime Sévère fut, il est vrai, construit ensuite sur le
côté nord du forum. Mais on n'a aucune raison de
croire que, pour la faire passer sous cet arc, on
modifia le tracé de la voie sacrée. D'abord il n'est pas
certain que l'arc de Sévère ait été posé précisément
sur la voie qui longeait le côté nord du forum;
l'examen des lieux laisse subsister des doutes sérieux
sur ce point; le pavé que l'on voit aujourd'hui sous
l'arc est d'une très basse époque; de plus, la situation
de l'arc de Septime Sévère était imposée par la symé-
trie, de l'autre côté des rostres, en pendant à l'arc de
Tibère.

Plus tard, quand, à l'époque de Constantin, on éleva,
en bordure sur le forum, ces huit grandes bases en
briques, encore debout, alors revêtues de marbre et
supportant des colonnes couvertes d'ornements en
bronze et surmontées de statues, n'était-il pas naturel
de les placer le long de la voie sacrée, là où passaient
les cortèges triomphaux et les processions? Et je crois
que c'est ce qu'on a fait en les plaçant près de la voie
qui borde la basilique Julia.

Le clivus Capitolinus (a). — A la voie sacrée faisait
suite une rue appelée clivus Capitolinus [1] par laquelle
on montait au Capitole [2]. Elle passait près du temple
de Saturne, du côté opposé au forum [3]. En l'an de

---

1. Plin., *H. N.*, XIX, 6, 1. — 2. Liv., III, 18. — 3. Serv., *Aen.*,
2, 116; Hygin., *Fab.*, CCLXIX.

Rome 578 (= 176 av. J.-C.), elle fut pavée et ornée d'un portique qui la réunissait au *senaculum*[1]. Au temps de la lutte de Vitellius contre Sabinus, le clivus Capitolinus était bordé d'anciens portiques[2]. Pline le Jeune l'appelle *iter Capitolinum*[3].

Le pavé du clivus Capitolinus, entre le temple de Vespasien et le temple de Saturne, fut mis au jour au printemps de l'année 1817 par le comte de Funchal, ambassadeur du Portugal près le Saint-Siège[4]. Il est, depuis 1882, recouvert par une rue moderne. Nous donnons plus haut une vue du Forum antérieure à cette époque, sur laquelle, par conséquent, le clivus Capitolinus est visible[5].

Plusieurs rues débouchaient sur la voie sacrée :

La via nova (é). — Découverte dans les fouilles de 1882, la via nova se confondait avec la voie sacrée près de la *summa sacra via* (plan II, F); très ancienne malgré son nom[6], cette rue longeait le côté sud du forum jusqu'au Vélabre. Elle n'a pas été explorée, vers l'ouest, au delà de Sainte-Marie-Libératrice, mais un texte de Varron nous dit qu'elle communiquait avec le Vélabre[7]. L'immense différence de niveau entre la via nova, à l'endroit où elle se perd sous Sainte-Marie-Libératrice, et le vicus Tuscus laisse subsister des incertitudes sur la fin de son parcours. Se terminait-elle par un escalier? Ou, tournant à gauche, descendait-elle au Vélabre en suivant les dernières pentes du Palatin?

---

1. Liv., XLI, 27. — 2. Tacit., *Hist.*, III, 71. — 3. *Panegyr.*, LII. — 4. Fea, *Varietà di Notizie*, p. 65; voir plus haut, p. 52. — 5. Voir plus haut, fig. 3, p. 63. — 6. Varr., *Ling. lat.*, VI, 59. — 7. *Ling. lat.*, V, 43.

La *via nova* était au pied du Palatin [1], au-dessus du temple de Vesta [2], et, à cet endroit, s'appelait *infima nova via* [3]. Nous savons aussi par Varron que, sur le Palatin, de la *porta Romanula*, un escalier (*u*), aujourd'hui encore très reconnaissable, descendait vers la *via nova* [4]; un fragment du plan de Rome découvert il y a quelques années [5] (fig. 16, p. 127) montre que, de la *via nova*, une seconde partie de cet escalier descendait au forum, entre les temples de Castor (15) et de Vesta (11); Ovide fait mention de cet escalier [6].

Le vicus Tuscus (la rue Étrusque) (18). — Le *vicus Tuscus* débouchait sur le forum entre la basilique Julia (16) et le temple de Castor (15). Il doit son nom à des légendes qui varient suivant les auteurs, mais qui, pour le fond, se rattachent toutes aux Étrusques [7]. La grande procession des *ludi Romani*, entrée dans le forum par le *vicus Jugarius* (*a'*), en sortait par le *vicus Tuscus* (18) [8]. C'est à l'entrée de cette rue, près de la basilique Julia, que se trouvait la statue du dieu étrusque *Vortumnus* ou *Vertumnus* [9]. Le vicus Tuscus réunissait le forum au Vélabre et au Circus Maximus; on y faisait un commerce de parfums [10], d'où lui vint

---

1. Cic., *De divin.*, I, 45. — 2. Liv., V, 32. — 3. Gell., XVI, 17. — 4. *Ibid.*, V, 43. — 5. Lanciani, *Notizie*, 1882, p. 233, pl. XVI. — 6. *Fast.*, VI, 389 ss : Qua nova romano nunc via juncta Foro est. — 7. Varr., *Ling. lat.*, V, 46; Tacit., *Ann.*, IV, 65; Festus, *s. v. Tuscum vicum*, p. 355; Propert., IV, 2, 49; Dionys., V, 36 ; Liv., II, 14; Cruq., *In Horat. Serm.*, II, 3, 228; Serv., *In Aen.*, V, 560. — 8. Cic., II, *Verr.*, I, 49; cf. Dionys., VII, 72; Ovid., *Amor.*, III, 2, 43; Liv., IX, 40. — 9. Varr., *Ling. lat.*, V, 46 : « Ab eis (Tuscis) dictus vicus Tuscus, et ideo ibi Vertumnum stare, quod is deus Etruriae princeps »; Ascon., *in II Verr.*, I, § 154 : « Signum Vortumni in ultimo vico Turario est sub basilicae angulo ». — 10. Horat., *Epist.*, II, 1, 269; Porphyr., *In Serm.*, II, 3, 228.

sans doute, à une basse époque, le nom de *vicus Turarius*[1]. C'était un lieu mal famé[2].

De l'autre côté du temple de Castor (15), et parallèle au *vicus Tuscus*, était une rue que M. Lanciani appelle *vicus Vestae*[3].

Le vicus Jugarius (a′). — Au sud-ouest, le *vicus Jugarius (a′)*, qui tirait son nom d'un autel à *Iuno Iuga*[4], entrait sur le forum, près du temple de Saturne (19). Il venait de la porte Carmentalis[5]. Ce fut, jusqu'à la création du forum de Trajan, le chemin qui reliait le forum au Champ de Mars. Il était orné d'une fontaine appelée *lacus Servilius*[6].

49° *L'Argiletum (c′).* — Entre la basilique Aemilia (d′) et la curie (K), l'*Argiletum (c′)*[7] mettait en communication le forum avec le quartier de Subure ; c'était la rue des libraires[8] et, paraît-il, aussi des cordonniers[9].

Domitien et Nerva changèrent complètement la partie de l'Argiletum qui touchait au forum en y créant leur *forum transitorium*[10].

---

1. Ascon., *l. c.* L'identification est certaine : rapprocher les textes de Varron et d'Asconius cités p. 203, n. 9 ; Porphyr., *In Horat., Epist.*, I, 20, 1. ; Acro, *Serm.*, II, 3, 228 ; Cruq., II, 3, *ibid.* : « Tusci.... vicum, qui modo Turarius dicitur, insederunt eique suum nomen dederunt ». — 2. Plaut., *Curc.*, IV, 1, 21 ; Horat., *Serm.*, II, 3, 228 ; Cruq., *in h. l.* — 3. *Notizie*, 1882, p. 235. C'est la rue à l'entrée de laquelle se trouve, sur le plan, le bas-côté sud de l'arc d'Auguste (14), et dans la fig. 16 (p. 127) l'endroit où on lit le mot CASTORIS. — 4. Fest., *s. v. Jugarius*, p. 104 : « Jugarius vicus dictus Romae, quia ibi fuerat ara Junonis Jugae quam putabant matrimonia jungere ». — 5. Liv., XXVII, 37. — 6. Voir plus haut, p. 175. — 7. Varr., *Ling. lat.*, V, 157 : « Argiletum sunt qui scripserunt ab Argola, quod is huc venerit ibique sit sepultus ; alii ab argilla, quod ibi id genus terrae ». — 8. Martial., I, 3, 8 ; 4, 1 ss. ; 118 ss. — 9. Argique letum multus obsidet sutor (Martial., II, 17, 3). Sur l'Argiletum, cf. Becker, *Handbuch*, I, p. 206 ss. — 10. Voir plus haut, p. 230 ss.

Sur le côté nord du forum, une rue, dont on ignore le nom, passait entre le temple d'Antonin et de Faustine (*p*) et la basilique Aemilia (*d'*).

Le clivus Argentarius. — Une autre voie, appelée au moyen âge *clivus Argentarius*, sans doute d'après son nom antique (aujourd'hui *via di Marforio*), entrait sur le forum près de l'arc de Septime Sévère (7), après être passée devant la prison (2)[1]. Il est probable qu'elle devait son nom à la *basilica Argentaria*, située dans cette région.

Le vicus Jani et les janus. — On appelait janus un petit arc à deux ouvertures, généralement posé sur une rue ou tout au moins servant de passage[2]. Auguste, dit Suétone, fit placer la statue de Pompée dans un *janus* en marbre, près de son théâtre[3]. Domitien en fit construire dans les différents quartiers de Rome[4]. Horace s'adressant à son livre, lui dit :

Vertummum Janumque liber spectare videris[5].

L'*Argiletum* (*c*) était, nous l'avons vu tout à l'heure, le quartier des libraires[6]; et, comme c'est à peu près à l'entrée de l'*Argiletum* que se trouvait un *janus* célèbre, le *janus medius*, centre de commerce souvent mentionné dans les auteurs, il est probable que c'est près de ce janus que veut être mis en vente le livre d'Horace; et en effet, le scoliaste, commentant ce passage d'Horace, dit que le *vicus Jani* tire son nom d'un arc consacré à Ianus[7].

---

1. Cf. Jordan, *Topogr.*, II, p. 587, et p. 445 ss. — 2. Cicer., *De nat. Deor.*, II, 27 : « transitiones perviae Iani.... nominantur ». — 3. Sueton., *Aug.*, XXXI, 10. — 4. Sueton., *Domitian.*, XIII, 6. — 5. *Epist.*, I, 20, 1. — 6. Martial., I, 3, 8; 4, 1; 118, 9. — 7. Porphyr, *in* Horat., *l. c.* : *Ianus* quoque similiter *vicus* est

Ce vicus Jani était la rue longeant le côté nord du forum, de la Curie à l'extrémité de la basilique Aemilia ; Horace en parle à plusieurs reprises et mentionne les diverses parties de cette rue : *Janus summus* [1], *Janus medius* [2], *Janus imus* [3], et ses scoliastes sont d'accord pour placer ces trois *Janus* dans le voisinage de la basilique Aemilia (*d'*) [4]. Faut-il, suivant en cela l'opinion de l'éditeur d'Horace, Bentley [5], adoptée par Nichols [6], voir dans ces trois *Janus* une simple dénomination des diverses parties de la rue, synonyme des expressions *summa sacra via* et *ima via nova* que nous avons déjà rencontrées? Faut-il au contraire conserver l'opinion traditionnelle, qui voit simplement dans ces textes la mention de trois de ces arcs qu'on appelait des janus?

Je crois que, conformément au texte du scoliaste [7], la rue s'appelait *vicus Jani* ; mais je crois aussi qu'elle devait son nom, comme le dit le même scoliaste, à la présence d'un *Janus*, le *Janus medius*. Elle avait un autre arc, *Janus summus*, à l'endroit où elle commençait ; elle en avait un troisième, *Janus imus*, à l'endroit où elle finissait.

Je suis confirmé dans cette opinion par le fait suivant : On sait que les forums provinciaux se transformèrent de bonne heure pour se modeler sur celui de Rome. Or, en l'an de Rome 580 (= 174 av. J.-C.), nous voyons les censeurs entourer de boutiques et de por-

---

ab Jano gemino sic appellatus, qui in eo arcum habet sibi conse-cratum. — 1. Horat., *Epist.*, I, 1, 55. — 2. *Id.*, *Sat.*, II, 3, 19-20. Cf. Cicer., *Phil.*, VI, 5. — 3. Horat., *Epist.*, I, 1, 55. — 4. Acro., Ad Hor. Serm., II, 3, 18-19 : « Ianus medius, locus dictus prope basilicam Pauli ». Porphyr., *ad Epist.*, I, 1, 54 : « duo Iani ante basilicam Pauli steterunt, ubi locus erat feneratorum ». Cruq., ibid. — 5. *Ad loc. cit.* — 6. *The roman forum*, p. 242. — 7. Porphyr., *in* Horat., *Epist.*, I, 20, 1.

tiques les forums de plusieurs villes et y construire *trois janus* [1].

Les trois janus du forum, spécialement le *janus medius*, cela ressort des textes cités, étaient des centres de commerce, d'affaires et d'opérations financières.

A l'entrée du vicus Jugarius, entre la basilique Julia (16,17) et le temple de Saturne (19), on voit encore les débris d'un Janus (*z*).

1. Liv., XLI, 27.

LIVRE III

LES FORUMS IMPÉRIAUX [1]

CHAPITRE I

ORIGINE DES FORUMS IMPÉRIAUX
LE FORUM DE CÉSAR

Origine des forums impériaux. — Le comitium, devenu insuffisant à cause de l'augmentation de la population, de l'expansion de la vie publique, et du nombre des procès, s'était, peu à peu, déversé sur le forum où des tribunaux s'étaient établis de divers côtés; ensuite les grandes basiliques fournirent aux juges et aux plaideurs des locaux nouveaux et plus commodes: mais le forum romain lui-même et les basiliques devinrent insuffisants pour rendre la justice; ce fut un des principaux motifs de la création des deux premiers forums impériaux, celui de César et celui d'Auguste; les tribunaux du forum romain ne cessèrent pas pour cela de fonctionner; aussi l'ancien forum et les deux nouveaux sont-ils souvent associés dans les textes relatifs aux choses judiciaires :

> *Causas, inquis, agam Cicerone disertius ipso*
> *Atque erit in triplici par mihi nemo foro* [2].

---

1. Pour les forums impériaux, consulter le plan II à la fin du volume. — 2. Martial., III, 38, 3; cf. *Id.*, VIII, 44, 6; II, 64, 7.

Sénèque fait une longue énumération de crimes qu
les *trois forums* ne suffisent pas à juger [1], et Stac
parle d'un jeune avocat dont la voix puissante assour
dissait les *trois forums* [2]. Les deux premiers forum
impériaux dont nous allons nous occuper, le forum d
César et le forum d'Auguste, sont donc, avant tout, de
forums judiciaires [3]. Les temples auxquels ils servaien
d'aréa leur donnent aussi un caractère religieux.

Le forum de la Paix ne fut que l'aréa d'un temple
Le forum de Nerva fut construit pour former, avec le
quatre autres, un ensemble harmonieux. Le forum d
Trajan réunit les différents caractères des autres forum
impériaux.

Le forum de César (I). — En l'an de Rome 70
(= 54 av. J.-C.), pendant que César se préparait
descendre en Bretagne, Cicéron, qui, en ce temps-là
était fier de son amitié, s'occupait à Rome de se
affaires : « Oppius et moi, écrit-il à Atticus, nous avor
décidé que le forum (de César) s'étendra jusqu
l'*atrium Libertatis* ; nous avons payé le terra
soixante millions de sesterces ; il n'y a pas eu moye
d'obtenir des propriétaires de meilleures condition
Mais nous ferons quelque chose de magnifique [4]. »
est probable que les propriétaires se montrèrent enco
plus exigeants, ou que d'autres achats furent fait
car, suivant Pline, le prix du terrain atteignit cent m
lions de sesterces [5], somme confirmée par le témo
gnage de Suétone [6].

M. Mommsen a démontré que, au VIe siècle, c
atrium Libertatis, jusqu'où devait s'étendre le foru

1. *De ira*, II, 9. — 2. *Silv.*, IV, 9, 15. — 3. Cf. Appian., *Be
civ.*, II, 102 ; Sueton., *Aug.*, XXIX. — 4. *Ad Attic.*, IV, 16.
5. *Hist. nat.*, XXXVI, 24, 3. — 6. *Caes.*, XXVI.

de César, était à la place occupée aujourd'hui par l'église Santa Martina (voir fig. 11, p. 109)[1]; il n'est pas probable qu'il en ait été de même au temps de Cicéron[2]; en tout cas, le passage de sa lettre à Atticus prouve bien que l'*atrium Libertatis* était alors dans ce quartier.

César se disait par Iule et Énée descendant de Vénus[3]; aussi il avait une dévotion spéciale pour cette déesse[4]; il la représentait souvent sur ses monnaies avec son étoile[5], et son forum servit d'aréa au temple de Vénus Genitrix (I, 1)[6] qu'il avait voué avant la bataille de Pharsale[7]. César, en élevant un temple à Vénus en tant que mère de sa race, inaugurait le culte des empereurs.

Commencé en 703 (= 51 av. J.-C.), pendant que César était en Gaule, le forum, ainsi que le temple, fut dédié, encore inachevé [8], en l'année 708 (= 46 av. J.-C.)[9], le 24 ou le 25 septembre[10]. César y vint couronné de fleurs, précédé d'éléphants qui portaient des torches et donna, à l'occasion de cette dédicace, des jeux magnifiques[11]. Auguste acheva, après la mort de César, le temple et le forum [12] et fit célébrer les jeux institués à cette occasion[13].

1. *Hermes*, t. XXIII (1888), p. 631; cf. G. B. de Rossi et Gatti, *Bull. d. com. arch. comun.*, 1889, p. 362. — 2. Cf. Huelsen, *Mittheilung. d. k. d. a. Inst.*, t. IV (1889), p. 240. — 3. Appian., *Bell. civ.*, II, 68; Plut., *Pomp.*, LXVIII. — 4. Appian., *Bell. civ.*, II. 68, III, 28: Propert., IV, 1, 46. — 5. Cf. Babelon, *Mon. de la Rép. rom.*, II, gens Julia, nᵒˢ 32-36, 41, 46-50. — 6. Appian., *Bell. civ.*, II, 102 : καὶ τέμενος τῷ νεῷ περιέθηκεν, ὅ Ῥωμαίοις ἔταξεν ἀγορὰν εἶναι. — 7. App., *Bell. civ.*, II, 68, 102. — 8. Plin., *Hist. nat.*, XXXV, 45, 2; cf. Nicol. Damasc., *Vit. Caes.*, XXII. — 9. Dio, XLIII, 22; Appian., *Bell. civ.*, III, 28. — 10. *Corp. inscr. lat.*, I (2ᵉ édit.). *Commentar. diurn.*, 26 sept.; cf. le commentaire de Mommsen, *Ibid.*, au 20 juillet (p. 322); cf. aussi Mommsen, *Res gest. div. Aug.* (2ᵉ édit.), p. 85. — 11. Dio, *l. c.* — 12. *Res gest.*, IV, 12. — 13. Dio, XLV, 6.

Antonio da Sangallo a laissé les dessins d'une partie du mur d'enceinte du forum de César existant encore de son temps [1]. C'était une forte muraille en pierres de tuf et de travertin à laquelle était appuyé un portique intérieur qui entourait l'aréa rectangulaire du forum. Le forum de César était, nous dit Dion, plus beau que le vieux forum romain; celui-ci, cependant, crût en dignité, car, désormais, pour le distinguer du nouveau, on l'appela *forum magnum* [2]. Le commerce était exclu du forum de César, qui avait voulu donner aux Romains un forum analogue à ceux des Perses où l'on rendait la justice et où l'on enseignait le droit [3]. César y avait laissé ériger sa statue revêtue d'une cuirasse [4]; lui-même y avait dédié, devant le temple de Vénus, sa propre statue montant le célèbre cheval dont le sabot, fendu en forme de doigts, avait l'apparence d'un pied humain; la possession de ce cheval, d'après les haruspices, assurait à son maître l'empire de l'univers [5]. Près du temple aussi étaient les monuments appelés *Appiades*, probablement des fontaines avec des nymphes [6] sculptées par Stephanus élève de Pasitèle [7].

Quant au temple de Vénus Genitrix, il était, selon

---

1. Cf. Lanciani, *L'aula et gli uffici del Senato romano*, dans *Atti dei Lincei, Memorie*, 3e série, t. XI, 1883, p. 14; Middleton, *The remains of anc. Rome*, II, p. 4 et 5, fig. 50. — 2. Dio, XLIII, 22. — 3. Appian., *Bell. civ.*, II, 102; cf. Ovid., *Art. am.*, I, 80; III, 452. — 4. Plin., *Hist. nat.*, XXXIV, 10, 1. — 5. Suet., *Caes.*, LXI; Plin., *Hist. nat.*, VIII, 64, 2; Stat., *Silv.*, 84, 85 et la note au vers 85, édit. Lemaire, t. I, p. 36; Dio, XXXVII, 54. Les représentations numismatiques de ce cheval ont été étudiées par Roscher, qui démontre qu'il figurait sur ce forum non comme statue spéciale, mais comme cheval de la statue équestre de César (*Bericht. über d. Verhand. d. k. Sächs. Gesellsch. d. Wissenschaften*, 1891, p. 99 ss.). — 6. Ovid., *Art. am.*, I, 82; III, 452; cf. *Remed. amor.*, 660. — 7. Plin., *Hist. nat.*, XXXVI, 4, 21.

Vitruve, pycnostyle [1]. Palladio [2], d'après les restes qui existaient de son temps, en a fait une reconstitution : c'était un temple corinthien en marbre, péribptère, octastyle et pycnostyle ; il était orné de sculptures riches et d'un art élégant [3], construit tout en marbre [4], resplendissant de l'éclat de l'or [5]. La statue de la cella était l'œuvre d'Arcésilaus, fils de Tisicrate et ami de Lucullus [6] ; à côté de la déesse, son aïeule, César avait placé la statue en or de Cléopâtre [7] ; elle y était encore à l'époque d'Antonin [8]. Une étoile brillante, que l'on remarqua après la mort de César, passa pour être le nouveau dieu lui-même, mis au nombre des astres, et Auguste lui érigea, dans le temple de Vénus, une statue avec l'étoile sur la tête [9] ; le temple devint ainsi le temple de Vénus et de César [10].

Plus tard on plaça aussi dans le temple la statue dorée de Calpurnie, femme de Titus, l'un des trente tyrans, et dont la mémoire était vénérée [11]. Dans le même temple on conservait aussi six dactyliothèques [12] ou collections de pierres gravées [13] et une cuirasse en perles de Bretagne [14]. Sur la façade, on admirait la

---

1. *Arch.*, III, 2. — 2. *Quattro libri dell' architettura* (éd. de Venise, 1616), livr. IV, ch. 31. — 3. Cf. Middleton, *Op. laud.*, II, p. 6. — 4. Ovid., *Art. am.*, I, 81 : « Veneris facto de marmore templo ». — 5. *Id., ibid.*, III, 451 : has, Venus, e templis multo radiantibus auro, lenta vides lites. — 6. Plin., *Hist. nat.*, XXXV, 45, 2. — 7. Dio, LI, 22 ; Appian., *Bell. civ.*, II, 102. — 8. Appian., *ibid.* — 9. Dio, XLV, 7 ; Plin., *Hist. nat.*, II, 23, 4. — 10. Cf. Otto Gilbert, *Geschichte*, III, p. 226, note 5. — 11. *Trig. tyrann.*, XXXI. — 12. Plin., *Hist. nat.*, XXXVII, 5. — 13. *Ibid.* : « Gemmas plures, quod peregrino appellant nomine dactyliothecam.... » Scaurus, beau-fils de Sylla, eut le premier, à Rome, une collection de ce genre ; Pompée consacra au Capitole celle de Mithridate, et Marcellus, fils d'Octavie, en consacra une autre dans le temple d'Apollon sur le Palatin (Plin., *ibid.*). — 14. Plin., *Hist. nat.*, IX, 57.

Médée et l'*Ajax* de Timomachus de Byzance, tableaux que César avait payés cinquante talents [1].

Brûlé sous Carinus [2] le forum de César fut restauré par Dioclétien [3]. L'emplacement qui lui est attribué est aujourd'hui admis par tous et incontestable [4].

---

1. Plin., VII, 39, 1; XXXV, 9, 40, 11. — 2. Mommsen, *Ueber Chron. v. 354*, p. 648, 19. — 3. *Ibid.*, p. 648, 22. — 4. Cf. Plin., *Hist. nat.*, XVI, 86, 1. Le rang que lui assigne la *Notitia* dans l'énumération des monuments de cette région vient aussi à l'appui : Senatum. Atrium Minervae, Forum Caesaris, Forum Augusti, Nervae... (*Curios.*, Reg. VIII; *De region.*, *ibid.*; cf. Becker, *Handbuch der röm. Alt.*, I, p. 364, ss; Jordan, *Topogr. d. Stadt Rom*, I², p. 440 ss.; Nichols, *The roman Forum*, p. 247 ss.

CHAPITRE II

LE FORUM D'AUGUSTE

Suétone expose les raisons qui déterminèrent Auguste à créer un nouveau forum (L) : la foule toujours croissante des plaideurs et des jugements l'avait rendu nécessaire pour suppléer à l'insuffisance des deux autres; aussi on se hâta de l'ouvrir, même avant l'achèvement du temple de Mars [1], et Auguste se consola par un bon mot des lenteurs de son architecte [2].

Comme César à Pharsale, Auguste, à Philippes, avait fait vœu d'élever un temple et de le dédier à Mars Ultor qui, en lui donnant la victoire, devait venger le meurtre de César [3].

> *Mars ades et satia scelerato sanguine ferrum,*
> *Stetque favor causa pro meliore tuus;*
> *Templa feres et, me victore, vocaberis Ultor [4].*

Voué en l'an 712 (= 42 av. J.-C.), le temple (L, 1) ne fut consacré que le 1er août [5] de l'an 752 (= 2 av. J.-C.), et sans être complètement terminé [6]. Auguste

---

1. Suet., *Aug.*, XXIX. — 2. Macrob., *Saturn.*, II, 4. — 3. Suet., *Aug.*, XXIX, 9. — 4. Ovid., *Fast.*, V, 675 ss. — 5. *Corp. inscr. lat.*, I, *Commentar. diurn.*, 1er août; cf. Dio, LX, 5. — 6. Sueton., *Aug.*, XXIX; Dio, LV, 10.

délégua, pour cette cérémonie, ses deux petits-fils Caïus et Lucius qui présidèrent ensuite, avec leur frère Agrippa, les jeux troyens; on célébra, à cette occasion, avec une grande magnificence, un combat naval, des combats de gladiateurs et des *venationes*[1].

Le temple de Mars Ultor était, d'après Palladio, octastyle et périptère avec une cella en forme d'abside[2]. Il subsiste encore une partie de son côté Est; ses magnifiques colonnes en marbre cannelées, avec leurs chapiteaux et leur architrave d'un si beau travail (fig. 31)[3], le tout formant un ensemble de plus de vingt mètres de hauteur, justifient l'admiration de Pline qui écrivait que cet édifice était, avec le temple de la Paix, ce qu'on avait construit de plus beau[4]. Ovide[5] représente Mars descendant lui-même visiter ce temple digne de sa grandeur : *et deus est ingens, et*

1. Dio, LV, 10; Vel. Paterc., II, 100. — 2. Ralladio, *Quattro libri dell' architectura* (Venise, 1616), liv. IV, chap. vii. — 3. D'après Duruy, *Hist. des Romains*, t. III, p. 770; les colonnes et leur base sont dégagées; on ne peut cependant pas les reproduire en entier, car la rue qui passe à côté (via Bonella) est à cinq mètres au-dessus du niveau du sol antique. Le mur appuyé au temple et l'arc sous lequel passe la rue Bonella (arco de' Pantani, voir pl. II, L, 6) appartiennent à l'enceinte du forum d'Auguste; nous en parlerons plus loin. — 4. *Hist. nat.*, XXXVI, 24, 2. — 5. *Fast.*, V, 549 ss. : « Digna giganteis haec sunt delubra tropaeis ». Il ne faut pas confondre ce temple de Mars Ultor avec un petit temple rond, représenté sur des monnaies, et qu'Auguste voua aussi à Mars Ultor qui lui avait permis de venger sur les Parthes la défaite de Crassus. Ce temple était au Capitole; les étendards reconquis sur les Parthes y furent déposés en attendant que le temple de Mars Ultor du forum d'Auguste achevé pût les recevoir. Ovide fait allusion à ce double vœu quand il appelle Mars *bis ultus* (*Fast.*,V, 581). On a souvent confondu ces deux temples. Celui du Capitole fut dédié le 12 mai 734 (= 20 av. J.-C.), et celui du forum d'Auguste, encore inachevé, le 1er août 752 (= 2 av. J.-C.). Cf. L. Borsari, *Il foro di Augusto e il tempio di Marte Ultore*, dans *Accad. dei Lincei, Memorie*, 3e série, XIII (1883-1884), p. 406 ss.; *Corp. inscr. lat.*, t. I (2e éd.), p. 318, 12 mai; Mommsen, *Res gest. div. Aug.* (2e éd.), p. 126.

opus; le dieu voit, sur le faîte du temple, les statues

Fig. 31. — Le temple de Mars Ultor.

des dieux ; il admire, aux portes, les trophées composés avec les armes des peuples vaincus; il lit, dans

l'inscription, le nom d'Auguste et l'édifice lui en paraît plus majestueux encore [1].

Des œuvres d'art de grande valeur contribuaient à la beauté de ce temple. Auguste l'avait enrichi d'une partie des dépouilles ennemies [2]. La statue du dieu Mars, père des Jules, était groupée avec celle de Vénus, mère du dictateur déifié [3]. A gauche, en entrant, une peinture représentait Alexandre sur un char de triomphe, et, à côté, la Guerre, les mains liées derrière le dos, œuvre d'Apelle [4] qui, comme le fait remarquer Servius, semble avoir inspiré Virgile [5] :

> . . . . *Furor impius intus*
> *Sacva sedens super arma et centum vinctus ahenis*
> *Post tergum nodis, fremit horridus ore cruento.*

Un autre tableau du même peintre, encore Alexandre sur un char triomphal avec Castor et Pollux, faisait sans doute, à droite, pendant au premier [6]. Claude eut l'idée bizarre, blâmée d'ailleurs par Pline, de faire effacer sur les deux peintures la figure d'Alexandre pour y substituer celle d'Auguste [7]. On conservait aussi dans le temple deux coupes en fer [8].

L'épée de César y était déposée [9], et aussi trois épées que Caligula prétendait avoir été préparées contre lui par des conjurés [10].

Par les privilèges qu'il accorda à ce riche sanctuaire, Auguste en fit l'égal des temples vénérés de Jupiter

---

1. Ovid., *Fast.*, V, 549 ss. — 2. *Res gest.*, IV, 23-26; cf. Mommsen, *ibid.*, p. 88. — 3. Ovid., *Trist.*, II, 296. — 4. Plin., *H. N.*, XXXV, 10, 1; 36, 30. — 5. *Aen.*, I, 298; cf. Servius, *ibid.* « *Furor impius intus* : in (aede) in Foro Augusti introeuntibus ad sinistram, fuit bellum pictum et furor sedens super arma devinctus eo habitu quo poeta dixit ». — 6. Plin., XXXV, 36, 30. — 7. Plin., *ibid.*, 31. — 8. *Id.*, XXXIV, 41. — 9. Sueton., *Vitellius*, VIII. — 10. Id., *Caligul.*, XXIV.

Capitolin et d'Apollon Palatin [1] : c'est là que les membres de la famille impériale recevaient la toge virile
et que le Sénat devait délibérer sur la guerre et sur
les honneurs du triomphe ; les magistrats investis de
l'impérium partaient de ce temple et y rapportaient
les trophées de leurs victoires comme les triomphateurs devaient revenir dédier à Mars Ultor leur sceptre
et leur couronne ; dans ce temple on déposait les
enseignes prises à l'ennemi ; les censeurs sortant de
charge y devaient fixer leur clou ; les chevaux destinés
à courir au cirque y étaient exposés ; enfin, comme le
temple d'Apollon et de Jupiter Capitolin, il était confié
à la garde des sénateurs. Il renfermait aussi un dépôt
du trésor, et Juvénal raille Mars de n'avoir su sauver
des voleurs, qui, une nuit, en forcèrent les portes, ni
la caisse dont il avait la garde, ni même son casque [2].
Il avait enfin, comme le temple de Castor, un bureau
pour la vérification des poids [3].

Comme le forum de César pour le temple de Vénus
Genitrix, le forum d'Auguste servait d'aréa au temple
de Mars Ultor ; temple et forum avaient été construits
avec le butin de Philippes [4], sur un terrain acheté aux
particuliers [5], et même Auguste avait dû restreindre
ses plans, reculant devant des expropriations trop
considérables [6]. On employa pour ces constructions
des matériaux de premier choix ; tout le bois avait été
coupé à la canicule et sous certaines constellations,
parce que, dit Pline, dans ces conditions il se conserve indéfiniment [7]. Le mur d'enceinte était bâti en

Dio, LV, 10 ; Suet., *Aug.*, XXIX ; Ovid., *Fast.*, V, 556-538. —
Sat., XIV, 259. — 3. Cf. Gatti, *Annali dell' instit. arch.*, 1884,
p. 183 ; Borsari, *Il foro d'Aug.*, p. 410. — 4. *Res gest.*, IV, 21-22 :
« Martis Ultoris templum forumque Augustum ex manibiis
feci ». — 5. *Ibid.* : « In privato solo ». — 6. Suet., *Aug.*, LVI.
— 7. Plin., *Hist. nat.*, XVI, 74, 3. Sans ajouter aucunement

gros blocs de tuf et de travertin [1], avec colonnes et
revêtement de marbres précieux à l'intérieur [2]. Le
temple était adossé à la partie centrale du mur d'enceinte qui fermait le forum au nord-est (fig. 31 ; cf.
Plan II, L, 1) ; ce mur entourait une place carrée avec
hémicycle à droite et à gauche du temple (L, 4, 4). La
figure 31 nous donne déjà une vue d'une partie de
l'enceinte attenant au temple ; l'arcade sous laquelle
passe aujourd'hui la via Bonella, rue moderne, est
antique, mais elle est encore à 5 mètres environ au-
dessus de l'ancien sol du forum. A droite de cet arc,
du côté opposé au temple, on a complètement déblayé
une partie de l'hémicycle, jusqu'au sol, où on a
retrouvé l'ancien dallage en marbre [3]. Nous donnons, ci-contre [4], une vue de ce mur d'enceinte,
haut de 36 mètres, une des plus belles ruines de
Rome (fig. 32). Il dut contribuer à sauver le forum et
le temple des incendies qui ravagèrent ce quartier [5].
Et en effet, on n'en connaît qu'une restauration, sous
Hadrien [6].

Le forum d'Auguste était, nous l'avons dit, un forum
judiciaire, spécialement réservé aux *publica judicia* et

---

foi à ces influences sidérales il est curieux de constater qu'au
xvie siècle, quand on détruisit une portion de l'enceinte du
forum d'Auguste qui confine au forum de Nerva, on constata que
les pierres de taille de ce mur étaient reliées entre elles par
des crampons de bois taillés en queue d'aronde et si extraor-
dinairement bien conservés qu'on aurait pu immédiatement les
remettre en œuvre (Vacca, *Memoria*, 89, cité par Borsari, *Il
foro d'Augusto*, p. 402). — 1. Borsari, *l. c.* — 2. *Id.*, *ibid.*, p. 404.
— 3. Sur ces fouilles récentes, cf. Lanciani, *Notizie degli scavi*,
1889, p. 15 ss., 33 ; 1890, p. 318 ss. ; et *Bullett. della com. arch.
comun.*, 1889, p. 26 ss., p. 73 ss. ; G. Gatti, *ibid.*, p. 481 ; 1890,
p. 251 ss., pl. xiv ; Huelsen, *Mittheilung. d. k. d. arch. Inst.*, t. V
(1889), p. 237, 305 ss. ; t. VI (1891), p. 49 ss. — 4. Cf. Huelsen,
Mittheilung., t. VI (1891), p. 96. — 5. Cf. Tacit., *Ann.*, XV, 38.
— 6. Spartian., *Hadrian.*, XIX.

aux *sortitiones judicum* [1]. Les empereurs y rendaient la justice [2].

Auguste orna son forum de nombreuses statues :

Fig. 32. — Partie déblayée de l'enceinte du forum d'Auguste.

« Il voulut, nous dit Suétone, que, après les dieux immortels, on honorât surtout les illustres généraux qui avaient fait Rome, de si petite, si grande;... c'est pourquoi il érigea leurs statues, en appareil triomphal, dans les deux portiques de son forum, déclarant dans son édit qu'il voulait ainsi proposer aux citoyens des

1. Suet., *Aug.*, XXIX. — 2. Suet., *Claud.*, XXXIII; Dio, LXVIII, 10.

modèles pour le juger lui-même, de son vivant, puis les princes des âges suivants [1]. » Ces statues, en bronze [2], occupaient des niches rectangulaires ménagées dans le mur; le nom et le *cursus honorum* du personnage étaient gravés sur la plinthe supportant la statue; au-dessous une plaque en marbre portait l'*elogium* [3]. Les niches étaient protégées par un portique, composé d'une seule rangée de colonnes auxquelles correspondait un pilastre, et courant à l'intérieur tout le long du mur d'enceinte [4]. On peut voir quelques niches très bien conservées dans la partie du mur encore debout (fig. 32). La statue d'Énée, portant son père, commençait la série; suivaient les rois d'Albe [5], ancêtres de la gens Julia [6], puis Romulus et, après lui, les grands généraux de la République [7].

1. Suet., *Aug.*, XXXI; Dio, LV, 10; Horat., *Carm.*, IV, 8, 13; Lamprid., *Sever. Alex.*, XXVIII : Ovid., *Fast.*, V, 503 ss. — 2. Dio, LV, 10. — 3. Ovid., *Fest.*, V, 566 : « Claraque dispositis acta subesse viris ». Cf. Lanciani, *Bullett. d. com. arch.*, 1889, p. 73 ss.; *Corp. inscr. lat.*, I, 187-188. Voir les textes des Elogia du forum d'Auguste, dans *Corp. inscr. lat.*, I (2° édit.), n°s 1-20, p. 189 et suiv. — 4. Borsari, *Il foro d'Augusto...*, p. 411-412, pl. III, reproduisant un dessin de Sangallo; voir dans Huelsen, *Mittheilung. d. k. d. Inst.*, t. VI (1891), p. 97, une restauration de ce portique. — 5. Ovid., *Fast.*, V, 503 ss. : Mars est venu visiter son temple et le forum qui lui sert d'aréa : « Hinc videt Aenean oneratum pondere sacro et tot Juleae nobilitatis avos; hinc videt Iliaden humeris ducis arma ferentem... » — 6. Cf. Tacit., *Ann.*, IV, 9. — 7. Parmi les grands hommes dont les statues ornaient le forum d'Auguste, on connaît, soit par les auteurs, soit par les inscriptions, 20 noms : Énée, Lavinia, Silvius Aeneas, Romulus, M. Valerius Maximus (dictateur en 260 de Rome), M. Furius Camillus (tribunus militum en 353), L. Albinius ?, M. Valerius Corvus (cos. en 406), L. Papirius Cursor (dictateur en 429), Appius Claudius Caecus (cos. en 447), C. Duillius (cos. en 494), Q. Fabius Maximus (cos. en 521), L. Cornelius Scipio Asiaticus (cos. en 564), L. Aemilius Paullus (cos. en 572), Ti. Sempronius Gracchus (cos. en 577), P. Cornelius Scipio Aemilianus (cos. en 607), Q. Caecilius Metellus Numidicus (cos. en 645), C. Marius (cos. en 647), L. Cornellius Sylla Felix

On continua après Auguste cette série de statues, jusqu'au jour où le forum de Trajan fut construit[1]. Le Sénat décréta qu'on y érigerait à Néron, dans le temple de Mars, des statues égales en hauteur à celles du dieu [2].

Une inscription, trouvée dans les dernières fouilles et gravée sur un piédestal, mentionne une œuvre d'art en or, sans doute un vase, du poids de cent livres, dédiée à Auguste par la province d'Espagne pacifiée[3]. Nous savons, par Auguste lui-même, que, en l'année de son treizième consulat (752 = 2 av. J.-C.), le peuple lui décerna par acclamation le titre de Père de la patrie, et décréta que ce titre serait gravé sur les quadriges qui lui avaient été, en vertu d'un sénatus-consulte, érigés sur son forum[4]. On ne sait pas quel endroit du forum occupaient ces quadriges ; M. Borsari suppose, avec assez de vraisemblance, que c'était peut-être le centre de chacun des hémicycles (L, 4, 4)[5]. En l'an 772 (= 19 ap. J.-C.), le Sénat, après la pacification de l'Arménie, décerna l'ovation à Germanicus et à Drusus, et décida que deux arcs de triomphe, ornés de leurs statues, leur seraient érigés de chaque côté du temple de Mars Ultor (L, 5, 5)[6].

Le forum n'était pas moins que le temple lui-même riche en œuvres d'art ; on y voyait un Apollon en ivoire[7] ; à l'entrée, Auguste avait placé une statue

(cos. en 666), L. Licinius Lucullus (cos. en 680). Cf. *Corp. inscr. lat.*, t. I (2ᵉ éd.), p. 188. — 1. Cf. *ibid.*, p. 187 ss. ; Borghesi, *Œuvres*, t. III, p. 30 ss. — 2. Tacit., *Ann.*, XIII, 8. — 3. Lanciani, *Bullett. d. com. arch. comun.*, 1889, p. 32 ; cf. *Res gest.*, V, 10, 11 : « Gallias et Hispanias provincias et Germaniam... pacavi ». Cf. aussi Vell. Pat., II, 39. — 4. *Res gest.*, VI, 24-27. — 5. Borsari, *Il foro d'Aug.*, p. 413. Nous avons mentionné plus haut, p. 179, une monnaie représentant le temple de César avec un quadrige de chaque côté. — 6. Tacit., *Ann.*, II, 64. — 7. Plin., *Hist. nat.*, VII, 54, 4.

archaïque de Minerve, en ivoire aussi, œuvre d'Endoios, qu'il avait rapportée d'Alea[1] d'Arcadie, avec les défenses du sanglier de Calydon[2]. Enfin, devant le temple, on avait dressé deux des quatre statues qui supportaient la tente d'Alexandre le Grand; les deux autres étaient devant la regia[3].

Les actes des Frères Arvales contiennent la mention de plusieurs sacrifices célébrés soit dans le temple, soit dans le forum d'Auguste[4].

C'était une des *mansiones*[5] de la procession des prêtres saliens qui y faisaient un festin[6].

Le forum d'Auguste est appelé *forum Augustum* dans les *Res gestae*[7]; ce fut donc son nom officiel; après la mort d'Auguste on le désigna sous le nom de *forum divi Augusti*; la magnificence du temple de Mars lui fit aussi donner le nom de *forum Martis*[8]; le nom, si populaire à Rome de *Marforio*, porté encore aujourd'hui par la rue qui passe devant la prison Mamertine (2), est une corruption de *Martis forum*[9].

Le forum d'Auguste figure encore dans les régionnaires[10].

1. Ou Asea; cf. Smith, *Diction. of greek and roman geography*, s. v. Alea. — 2. Pausanias, VIII, 46. — 3. Plin., *Hist., nat.*, XXXIV, 18, 8. — 4. Cf. Henzen, *Acta Fratr. Arv.*, p. 71 et 72. — 5. *Corp. inscr. lat.*, VI, 2158. — 6. Suéton., *Claud.*, XXXIII. — 7. *Res gest.*, IV, 21-22. — 8. G. B. de Rossi (*Bollett. di arch. crist.*, 1874, p. 41 ss.) a démontré l'identité du *forum Augusti* et du *forum Martis*. — 9. Nibby, *Roma antica*, II, p. 169; cf. Borsari, *Il foro di Augusto...*, p. 404-405. — 10. *Curios.* et *De regionib.* Reg. VIII.

CHAPITRE III

LE TEMPLE ET LE FORUM DE LA PAIX

Aussitôt après avoir triomphé des Juifs (824 = 71 ap. J.-C.), Vespasien et Titus fermèrent le temple de Janus et résolurent d'élever un temple à la Paix (G) [1]. Les travaux furent poussés avec une grande activité, car le temple put être dédié dès l'année (828 = 75 ap. J.-C.) [2]. C'était un édifice d'une magnificence extraordinaire [3]; Vespasien prodigua l'argent, dépouilla les autres temples pour l'enrichir et en fit un musée où l'on voyait réunies des merveilles jusque-là dispersées dans tout l'univers [4]. C'est là que furent déposés les vases sacrés et les objets en or provenant du temple de Jérusalem [5]. Néron avait dépouillé la Grèce de ses œuvres

---

1. Joseph., *Bell. Jud.*, VII, 5, 7; Suet., *Vespas.*, IX; Aurel. Victor, *De Caes.*, IX. — 2. Dio, LXVI, 15. — 3. Plin., *Hist. nat.*, XXXVI, 26, 2; Herodian., I, 14, 4. — 4. Joseph., *l. c.* — 5. Id., *ibid.* L'histoire de ces dépouilles sacrées est curieuse. Sauvées de l'incendie du temple de la Paix, elles furent emportées à Carthage par Genséric; là Bélisaire les reprit et les rapporta à Constantinople d'où Justinien les envoya à l'église de Jérusalem (Procop., *Bell. Vand.*, II, 9). Les tables de la loi et le voile du temple furent déposés au Palatin. Sur les légendes et récits relatifs au sort des dépouilles du temple de Jérusalem, cf. Salomon Reinach, *L'arc de Titus et les dépouilles du temple de Jérusalem*, 1890, p. 24 ss.

d'art pour en orner sa maison dorée, Vespasien en
transporta une grande partie dans le nouveau temple[1].
Les auteurs nous ont transmis les noms de quelques-
uns de ces chefs-d'œuvre : un héros, œuvre parfaite de
Timanthe qui excellait dans l'art de peindre les figures
héroïques [2]; l'*Ialysus*, le plus estimé des tableaux de
Protogène [3] que l'on avait apporté de Rhodes où Cicéron l'avait autrefois admiré [4]; une Scylla de Nico-
maque [5]; une Vénus d'auteur inconnu mais digne de
son antique renommée [6]; une statue de Cheimon par
Naucydès, transportée d'Argos à Rome [7]; la statue
colossale du Nil en basanite (pierre de touche), représentant le fleuve autour duquel jouent seize enfants
symbole des seize coudées que le fleuve doit atteindre
quand sa crue est complète [8]; une statue de Gany-
mède [9]. Enfin Vespasien avait dédié dans ce temple et
en même temps dans le temple du Capitole une couronne de cinname, enfermée dans de l'or ciselé [10]. Il y
avait aussi, dans le temple de la Paix, une bibliothèque [11]; Trebellius Pollion se plaint de quelques critiques dirigées contre lui par des érudits ou gens de
lettres qui s'y réunissaient [12]. Le temple de la Paix

---

1. Plin., *Hist. nat.*, XXXIV, 19, 34. — 2. *Id.*. XXXV, 36, 12. —
3. *Id.*, XXXV, 36, 38 et 39; Plutarch., *Demetrius*, XXII. C'est sur
ce tableau qu'était représenté le chien dont l'artiste fit la bave
en lançant son éponge contre la toile, dépité de ne pas pouvoir la reproduire. — 4. Cicer., *Orat.*, II. — 5. Plin., *Hist.
nat.*, XXXV, 36, 44. — 6. *Id.*, XXXVI, 4, 15. — 7. Pausan., VI,
9. — 8. Plin., *Hist. nat.*, XXXVI, 11, 4. Le Nil du Vatican
(Helbig, *Guide dans les musées d'archéologie classique de Rome*,
traduct. Tontain, n° 47) en est probablement une copie antique.
— 9. Juvénal, IX, 22-23. — 10. Plin., *Hist. nat.*, XII, 42, 6.
C'était une plante rare, à laquelle s'attachaient des traditions
fabuleuses, et qui, au temps de Pline, coûtait mille deniers
(820 francs) la livre; on en conservait une racine très pesante
dans le temple d'Auguste au Palatin (Plin., *l. c.*). — 11. Gell., V,
21; XVI, 8. — 12. Trebell. Pol., *Trig. tyrann.*, XXXI (XXX). Le

était situé près du forum romain [1] et du forum de Nerva [2] (voir plan II, G, H).

Quant au forum de la Paix, son nom n'apparait qu'à une époque tardive dans les auteurs [3]. Dion [4] et Hérodien [5] l'appellent τέμενος. Ammien Marcellin en fait encore mention dans l'énumération des merveilles de Rome : *Decora urbis aeternae* [6].

En l'année 944 (= 191 ap. J.-C.), à la suite d'un tremblement de terre peu violent, soit par l'effet du tremblement de terre lui-même, soit qu'il eût été frappé de la foudre, le temple de la Paix fut incendié [7]; d'autres crurent que le feu éclata d'abord dans les greniers aux épices, puis gagna le temple [8]; malgré les efforts des citoyens et de la troupe animés par la présence de l'empereur Commode, l'incendie s'étendit avec rapidité jusqu'au temple de Vesta et au Palatin où il dévora les bibliothèques publiques [9]. Ce fut un désastre pour les arts et les lettres; c'en fut un aussi pour des particuliers qui, suivant un usage fréquent à Rome, avaient déposé dans le temple leurs richesses qu'ils ne croyaient pas assez en sûreté chez eux [10].

La plus grande incertitude règne sur le sort du temple après cet incendie; beaucoup pensent qu'il ne fut pas reconstruit. Cependant il me semble impossible

---

exte porte *in delubro Pacis*; mais il est probable que c'est de la bibliothèque qu'il s'agit. — 1. Suet., *Vespasian*. IX : Foro proximum. — 2. Martial., I, 3, 8 : Limina post Pacis Palladiumque forum. — 3. Amm. Marcell., XVI, 10 : *Forum pacis*; Aur. Symmach., *Ep.*, X, 78 (dans Migne, *Patrolog. lat.*, XVIII, p. 403) : *Forum Vespasiani*; Procop., *Bell. Goth.*, IV, 21 : φόρος Εἰρήνης. — 4. LXVI, 15. — 5. I, 14. — 6. Amm. Marc., XXVI, 10. — 7. Hérodien (I, 14, 3, ss.). Cf. Galen., *De antidot.*, I, 13 (t. XIV, p. 66, éd. Kühn; t. XIII, p. 362); Procop., *Bell. Goth.*, IV, 21. — 8. Dio, LXXII, 23. — 9. Dio, *ibid.*; Galen., *De composit. medicam.*, I, 1 (t. XIII, p. 362). Galien y perdit sa bibliothèque privée et plusieurs de ses ouvrages. — 10. Herodian., I, 14.

d'admettre qu'il fut excepté des grands travaux par
lesquels Septime Sévère répara les dommages de cet
incendie; Trebellius Pollion, en parlant de la bibliothèque certainement reconstituée du temple de la Paix,
aurait-il employé les mots *delubrum Pacis* si le temple
eût été de son temps une ruine abandonnée [1]? Ce
temple figure encore dans la *Notitia* comme monument principal et éponyme de la quatrième région [2];
autour de lui, le *forum Pacis* avait été reconstruit [3];
peut-être même est-ce seulement au temps de cette
reconstruction, sous Septime Sévère, que l'ancienne
aréa du temple de la paix fut transformée en forum [4]
Il semble qu'au temps de Procope le temple était en
ruine; mais faut-il supposer que pendant plus de trois
siècles il était resté en cet état au milieu de son
forum reconstruit?

Toutes les œuvres d'art accumulées dans le temple
de la Paix et sur son forum ne périrent pas dans l'incendie : on put sauver les dépouilles du temple de
Jérusalem [5]. Procope vit encore sur le forum de la
Paix une fontaine ornée d'un bœuf en bronze, œuvre
croit-il, de Phidias ou de Lysippe, plusieurs statues
de ces mêmes artistes, une, entre autres, dont l'in
scription attestait qu'elle était l'œuvre de Phidias; une
génisse de Myron [6].

Vespasien avait aussi construit un édifice qui devin

1. *Trig. tyrann.*, XXXI (xxx). — 2. *Curios.*, *De region.*, IV. —
3. Ammien Marcellin le cite encore comme une des beautés de
Rome, XV, 10; cf. Procop., *Bell. Goth.*, IV, 21. — 4. Ainsi s'expli
querait la mention tardive du Forum Pacis dans les textes des
auteurs. Il est plus probable cependant que la transformatio
en forum de l'aréa ou τέμενος du temple de la Paix avait fai
partie, un siècle plus tôt, du plan des travaux relatifs au Forun
transitorium, par lequel Domitien voulait réunir les autre
forums (cf. Aurel. Vict., *De Caes.*, XIII : A Domitiano coepta fora
— 5. Voir plus haut, p. 225, note 5. — 6. *Id.*, *Bell. Goth.*, IV, 21

le *templum sacrae Urbis* (B); une de ses extrémités bordait le forum de la paix (B, 2); l'autre, que Maxence, à la fin du III° siècle, masqua par le temple rond (A) de son fils Romulus, se trouvait près de la voie sacrée, un peu avant le temple d'Antonin et de Faustine (*p*), c'est-à-dire en dehors du forum romain [1]. Brûlé en même temps que le temple de la Paix, il fut reconstruit par Septime Sévère; son mur de derrière, sans abside, formait, du côté du *forum Pacis*, une grande surface plane sur laquelle Septime Sévère fixa son grand plan de Rome gravé sur marbre. Il est probable qu'un premier plan, exécuté par ordre de Vespasien, avait péri dans l'incendie. Le *templum sacrae Urbis* et le temple de Romulus existent encore aujourd'hui absorbés l'un et l'autre dans l'église des Saints-Cosme-et-Damien. Les travaux de voirie et de construction ont mis au jour, à différentes reprises, des restes du temple et du forum de la Paix [2].

Une rue, qui fut fermée plus tard par la basilique de Constantin, mettait le forum de la Paix en communication avec la voie sacrée à côté du temple de Romulus [3].

1. Sur le templum Sacrae Urbis, cf. G. B. de Rossi, *Dei edifizi componenti la Chiesa di s. Cosma e Damiano*, dans *Bullett. di arch. Cristian*, 1867, p. 66 ss.; Lanciani, *Degli antichi edifizi componenti la Chiesa dei S. S. Cosma e Damiano*, dans *Bullet. d. com. arch. com.*, 1882, p. 29 ss. — 2. Cf. Huelsen, *Mittheilung. der k. d. arch. Inst.*, t. VI (1891), p. 101; t. VII (1893), p. 290; Middleton, *The remains of anc. Rome*, II, p. 17. — 3. Middleton, *ibid.*, II, p. 16.

CHAPITRE IV

LE FORUM DE NERVA OU FORUM TRANSITORIUM

Les forum d'Auguste (L) et de César (I) étaient séparés
du temple de la Paix (G) et de son aréa par une rue,
l'Argiletum (plan I, *c'*), qui mettait le forum romain
en communication avec le quartier de Subure. Pour
qu'il n'y eût pas de lacune entre ces groupes de monuments, dont les temples, les places et les portiques
formaient déjà un ensemble remarquable, Domitien
résolut de transformer en un nouveau forum (H) la
partie de l'Argiletum confinant au forum romain [1]; et,
comme il avait une vénération toute particulière pour
Minerve [2] dont il prétendait être le fils [3] et dont il avait
toujours une statue dans sa chambre [4], ce fut à elle
qu'il voulut consacrer le temple (H, 2) qui devait
s'élever sur son nouveau forum [5]. La dédicace du

---

1. Suet., *Domit.*, V, 25; Stat., *Silv.*, IV, 1, 14. Lanciani (*L'Aula
e gli uffici del senato romano*, dans *Atti dei Lincei, Memorie,*
3ᵉ sér., t. XI, p. 28) pense que ces travaux faisaient partie de
tout un ensemble de constructions destinées a réparer les dégâts
de l'incendie de Néron. — 2. Suet., *Domitian.*, XV : « Quam
superstitiose colebat.... »; cf. Dio, LXVII, 1; Quintil., X, 1, 91
— 3. Apoll., VII, 24. — 4. Dio, LXVII, 16. — 5. Mommsen, *Ueber
den Chronogr. d. Jahre 354*, p. 646.

temple et du forum, que Domitien ne put achever, fut faite par Nerva (851 = 98 ap. J.-C.) [1], qui donna son nom au forum [2]. Le temple de Minerve était très beau; Aurelius Victor l'appelle encore *eminentior*, *magnificentior* [3]. On a retrouvé le fragment du plan antique de Rome sur lequel il est dessiné [4]. Il en existait encore, au commencement du XVIIe siècle, des restes dont Du Pérac (fig. 33, p. 233) [5] et Palladio [6] nous ont conservé des vues; c'était un temple corinthien, prostyle, hexastyle avec abside. En 1606, le pape Paul V le démolit et ses matériaux servirent à construire la fontaine de l'Aqua Paolo sur le Janicule [7]; la destruction s'arrêta à la base des colonnes, et les substructions existent encore sous la maison qui forme l'angle de la via Alexandrina et de la via della croce bianca [8].

Le forum de Nerva était un rectangle allongé dont les deux petits côtés affectaient une forme légèrement curviligne. Tout le long du mur intérieur, sur les petits côtés aussi bien que sur les grands, courait un portique composé d'une seule rangée de colonnes corinthiennes cannelées, surmontées d'avant-corps qui servaient de piédestaux à des statues. Au-dessus des chapiteaux, régnait une frise ornée de sculptures d'un bon travail. Dans chaque entre-colonnement, au-dessus de la frise, était placée une image de divinité en relief. La portion encore existante, connue sous le nom de *Colonnacce* (H, 1; fig. 33, les deux colonnes à droite), permet de se

---

1. Aurel. Vict., *De Caes.*, XII; *Corp. inscr. lat.*, VI, 953. — 2. Suet., *Dom.*, V. — 3. *L. c.* — 4. Jordan, *Forma urb. Rom.*, pl. XVII, 116; XXXVI, 6. — 5. *Ivestigi*, pl. VI. — 6. *Architett.*, l. IV, ch. VIII. — 7. Cf. Lanciani, *L'aula e gli uffici*, p. 26. — 8. *Id.*, *ibid.* Voir aussi les documents et dessins trouvés et publiés par Lanciani, *ibid.*, p. 25.

rendre compte de cette belle architecture[1]; des découvertes partielles ont démontré que l'ornementation était la même sur tout le périmètre du forum[2]. Le petit côté regardant le forum romain était percé de grands arcs monumentaux, qui servaient d'issue[3]; on se trouvait, après les avoir franchis, dans un boulevard aussi large que le forum lui-même, long de 50 mètres environ, et qui débouchait sur le forum romain entre la curie (*K*) et la basilique Aemilia (*d'*)[4]. A l'intérieur du forum de Nerva, au pied des murailles des longs côtés, à droite et à gauche, existait une rue pavée avec de gros morceaux de lave de forme pentagonale; l'aréa était couverte de grandes dalles[5]. Pour continuer la série des statues qui ornaient le forum d'Auguste, Sévère Alexandre fit dresser, sur le forum de Nerva, les statues colossales, soit en pied, soit équestres, des empereurs qui avaient reçu les honneurs de l'apothéose; à côté de chaque statue, sur une colonne en bronze, étaient gravées les *res gestae* du *divus*[6].

M. Lanciani a pu, à l'aide de dessins inédits de la fin du xve siècle, reconstituer le forum de Nerva[7]. Il y

---

1. Cf. H. Blümner, *Annal. dell' Inst. di corrisp. arch.*, 1877, p. 5 ss.; *Monumenti*, t. X, pl. xl ss. La divinité en relief qui surmonte ce fragment du portique est Minerve; sur la frise qui est au-dessous, on a, jusqu'à ce jour, reconnu deux groupes : Minerve et Arachnè, puis Minerve Erganè présidant à des travaux féminins; mais M. Petersen a démontré que ce dernier groupe représente Minerva musica entourée des neuf Muses; l'auteur s'est inspiré, pour reproduire ses Muses, de types de statues très anciennes, et il a placé la scène dans un paysage qui est probablement l'Hélicon (Petersen, *Mittheilung. der k. d. arch. Inst.*, t. IV (1889), p. 88). — 2. Cf. Lanciani, *L'aula e gli uffici*, p. 22. — 3. Cf. Lanciani, *Op. laud.*, p. 22. — 4. Lanciani, *Op. laud.*, p. 22 et 29. — 5. *Id., ibid.*, p. 23. — 6. Lamprid., *Sever. Alex.*, XXXVIII. — 7. Voir l'étude détaillée de ces dessins, *Op. laud.*, appendice, I, p. 22 ss., pl. i et ii.

Fig. 33. — Le forum de Nerva et le temple de Minerve au xvie siècle, d'après un dessin de Du Pérac.

a trouvé la preuve que les forums d'Auguste et de Nerva se touchaient, et que l'architecte de Domitien avait su, avec une remarquable habileté, bâtir son forum et son temple dans un endroit resserré et les adapter merveilleusement à des édifices déjà existants et offrant des lignes courbes [1].

Le forum de Nerva porte dans les auteurs des noms très différents : il s'appelle *forum Nervae*, du nom de l'empereur qui l'a dédié [2]; *forum transitorium* [3] et *forum pervium* [4] parce qu'il servait de lieu de passage entre les différents forums, *forum Palladium* [5] à cause du temple de Minerve.

---

1. Cf. Lanciani, *ibid.*, p. 24. — 2. Suet., *Domitian.*, V; Lyd., *De mens.*, IV, 1; Lamprid., *Sever. Alexand.*, XXVIII. — 3. Servius, *In Aen.*, VII, 607; Lamprid., *l. c.*; Eutrop., VII, 23; *Curios., De region.*, Reg., IV. Hieronym., dans Mommsen, *Ueber Chron. vom Jahre 354*, p. 693. — 4. Aurel. Vict., *De Caes.*, XII. — 5. Martial., I, 3, 8.

CHAPITRE V

Au temps de Trajan, il existait à Rome deux vastes
emplacements séparés par le Capitole et couverts
d'édifices somptueux : les forums situés au pied des
palais impériaux et des temples du Capitole, et pro-
longés vers l'est par l'amphithéâtre et par les Thermes
de Titus; puis, de l'autre côté, le Champ de Mars. La
route qui réunissait ces deux centres, fermée par un
promontoire que le Quirinal projetait vers le Capitole,
n'était qu'un défilé très étroit. Trajan conçut le projet
grandiose de faire disparaître la colline et de réunir
le Champ de Mars aux forums romain et impériaux
par un nouveau forum dont la beauté surpasserait celle
de tous les autres [1].

Telle fut l'origine du *forum Trajani*, appelé quelquefois aussi, mais rarement, *forum Ulpium* [2]. L'exécution
en fut confiée à l'architecte Apollodore de Damas, qui,
déjà, avait construit pour Trajan le célèbre pont du
Danube [3]. Il fallut, pour faire ce forum, acheter

1. Dio, LXVIII, 16; *Corp. inscr. lat.*, VI, 960. — 2. Capitolin.,
Anton. phil., XXII; Sidon. Apoll., *Carmin.*, II. — 3. Dio, LXIX, 4.

environ 275 000 pieds carrés de terrain[1], et, pour aplanir la colline, dont la colonne Trajane devait égaler la hauteur[2], enlever environ 850 000 mètres cubes de terre et de roche, qui furent transportés près de la via Salaria, sur les confins des jardins de Salluste, au lieu dit *Ad nucem* (Vigna Naro-Bertone)[3].

Le forum de Trajan était en communication avec celui d'Auguste; on y entrait de ce côté en passant sous un arc de triomphe (M. 1) décrété à Trajan par le Sénat, l'année même de sa mort[4], et dont on a, à plusieurs reprises, découvert des débris[5]; une monnaie nous en a conservé l'image[6] (fig. 34). Sa façade est ornée de six colonnes, avec une grande porte au milieu, surmontée d'un médaillon; de chaque côté, deux niches, surmontées elles aussi d'un médaillon, renferment chacune une statue debout. Sur la plate-forme, l'empereur est couronné par la Victoire, dans un char à six chevaux, placé entre des trophées, des soldats ou des Victoires.

Fig. 34. — L'arc de triomphe du forum de Trajan sur un grand bronze de Trajan.

L'arc de triomphe franchi, on entrait dans une vaste aréa[7] (ou *atrium*[8]) au milieu de laquelle se trouvait la statue équestre en bronze de Trajan[9]. Cette aréa,

1. Cf. Lanciani, *Ancient Rome*, p. 87. — 2. *Corp. inscr. lat.*, VI, 960; Dio, LXVIII, 16, — 3. Lanciani, *Bull. d. com. arch. comun.*, 1892, p. 107. — 4. Dio, XVIII, 29. — 5. Cf. Pellegrini, *Bullett. dell' inst. arch.*, 1863, p. 78 ss. — 6. Cohen, *Monnaies imp.*, Trajan, 167. — 7. Gell., XIII, 14. — 8. Amm. Marcell., XVI, 10. — 9. *Id.*, *ibid.*

d'une superficie de 126 mètres, était circonscrite par un portique de forme carrée, en dehors duquel elle se prolongeait, à droite et à gauche, par deux hémicycles (M, 3), dont l'un, adossé au Quirinal, existe encore aujourd'hui en partie ; ils étaient formés d'une double muraille dans l'intérieur de laquelle on avait ménagé des chambres avec une façade couverte d'ornements d'architecture [1]. Le faîte de ces hémicycles était orné de chevaux et d'enseignes militaires en bronze doré, érigés *ex manubiis* [2].

Le côté de cette aréa opposé à l'entrée était occupé par la façade de la basilique Ulpia (N) [3] qui nous a été conservée comme type monétaire (fig. 35) [4]. Une autre mon-
naie représente la même façade avec des variantes [5]. On
voit, en comparant ces monnaies, que la façade de la basilique Ulpia était surélevée
de plusieurs marches dont
les restes existent encore (N, 1).
Dix colonnes de face et six
petites en haut soutenaient

Fig. 35. — La basilique Ulpia sur un grand bronze de Trajan.

trois frontons surmontés chacun d'un quadrige portant un triomphateur ; le quadrige du milieu était conduit par deux Victoires debout tenant une palme ;
l'édifice était couronné sur toute sa longueur par une
plate-forme garnie d'antéfixes. Comme la basilique

1. Voir d'intéressants dessins de cette façade dans Gamucci, *Libbri quattro della città di Roma*, 1565, p. 125 ; Desgodetz, *Les édifices de Rome*, 1682, p. 318-323, trois planches ; Guattani, *Roma descritta*, 1805, t. II, pl. LII, en regard de la p. 123. — 2. Gell., XIII, 24. — 3. Lamprid., *Commod.*, II. — 4. Cohen, *Monnaies imp.*, Trajan, 44. — 5. *Ibid.*, 42, 43.

Julia du forum romain, la basilique Ulpia se composait d'un espace central, rectangulaire, entouré d'une double rangée de colonnes qui la divisaient en trois nefs précédées d'un portique parallèle à la façade; les colonnes en granit gris dont il reste des fragments considérables et qui semblent être aujourd'hui en place, n'appartiennent pas à la basilique, mais aux portiques extérieurs du forum. Cependant, comme on les a redressées sur l'emplacement des colonnes de la basilique, elles marquent bien la division des nefs. Le premier

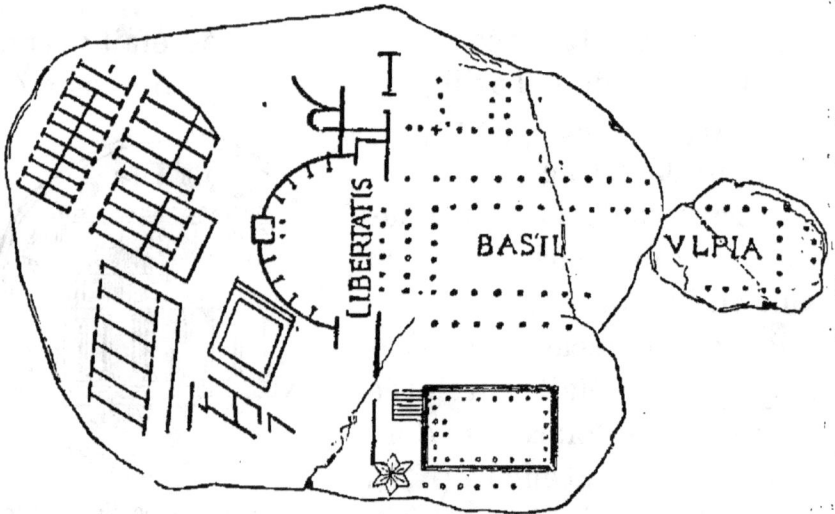

Fig. 36. — La basilique Ulpia sur le plan antique de Rome.

étage formait tribune autour de la grande nef (fig. 45, p. 361) [1]. C'était un monument d'une grande magnificence [2], pavé de marbres précieux [3]; sa toiture était en bronze [4]. Un fragment du plan antique de Rome représente la basilique Ulpia (fig. 36) [5]. Nous y voyons que, comme l'aréa, la basilique se prolongeait, à

1. Cf. Nibby, *Roma antica*, II. p. 193 ss. — 2. Pausan., V, 12, 6. — 3. Nibby, *o. l.*, p. 192 ss. — 4. Pausanias, X, 5, 8. — 5. Jordan, *Form. Urb. Rom.*, 25, 25', 25 *a*, 26. Jordan (*o. l.*, p. 28, 8) avertit que les mots Emil. restitués sur le fragment 25' sont une erreur de Bellori.

droite et à gauche, par deux absides. Sur l'une de ces absides, on lit le mot *Libertatis*. La plus grande incertitude règne sur l'interprétation de ce mot ; on a voulu y voir la preuve que l'*Atrium libertatis* avait été transporté en cet endroit ; d'autres auteurs ont rapproché cette inscription d'un texte où Sidoine Apollinaire dit que c'est au forum de Trajan que s'accomplissaient les formalités de l'affranchissement [1]. Il semble que ce nom de divinité, seul, au génitif, devrait être, d'après les habitudes de parler des Romains, l'indication d'un temple ou d'un sacrarium.

En sortant de la basilique, du côté opposé à la façade, on se trouvait, au milieu d'une petite cour, en face de la colonne Trajane (O). Sa hauteur égale celle de la colline disparue, comme l'indique l'inscription gravée sur la base [2]. Elle est représentée sur un grand bronze de Trajan (fig. 37) [3]. La colonne, encore debout, est en marbre ; elle se compose d'un piédestal quadrangulaire, orné d'armes, de trophées et de Victoires supportant l'inscription ; le fût porte un développement de bas-reliefs disposés en zone spirale, représentant

Fig. 37. — La colonne Trajane sur un grand bronze de Trajan.

1. Sidon. Apoll., *Carmin.*, II, *in* fin. — 2. *Corp. inscr. lat.*, VI, 960 : « Senatus populusque Romanus Imp(eratori) Caesari, Divi Nervae f(ilio), Nervae Traiano Aug(usto)..... ad declarandum quantae altitudinis mons et locus tantis [ope]ribus sit egestus ». Cf. Dio, LXVIII, 15 ; Eutrope (VIII, 15) la dit haute de 114 pieds. — 3. Cohen, *Monn. imp.*, Trajan, 359. Sur la colonne Trajane, cf. P. S. Bartoli, *Colonna Traiana* ; Frœhner, *La colonne Trajane*, in-8, 1865 ; in-fol., 1864 ; S. Reinach., *La col. Traj. au Mus. de Saint-Germain*, 1886, in-16.

les expéditions de Trajan; près de 2500 personnages
entrent dans cette composition. Le fût se termine par
un amortissement ou acrotère qui supportait la statue.
Creuse à l'intérieur, la colonne renferme un escalier
à vis qui lui a fait donner par les auteurs anciens
le nom de *columna coclis* (fig. 46, p. 363 [1]). Elle était
destinée à servir de sépulture à Trajan, et, en effet,
après sa mort, on y enferma ses cendres [2] recueillies
dans une urne d'or [3].

De chaque côté de la colonne étaient deux édifices
que l'on croit avoir été les bibliothèques grecque et
latine [4]. Ces bibliothèques, connues sous le nom de
Bibliotheca Ulpia [5] et de *Bibliotheca templi Trajani* [6],
sont souvent mentionnées par les auteurs. Les livres,
au moins les livres précieux, y étaient classés dans des
armoires numérotées [7]; elles renfermaient beaucoup
de documents d'archives : les *libri lintei*, mémoires
des empereurs qui n'étaient pas communiqués sans
l'autorisation du préfet de Rome [8], les sénatus-consultes ayant trait aux empereurs [9], les édits des
anciens préteurs [10]. Les écrivains célèbres y avaient
même de leur vivant, des statues [11]. La bibliothèque
Ulpia fut plus tard transférée en partie aux Thermes
de Dioclétien [12].

En face de la colonne, Hadrien éleva un temple à
Plotine et à Trajan [13]; le seul de ses nombreux édifices
sur lequel il ait mis son nom [14].

---

1. *Curios.*, *De reg.*, Reg., VIII. — 2. Dio, LXVIII, 16; LXIX, 2;
Aurel. Vict., *Epit.*, XII; Cassiod., *Chronic.*, 200. — 3. Eutrop.,
VIII, 5. — 4. Dio, LXVIII,16; Sidon. Apoll., IX, 16. — 5. Vopisc.,
Aurelian., I, VII, XXIV.—6. Gell., XI,17.—7. Vopisc., *Tacitus*, VII.
— 8. Vopisc., *Aurelian.*, I, VII; *Probus*, II. — 9. Vopisc., *Tacitus*,
VIII. — 10. Gell., *N. A.*, XI, 17. — 11. Vopisc., *Numerian.*, XI;
Sidon. Apoll., *Epist.*, IX, 17; *Carmin.*, VIII. — 12. Vopisc.; *Pro-
bus*, II. — 13. *Corp. inscr. lat.*, VI, 966.—14. Spartian., *Hadr.*, XIX.

Le forum de Trajan était orné de nombreuses statues dont on a retrouvé quelques piédestaux portant
des inscriptions [1]. Trajan en fit élever à Sossius, à
Palma et à Celsus qu'il avait en très grande estime [2].
On y continua la série des statues qui ornaient le forum
d'Auguste [3]. Marc-Aurèle y fit ériger celles des officiers morts glorieusement à la guerre [4], et Sévère
Alexandre l'orna de statues apportées de tous les
endroits de la ville [5]; Aurélien y eut une statue en
argent votée par le Sénat [6]. Parmi les œuvres d'art
les plus belles que contenait ce forum, Pausanias mentionne une statue d'Auguste en électrum, et une statue
en ivoire de Nicomède, roi de Bithynie [7].

« Tel était, écrit M. C. de la Berge [8], le forum de
Trajan qui resta debout jusqu'à la fin du IXe siècle [9]. Il
est souvent mentionné dans les auteurs de la décadence, et, en effet, il fut longtemps un centre de
réunions et de promenades. Bien des souvenirs populaires se rattachaient à cette place qui portait le nom
du meilleur des princes. On y avait vu Hadrien brûler
les créances non recouvrées du fisc [10], Marc Aurèle
vendre les meubles les plus précieux du palais des
Césars pour épargner de nouveaux impôts aux provinces et défrayer la guerre contre les Marcomans [11],
Aurélien détruire toutes les tables de proscription [12].

1. *Corp. inscr. lat.*, VI, 1377, 1599, 1710 1721; cf. Jordan,
Topogr. d. Stadt. Rom., I², 465, note 36; Otto Gilbert, *Geschichte*, t. III, p. 237, n. 5. — 2. Dio, LXVIII, 16. — 3. Cf. Borghesi, *Œuvres*, t. V, p. 35 ss. — 4. Capitol., *Anton. phil.*, XXII.
— 5. Lamprid., *Sev. Alex.*, XXVI. — 6. Vopisc., *Tacitus*, IX. —
7. Pausan., V, 12. — 8. *Essai sur le règne de Trajan*, 96 ss. —
9. L'anonyme d'Einsiedeln le décrit. — 10. Spartian., *Hadrian.*,
VII; *Corp. inscr. lat.*, VI, 967. — 11. Capitolin., *Anton.
philos.*, XVII; cette vente dura deux mois. — 12. Vopisc., *Aurelian.*, XXXIX. On y distribua aussi des *Congiarum* (Lamprid.,
Commod., II).

C'est là que les consuls venaient rendre la justice [1]
c'est là qu'on affranchissait les esclaves [2]. D'ailleurs
la bibliothèque Ulpia, riche en documents de haute
importance, attirait les historiens et les philosophes.
Sur l'aréa voisine, Favorinus [3] parlait morale ou gram-
maire avec ses amis, et Fronton, Dion Chrysostome,
Hérode Atticus, avaient groupé leurs disciples. C'est
sur le forum de Trajan que la poésie latine fit entendre
ses derniers accents [4]. Les grands édifices élevés par
Apollodore avaient été ornés de statues représentant
les hommes de guerre, les légistes, les littérateurs les
plus célèbres [5]. Le Romain pouvait être fier en jetant
les yeux sur ces monuments d'un art original et puis-
sant. Pausanias, familiarisé avec les merveilles encore
debout sur le sol hellénique, n'a pas refusé son admiration au forum de Trajan [6]. On sait qu'il arracha un
cri de ravissement à l'indifférence byzantine de Constance [7], et les débris qu'on y retrouve, à de longs
intervalles, sont placés, par les critiques du goût le
plus difficile et le plus sûr, peu au-dessous ou à côté
même des œuvres grecques. »

1. Gell., XIII, 24. — 2. Sid. Apoll., *Carmin.*, II, 544-546. —
3. Gell., *l. c.* — 4. Venantius Fortunat., *Carmin.*, III, 23. —
5. Outre les statues mentionnées plus haut, on peut citer celle
de Victorinus, de Pontius Laelianus, d'Acinius Paulinus (cos
en 334), de Fl. Eugenius, de Sallustius (cos. en 363), de Satur
nius Secundus, d'Hymettius, de Nicomachus Flavianus, de
Claudien, de Peregrinus Saturninus, de Petronius Maximus
de Merobaudes, d'Auxentius (cf. Jordan, *Topogr. d. Stadt.*, I²
p. 465, n. 36). — 6. V, 12; X, 5. — 7. Amm. Marcell., XVI, 10
« Verum cum ad Trajani forum venisset (Constantius), singu
larem sub omni coelo structuram, ut opinamur, etiam numi
num assensione mirabilem, haerebat attonitus, per giganteo
contextus circumferens mentem, nec relatu ineffabiles, ne
rursus mortalibus appetendos ». Cf. Cassiodor. (*Var.*, VII, 6)
« Trajani forum vel sub assiduitate videre miraculum est ».

APPENDICE

UNE VISITE AU FORUM

CHAPITRE I

VUE D'ENSEMBLE

Les quelques degrés en bois par lesquels nous descendons vers le forum nous laissent sur la cella du temple de Castor (15), le temple aux trois belles colonnes. Si nous faisons quelques pas en avant, nous dominons tout le forum. Avant d'y descendre, embrasons-le d'un coup d'œil [1].

A nos pieds la voie sacrée (13) monte en ligne droite vers l'ouest; après être passé sous l'arc de Tibère (20) elle contourne, à droite, le temple de Saturne (19) pour se confondre avec le *clivus Capitolinus* (a) qui gravit le Capitole dans la direction du temple de Jupiter Capitolin (21). A notre gauche, au pied du temple, le pavé du *vicus Tuscus* (18) nous sépare de la basilique *Julia* (16, 17) dont l'extrémité opposée est longée par le *vicus Jugarius* (a'), près duquel le temple de Saturne (19) profile les six colonnes de sa façade élevée.

[1]. Suivre sur le plan I, à la fin du volume.

Tout à l'extrémité, à l'ouest, les blanches colonnes du portique des *Dii consentes* (4) tranchent sur le mur sombre du *Tabularium* (1), puis, à droite, les trois colonnes en triangle du temple de Vespasien (5) et, à la suite, au pied de la grande tour carrée du moyen âge qui termine le tabularium, l'emplacement du temple de la Concorde (6). L'arc de triomphe de Septime Sévère (7) nous cache l'escalier moderne (3) qui monte au Capitole et la prison (2), aujourd'hui l'église *San Giuseppe dei Falegnami* et *San Pietro in carcere*. A gauche de l'arc de Septime Sévère (7) et en arrière de la colonne de Phocas (25) nous apercevons confusément des murs bas et sombres : c'est la tribune ou les rostres (8).

En face de la basilique Julia (17), de l'autre côté de la voie sacrée (13), de grandes bases rectangulaires en briques (23), autrefois revêtues de marbre et surmontées de colonnes, se dressent en bordure sur l'aréa du forum (26) au milieu de laquelle une base peu élevée (*m*) servit sans doute de support à la statue équestre de Constantin; là aussi probablement, ou tout près et certainement avec la même orientation, fut autrefois la statue de Domitien, et, avant elle, le *lacus Curtius*.

De l'autre côté de l'aréa, un talus élevé, non encore déblayé, recouvre le côté nord du forum [1], qui était bordé par une rue parallèle à la voie sacrée et appelée *vicus Jani* : en commençant par la gauche, l'église Sainte-Martine avec son dôme élégant, la *via Bonella* ouverte, à une époque relativement moderne, à travers les forums d'Auguste et de César, l'église Saint

_____

1. Pour le côté nord, remplacer la vue du plan I par la planche p. 66.

Adrien, dont le fronton triangulaire et les murs en briques remontent à Dioclétien, occupent l'emplacement de la curie (**K**), palais du sénat de l'époque impériale, et ses annexes. Là était le *comitium* (*i*) et plus haut, à gauche, au pied du Capitole, une place que le temple de la Concorde (6) devait plus tard envahir en partie, le Vulcanal. Entre la prison (2) et le sénat (**K**), une rue, le *clivus Argentarius*, aboutissait au forum au pied des degrés du temple de la Concorde (6). A droite de la curie, là où, près d'une petite maison appuyée à l'église Saint-Adrien, la rue Cavour s'arrête brusquement à la tranchée formée par le forum, l'*Argiletum* (*c'*), rue antique et célèbre, descendait du quartier populaire et mal famé de Subure, appelé le *forum clandestinum* à cause des transactions louches qui s'y faisaient. C'est là que s'élevait le temple de Janus dont les portes n'étaient fermées que pendant la paix. Les vieilles maisons, à droite de la rue Cavour, couvrent les restes de la basilique Aemilia (*d'*); puis les colonnes en marbre cipollin qui supportent l'inscription et la belle frise du temple d'Antonin et de Faustine (*p*) terminent le côté nord du forum. Tout à côté, l'arc de triomphe de Fabius (*f'*), dont les débris ont été dispersés, faisait à la voie sacrée une entrée sur le forum.

Une double rangée d'édifices ferme le côté ouest : en arrière, quelques débris de marbre et de briques sont tout ce qui reste de la regia (10) construite en marbre par Calvinus; à côté, un terre-plein circulaire (11), fondation du temple de Vesta, garde encore des pierres posées au temps des rois. Plus en avant, ce podium mis à nu et déformé (9) supportait le temple de César, que flanquaient, du côté du temple de Castor (15), les trois baies de l'arc d'Auguste (14). Un peu en arrière de cet arc de triomphe, une substruction circulaire (12) appelée *puteal Libonis* par les uns, *fon.* *Juturnae* par d'autres, n'était peut-être ni l'un n l'autre. A notre droite, au pied des trois colonnes, une rue parallèle au *vicus Tuscus* (18) et à moitié fermée par un des côtés de l'arc d'Auguste (14), longeait le temple de Castor (15). M. Lanciani l'appelle *vicus Vestae*.

Au temps de la République le forum s'étendait de la regia (10) et du temple de Vesta (11) jusqu'au pied du *tabularium* (1). Sous l'Empire, son aréa fut restreinte, à l'est par le temple de César (9) et par l'arc de triomphe d'Auguste (14); à l'ouest, par l'arc de Tibère (20), les rostres (8), qui font saillie sur l'aréa et l'arc de Septime Sévère (7).

Dans l'état actuel des fouilles, la largeur du forum est, à la hauteur des rostres et sans compter la voie sacrée (13), de 47 mètres; elle n'est que de 35 en face du temple de César (9). Du mur semi-circulaire auquel sont appuyés les rostres (8) jusqu'à la façade de la regia (10), il y a 155 mètres, mais la construction du temple de César a diminué cette longueur d'une cinquantaine de mètres.

Tout à l'heure, pour que notre visite soit complète il nous faudra franchir, à l'est, la limite du forum et voir quelques monuments qu'on n'en peut guère séparer, quoique, à proprement parler, ils n'en fassent pas partie [1]. A notre droite, en effet, au delà du temple de Vesta (11), nous apercevons les murs en briques de la maison des Vestales (*q*), dominés par les arcades sous lesquelles passe la *via nova* (*e'*), dans la direction de l'arc de Titus (F). En face de nous, le côté nord s

---

1. Pour cette fin de chapitre, suivre sur le plan II, à la fin du volume.

prolonge, vers l'est, par le petit temple rond de Romulus (A) adossé au *templum sacrae Urbis* (B) qu'une rue étroite (*a*) sépare de la basilique de Constantin (E) dont nous voyons les trois arches grandioses, hautes comme la nef de Saint-Pierre. A l'est, en retrait sur l'église Sainte-Françoise-Romaine, le portique du temple de Vénus et de Rome (*d*) nous ramène à l'arc de Titus (F) posé sur le point culminant de la voie sacrée.

C'est en face de nous, sur le côté nord du forum, que fut livrée la célèbre bataille entre les Sabins et les Romains. Ceux-ci avaient essayé d'emporter la citadelle livrée à l'ennemi par la trahison de Tarpeia. Repoussés, ils avaient fui sur toute la longueur du forum, et, pêle-mêle avec eux, les Sabins allaient franchir la porte Mugonia [1] et entrer dans la *Roma quadrata*, sur le Palatin. Mais Romulus fait vœu d'élever, en cet endroit même, un temple à Jupiter, si ses soldats cessent de fuir. Aussitôt les Romains s'arrêtent et reprennent une vigoureuse offensive. Le chef des Sabins, Mettius Curtius, serré de près, pousse son cheval dans un marais d'où lui-même se tire à grand'peine. Le lieu de ce marais conserva longtemps, au milieu du forum, le nom de *lacus Curtius* (vers *m*). Chaque année, quoiqu'il fût desséché depuis des siècles, au jour anniversaire de la naissance d'Auguste, les citoyens de tout ordre venaient jeter, dans le *puteal* qui en marquait l'emplacement, des pièces de monnaie pour le salut de l'empereur. Souvenir inconscient d'une tradition remontant aux temps lointains où le *lacus* n'était pas encore desséché [2]. — Curtius se tira donc de son marais, et au centre de la vallée, le combat reprit avec acharnement. C'est alors que, intervenant entre leurs pères et leurs époux, les Sabines mirent fin au combat.

Ce drame rapide a laissé dans nos jeunes imaginations

---

1. Non loin de l'endroit où est aujourd'hui l'arc de Titus (F). — 2. On sait que les Romains avaient l'habitude de jeter des pièces de monnaie, comme offrandes, dans les sources, les gués et autres eaux sacrées.

d'écoliers une impression grandiose. La scène en est cependant bien restreinte; nous l'embrassons d'un coup d'œil : si le côté nord du forum était ramené au sol antique, cinq minutes suffiraient pour aller de la prison Mamertine (2) à l'arc de Titus (F), les deux points extrêmes du combat.

Nous commencerons la visite des monuments du forum par celui sur lequel nous nous trouvons : le temple de Castor et de Pollux.

CHAPITRE II

LE CÔTÉ SUD DU FORUM [1]

Le temple de Castor et de Pollux (15). — Voué pendant la bataille du lac Régille (258 de Rome = 496 av. J.-C.); dédié l'an de Rome 270 (= 484 av. J.-C.); reconstruit en 647 (= 107 av. J.-C.) et sous Auguste (748 = 6).

L'escalier en bois du forum nous a conduits au milieu de la cella du temple de Castor. La *cella* est la partie du temple la plus retirée, au fond de laquelle, sur une base, se dressait la statue du dieu. Celle du temple de Castor avait deux bases : une pour la statue de Castor, l'autre pour la statue de Pollux. A notre droite, devant les trois colonnes, subsiste, au pied d'un fragment du mur latéral de la cella, un débris de la mosaïque [2]. En avançant de quelques pas, après avoir laissé à gauche un reste du mur de la façade de la *cella*, nous sommes dans le pronaos ou portique du temple.

Les substructions en tuf et en travertin que nous fou-

1. Suivre sur le plan I. — Pour la restitution de ce côté du Forum, voir la fig. 38, p. 251. — 2. Il est indiqué sur le plan.

lons supportaient les huit colonnes de la façade. Tout
le temple était entouré d'un portique dont les côtés
longs comptaient neuf colonnes; les trois qui sont
encore debout permettent d'apprécier la beauté et
l'élégante simplicité de l'édifice reconstruit sous le
règne d'Auguste (voir plus haut, fig. 17, p. 134). De la
façade, un escalier descendant vers la voie sacrée
aboutissait, comme l'ont démontré les fouilles faites
en octobre 1896, à une plate-forme ou tribune qui
occupait le centre du grand escalier; à chaque extrémité, existait un autre escalier latéral dont les restes
sont encore visibles. Cette disposition s'explique par
le fait que, du temple de Castor, on parlait au peuple.
La foule pouvait ainsi se tenir aux pieds de l'orateur
sans le presser. En outre, l'étroitesse des escaliers,
de la façade ou des côtés, protégeait le temple
contre l'envahissement de la foule : précaution utile
à cause du rôle important que joua dans les troubles
politiques le temple de Castor, à la fois tribune et
citadelle.

En descendant à notre gauche (vers le vicus Tuscus)
(18), l'escalier en bois qui remplace aujourd'hui les
marches disparues de l'escalier antique, nous arrivons
sur le vicus Tuscus (18). De là on ne saurait trop admirer
la majestueuse solidité du podium du temple : il est
formé d'une masse de blocage si ferme qu'elle semble
être un seul bloc. Un peu en arrière de l'escalier par
lequel nous sommes descendus, ouvre une petite
chambre ayant sans doute servi de Trésor. La trace
des blocs de tuf dont se composait la muraille subsiste
encore sur le podium, et en avant, tout à fait sur le
bord de la rue, on voit un fragment du revêtement
en marbre avec sa plinthe. L'autre face latérale du
podium, au-dessous des trois colonnes, est mieux con-

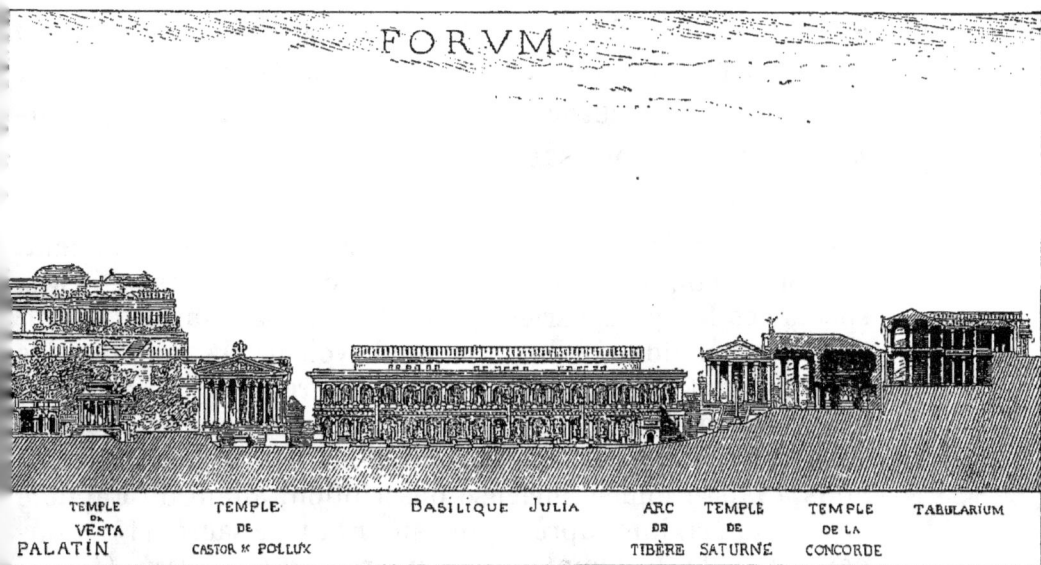

FORVM

TEMPLE	TEMPLE	BASILIQUE JULIA	ARC	TEMPLE	TEMPLE	TABULARIUM
DE	DE		DE	DE	DE LA	
VESTA	CASTOR & POLLUX		TIBÈRE	SATURNE	CONCORDE	
PALATIN						

Fig. 38. — Restitution du côté Sud du Forum, d'après Dutert.

servée et révèle plus encore l'admirable construction de cet édifice, un des plus beaux spécimens de l'architecture gréco-romaine : de distance en distance, des éperons en travertin, destinés à supporter les colonnes, font saillie sur le mur en tuf, et, par excès de précaution et exagération de la solidité, au-dessous de la base des colonnes, ces éperons sont reliés entre eux par des arcs en travertin formant voûte.

En passant de nouveau devant la façade du temple pour regagner le vicus Tuscus (18), jetons un coup d'œil sur la base du mur en tuf, autrefois revêtu de marbre, par lequel, au centre de son grand escalier, le temple de Castor se terminait en tribune, ou *suggestus*, sur la voie sacrée.

Le temple de Castor était un lieu de réunion du Sénat. De son portique élevé et de ses gradins, on assistait aux spectacles les plus variés : jeux et combats sur le forum, procès et plaidoiries au tribunal voisin; la pompe des triomphes et des grandes processions religieuses se déroulait au pied de son portique sur la voie sacrée. Le long et singulier cortège des *ludi Romani*, dont Denys d'Halicarnasse nous a laissé une si curieuse description, allant du Capitole au cirque Maxime, après avoir suivi la voie sacrée (13), tournait à l'angle du temple, pour suivre le *vicus Tuscus* (18).

Au jour anniversaire de la dédicace du temple, on y célébrait des sacrifices solennels et les cinq mille chevaliers, en armes, couronnés de rameaux d'olivier et revêtus de robes de pourpre, défilaient devant le sanctuaire.

Pendant les périodes de troubles politiques, particulièrement aux temps des Gracques, de Marius, de Sylla et de César, le temple de Castor fut le théâtre de luttes à main armée, de scènes violentes et de meurtres; ceux qui l'occupaient y transportaient des armes, en enlevaient les gradins pour le rendre inaccessible, et aussi pour faire des projectiles.

Le temple était gardé par des portiers (*aeditui*). Caligula en avait fait le vestibule de son palais, disant que

Castor et Pollux étaient ses concierges; lui-même, par un passage pratiqué dans la cella, venait s'asseoir entre les deux statues des dieux pour recevoir les adorations de la foule.

Le vicus Tuscus (18). — Le vicus Tuscus — en français on dirait *la rue Étrusque* — mettait le forum en communication avec le quartier du *Vélabre*, le *circus Maximus* et le *forum boarium*. Son nom et la statue du dieu Vortumne, érigée près de l'endroit où le vicus se détache du forum, témoignent de ses antiques origines étrusques. C'était un endroit mal famé où se tenaient dans des boutiques interlopes des gens d'affaires véreux et des entremetteurs peu recommandables.

Devant nous, au coin de la voie sacrée (13) et du vicus Tuscus (18), à l'angle de la basilique Julia (17), s'élève un piédestal formé d'un gros bloc de travertin. On a voulu, mais sans preuves, y voir la *pila Horatia*, trophée auquel Horace avait suspendu les armes des Curiaces et qui existait encore au temps de Denys d'Halicarnasse et de Tite-Live. Il est plus probable que la *pila Horatia* était du côté du *comitium* (i), là où la gens Horatia avait déjà la statue d'un de ses membres, Horatius Coclès.

La Cloaca Maxima (v). — Construite par les Tarquins.

À l'extrémité de la basilique Julia, près du vicus Tuscus, en haut des degrés de la basilique que nous venons de gravir, un regard (v) pratiqué dans la voûte de la *cloaca Maxima* nous permet d'admirer sa magnifique construction; on s'en rend mieux compte encore à l'endroit où elle déverse ses eaux dans le Tibre,

au-dessous du *forum boarium* (voir fig. 15, p. 121). « Les
eaux, dit Pline, lancées comme des torrents impétueux
pour entraîner les immondices et grossies encore par
les eaux pluviales, battent le fond et les flancs de l'égout ;
le Tibre débordé y entre en remontant et les deux
courants se heurtent, et cependant l'immuable solidité
de la construction résiste. Des poids énormes sont
traînés au-dessus de la voûte sans qu'elle fléchisse ; le
temps et les incendies y abattent des maisons ; des
tremblements de terre ébranlent le sol, et, depuis sept
cents ans, l'œuvre de Tarquin est inébranlable. » Ce
que Pline écrivait après sept cents ans est vrai encore
après deux mille cinq cents.

La cloaca Maxima est construite et voûtée en blocs
de *peperino*, de grand appareil, posés sans ciment ;
c'est la pierre qu'on employait à Rome aux époques
les plus anciennes. L'arc a environ 5 mètres de diamètre ; la hauteur est inconnue à cause des dépôts qui,
avec le temps, ont beaucoup exhaussé le sol. Strabon
dit, non sans un peu d'exagération, que, par endroits,
une charrette chargée de foin aurait pu y passer. La
cloaca maxima faisait partie de tout un système
d'égouts non moins bien construits. Rome, écrivait
Pline l'Ancien, est une ville suspendue, sous laquelle
on navigue.

La basilica Julia (16, 17). — Construite par César
et par Auguste. Relevée par Dioclétien, après un
incendie.

Sa construction fit disparaître la maison de Scipion
l'Africain, la basilique Porcia et une série de boutiques appelées *tabernae veteres*, souvent mentionnées
chez les auteurs, et qui avaient fait donner à la partie
de la voie sacrée qu'elles bordaient le nom de *sub vete=*

ribus (voir le plan du forum sous la République, fig. 5, p. 73).

La justice se rendit d'abord à Rome au comitium (*i*) et sur le forum dans des tribunaux en plein air. Grâce à l'augmentation de la population et aux mœurs moins simples, les procès devinrent toujours plus nombreux et toujours plus compliqués, et les tribunaux en bois du forum n'y suffirent plus. Alors s'élevèrent les basiliques, à la fois palais de justice et centres de réunions et d'affaires. La première fut la basilique *Porcia* près de la curie (K, 570 = 184 av. J.-C.) ; puis les basiliques *Fulvia*, plus tard *Aemilia* (*d'*, 575 = 179 av. J.-C.), *Sempronia* (585 = 169 av. J.-C.) absorbée dans la suite par la basilique *Julia* (46 av. J.-C.), *Opimia* (633 = 121) près du temple de la Concorde (6)[1], enfin la basilique *Julia*. La rapidité avec laquelle ces édifices se succèdent montre à quel point ils étaient nécessaires, et combien vite ils devenaient successivement insuffisants. Plus loin d'ailleurs nous verrons César et Auguste construire leurs forums à cause du nombre toujours croissant des procès.

La basilique Julia s'élève sur un terrain en pente : en effet, du vicus Tuscus (18) nous avons gravi six degrés pour y monter, et l'extrémité opposée est au niveau du vicus Jugarius (*a'*) ; le long de la voie sacrée (13) le nombre des degrés qui donne accès au portique de la basilique (17) va toujours en décroissant à mesure qu'on approche de l'arc de triomphe de Tibère (20). La basilique forme un rectangle long de 109 mètres, large de 48, composé d'une partie centrale et de quatre bas-côtés dont les deux extrêmes forment des portiques ouvrant l'un (17) sur la voie sacrée (13), l'autre sur des boutiques (*b'*).

Les oisifs trouvaient dans les basiliques un lieu de réunion ; pendant les fortes chaleurs ils y cherchaient

---

1. Pour l'emplacement de ces édifices qui n'existaient plus sur le forum impérial, voir fig. 5, p. 73.

l'ombre et la fraîcheur ; une pluie d'orage balayait-elle
le forum, c'est là que se reformaient les groupes subi-
tement dispersés. Pour tuer le temps, ces désœuvrés
se livraient à des jeux qui sont encore gravés sur les
dalles. Nous allons en rencontrer quelques-uns.

A l'extrémité de l'ouverture de la cloaca maxima (v)
qui regarde le forum, nous tournons à gauche pour
entrer dans le bas-côté longeant la grande nef. Sur
le troisième et sur le cinquième pilier, à notre droite
(nous comptons les piliers à partir de la *cloaca*), on a
déposé des fragments d'inscriptions mutilées (*ex ora-
culo*, Απωσικακοις), etc. Ils ne proviennent pas de la basilique, mais ont été trouvés en 1817 près de la colonne
de Phocas. A notre gauche, entre le sixième et le sep-
tième pilier, entre le neuvième et le dixième, en face
du onzième, au pied du douzième, sont gravés des
jeux de diverse nature. Revenons sur nos pas au neuvième pilier que nous avons dû remarquer en le laissant à notre gauche, car il est plus haut que tous les
autres, et en travertin [1] ; sauf ce dernier, tous les
piliers sont en briques, et, on s'en aperçoit de suite,
modernes. Rosa, après le déblaiement complet de la
basilique, les a fait construire pour que les visiteurs
puissent se rendre compte des dispositions de l'édifice.
On avait mis autrefois tant d'ardeur à chercher des
pierres dans les ruines de la basilique exploitées
comme une carrière, qu'on avait creusé à une grande
profondeur pour enlever même les fondations. C'est
dans les trous qu'ont été élevés les modernes piliers
en briques. Çà et là, parmi les briques, on aperçoit
quelques rares débris du travertin de la construction
d'Auguste ; le neuvième pilier, devant lequel nous

---

1. Il est marqué en noir sur le plan, entre les chiffres 16 et 17

sommes arrêtés, est le seul qui ait, dans une certaine mesure, échappé au massacre. De ce pilier, traversons la grande nef dans sa largeur pour aller jusqu'au pilier situé exactement en face et, par conséquent, le neuvième aussi de ce côté : entre ce neuvième pilier et le dixième, un peu en avant dans le bas-côté, une des dalles présente un jeu curieux, gravé en forme de damier : en haut, on lit une inscription très effacée, cependant encore visible : VINCIS GAVDES PERDES PLANGIS, et plus bas, en lettres moins bien gravées ou plus maltraitées par le temps, j'ai cru lire : SILE ET RECEDE. C'est-à-dire : *Si tu gagnes, tu triomphes, si tu perds, tu te lamentes. Tais-toi et va-t'en*; avis aux mauvais joueurs.

De ce jeu dirigeons-nous directement vers l'extrême angle sud-ouest de la basilique (*b'*), là où les ruines cessent d'être apparentes, ensevelies dans le talus, sous l'angle des rues *della Consolazione* et *delle Grazie*. En cherchant un peu nous verrons, presque dissimulée sous le terre-plein, une belle colonne et un pilastre très bien conservés, en travertin, avec bases en marbre; ils appartiennent à la construction d'Auguste. A côté, le long de la rue parallèle à la basilique, à demi engagés dans les terres, sont encore visibles les murs en tuf des boutiques (*b"*) qui ouvraient sur le portique de la basilique; ce sont peut-être les boutiques des changeurs de la basilique Julia connus par des inscriptions. Dans l'une d'elles, un escalier, dont il existe encore des débris, montait à l'étage supérieur : la grande nef centrale était entourée d'un portique formant tribune au premier étage [1]; c'était une disposition générale dans les basiliques. Si nous levons les yeux, au-

---

1. Voir, fig. 45, p. 363, la restitution de la basilique Ulpia dont la disposition est semblable.

dessus de nos têtes nous verrons des restes de l'épaiss
maçonnerie en blocage qui formait la voûte du rez-de
chaussée et supportait le dallage de l'étage supérieur
Des fragments trouvés pendant les fouilles on
démontré que cette voûte était ornée de stucs en relief
C'était un genre de décoration très en usage chez le
Romains; on peut en voir, au Musée des Thermes, d
très beaux spécimens trouvés en 1878 dans les jardin
de la Farnésine; il en existe de charmants débris
encore en place, dans le cryptoporticus du palais d
Tibère au Palatin, à la voûte du temple de la Cafa
rella et surtout dans un des tombeaux de la voi
latine.

La basilique était fermée par une balustrade e
marbre dont un fragment subsiste au milieu du peti
côté que longe le *vicus Jugarius* (*a*) [1]. Les arcs e
piliers en briques qui terminent cette extrémité de l
basilique appartiennent à la reconstruction de Dioclé
tien, après l'incendie de Carinus.

C'est dans la basilique *Julia* que les *centumviri* avaie
leurs quatre tribunaux qui, pour juger les causes impo
tantes, se réunissaient en un seul. Pline le Jeune nous
laissé le récit d'une cause plaidée par lui; il y peint sur l
vif la physionomie de la basilique le jour d'un procès
sensation : « Le procès était porté devant les quatre tribu
naux des centumvirs réunis. Cent quatre-vingts juges sié
geaient dans cette affaire; c'est tout ce qu'en renferment le
quatre tribunaux. De part et d'autre les avocats remplis
saient, en grand nombre, les sièges qui leur avaient ét
destinés. La foule des auditeurs environnait de cercles re
doublés la vaste enceinte du tribunal. On se pressait mêm
autour des juges et les galeries hautes de la basiliqu
étaient encombrées les unes de femmes, les autres d'homme

1. Ce fragment est marqué en noir sur le plan.

avides d'entendre, ce qui n'était pas facile, et de voir, ce qui était fort aisé. Grande était l'attente. » Nous savons par Quintilien et par Martial que la foule ne se faisait pas faute de troubler l'audience par ses clameurs.

Caligula, qui avait le cerveau malade, se faisait un jeu de monter sur la basilique et, de là, de jeter sur la voie sacrée (13) et sur le forum des pièces d'or et d'argent que la populace se disputait avec tant d'acharnement que beaucoup de personnes y perdirent la vie.

La basilique Julia est représentée en partie sur un bas-relief de l'arc de Constantin (fig. 20, p. 147) et sur les bas-reliefs (fig. 21, 22, p. 148, 149) [1] que nous verrons tout à l'heure au milieu du forum. Elle avait deux étages formés d'une série de baies cintrées séparées par des pilastres portant une demi-colonne engagée avec chapiteau dorique. Une colonne rétablie dans la basilique, sur le bord de la voie sacrée, nous permet de nous rendre compte de cette disposition.

Une élégante petite colonne en marbre, isolée, quelques débris de murs, des traces de peinture sur un des piliers en brique reconstruits par Dioclétien, des débris de sculpture bien reconnaissables à leur style, dispersés dans cette extrémité de la basilique, sont tout ce qui reste d'une petite église à la Vierge, *Sancta Maria in foro*, construite au VIIIe siècle dans la basilique, près du *vicus Jugarius* (a').

Le vicus Jugarius (a'). — Cette rue se confondait, au pied du temple de Saturne (19), et de l'arc de Tibère (20), avec la voie sacrée (13), puis avec le clivus Capitolinus (a). De l'autre côté elle suivait la direction de la rue actuelle *della Consolazione*. C'était, avant la création du forum de Trajan, la principale voie de

---

1. Voir aussi, fig. 38, p. 251, la restauration de Dutert.

communication entre le quartier du forum et le Champ
de Mars.

A la sortie du forum, le vicus Jugarius était orné d'une
fontaine appelée *lacus Servilius*. De sinistres souvenirs s'y
rattachent : c'est là que furent exposées les têtes sanglantes
des sénateurs proscrits par Sylla. Près de cette rue aussi
derrière le temple de Saturne, s'élevait un autel à Ops dont
le jour anniversaire était férié et dont le culte était en étroite
relation avec le culte de Saturne.

A l'angle N.-O. de la basilique Julia, le vicus Jugarius
(*a′*) passait sous une longue porte voûtée, construite
en briques avec revêtement en travertin (*z*), adossée
d'un côté au temple de Saturne, de l'autre à la basilique Julia ; elle garde de ce côté l'empreinte d'un pilier
de la basilique, aujourd'hui disparu, que son mur avait
emprisonné. On manque de renseignements sur ce
monument qui ne paraît pas être d'une époque très
ancienne ; selon quelques auteurs, ce serait un de ces
arcs appelés *janus* que l'on sait avoir existé dans plusieurs endroits de Rome.

Près de là, à l'extrémité de la voie sacrée, s'élevait
l'arc de Tibère (20) érigé après que Germanicus eut
repris aux Germains les enseignes des légions de
Varus (769 = 16 ap. J.-C.).

CHAPITRE III

Le temple de Saturne (9). — Construit sur l'emplacement où à côté d'un autel élevé à Saturne par Hercule. Dédié le 19 décembre de l'année 257 (= 497 av. J.-C.); reconstruit à la demande de l'empereur Auguste par Munatius Plancus. Restauré après l'incendie de Carinus.

Comme le temple de Castor, le temple de Saturne était construit sur un podium élevé en blocage, recouvert de travertin et de marbre et conservant encore, sur le bord de la voie sacrée, des restes de son magnifique revêtement de marbre pentélique. Dans ce mur, à l'angle de la façade, sous la naissance de l'escalier, subsistent encore quelques restes de marches, qui conduisaient sans doute à la chambre du Trésor.

La façade était décorée de six colonnes ioniques, en granit gris, supportant le fronton; deux colonnes en granit rose formaient l'épaisseur du portique. L'inscription actuelle *Senatus populusque Romanus incendio consumptum restituit* mentionne la dernière restaura-

1. Suivre sur le plan I.

tion. Au XVI⁰ siècle, on a trouvé un fragment, aujour-
d'hui perdu, de l'inscription gravée après la restauration de Munatius Plancus : *L. Plancus, L. filius, consul,
imperator iterum, de manibiis.* L'escalier, moins large
que la façade, descendait, vers le nord, sur une aréa
qui, dans l'état des monuments depuis Auguste, lui
est commune avec le temple de la Concorde (6); cette
aréa est soutenue par le mur semi-circulaire auquel
s'appuient les rostres (8). Devant le temple il faut
remarquer le pavé de la rue très bien conservé parce
qu'il était recouvert et protégé par l'escalier, tandis
que les pavés des autres rues du forum ont été tous
refaits ou remaniés à de basses époques.

Le podium qui supportait le temple de Saturne a
5 mètres de haut, 22 de large et 38 de long, du portique à l'autre extrémité. Il accuse différentes époques :
le beau revêtement en marbre qui borde la voie
sacrée est certainement de la reconstruction d'Auguste.
Les huit colonnes du portique ont été redressées au
temps de la dernière restauration; elles sont sans
doute plus anciennes, mais le travail de restauration a
été fait sans soin et d'une façon hâtive; plusieurs d'entre
elles ont été dressées à l'envers; elles proviennent probablement d'un autre monument, car les bases en
marbre blanc qui les supportent doivent dater de la
reconstruction d'Auguste, et n'ont visiblement pas
été faites pour elles; et même en certains endroits,
là où le travertin avait disparu, on l'a remplacé par
de la brique; c'est avec de la brique aussi qu'a été
faite la maçonnerie qui soutenait le fronton restauré.
Les chapiteaux ioniques sont d'une mauvaise exécution,
et, à l'intérieur du portique, la frise qu'ils supportent
est composée de beaux morceaux antiques, mal ajustés,
avec lesquels contraste un morceau refait.

Plusieurs monuments occupaient l'aréa qui s'étend devant le temple : un autel à Saturne et, à côté, un *sacellum Ditis*; une statue de Sylvain qu'ombrageait un figuier qu'il fallut arracher parce qu'il détériorait la statue. On ne le fit qu'après des prières et un sacrifice offert par les Vestales. Là aussi était le tombeau d'Oreste dont les cendres avaient été enlevées d'Aricie où Iphigénie les avait apportées.

Le temple de Saturne renfermait le Trésor public mis ainsi sous la protection de la religion. On y tenait les registres donnant l'état des recettes et des dépenses. Une balance antique y restait, qui avait servi au temps où les paiements se faisaient avec des fragments de lingots. On y conservait l'indication des naissances et les condamnations à mort, et, pendant la paix, les étendards des légions.

César, entré à Rome après avoir franchi le Rubicon, vint au temple de Saturne afin de se faire ouvrir, dans le Trésor, la réserve mise à part pour les nécessités imprévues (*aerarium sanctius*); les questeurs tardant à obéir, il donna l'ordre de faire venir un serrurier pour forcer les portes. Le tribun Metellus lui représenta qu'il violait les lois : « Le temps des armes, lui dit César, n'est pas celui des lois.... Après la paix tu feras tous les discours que tu voudras. » Metellus insistant, César le menaça de le tuer : « Et tu sais, jeune homme, ajouta-t-il, qu'il m'est moins facile de le dire que de le faire ». Metellus obéit.

Pendant le procès de Milon, Pompée, craignant des troubles, avait fait occuper militairement le forum; lui-même, avec son escorte, se tenait sur la plate-forme élevée du temple de Saturne. Cicéron, en bas, près du tribunal, troublé par cet appareil militaire, prononçait une plaidoirie moins bonne que celle qu'il écrivit ensuite, et élevait la voix pour être entendu de Pompée : « Te enim jam apello, et hac voce ut me exaudire possis ».

C'est au temple de Saturne que, chaque année, le 17 décembre, on inaugurait les fêtes des Saturnales.

Un jour, par un ciel serein, les Romains assemblés sur le forum virent au-dessus du temple, prodige effrayant, un grand arc-en-ciel renversé et un double soleil.

Les scribes et employés attachés aux archives et au

Trésor, c'est-à-dire au temple de Saturne et au tabularium
(1), devaient être nombreux; et à ce propos, il est curieux
de remarquer qu'on a trouvé, dans les ruines du temple,
un très grand nombre de styles à écrire.

Si, de l'aréa du temple de Saturne, nous regardons
le tabularium (1), nous avons, en face de nous, le
temple de la Concorde (6) et, plus à droite, après l'escalier moderne qui monte au Capitole (3), la prison (2);
de l'autre côté du temple de la Concorde, le temple
de Vespasien (5) avec ses trois belles colonnes, et,
après le temple de Vespasien, le portique des *dii Consentes* (4). Ces quatre monuments étant aujourd'hui
séparés du reste du forum par le remblai de la rue
moderne, et sans communication, nous les visiterons
un peu plus tard, en même temps que les forums
impériaux (p. 335, ss.).

Nous quittons l'aréa du temple de Saturne en retournant sur nos pas; arrivés devant les grandes marches
sur lesquelles est posée la colonne de Phocas (25),
nous nous tournons vers le temple de la Concorde (6),
et, à 7 ou 8 mètres devant nous, nous voyons un mur
bas (8), en tuf sombre, percé de trous symétriques,
long de plus de 20 mètres. C'est la tribune aux
harangues, ou les *rostres*.

Les Rostres (8). — Ce ne sont pas les anciens rostres
de la République, qui étaient placés sur les confins du
comitium et du forum (voir fig. 5, p. 73), où se
livrèrent les grandes batailles pour la conquête des privilèges réservés jusque-là aux patriciens et des droits
politiques; ce n'est pas à cette tribune que furent
exposées, au temps de Sylla, les têtes sanglantes des
proscrits, et, avant les funérailles, les cadavres de
Sylla lui-même et de Clodius.

L'année même de sa mort (710 = 44 av. J.-C.), César transporta les rostres à l'endroit où nous les voyons aujourd'hui; soit que ce changement fût motivé par la construction de son forum et de la curia Julia, soit que César n'ait pas été fâché de déplacer ce vieux monument où vivaient encore tous les souvenirs de l'antique liberté qu'il voulait abolir.

Le devant de la tribune était un mur de tuf, en grand appareil, revêtu de marbre; les blocs de tuf étaient réunis par des crampons dont on voit encore le creux sur l'épaisseur du mur. Sa longueur dépassait 23 mètres. La plate-forme qui le surmontait, profonde de 10 mètres et surélevée de 3 mètres au-dessus de l'aréa du forum, reposait sur des piliers en marbre dont plusieurs sont en place. Le mur est percé d'une série de trous réguliers, traversant la pierre de part en part; c'est là qu'étaient fixés les éperons ou rostres des vaisseaux pris aux Antiates (416 = 338 av. J.-C.) et qui avaient d'abord orné l'ancienne tribune.

Un bas-relief de l'arc de Constantin nous a transmis une fidèle représentation de la tribune (fig. 20, p. 147); les monuments qui l'entourent marquent bien son emplacement : à droite, en effet, nous voyons les trois baies de l'arc de triomphe de Septime Sévère (7) représenté de cette manière conventionnelle dont sont coutumiers les sculpteurs de bas-reliefs et les graveurs de monnaies; à gauche, l'arc de Tibère (20) et les premières arcades de la basilique Julia (17); il y a lieu de remarquer la similitude des piliers auxquels s'appuie une demi-colonne dorique engagée, avec le pilier restitué d'après des fragments, sur le bord de la voie sacrée, dans le portique de la basilique (17). La plate-forme de la tribune est fermée, sur le devant, par une balustrade interrompue au centre, là où se tient l'orateur ; on a trouvé dans les fouilles des traces de cette balustrade dont on a pu même constater la solution de continuité au centre. De chaque côté, la tribune est flanquée d'une grande statue assise : la grande base en briques (*h*) qui se voit encore aujourd'hui à l'extrémité de la tribune, du côté de l'arc de Septime Sévère, était probablement le piédestal d'une de ces statues. Au fond, des colonnes supportent des statues : nous savons par des textes d'auteurs qu'il y avait, sur la tribune, des colonnes et des statues semblables.

Donnons donc, par la pensée, à la tribune représentée sur le bas-relief toute sa hauteur ; remettons en place les éperons des vaisseaux ; ramenons en avant la foule des auditeurs que les nécessités de la sculpture ont contraint de partager sur les côtés ; replaçons dans sa vraie direction, sur le côté et en avant, la basilique Julia ; nous aurons la vue d'un coin du forum avec une scène animée, figurée par un artiste du temps. Il nous sera facile alors de reconstituer sur ce modèle la ruine qui est sous nos yeux et, pour un instant, de lui rendre la vie.

C'est sur ces rostres que furent exposées, par ordre d'Antoine, les mains et la tête de Cicéron. C'est devant cette même tribune aussi qu'on avait déposé le cadavre de César, dans une chapelle dorée, faite à l'image du temple que le dictateur avait élevé à Venus Genitrix, sa mère. Le corps reposait sur un lit d'ivoire couvert d'une étoffe de pourpre et d'or. A la tête du lit, la toge ensanglantée et déchirée par les coups des assassins était disposée en trophée. Antoine, par les serments les plus sacrés et par des exécrations contre ceux qui y manqueraient, jura au nom du peuple et au sien que tous, de toutes leurs forces, veilleraient sur le cadavre de César et au besoin le défendraient. Jour et nuit, donc, une multitude en armes fit garde à l'entour ; de temps à autre des chants et des lamentations éclataient auxquels

les soldats répondaient en heurtant leurs boucliers. Antoine
voulut mettre à profit l'émotion populaire : dans un discours ardent, prenant à témoin Jupiter Capitolin, dont il
montrait le temple, il exalta les sentiments de la foule. Sai-
sissant ensuite la toge de César, il en compta les trous, les
déchirures et les souillures; puis il s'approcha du lit
funèbre, et là, tantôt incliné vers le cadavre, tantôt se
redressant et prenant des poses à la manière d'un acteur,
il chanta à César, comme à un dieu, un hymne auquel des
chœurs répondirent. En même temps une machine tour-
nante présentait à la multitude l'image en cire de César
avec les trous sanglants de ses vingt-trois blessures. Le
but était atteint : le peuple surexcité s'élança hors du forum,
criant qu'il fallait massacrer les parricides et brûler la curie
de Pompée où le crime avait été commis.

Sous l'empire encore, la tribune fut chargée des têtes
livides de condamnés politiques; mais, plus souvent, on
y prononçait des oraisons funèbres, entre autres celle
d'Octavie, sœur d'Auguste, et celle d'Auguste lui-même. On
y promulguait des lois, on y distribuait des congiarium;
parfois l'empereur y exposa la situation de l'empire et Théodoric y harangua le peuple romain.

En arrière de la tribune s'étend un espace libre. On
y pénètre par les côtés que fermaient des balustrades
dont on voit encore des restes près de l'arc de Septime
Sévère. En avant, près du mur en tuf, subsistent les
restes des piliers qui soutenaient la plate-forme; le
fond se termine par un mur semi-circulaire, dont la
circonférence fait saillie à l'intérieur et que recouvrent
des plaques d'un beau marbre fixées par des clous
au-dessus d'une plinthe également en marbre; de
l'autre côté, au-dessus, s'étend l'aréa du temple de la
Concorde (6). On est surpris de ne pas trouver trace de
l'escalier, là cependant devait être sa place. Peut-être
était-il en bois; peut-être, sans escalier, communi-
quait-on de plain-pied par un pont réunissant l'aréa
du temple à la plate-forme de la tribune.

De nombreuses statues, statues honorifiques ou œuvres d'art, décoraient ou entouraient la tribune; il y avait aussi une chapelle érigée au Génie du peuple romain avec sa statue en or.

L'Umbilicus (e). — Le fond de l'espace étroit ménagé entre l'extrémité du mur circulaire des rostres et l'arc de Septime Sévère (7) est fermé par les assises d'un vieux mur en tuf dont l'antique destination est inconnue. Dans ce même coin, à notre gauche, s'élève une petite colonne en briques (e), à trois étages décroissants, gardant encore des parties de son revêtement en marbre. C'est l'*umbilicus Romae*, monument de basse époque, marquant le centre de Rome et du monde, souvenir de l'ὀμφαλός des Grecs.

Le milliaire d'or (f). — Élevé par Auguste (en l'an de Rome 734 (= 20 av. J.C.).

Nous revenons devant la tribune que nous longeons encore une fois. Arrivés à l'extrémité opposée, celle qui regarde le temple de Saturne, nous voyons, sur le talus qui en forme le fond et exactement en pendant avec l'*Umbilicus*, une base circulaire en marbre blanc, ornée de palmettes alternant avec des acanthes. La figure ci-jointe (fig. 39) nous aidera à la reconnaître. C'est la base du *milliarium aureum*, colonne en marbre, recouverte de

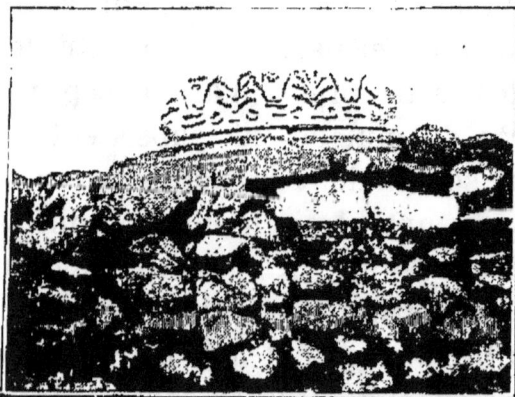

Fig. 39. — Base du milliaire d'or, d'après une photographie de M. l'abbé Rivière.

bronze doré sur lequel étaient gravées les distances,
par les routes, de Rome aux principales villes de
l'empire.

C'est là qu'Othon avait donné rendez-vous aux vingt-trois
prétoriens qui l'emmenèrent dans leur camp et le procla-
mèrent empereur. Galba s'était retranché dans le Palatin.
Le bruit mensonger que la révolte était réprimée et Othon
mis à mort l'en fit sortir. Escorté de quelques soldats il
vint, en litière, sur le forum pour monter de là au Capitole
rendre grâce à Jupiter. Bientôt il sut la vérité. La foule
avait envahi le forum et commençait à s'armer, plutôt
favorable à Galba, que les soldats seuls détestaient à
cause de sa sévérité souvent maladroite. L'escorte ne savait
quel parti prendre, et la litière impériale, ballottée par
l'incertitude des porteurs et les remous de la foule, comme
dans une tempête, manquait à tout moment de chavirer.
Alors accourent au galop des cavaliers et des fantassins
envoyés par Othon. La foule se disperse; l'escorte de Galba,
arrachant de l'enseigne son image, passe à l'ennemi. Seul,
un centurion, défendit l'empereur avec acharnement, et
pendant longtemps; mais un coup qui lui coupa les jarrets
l'ayant fait tomber, la litière fut renversée et Galba roula
dans la poussière. Protégé par une cuirasse, il reçut de
nombreuses blessures aux bras et aux jambes, jusqu'au
moment où, présentant lui-même la gorge, il reçut le coup
de grâce d'un soldat de la XVe légion. Il expira près du lac
Curtius (vers m), à l'endroit même où le Sénat décréta qu'on
lui érigerait une statue sur une colonne; projet qui ne fut
jamais exécuté. La tête ayant été séparée du tronc, le meurtrier qui ne pouvait pas la prendre par les cheveux, parce
qu'elle était chauve, lui passa le pouce dans la bouche pour
la porter à Othon. Plus tard, après avoir subi mille ava-
nies, elle fut promenée au bout d'une pique. Longtemps
encore la fureur des soldats s'acharna sur le cadavre déca-
pité. Vinius, un des partisans et conseillers habituels de
Galba, peut-être en même temps un complice ignoré de la
conjuration, frappé d'un premier coup, tomba devant le
temple de César (9) et fut immédiatement achevé. Quant
à Pison, récemment créé César par Galba, au bruit de
l'émeute, il était accouru au forum. Grâce au dévouement

d'un centurion qui s'exposa aux coups pour le sauver, il put se réfugier dans la chambre d'un esclave des Vestales; mais, tiré de sa retraite par deux soldats, il fut tué devant le temple de Vesta (11). D'autres personnages périrent massacrés sur le forum.

La foule qui, au moment du danger, avait abandonné l'aréa du forum, s'était massée dans tous les endroits d'où elle pouvait suivre les péripéties du drame : dans les basiliques Julia (17) et Æmilia (d'), sur les temples de Saturne (19), de César (9) et de Castor (15). De là elle assistait silencieuse à ce changement d'empereur fait par des soldats. C'était encore plus intéressant qu'un combat de gladiateurs.

Vers le soir, Othon, escorté par les soldats, se rendit au Palatin, traversant le forum ensanglanté où gisaient des cadavres sans tête, revêtus de la toge consulaire. Le Sénat lui prodigua ses adulations, la multitude l'acclama et maudit la mémoire de Galba; il rentra ainsi au palais impérial et permit de mettre les corps sur le bûcher. Les parents des victimes durent acheter les têtes que les meurtriers avaient gardées pour les leur vendre.

Trois mois plus tard, après qu'Othon menacé par Vitellius se fut donné la mort, la même populace promena par les temples les images de Galba ornées de lauriers et de fleurs, et lui fit, avec un amas de couronnes, une espèce de cénotaphe près du lac Curtius (vers m), là où il avait été massacré.

En face de la tribune, se dresse la colonne de Phocas (25).

La colonne de Phocas (25). — Elevée en 608 après J.-C.

L'inscription nous indique la nature du monument : Smaragdus, exarque d'Italie, a érigé et dédié sur cette colonne une statue en bronze doré à l'empereur Phocas, comme témoignage éternel de sa gloire, en reconnaissance de ses innombrables bienfaits, et aussi parce qu'il a rendu la paix à l'Italie et sauvé la liberté.

L'élégance de cette colonne a fait supposer que Smaragdus l'avait empruntée à un autre monument. Suivant d'autres auteurs, l'exarque d'Italie aurait substitué à une statue antérieure celle de Phocas, après avoir gratté et remplacé l'inscription; désaffectant ainsi un monument d'une meilleure époque.

Quoi qu'il en soit de ces hypothèses, la colonne est trop élégante pour dater du viie siècle.

L'arc de Septime Sévère (8) — Construit en 956 (= 203 ap. J.-C.).

Le texte gravé sur cet arc de triomphe indique clairement son but : il fut élevé à Septime Sévère et à ses fils Caracalla et Géta pour avoir rétabli la paix dans l'empire et reculé les limites de la domination romaine.

L'inscription est d'un grand style, digne de la majesté de l'empire romain.

L'arc avait été érigé à Septime Sévère et à ses deux fils. Mais plus tard, Caracalla ayant assassiné son frère Géta, fit renverser ses statues et effacer son nom sur toutes les inscriptions. C'est ainsi que, dans l'inscription que nous avons sous les yeux, il remplaça les noms de Géta par les mots *p(atri) p(atriae) optimis fortissimisque principibus*, qu'il fit graver en surcharge, sur des mots effacés (voir le texte, p. 272).

Tout le monument est en marbre pentélique, massif, sauf la base, dont le noyau est en travertin recouvert de marbre. Sur chaque façade, quatre colonnes cannelées en marbre proconésien, d'ordre composite, avec pilastres correspondants dans la muraille, encadrent les bas-reliefs et les trois arches, dont les deux latérales communiquent, à l'intérieur, avec celle du centre par des ouvertures cintrées. Les colonnes,

IMP·CAES·LVCIO·SEPTIMIO·M·FIL·SEVERO·PIO PERTINACI AVG·PATRI·PATRIAE·PARTHICO·ARABICO·ET

PARTHICO·ADIABENICO·PONTIFIC·MAX·IMO·TRIBVNIC·POTEST·X̄Ī·ĪMP·X̄Ī·COS·ĪĪĪ·PROCOS·ET

IMP·CAES·M·AVRELIO·L·FIL·ANTONINO·AVG·PIO·FELICI·TRIBVNIC·POTEST·V̄Ī·COS·PROCOS·|PP|

|OPTIMIS·FORTISSIMISQVE·PRINCIPIBVS|

OBREM·PVBLICAM·RESTITVTAM·IMPERIVMQVE·POPVLI·ROMANI·PROPAGATVM

INSIGNIBVS·VIRTVTIBVS·EORVM·DOMI·FORISQVE·S·P·Q·R

Imp(eratori) Caes(ari) Lucio Septimio, M(arci) fil(io), Severo, Pio, Pertinaci, Aug(usto), patri patriae, Parthico, Arabico et Parthico, Adiabenico, pontific(i) maximo, tribunic(ia) potest(ate) undecimum, imp(eratori) undecimum, co(n)s(uli) tertium, proco(n)s(uli), et Imp(eratori) Caes(ari) M(arco) Aurelio, L(ucii) fil(io), Antonino, Aug(usto), pio, felici, tribunic(ia) potest(ate) sextum, co(n)s(uli), proco(n)s(uli), p(atri) p(atriae), optimis fortissimisque principibus, ob rempublicam restitutam, imperiumque populi Romani propagatum insignibus virtutibus eorum domi forisque, s(enatus) p(opulus) q(ue) R(omanus).

petites et grêles pour la masse du monument, reposent sur de hauts piédestaux, ornés, sur leurs trois côtés dégagés, de prisonniers coiffés du bonnet phrygien, enchaînés et conduits par des légionnaires.

D'après les mesures de Reber, l'arche centrale est haute de 12 m. 30 et large de 7 mètres; les arches latérales ont 7 mètres de hauteur sur 3 de largeur. L'attique, qui porte l'inscription, a 5 m. 60. Les grands bas-reliefs des deux faces ont 3 m. 95 de hauteur sur 4 m. 90 de largeur. La hauteur totale du monument est de 23 mètres, sa largeur de 25, son épaisseur de 11. Un escalier intérieur, dont on voit l'entrée à une certaine hauteur au-dessus du sol sur le côté latéral qui regarde le temple de Saturne, conduit au sommet.

La clef de voûte de l'arche centrale, ornée de l'image en relief de Mars, est accostée, sur les tympans, de la Victoire volant et présentant un trophée coiffé du bonnet phrygien; au-dessus de chaque Victoire, un génie ailé représente une des quatre saisons caractérisée par ses produits : les fleurs pour le printemps, les épis pour l'été, les fruits et les raisins pour l'automne; l'hiver a disparu. Les tympans des petites arches, dont la clef de voûte portait un sujet qui n'est plus reconnaissable, sont ornés des divinités des fleuves qui traversaient les pays où Septime Sévère a fait la guerre; parmi eux figurent certainement le Tigre et l'Euphrate.

Les quatre grands bas-reliefs représentent les principaux épisodes de la campagne de Septime Sévère en Orient. Nous sommes du côté qui regarde le forum : à gauche, en commençant par le haut, Septime Sévère harangue son armée. Il délivre son lieutenant Laetus, assiégé dans Nisibe par Volosège IV, roi des Parthes, qui s'enfuit. Septime Sévère entre ensuite, sans coup

18

férir, dans la ville de Carrha et marche contre l'Osroène et l'Adiabène (197 ap. J.-C.). — A droite, sou-
mission d'Abgar IX, roi d'Osroène (197), ou de Volo-
gèse, fils de Sanatruce, roi d'Arménie (198). L'empereur
tient un conseil de guerre. Siège d'une ville entourée
de murailles; les assiégeants usent du bélier pour
battre en brèche le rempart. Le seul siège mentionné
par les historiens est celui d'Hatra; mais deux fois
Septime Sévère assiégea cette place sans pouvoir y
entrer, malgré plusieurs assauts. Je ne crois pas qu'on
ait représenté, sur son arc de triomphe, un siège qui
se termina par un double échec.

La petite frise qui, sur chaque façade, se voit au-
dessous des bas-reliefs, représente la déesse Rome,
assise, recevant, de l'Orient représenté par une femme
coiffée de la tiare, des hommages et l'offrande d'un
riche butin porté dans des chariots.

Passons du côté qui regarde le Capitole; à droite :
entrée à Babylone abandonnée par les Parthes. Siège
d'une ville; remarquer le bélier : on voit la manière
dont il est suspendu et le soldat qui le manœuvre; il
a fait dans la muraille une brèche que les assiégés
cherchent à réparer. — A gauche : prise de Séleucie
et de Ctésiphon.

L'arc était surmonté d'un beau groupe en bronze :
Septime Sévère, debout, dans un char à huit chevaux,
entre deux trophées; à droite et à gauche une statue
équestre, probablement celles des fils de Sévère, Caracalla et Geta, mentionnés dans l'inscription (voir plus
haut, fig. 30, p. 187).

Le pavé qui est sous l'arche centrale ne remonte pas
à l'antiquité. La question de savoir si cette arche avait
aussi des marches est encore incertaine. Il ne semble
pas que l'arc ait été posé sur la voie qui longeait le
côté nord du forum.

CHAPITRE IV

Inscription à Constance II. — Nous passons de nouveau sous l'arc de Septime Sévère, pour revenir au
forum. Presque immédiatement, à notre gauche, deux
degrés peu élevés nous conduisent sur une petite place
dallée dont une faible partie seulement est déblayée.
Est-ce là que commençait le Comitium (*i*)? Je suis
porté à le croire, car le comitium était devant la curie
(K), et je pense que la curie, avec des changements de
dimensions et aussi d'orientation, a toujours occupé
l'emplacement de l'église Saint-Adrien. Des archéo-
ogues d'un grand mérite, et qui font autorité, reculent
a curie de la République, et, par là même, le comi-
ium, beaucoup plus au nord, derrière l'église Sainte-
Martine (voir fig. 5, p. 73). Jusqu'au jour où des
ouilles mettront tout le monde d'accord, il ne me
semble pas que de nouveaux arguments puissent
donner une solution qui s'impose à tous.

Une grande base en briques, tout à côté de l'arc de
Sévère, dont elle est séparée par trois marches éle-

1. Suivre sur le plan I.

vées, a perdu sa statue équestre, son revêtement de
marbre, et, avec lui, son inscription. À côté, une base
en marbre porte une inscription dédiée par Neratiu
Cerealis, préfet de Rome en 352-353 après J.-C., à
l'empereur Constance II qu'il loue d'avoir restauré
Rome et l'univers et d'avoir éteint une tyrannie *pesti
fera*. La *pestifera tyrannis* est l'usurpateur Magnence
qui, battu en Illyrie par Constance II, s'enfuit à Lyon
où il se donna la mort (353). Sur cette même aréa, à
peu près en face l'église Saint-Adrien, la plinthe d'un
monument, avec rainure dans l'épaisseur de la pierre
est encore en place. Un peu plus à droite, aux trois
quarts engagée dans le talus, une base en marbre
porte une seconde inscription dédiée à Constance II
par Memmius Vitrasius Orfitus, préfet de Rome en
354; en face, sur les dalles, on voit la partie inférieure d'une autre base en marbre, brisée. Si nous
examinons tout ce coin et aussi la partie de l'aréa du
forum confinant à la rue qui nous en sépare, les débris
et les traces que les monuments ont laissés sur les
dalles nous prouvent que les inscriptions et les statues
y étaient très nombreuses; et cela est d'autant plus
vrai que le plus grand nombre des inscriptions trouvées dans la région des rostres et de l'arc de Septime
Sévère ont été emportées, détruites ou mises dans des
musées.

Statue de Constantin. — Traversant la voie qui va
dans la direction de l'arc de Septime Sévère, nous
entrons sur l'aréa du forum (26) et nous dirigeons vers
une base de statue située au milieu de l'aréa (*m*) e
retrouvée en 1872. Cette base, construite sans fondations avec des matériaux empruntés à d'autres
monuments, est certainement d'une époque peu an

cienne. On s'accorde généralement à croire que là
était la statue de Constantin que l'on sait avoir été
érigée sur le forum.

Statue de Domitien. — Antérieurement, à cette
même place ou à peu près, s'élevait une statue de
Domitien; elle fut certainement renversée après sa
mort, le Sénat ayant condamné sa mémoire. Cette
statue intéresse la topographie du forum à cause de
la description que Stace nous en a laissée : elle est,
dit le poète, en face le temple de César (9), la tête
un peu tournée vers le temple de Vesta (11) et le
Palatin (*t*); derrière elle, s'élevaient les temples de
Vespasien (5) et de la Concorde (6); à sa droite, la
basilique Julia (16-17), et, à sa gauche, la basilique
Aemilia (*d*).

Le lacus Curtius. — A l'emplacement qu'occupa la
statue de Domitien avait été autrefois le lac *Curtius,*
depuis longtemps desséché et dont un *puteal* conservait le souvenir. Nous avons vu à quelles lointaines
légendes de la guerre contre les Sabins se rattachait,
d'après une tradition, le nom du lacus Curtius.

Une autre tradition lui donne une origine différente. Voici
comment Tite-Live la raconte : « En l'an de Rome 393, soit
par suite d'un tremblement de terre, soit par quelqu'autre
cause, la partie centrale du forum s'abîma dans un gouffre
d'une immense profondeur. On ne parvenait pas à le com-
bler, quoique chacun y apportât le plus de terre qu'il pouvait; et alors, par ordre des dieux, on se mit à chercher ce
qui constituait la force principale du peuple romain : car,
disaient les devins, c'est cela qu'il faut sacrifier en ce lieu
pour assurer à la République romaine des destinées éter-
nelles. Un jeune guerrier de grand renom, M. Curtius,
reprocha, dit-on, aux Romains leurs hésitations : Rome
a-t-elle quelque bien qui soit supérieur aux armes et au

courage? Puis, au milieu du silence, regardant le Capitole
et les temples des dieux immortels qui dominent le forum,
les mains tantôt élevées vers le ciel, tantôt abaissées vers
les dieux mânes et l'abîme béant, il se dévoua. Monté sur
son cheval aussi richement harnaché que possible, couvert
de ses armes [il partit du temple de la Concorde (6)] et
s'élança dans le gouffre. La multitude, hommes et femmes,
jeta à l'envi, sur lui, des fruits et des offrandes. C'est de
lui plutôt que de Mettius Curtius, le soldat de Titus Tatius,
que le lac a tiré son nom. »

Près de la base de la statue de Constantin, dans
la direction de la voie sacrée, un gamin peu artiste
a gravé sur les dalles un cavalier.

L'aréa du forum. — En nous acheminant vers les
beaux bas-reliefs que nous voyons un peu plus haut,
à notre droite (24), dans la direction de l'arc de Septime Sévère (7), jetons un coup d'œil sur le dallage
du forum. Il est probable qu'il fut fait pour la première fois à la fin du IVᵉ siècle avant J.-C., en même
temps que les rues de Rome furent pavées. Ce dallage se compose de dalles en travertin, épaisses et
larges d'une façon inégale, suivant les endroits, et
accusant plusieurs époques. Comme dans la basilique
Julia et sur la voie sacrée, on y a tracé des jeux, spécialement entre les bases en briques (23).

Bientôt nous rencontrons un espace circonscrit par
des lignes dessinant un rectangle dont la longueur
occupe presque toute la largeur de l'aréa (*l*). Ces
lignes, très régulièrement tracées, ne sont pas, comme
les jeux, l'œuvre de désœuvrés; il est impossible de
dire à quoi elles correspondent. L'opinion qu'elles
marquent l'endroit où, les jours de comices, on plaçait les *septa* ou barrières en bois entre lesquelles
défilaient les votants, n'est pas admissible. Il n'y eut

de comices au forum que sous la République; ces
lignes n'auraient pas survécu, entières et si bien tracées, à tant de siècles et aux réparations de l'aréa; et,
sous l'Empire, quand elles n'avaient plus aucune utilité, on n'aurait pas pris soin de les retracer chaque
fois qu'on remplaçait quelqu'une des dalles.

Les deux bas-reliefs (24. — Fig. 21, 22, p. 148, 149).
— Nous arrivons aux deux bas-reliefs en marbre blanc
(24), trouvés en 1872 près de la colonne de Phocas,
pendant la démolition d'une tour du moyen âge. D'où
les avait-on tirés pour les employer là comme matériaux? Du forum certainement; peut-être des rostres,
car ils représentent des scènes qui s'y passent; en
somme, on l'ignore. Le style de ces bas-reliefs et les
sujets représentés indiquent l'époque de Trajan.

Tout à fait à droite du premier bas-relief que nous
rencontrons, celui qui est le plus éloigné de l'arc de
Septime Sévère, les rostres sont représentés d'une
manière conventionnelle et caractérisés par un éperon
de navire. Devant les rostres, se tient debout l'empereur entouré de divers personnages dont l'un s'incline
pour approcher d'un monceau de livres que de nombreux employés viennent sans cesse augmenter, une
torche aujourd'hui disparue mais qu'on devine encore.
Voici l'explication la plus probable de cette scène :
beaucoup de citoyens étaient en retard avec le fisc;
l'empereur décida qu'ils ne seraient pas inquiétés et
que, leur dette se trouvant ainsi éteinte, on brûlerait
sur le forum les livres où elle était consignée. Le bas-
relief fut érigé en mémoire de cet événement.

La scène est localisée non seulement par les
rostres, mais aussi par les monuments environnants
dont voici l'énumération : derrière les rostres (8),

les six colonnes du temple de la Concorde (6) ou de
Vespasien (5); un arc, qui est probablement une des
arcades du Tabularium (1), aujourd'hui murées, sauf
la dernière à droite; les six colonnes ioniques du
temple de Saturne (19); trois, sur notre bas-relief, ont
perdu leurs chapiteaux, mais les fûts sont visibles; à
la suite, la basilique Julia. Comparer la colonne du
milieu, qui est complète, avec celle qu'on a redressée
sur la basilique Julia; enfin la statue de Marsyas,
symbole de la liberté, et un figuier qui existait à côté
d'elle vers le milieu du forum.

Si nous passons entre les deux bas-reliefs, nous
verrons que leurs revers représentent des victimes
parées pour le sacrifice spécial qui, des noms des victimes immolées, s'appelle *suovetaurilia* (sus-ovis-tau-
rus; le porc, la brebis et le taureau). On offrit sans
doute ce sacrifice à l'occasion des événements représentés sur les bas-reliefs.

La scène représentée sur le premier bas-relief se
passe, comme nous l'avons vu, aux rostres anciens (8);
celle que représente le second bas-relief se passe au
contraire du côté opposé, à l'autre extrémité du forum,
sur les rostres du temple de César (9) représentés à
gauche, d'une façon conventionnelle. Remarquons en
effet que, tandis que sur le bas-relief que nous avons
vu le premier, les rostres sont en face de la statue de
Marsyas d'abord, puis ensuite du figuier, ici, l'empereur, debout sur les rostres, a en face de lui, le
figuier d'abord, Marsyas ensuite; ce qui prouve que
nous sommes bien en effet à l'extrémité opposée du
forum. A gauche de la tribune, nous voyons l'arc
d'Auguste (14), le temple de Castor (15), l'espace libre
qui représente la trouée du vicus Tuscus (18) et la basilique Julia (16-17) prise par l'autre extrémité.

Il y a deux scènes sur ce bas-relief : l'empereur, debout sur les rostres du temple de César, harangue la foule qui applaudit. Dans l'autre scène, l'empereur, assis, non plus aux rostres, mais sur un suggestus, au milieu du forum, crée l'institution des *pueri alimentarii* destinée à venir au secours des enfants orphelins et pauvres. Une femme debout, l'Italie, ou la Pietas, tenant — ou plutôt ayant tenu, car la pierre, en cet endroit, est très mutilée — deux enfants, l'un de la main droite, l'autre sur le bras gauche, reste debout devant l'empereur qui étend la main en signe de protection.

Inscription de Stilicon. — En continuant à monter dans la direction de l'arc de Septime Sévère (7), nous ne tardons pas à rencontrer, sur le bord de la rue qui longe le forum à notre droite, une grande base rectangulaire en marbre, posée sur un support en travertin et portant une inscription. Il suffit d'en faire le tour pour reconnaître que ce fut autrefois le piédestal d'une statue équestre que l'on a redressé vericalement sur un de ses petits côtés, pour graver une inscription entre les deux corniches d'un de ses côtés longs. Le texte est intéressant :

Fidei virtutiq(ue) devotissimorum | militum dominoum nostrorum | Arcadi(i), Honori(i) et Theodósi(i), | perennium Augustorum, | post confectum Gothicum | ellum felicitate aeterni | principis domini no[st]ri Honori(i), consiliis et fortitudine | illustris viri comitis t | ////////////////// | s(enatus) p(opulus)q(ue) R(omanus), | curante Pisidio Romulo, v(iro) c(larissimo), | praef(ecto) Urbi, vice sacra | iterum judicante.

C'est une inscription érigée en 405 par le Sénat et le peuple romain à l'armée qui, à Polentia (403), a vaincu Alaric et les Goths, et à son général Stilicon. Les deux lignes effacées ne l'ont pas été par le temps, mais par la main des hommes. Elles portaient les noms de l'illustre général qui furent martelés sur tous les monuments après sa disgrâce et sa mort (408).

Au pied de cette inscription, la bordure de la rue est très bien conservée.

Monument des decennalia Caesarum. — Nous remontons toujours vers l'arc de Septime Sévère, jusqu'à un socle cubique (j) ayant supporté une colonne dont les tronçons, encore sur le forum, pourraient être rajustés. Les quatre côtés de cette base portent des bas-reliefs : la face qui regarde la rue est ornée d'un bouclier portant l'inscription *Caesarum decennali* | *feliciter* |, posé sur un trophée accosté de deux captifs; deux Victoires ailées, volant, soutiennent de deux mains le bouclier; à chaque angle figure un trophée. Sur le côté qui est à notre droite, un victimaire conduit les trois victimes parées pour les *suovetaurilia*. Sur la face qui regarde le forum, au centre, l'un des Césars, assisté de son collègue et couronné par une Victoire debout qui tient une palme, fait, avec la patère, une libation sur la flamme de l'autel; de l'autre côté de l'autel un enfant joue de la double flûte, un autre tient la cassette à l'encens; au second plan, le flamine avec l'*apex* (casque à pointe) sur la tête; à gauche, Mars nu et un personnage en toge; droite, à l'angle, Apollon avec la tête radiée, et devant lui, une femme assise, sans doute Diane. Sur la quatrième face, des porte-étendards et la suite des Césars. Ce monument, d'après son style, est certainement de basse époque; on ignore de quels Césars il commémore les *decennalia*.

Les sept grandes bases en briques (23). — Nous traversons l'aréa du forum dans toute sa largeur en passant entre les rostres (8) et la colonne de Phocas (25). Redescendant la voie sacrée (13) dans la direction du temple de Castor (15), nous longeons les grandes bases en briques qui bordent le forum (23) : c'étaient des monuments honorifiques; la brique était recouverte de marbre et formait un grand piédestal sur lequel reposait une colonne probablement surmontée d'une statue. Plusieurs fragments de ces colonnes gisent à côté de leur base. Au pied de l'avant-dernière base, on a déposé de beaux fragments de marbre jaune qui avaient été utilisés pour la construction du piédestal de la statue de Constantin (*m*); près de la dernière base — celle sous laquelle, sur le plan, passe la cloaca Maxima — repose, sur le bord de la voie sacrée, une des colonnes avec des trous indiquant qu'elle était chargée d'ornements en bronze. Entre quelques-unes des bases, on a gravé des jeux; les joueurs, protégés de deux côtés, étaient moins exposés à être troublés par les passants: il est vrai cependant que nous pouvons voir aussi des jeux sur le pavé même de la voie sacrée, près de l'angle de la basilique Julia et du vicus Tuscus. Remarquons, de distance en distance, sur la bordure du forum et de la voie sacrée, des trous carrés destinés sans doute à recevoir les mâts qui servaient à orner le forum, et aussi, les jours de fête, à protéger par des voiles les citoyens contre les ardeurs du soleil.

Monument indéterminé. — Arrivés en face du vicus Tuscus, nous voyons, à notre gauche, les restes d'un édifice en briques dont la plus grande partie a été démolie ; sa plinthe en marbre, que l'on n'a pas enlevée (*n*), nous permet de constater qu'il occupait presque toute la largeur de l'*area*, en face du temple de César (9). Il est d'assez basse époque et on ignore à quel usage il était affecté ; nous traversons la rue et l'espace qui nous séparent du temple de César (9).

CHAPITRE V

Le temple de César. — Décrété en 712 (= 42 av.
J.-C.). Dédié le 18 août 725 (= 29 av. J.-C.).

Le temple de César fut, comme celui de Castor,
construit sur un *podium* élevé, fait de blocage et
recouvert de tuf et de travertin avec revêtement en
marbre. Le temple lui-même était, nous dit Vitruve,
pycnostyle, c'est-à-dire que l'espace ménagé entre
chaque colonne égalait l'épaisseur d'une colonne et
demie ; il était aussi prostyle et, sur chaque côté,
régnait un portique avec une balustrade. Les chapiteaux étaient sans doute ioniens, comme ceux du
temple de Saturne.

L'extrémité du podium du temple s'avançait sur
l'aréa du forum, et formait, en avant de la façade, un
haut *suggestus* ou tribune. C'étaient les *rostra Julia* ou
nova, construits par Auguste en face des anciens rostres
et faisant partie intégrante du temple. Le centre du
mur qui supportait cette tribune était creusé en demi-
cercle ; là sans doute était l'autel de César. Nous voyons

1. Suivre sur le plan I.

très bien encore, dans la façade, la naissance du demi-cercle dont des éboulis masquent la plus grande partie. De chaque côté, à droite et à gauche, on avait disposé les rostres des vaisseaux pris par Auguste à la bataille d'Actium. Quant au temple, on y montait par un escalier placé à chaque angle et qui donnait en même temps accès à la tribune.

De tout le temple il ne subsiste que le blocage du podium.

Le temple fut construit à l'endroit même où avait été brûlé le corps de César; ses funérailles, préparées devant les rostres par les incidents que nous avons racontés, donnèrent lieu à de nouvelles manifestations.

On avait dressé le bûcher au Champ de Mars, près du tombeau de Julie, fille de César et femme de Pompée. Les présents destinés à y être jetés étaient si nombreux et offerts par une telle multitude, que le jour entier n'eût pas suffi si on avait voulu, comme c'était l'usage, les faire défiler dans le cortège. On décida donc que chacun irait, isolément, déposer son offrande au Champ de Mars. Quand arriva le moment de porter le corps sur le bûcher préparé, la foule se divisa : les uns voulaient le consumer dans la cella même du temple de Jupiter Capitolin, d'autres dans la curie de Pompée. Mais, par crainte des incendies, les magistrats s'opposèrent aux deux projets. La foule ramena donc le corps au forum et, devant la regia, là où César avait habité comme summus pontifex, on improvisa, avec les bancs, les sièges, les tables et les clôtures des tribunaux et tous les objets en bois qui tombaient sous la main, un bûcher funèbre. Quand la flamme s'éleva, des joueurs de flûte et des histrions se dépouillèrent de la robe triomphale dont ils s'étaient revêtus pour la cérémonie pour la jeter dans le foyer; des soldats légionnaires y jetèrent aussi leurs armes de luxe, leurs couronnes et autres récompenses militaires; les matrones, les bijoux dont elles étaient parées, les robes prétextes et les bulles d'or de leurs enfants. Des représentants des nations étrangères vinrent se lamenter, chacun à la manière de son pays; les Juifs se firent remarquer par leur empressement, parce que César était le vainqueur de Pompée qui avait pris d'assaut la ville sainte. Grâce seulement à la vigilance des soldats et à la fermeté des consuls qui firent rouler de la roche Tarpéienne quelques citoyens plus turbulents que les autres, les édifices voisins furent préservés de l'incendie. Un des meilleurs amis de César, nommé Cinna, quoique malade et tourmenté par un songe de mauvais présage, vint au bûcher rendre les derniers devoirs à son ami. Son nom, prononcé par un citoyen, fut répété par plusieurs autres, et, comme un des conjurés portait le même nom, le bruit courut bientôt dans toute la foule que Cinna, l'un des meurtriers de César, était là; il fut immédiatement mis en pièces; on courait par la ville avec des brandons arrachés au bûcher, avec des torches, pour incendier les maisons de Brutus et de Cassius et les massacrer eux-mêmes; la troupe parvint difficilement à les protéger. Toute la nuit, une multitude en armes entoura le bûcher.

Les massacres ne cessèrent que quand les consuls eurent défendu à tous, sauf aux soldats, le port des armes. A l'endroit du bûcher, on dressa une colonne massive, en marbre de Numidie, haute de vingt pieds et portant l'inscription *parens patriae*; puis, à côté de la colonne, fut érigé un autel où le peuple se mit à célébrer un culte non autorisé : on y offrait des sacrifices à César, on y faisait des vœux, on réglait des différends en jurant par son nom. Le principal instigateur de cette agitation était un certain Amatius, esclave fugitif, qui avait conquis une grande popularité en usurpant le nom et la descendance de Marius. Antoine, en sa qualité de consul, le fit arrêter puis tuer illégalement, sans procès. Ce meurtre et l'enlèvement de la colonne et de l'autel qui le suivirent, soulevèrent une violente émeute; le peuple accourut sur le forum, voulant contraindre les magistrats à ériger un nouvel autel et à y sacrifier. On eut recours à la force, le sang coula, et un certain nombre de manifestants furent condamnés, les esclaves à être mis en croix, les citoyens à être précipités de la roche Tarpéienne. L'agitation cependant continua; peu après, on signalait la présence à Rome d'un grand nombre de vétérans de César; on en attendait d'autres pour le 1er juin; c'était le jour qu'Antoine avait désigné pour la réunion du Sénat; la séance pouvait être orageuse et on prêtait aux vétérans l'intention

de profiter du trouble pour manifester sur le forum et
demander le rétablissement de l'autel de César.

Le calme revint quand, en l'an de Rome 712 (= 42 av
J.-C.), les triumvirs décrétèrent qu'on élèverait à César, à l'endroit même où avait été son bûcher, un temple qui jouirait du
droit d'asile, que tous les actes de César seraient ratifiés,
son image portée dans les processions avec celle de Vénus
en même temps, le jour de sa naissance fut déclaré jour de
fête et néfaste celui de sa mort; les ides de mars furent
appelées *parricides*; la curie de Pompée, où César avait été
assassiné, fut, suivant certains auteurs, murée, d'après d'autres, incendiée ou convertie en latrines.

Auguste, en attendant que le temple fût construit, releva
sans doute l'autel, car Suétone dit que, en 713, aux ides de
mars, jour anniversaire du meurtre, il fit immoler comme
victimes, trois cents prisonniers faits à la reddition de Pérouse.
L'autel même coexista sans doute avec le temple, et occupa
l'hémicycle que nous avons remarqué au centre de la façade.

L'arc d'Auguste (14). — Décrété par le Sénat à
Auguste, après la bataille d'Actium, en même temps
que le triple triomphe sur les Dalmates, l'Égypte et
les vaincus d'Actium (725 = 29 av. J.-C.).

Les fondations de cet arc de triomphe ont été retrou-
vées en 1888 sur le côté du temple de César (9) qui
regarde le temple de Castor (15); la place en est marquée par deux dépressions rectangulaires, de chaque
côté de la voie sacrée qui, au moins à une certaine
époque, passait sous l'arche centrale. Nous voyons,
d'après le plan, que l'une des petites arches de l'arc
d'Auguste était fermée par un des escaliers latéraux
du temple de Castor (15). Il est probable que le temple
qui existait au moment où l'arc fut construit était
moins grand et s'avançait moins vers la voie sacrée que
le nouvel édifice dédié en l'année 748 (= 6 av. J.-C.).

Le puteal Libonis (12)?. — Un peu en arrière de
l'arc d'Auguste, on voit, sur le sol, les restes d'une

substruction circulaire, en marbre, portant une rainure au centre de son épaisseur (12); ces débris font penser à une margelle de puits. Ils appartenaient sans doute à un *puteal*. On donnait ce nom à un rebord ou margelle en pierre ou en marbre, dont on entourait, pour les protéger, les lieux sacrés que ne devait fouler aucun pied humain; tels étaient les lieux frappés de la foudre.

Au temps de la République, le Sénat chargea un nommé Scribonius Libo de rechercher les endroits de Rome frappés de la foudre et de les entourer d'un *puteal*. Un de ces *puteal*, parce qu'il se trouvait dans un endroit très fréquenté du forum, devint vite célèbre et les auteurs le mentionnent souvent sous le nom de *puteal Libonis* ou *puteal Scribonianum* (voir fig. 26, p. 168). Beaucoup d'archéologues ont cru le reconnaître dans cette substruction.

La fontaine de Juturne (12)?. — D'autres ont voulu voir dans ces mêmes substructions les restes de la *fontaine de Juturne*. Virgile rattache ce monument aux origines romaines en faisant de Juturne la sœur de Turnus. C'est à cette fontaine que les Dioscures abreuvèrent leurs chevaux baignés de sueur, quand ils vinrent annoncer aux Romains la victoire du lac Régille. La fontaine Juturne avait la réputation de guérir et les malades y accouraient nombreux; cette croyance n'eut peut-être pas d'autre origine que la ressemblance du nom Juturne avec le verbe latin *Juvare*, aider. Le denier que nous avons représenté (fig. 18, p. 136) nous montre la fontaine Juturne sous la forme d'une vasque supportée par un pilier reposant sur des degrés. La fontaine de Juturne était située entre les temples de Vesta (11) et de Castor (15).

Avant de quitter ces substructions d'origine incertaine, remarquons, au milieu des débris qui gisent
derrière elles, entre les temples de Castor et de Vesta,
cette charmante frise représentant des Victoires ailées
qui se posent sur des tiges flexibles au milieu d'une
ornementation dont les motifs sont empruntés à la
flore. Ces fragments ont été trouvés près du temple
de César (9). Une frise peinte dans l'aile gauche de la
maison de Livie, sur le Palatin, rappelle un peu ce
genre de décoration.

Le temple d'Antonin et de Faustine (*p*). — Décrété
par le Sénat après la mort de Faustine, en 894
(= 141 ap. J.-C.).

Nous passons derrière le temple de César (9) pour
aller jusqu'au temple d'Antonin et de Faustine (*p*),
dont nous voyons les six belles colonnes encore debout.

C'est un temple corinthien, exastyle, prostyle. Les
colonnes sont monolithes, en marbre cipollin. Elles
supportent une architrave sans ornement sur laquelle
on grava d'abord la simple inscription *Divae Faustinae
ex s(enatus) c(onsulto)* : à la divine Faustine, par décret
du Sénat. Dix ans plus tard, quand Antonin mourut,
on l'associa à sa femme dans les honneurs divins et
dans la dédicace du temple; c'est alors qu'on grava
les mots *Divo Antonino et* au-dessus de la première
inscription; nous avons encore sous les yeux ces deux
lignes dont la gravure semble bien en effet n'être pas
d'une seule main.

La façade était surmontée d'un fronton sculpté aujourd'hui disparu, avec un quadrige au sommet et, à
chaque angle, une Victoire (voir fig. 29, p. 185). Les
côtés sont encore ornés d'une belle frise de style grec,

représentant une série de candélabres entre deux griffons.

Ceux qui auront la patience d'examiner de près et avec soin les colonnes du temple seront récompensés de leur peine par la découverte de nombreux graffites.

A droite, au pied du temple, il subsiste quelques beaux restes du dallage en marbre ayant appartenu au péribole qui entourait le temple. Une balustrade fermait l'escalier.

En face du temple d'Antonin et de Faustine, à une vingtaine de mètres environ, deux pilastres en briques, auxquels s'appuient quelques débris de marbre, nous marquent l'emplacement de la *regia* (10).

La regia (10) et *la maison du summus pontifex* (g'). — Fondée par Numa. Incendiée plusieurs fois. Reconstruite par Calvinus après l'incendie de 718 (= 36 av. J.-C.). De nouveau incendiée sous Néron et probablement encore sous Commode.

Il reste de cet édifice très peu de débris apparents et, sauf des restaurations ultérieures, ils doivent avoir appartenu à la reconstruction de Calvinus. Des fouilles récentes ont momentanément découvert ses fondations. Ces mêmes fouilles ont permis de reconnaître les dispositions de l'édifice tel qu'il est figuré sur le plan. Les fastes étaient gravés à l'extérieur (10'); la porte regardait le temple de Vesta (11).

La regia possédait de riches archives : les annales des souverains pontifes, les commentaires qu'ils rédigeaient, les documents relatifs aux fastes et au calendrier. Là étaient la salle où se réunissait, pour délibérer, le collège des pontifes; un sanctuaire à Ops Consiva où entraient seuls le pontife et les Vestales; la chapelle où l'on conservait les armes de Mars; quand elles s'agitaient d'elles-mêmes c'était un funeste présage.

A la curie, ou dans une maison attenante, habitait le souverain pontife. Quand Auguste fut empereur et souverain pontife, il alla demeurer sur le Palatin. N'en ayant plus besoin, il donna aux Vestales la *regia* qui, dit l'historien, était *sous le même toit* que leur maison. Par *regia* il faut entendre ici la partie qu'habitait le *summus pontifix* (*q'*), la seule qui devint inutile le jour où Auguste élut domicile sur le Palatin. Si de la regia (10) nous allons au portique (*r r*) qui est devant les boutiques (*s s*) de la maison de Vestales (*q*), nous trouvons facilement, dans ce portique (*r*), qui a l'apparence d'une rue étroite encombrée de substructions, les fondations d'un antique édifice en travertin (*g'*), avec bases de colonnes, et, en avant, une rigole pour l'écoulement des eaux qui tombaient des toitures. Cet édifice, orienté autrement que les constructions plus récentes qui l'entourent, se perd sous le mur de la maison des Vestales. Est-ce la demeure du *summus pontifiex* donnée par Auguste aux prêtresses de Vesta? Cela me paraît assez probable.

En tout cas, c'est là ou à côté de la regia (10) qu'habitait le *summus pontifex*; César y passa donc la fin de sa vie.

C'est dans cette maison que, pendant qu'on célébrait les fêtes de la bonne Déesse interdites aux hommes, Clodius sous des habits de musicienne, pénétra pour approcher de *Pompeia*, femme de César. Trahi par sa voix, Clodius fut reconnu et jeté dehors. Le scandale fut énorme et César répudia sa femme, non pas qu'il fût certain de sa complicité, mais parce que, disait-il, la femme de César ne doit pas être soupçonnée.

Il nous semblera peut-être singulier, après avoir lu le récit détaillé des funérailles de César, de parler de la dernière nuit et du dernier jour de sa vie. Ces interversions sont inévitables, notre visite du forum se faisant forcément dans l'ordre topographique des monuments, et non d'après l'ordre chronologique, qui nous contraindrait à traverser sans cesse le forum dans tous les sens.

C'est dans cette maison que César passa sa dernière nuit troublée par des présages funestes. Déjà, la veille, on avait vu des oiseaux solitaires se poser en plein jour sur le forum. Pendant la nuit, César rêva qu'il volait au-dessus du mur et donnait la main à Jupiter; Calpurnia, sa femme, rêva que le faîte de la maison s'écroulait et que son mari était percé de coups dans ses bras. Au même instant, la porte et les fenêtres de la chambre s'ouvrirent tout à coup d'elles-mêmes et César fut réveillé en sursaut par le bruit. Dans la regia, les armes de Mars s'agitèrent d'elles-mêmes, avec un grand fracas. Quand le jour parut, Calpurnia conjura César de ne pas sortir ce jour-là; peu enclin à ces craintes, César résista d'abord, puis finit par céder. Mais quand l'heure de la séance approcha, un des conjurés, D. Brutus, que César regardait comme un de ses meilleurs amis, craignant de voir le complot échouer, vint chercher la victime, lui reprocha ses hésitations et parvint à l'emmener. Ils durent suivre la voie sacrée (13), dépasser le temple de Castor (15) et le vicus Tuscus (18). En longeant sa basilique (17) dont les travaux, très avancés, n'étaient cependant pas encore terminés, César lui donna sans doute un dernier regard, puis, au pied du temple de Saturne (19), il tourna à gauche dans le *vicus Jugarius* (a') pour gagner, en contournant le Capitole et la roche Tarpéienne, le Champ de Mars où se trouvait le portique de Pompée, lieu désigné ce jour-là pour la réunion du Sénat. On lui remit, pendant ce trajet, avec prière de lire de suite, un écrit qui lui dénonçait le complot; mais la foule qui le pressait et les gens qui, à tout moment, l'abordaient, ne lui permirent pas d'y jeter les yeux. Nous avons vu comment son cadavre fut rapporté aux rostres (8) et brûlé devant la *regia* (10).

En revenant un peu sur nos pas, nous rencontrerons bientôt, en face de la regia (10), à notre gauche, les substructions rondes du temple de Vesta (11).

Le temple de Vesta (11). — Attribué à Numa. Incendié et reconstruit plusieurs fois sous la République et sous l'Empire. Fortement endommagé, sous Auguste, par une inondation du Tibre. La dernière reconstruction connue est de Julia Domna, femme de Septime Sévère.

Il subsiste, dans la fondation que nous avons sous les yeux, des pierres très anciennes ayant peut-être appartenu à l'édifice primitif; elles sont reconnaissables à leur couleur foncée et à leur nature volcanique.

Le temple de Vesta était un périptère rond, dont les 18 colonnes (20 suivant d'autres auteurs) entouraient une cella également circulaire. Sa circonférence était de 53 m. 38. La toiture sphérique, en bronze, était surmontée d'une statue. Une monnaie du VIIe siècle de Rome nous montre le bord de cette toiture orné de têtes de dragons; c'étaient peut-être des gouttières pour l'écoulement des eaux pluviales. On avait accès au temple par un perron de plusieurs marches dont on peut encore deviner l'emplacement sur le côté Est du temple (fig. 40, p. 299, a).

La forme ronde du temple symbolisait la terre; sa couverture sphérique représentait la voûte céleste. Le temple ne contenait pas de statue, mais un autel sur lequel brûlait un feu sacré qu'on ne devait pas laisser mourir. Au commencement de chaque année, le 1er mars, le souverain pontife l'éteignait, puis le rallumait solennellement. C'était le foyer de Rome, près duquel le pontifex maximus était le pater familias, de même que le père de famille était le prêtre près du petit foyer domestique. Comme origine, ce culte et une grande partie du cérémonial se rattachaient aux traditions grecques; comme idée religieuse, c'était la généralisation du culte domestique autour du foyer de la maison; comme tradition, il remonte probablement, comme l'a fait observer M. Helbig, à ces époques lointaines et préhistoriques, où, faute de moyens perfectionnés, l'homme avait une grande peine à se procurer le feu. Les villages étaient composés de cabanes rondes (voir fig. 8, p. 90); pendant que les hommes étaient à la chasse ou à la pêche et les femmes à leurs travaux, les jeunes filles entretenaient le feu dans la cabane où l'on venait le chercher, le soir, à l'heure de préparer le repas. De là le temple rond et les prêtresses vierges. Si le feu de Vesta s'éteignait, il ne pouvait, souvenir des temps préhistoriques, être allumé que par le frottement de deux morceaux de bois provenant d'un arbre d'heureux augure; plus tard, on autorisa l'emploi d'une lentille ou d'un vase d'airain, dans lesquels on concentrait les rayons du soleil, la source la plus pure de la lumière.

L'extinction du feu était regardée comme un présage funeste; on le conjurait par des sacrifices expiatoires et la Vestale reconnue coupable de négligence était fouettée par le pontifex maximus. Une Vestale, accusée dans une circonstance semblable, protesta qu'elle était innocente et que la faute ne lui était pas imputable; et, en appelant au jugement de la déesse, elle jeta sur le foyer éteint un lambeau de son voile; aussitôt la flamme jaillit.

Au milieu des débris d'architecture amoncelés entre le temple de Vesta (11) et la maison des Vestales (q), nous retrouverons facilement deux fragments juxtaposés ayant appartenu à la frise extérieure du temple; cette frise est ornée de bucranes enguirlandés, de branches de lauriers, de vases et d'instruments de sacrifice; le sofite était garni de caissons avec fleuron central.

Le temple était dans une cour rectangulaire pavée en marbre, fermée de deux côtés par un angle de la maison des Vestales et de ses dépendances, des deux autres par un mur. Les Vestales pouvaient ainsi, sans sortir en public, aller de leur maison au temple ou leur devoir les appelait souvent. Dans cette cour, devant les degrés du temple, s'élevait un autel sur lequel on sacrifiait (fig. 9, p. 95). A l'angle de la maison des Vestales, en face de nous, un peu à gauche, si nous regardons dans la direction de la *via nova* (é),

est appuyé contre le mur, près des degrés qui montent
à la maison des Vestales, un autel en blocage, couvert
de briques et ayant conservé des fragments de son
revêtement en marbre (fig. 40, *b*, p. 299). Deux colonnes
cannelées posées sur le devant de l'autel, deux demi-
colonnes dans le fond, appuyées contre le mur, soutenaient une architrave en marbre, qui est aujourd'hui
déposée à terre devant l'autel et porte l'inscription
suivante : *Senatus populusque Romanus pecunia* |
publica faciendum curaverunt. Cet autel portait certainement une statue; on ignore laquelle, sans doute
celle de Vesta. L'intérieur du temple était dépourvu
de statue, mais nous savons, par le récit d'un meurtre
qui se commit à l'endroit où nous sommes, qu'il y en
avait une en dehors du temple.

En l'an de Rome 672 (= 82 av. J.-C.), les consuls C. Marius
Juvenis et Carbo ayant investi la curie (K) en faisaient sortir
l'un après l'autre, pour les massacrer, les sénateurs dont ils
avaient résolu la mort. L'un d'entre eux, le pontifex maximus
Q. Mucius Scaevola, prit la fuite; poursuivi par les meurtriers, il traverse tout le forum, gagne le temple de Vesta,
embrasse l'autel de la déesse et est massacré dans le vestibule du temple; son sang, dit un des historiens, rejaillit
jusque sur la statue de Vesta. Où était placée cette statue?
Où était, dans ce petit temple rond, le vestibule? Questions
qu'il ne nous est guère possible de trancher, car, si le temple
de Vesta n'a pas changé de place, il n'en est pas moins vrai
que nous sommes au milieu d'édifices construits par Septime Sévère et que les ruines dont nous sommes environnés
ne sont pas celles des édifices qui virent le meurtre de
Mucius Scaevola.

Nous nous souvenons que c'est à ce même endroit que
fut massacré Pison, le César que Galba avait associé à
l'empire.

CHAPITRE VI

LA MAISON DES VESTALES

La visite du Forum proprement dit cesse avec le temple de Vesta (11) et la regia (10). Cependant les monuments qui y font suite, vers l'est, lui appartiennent moralement, et nous compléterons, en les visitant, notre promenade archéologique. Comment, en effet, visiter le temple de Vesta et omettre la maison voisine (q) où vivaient les Vestales?

29° *L'atrium Vestae* ou *maison des Vestales* (pl. I, q; pl. II; pl. 40, p. 299). — Attribuée à Numa, cette maison, voisine du temple de Vesta, subit les mêmes vicissitudes et les mêmes incendies. Les ruines qui sont sous nos yeux appartiennent à une reconstruction de Septime Sévère.

Quatre Vestales furent d'abord instituées; leur nombre fut ensuite porté à six et resta ainsi définitif. Il semble cependant que, pendant une période très courte, à la fin du IVe siècle et peu avant la suppression du collège, il y en ait eu sept. Dès qu'un vide se produisait parmi les Vestales, le souverain pontife choisissait vingt jeunes filles de six à dix ans, ayant encore leurs parents domiciliés en Italie, ingénus et de situation honorable; les jeunes filles elles-mêmes devaient être exemptes de défauts physiques et moraux. Parmi ces vingt candidates, le sort en désignait

1. Suivre, pour ce chapitre, sur le plan 40, p. 299.

une, au forum, en assemblée publique, et celle dont le nom sortait était Vestale. Pouvaient se récuser les jeunes filles qui avaient déjà une sœur Vestale, étaient filles d'un membre d'un grand collège sacerdotal, de parents jouissant des privilèges conférés à ceux qui avaient trois enfants (*jus trium liberorum*), étaient fiancées au *pontifex maximus* ou au *tibicen sacrorum*. Quelquefois on acceptait tout simplement une fille offerte par son père. La nouvelle Vestale était reçue (*capta*) par le souverain pontife qui pendant la cérémonie (*inauguratio*) prononçait une formule liturgique dans laquelle il lui donnait le nom *Amata*, ce qui, d'après la tradition, était le nom de la première Vestale consacrée : « *Amata, je te reçois prêtresse de Vesta, afin que tu célèbres le culte que doivent célébrer les prêtresses de Vesta pour le bien du peuple romain, conformément à la loi très sage*[1] ». Puis il coupait sa chevelure qui devait être suspendue à un lotus appelé, pour cette raison, *lotus capillaris*; on la laissait croître ensuite, car les Vestales portaient les cheveux longs.

Les Vestales étaient la propriété de la déesse, et c'est en son nom que le souverain pontife exerçait sur elles le pouvoir paternel. Pendant les dix premières années on les instruisait de leurs devoirs; elles les exerçaient pendant les dix années suivantes; pendant dix autres années elles instruisaient les jeunes. Au bout de ces trente ans, c'est-à-dire entre trente-six et quarante ans, elles étaient libres de se retirer et même de se marier. Peu usaient de cette liberté. La plus ancienne était la supérieure avec le titre de grande Vestale : *virgo Vestalis maxima*.

Les principaux devoirs des Vestales étaient les suivants : entretenir le feu sacré; avoir toujours, pour les choses sacrées, de l'eau non captée dans des tuyaux, et, pour cette raison, aller la puiser à certaines sources déterminées; faire la *mola salsa*, gâteau destiné aux sacrifices : à cet effet, chaque année, au commencement de mai, les Vestales recevaient des épis de blé dont elles extrayaient le grain qu'elles torréfiaient et broyaient; la farine ainsi obtenue était déposée dans le *penus Vestae*[2], et, trois fois par an, aux

---

1. « *Sacerdotem Vestalem quae sacra faciat quae jous siet sacerdotem Vestalem facere pro populo romano Quiritium, utei quae optuma lege fovit, ita te, Amata, capio.* »

2. Lieu retiré dans lequel les Vestales conservaient le *pignus*

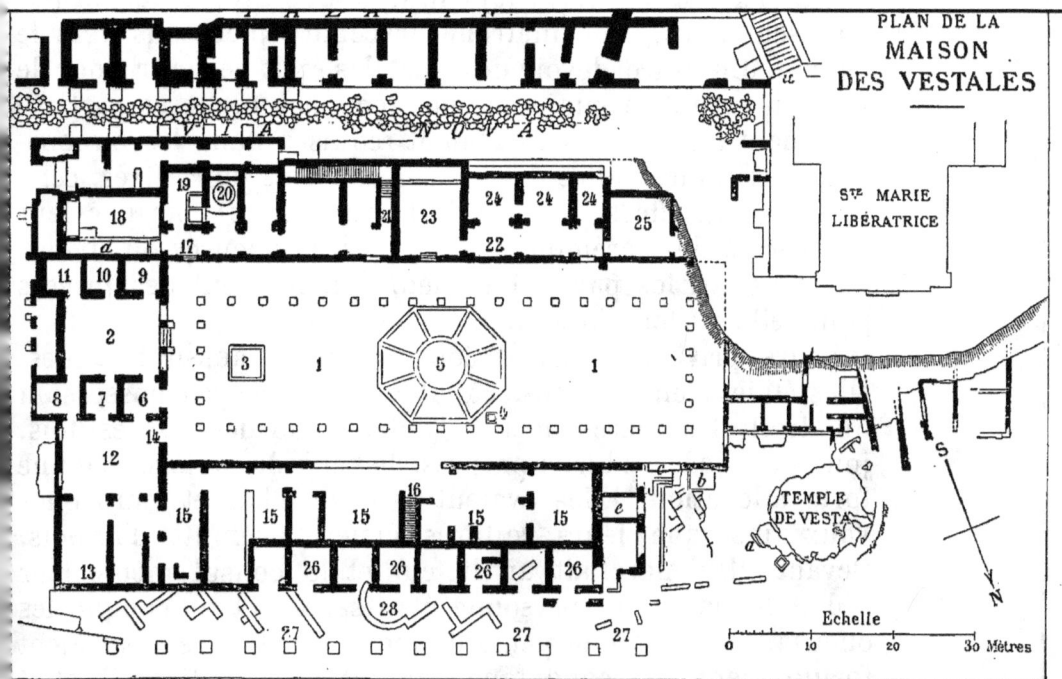

Fig. 40.

Lupercales, aux ides de septembre et le jour des *Vestalia*, les Vestales la mélangeaient avec du sel pour faire la *mola salsa*. La fête des Vestalia tombait le 9 juin. Ce jour-là, des plats chargés de mets étaient envoyés au temple de Vesta; chez les meuniers et dans les boulangeries c'était jour de fête chômée; les meules étaient enguirlandées, les ânes couronnés de fleurs portaient des colliers de pains; les femmes, pieds nus et les cheveux épars, venaient faire leurs dévotions au temple de la déesse; Ovide raconte que, revenant de ces fêtes, il vit, à l'endroit où, près du temple de Vesta (**11**), la Via nova (*c*) communique avec le forum par un escalier (*u*), une matrone descendre pieds nus vers le temple. Un autre devoir des Vestales était de prier pour le salut du peuple romain, d'une façon habituelle et particulièrement quand elles en étaient requises dans les circonstances critiques. Elles devaient, à certains jours fixés, célébrer des sacrifices, assister à d'autres, intervenir par leur présence à des cérémonies publiques, religieuses ou civiles. Parfois aussi les particuliers leur demandaient des prières pour telle ou telle intention.

Leurs privilèges étaient considérables : aussitôt reçues, elles étaient émancipées, capables de tester, en possession du droit des mères de trois enfants, au-dessus des lois, jouissant de leurs biens propres, de ceux du collège et d'une forte allocation. Elles avaient droit au char et leurs chevaux ainsi que leurs voitures étaient exempts d'impôts. Devant elles marchait un licteur et le consul même leur cédait le pas. Leur personne était sacrée et quiconque les offensait encourait la peine de mort. Si elles rencontraient fortuitement un condamné conduit au supplice, il était gracié. Au cirque, au théâtre et à l'amphithéâtre, elles étaient aux premières places. On les inhumait dans l'intérieur de la ville.

La grande Vestale jouissait d'une haute influence; heureux les parents et les amis qu'elle protégeait! Les inscriptions que nous verrons tout à l'heure dans l'*atrium* de leur maison nous en fourniront plus d'une preuve.

fatale imperii Romani, les *sacra fatalia*, objets mystérieux à la conservation desquels le salut de Rome était attaché; le principal était le *Palladium*, apporté de Troie par Énée. Les Vestales seules pouvaient entrer dans sle *penus Vestae* (voir plus loin, p. 310).

La maison des Vestales est construite sur les dernières pentes du Palatin qu'on a entaillé pour lui faire place ; son premier étage au-dessus du forum forme rez-de-chaussée sur la *via nova* (*e'*), et la fenêtre, élevée cependant, que l'on voit au fond du *tablinum* (2), est, de l'autre côté, au niveau du sol.

Après avoir franchi les quelques marches (*c*) qui, à gauche de l'autel (*b*), donnent accès dans la maison des Vestales, nous entrons dans un vaste atrium (1) long de 69 mètres, large de 25 et terminé, à l'extrémité Est, par une grande salle (2) correspondant à ce que, dans la maison romaine, on appelait *tablinum* ou salon de réception. Tout autour de l'*atrium* régnait un portique à deux étages. Les colonnes du rez-de-chaussée, réunies à une époque tardive par des petits murs dont la trace est visible, étaient en marbre cipollin, celles de l'étage supérieur, plus petites, en *brecia coralina*. Aux deux étages, des pièces et appartements ouvraient sur les portiques. Les murs intérieurs des portiques étaient revêtus de marbre, dont, çà et là, on voit encore quelques restes.

Sous les portiques de l'*atrium* sont disposées des bases avec inscriptions ; elles supportaient des statues érigées à des grandes Vestales, dans leur propre maison, soit par les pontifes satisfaits de leur ministère et interprètes du contentement de la déesse Vesta, soit par des parents ou amis, à qui elles avaient rendu service.

A droite en entrant, nous rencontrons de suite trois belles bases qui, dans le haut moyen âge, ont été utilisées pour soutenir le mur d'une petite maison démolie pendant les fouilles de 1884 ; au milieu des ruines de cette maison on trouva un trésor de monnaies anglo-saxonnes du xe siècle, qui, comme le démontra G.-B. de Rossi, avait été envoyé à Rome pour le denier de Saint-Pierre, et enfoui à cet endroit par un haut fonctionnaire de la cour pontificale, pendant un des moments de troubles qui ne manquèrent pas à cette époque. Ces monnaies sont exposées au Musée des Thermes de Dioclétien.

La première base (n° 1)[1] a sa face gravée tournée vers l'atrium. Voici le sens de son inscription : Aemilia Rogatilla, nièce (*sororis filia*) de la grande Vestale Flavia Publicia, et son fils Minucius Horatius, etc., ont érigé une statue à leur tante en reconnaissance de ses bienfaits (*ob pietatem*). L'expression de la reconnaissance est précédée d'un grand éloge de la Vestale, appuyé sur le témoignage de Vesta elle-même. Le texte est daté, sur le côté de la base, du 11 juillet 247.

L'inscription suivante (n° 2) mérite toute notre attention :

```
        OB  MERITVM  CASTITATIS
     PVDICITIAE ADQ-IN SACRIS
            RELIGIONIBVSQVE
     DOCTRINAE  MIRABILIS
     C//////////////E - V ↓ V - MAX-
     PONTIFICES - V - V - C - C -
     PROMAG - M A C R I N I O ↓
     SOSSIANO - V -  C - P̄ - M̄ ↓
```

```
         DEDICATA-V-IDVS-IVNIAS-
       DIVO-IOVIANO-ET-VARRONIANO
                CONSS-
            (9 juin 364).
```

Ob meritum castitatis, pudicitiae, adque in sacris religioni-busque doctrinae mirabilis, C.....e v(irgini) v(estali) m(aximae), pontifices v(iri) c(larissini); promag(istro) Macrinio Sossiano, v(iro) c(larissimo), p. m.?

---

1. Nous donnons à la fin de cet appendice le texte et la lecture des inscriptions conservées dans la maison des Vestales, dans l'ordre où elles se rencontrent et avec des numéros correspondant à ceux que nous indiquons ici (voir p. 371).

C'est le collège des pontifes, qui, le 9 juin 364, en récompense de sa science et de ses vertus, éleva à la grande Vestale dont le nom est effacé, la statue que supportait cette base. Mais ensuite la vestale ayant été jugée indigne, sa mémoire fut condamnée et, conformément à l'usage des Romains, son nom martelé sur ses inscriptions. Deux causes peuvent être attribuées à cette condamnation : ou la Vestale manqua à son vœu, ou elle se fit chrétienne. Symmaque, à cette époque, parle d'une Vestale accusée d'avoir violé ses vœux ; Prudence en mentionne une qui se fit chrétienne. Tous les arguments pesés, on s'accorde généralement à croire, avec M. O. Marucchi, que la Vestale dont nous venons de lire l'inscription se fit chrétienne. Ce fut une des dernières grandes Vestales, le collège ayant été supprimé trente ans plus tard, en 394.

On connaît, depuis Tarquin jusqu'à la fin, une vingtaine de Vestales environ qui furent condamnées pour avoir manqué au vœu de chasteté. Convaincue de ce crime, la Vestale ne pouvait être exécutée par la main du bourreau ; mais, odieuse aux divinités supérieures et indigne de la lumière, elle était vouée vivante aux divinités souterraines. Pendant que son complice expirait sous les verges au comitium (1), la Vestale condamnée était portée, dans une litière fermée et avec la pompe d'un enterrement, à l'endroit où elle devait être ensevelie vivante. C'était un caveau souterrain, creusé près et à droite de la *porta Collina* ; c'est-à-dire, d'après les calculs de M. Lanciani, rue du *Venti Settembre*, sous l'angle du ministère des finances qui est le plus rapproché de la *porta Pia*. Le lieu où était ce caveau s'appelait le *campus sceleratus*.

Pline le Jeune nous a laissé un récit émouvant de l'exécution d'une grande Vestale : « Domitien désirait enterrer vive la grande Vestale Cornelia : il pensait, par un tel exemple, illustrer son siècle. Usant de son droit de souverain pontife, mais plus encore de la cruauté du tyran et du pouvoir sans contrôle du maître, il convoque les autres pontifes non à la regia, mais dans sa villa d'Albano. Là, par un crime non moins grand que celui qu'il prétendait punir, sans avoir fait comparaître la Vestale, sans qu'elle ait été entendue, il la condamne comme coupable d'inceste.... On envoie les pontifes pour l'enfouir dans le caveau où elle devait périr. Mais elle, tendant les mains tantôt vers Vesta, tantôt vers les autres dieux, proférait des plaintes parmi lesquelles celle-ci revenait sans cesse : « César me croit incestueuse, lui qui, par les sacrifices que j'offrais, a vaincu, a triomphé ». Voulait-elle adoucir le prince ou le railler? Était-ce confiance en elle-même ou mépris pour Domitien? On l'ignore. Elle répéta ces paroles jusqu'à ce qu'on la conduisit au supplice, innocente, je ne sais, mais comme une coupable. Pendant qu'elle descendait dans le caveau, sa robe s'accrocha : elle se retourna pour la dégager, et le bourreau lui présentant la main, elle se détourna avec répulsion ; dernier trait de piété pour repousser de son corps chaste et pur ce contact honteux. Elle eut les délicatesses de la pudeur, mettant tous ses soins à tomber avec décence. — Le chevalier romain Céler, son complice, disait-on, frappé de verges dans le Comitium, persistait à dire : « Qu'ai-je fait? Je n'ai rien fait. »

Plusieurs Vestales échappèrent au supplice par le suicide, entre autres Canutia Crescentina, qui, sous Caracalla, se précipita du faîte de la maison que nous visitons en ce moment.

Quelquefois Vesta prenait la défense de ses vierges et faisait éclater leur innocence : la vestale Tuccia, faussement accusée, répondit au pontife qu'elle saurait bien repousser l'accusation. Elle va au Tibre, invoque la déesse, et, pleine de confiance dans sa protection, puise l'eau du fleuve dans un crible qui la conserve miraculeusement. Suivie d'une foule immense, elle revient au forum vider le crible aux pieds du souverain pontife.

La troisième inscription (n° 3) fut érigée à la grande Vestale Caelia Claudiana à l'occasion du vingtième anniversaire de son maximat. Aurelius Fructuosus, le dédicant, termine en lui souhaitant un trentième anni-

versaire non moins heureux! *Sic vicennalia, sic tri-*
cennalia feliciter.

Nous n'avons pas le temps de lire et de com-
menter toutes les inscriptions trouvées et conservées
dans cet atrium. Après avoir laissé un fragment de
base (n° 4) à notre droite près de l'endroit non
encore déblayé, nous tournons à gauche pour longer
la muraille contre laquelle sont adossées les bases et
les statues.

Après une inscription à *Terentia Flavola* (n° 5) qui
appartenait à une illustre famille consulaire, nous rencontrons une inscription dédiée en 214 à Caracalla (n° 5) :
Magno et invicto, etc. ; très importante pour l'étude de
l'administration des voies romaines, elle ne concerne
en rien les Vestales dans la maison desquelles elle
fut cependant trouvée. La grande Vestale *Praetextata,*
dont l'inscription suit (n° 7), est la plus ancienne des
grandes Vestales dont on a retrouvé les noms dans
l'atrium ; elle n'est connue que par ce texte. La base
qui suit (n° 8) offre le nom de *Flavia Publicia* ; celle-ci
dut rester longtemps en charge, jouir d'une grande
influence et en user, car elle n'eut pas moins de six
statues. Nous avons vu, en entrant, celle que lui érigea
sa nièce (n° 1). Celle qui nous arrête en ce moment a
été dédiée par *T. Flavius Apronius, fictor virginum
Vestalium loci secundi.* Les *fictores* des Vestales étaient
des industriels qui confectionnaient les gâteaux sacrés
et modelaient les objets votifs représentant les choses
que l'on ne pouvait offrir en réalité : animaux,
membres malades, etc. Il y avait des *fictores* attachés
aux collèges des Vestales et des pontifes. La similitude du nom de famille (*Flavia-Flavius*) permet de
supposer que la grande Vestale avait confié cette
charge sans doute rémunératrice à un client de sa

famille. Deux inscriptions de *Flavia Publicia*, datées
l'une de l'année 247 (n° 1), l'autre de l'année 257 (n° 13),
nous font connaître l'époque à laquelle elle était Vestalis maxima. *Numisia Maximilla*, dont l'inscription
suit (n° 9), était grande Vestale en l'an 201 ap. J.-C.,
comme l'a démontré une inscription datée trouvée
antérieurement (*Corp. inscr. lat.*, VI, 2129). Cette
base est surmontée d'une statue de Vestale assez
bien drapée; nous retrouvons ensuite *Terentia Flavola* (n° 10).

Après l'ouverture au fond de laquelle se trouve
l'escalier (21), se présente une nouvelle base à *Flavia
Publicia* (n° 11) et, ensuite, une belle inscription dédiée
à *Terentia Flavola* par son frère *Q. Lollianus Plautius Avitus*, consul au commencement du IIIᵉ siècle
(n° 18). Q. Lollianus a indiqué dans ce texte tout
son *cursus honorum* qui offre des particularités intéressantes.

La base suivante ne porte pas d'inscription.

Nous n'avions vu jusqu'ici que des statues de Vestales décapitées; une statue complète nous permet
maintenant de nous rendre compte de tout l'ensemble
du costume (fig. 41). Les Vestales portaient une tunique
(*stola*) nouée à la taille par un cordon, et, par-dessus
la tunique, un manteau dans lequel elles se drapaient,
et dont la partie supérieure était ramenée sur la tête.
Il ne faut pas confondre ce manteau (*pallium*) avec le
voile que les Vestales portaient pendant les cérémonies sacrées. Ce voile, posé sur la tête, descendait
jusque sur les épaules, mais pas plus bas; il était
retenu sur la poitrine par une fibule (*fibula*), d'où son
nom *suffibulum*. Une seule des statues trouvées dans
l'atrium offre cette particularité. A cause de sa beauté,
à cause aussi de cette particularité unique, on l'a

Fig. 41. — Une vestale.

transportée dans le musée des Thermes; le dessin que
nous en donnons (fig. 42) ne dispensera pas d'aller la
voir. Sous le manteau comme sous le voile, les Vestales avaient la tête ceinte de plusieurs rangs de ban-
delettes dont les extrémités étaient ramenées sur les
épaules.

La statue qui fait suite à la base de *Terentia Flavola*
a sur la poitrine les traces des trous à l'aide desquels
était fixé un collier en métal dont le médaillon a laissé
des traces d'oxydation. Une base anépigraphe sépare
cette statue d'une autre Vestale représentée avec les
attributs de Cérès qu'elle tient dans la main gauche :
des pavots et des épis. Arrêtons-nous un instant devant
l'inscription dédiée encore à Flavia Publicia qui vient
après (n° 13) : il y est parlé du feu éternel près duquel
la Vestale a veillé jour et nuit : *ad aeternos ignes, diebus
noctibusque, pia mente rite deserviens* (lignes 5-7); avec
l'âge Publicia est arrivée à être grande Vestale : *ad
hunc locum cum aetate pervenit* (lignes 7-8); nous
savons en effet que la plus ancienne était de droit
grande Vestale.

Nous rencontrons ensuite un groupe de trois statues : une statue d'homme ornée autrefois d'une barbe
en métal qui a disparu, la seule statue virile qu'on ait
trouvée dans l'atrium de Vesta; une Vestale dont la
tête manque; une statue assise. M. Lanciani a reconnu
dans la statue virile celle de *Vettius Agorius Praetextatus*, préfet de Rome, qui fut, avec Symmaque, un des
plus ardents défenseurs du paganisme expirant. En
effet, au xvi° siècle, on mit au jour, sur l'Esquilin,
dans la maison des *Agorii*, non loin de Sainte-Marie-
Majeure, une base de statue dédiée à la grande Vestale
Caelia Concordia par *Fabia Paulina*, femme d'*Agorius
Praetextatus*, à qui *Caelia Concordia* avait elle-même

Fig. 42. — Une grande vestale avec le suffibulum.

élevé une statue dans l'*atrium Vestae*. Il est fort probable que la statue que nous avons devant nous est bien celle du préfet de Rome placée là par *Caelia Concordia*. Les Vestales en effet lui devaient de la reconnaissance ; pour réveiller la foi païenne, Agorius Praetextatus favorisa les plus anciens cultes de Rome et tout particulièrement celui de Vesta. C'est lui aussi qui restaura le portique des *dii consentes* (4) que nous verrons tout à l'heure. La statue assise qui suit, dont la partie supérieure manque, est sans doute une déesse, comme l'indique le *suppedaneum*, ou tabouret sur lequel ses pieds sont posés.

La statue que, après avoir tourné à gauche, nous rencontrons à droite de la grande ouverture formée par le *tablinum* (2), est encore une Vestale. Jetons, en passant, un coup d'œil sur les plis de son vêtement retombant au-dessous de la taille, et terminé par des petits glands qui semblent indiquer que l'étoffe était en laine. De l'autre côté du tablinum reste une dernière statue et à côté une inscription (n° 14) dédiée à *Flavia Publicia* par *Ulpius Verus* et *Aurelius Titus*, centurions [1] à qui sa protection avait obtenu quelques faveurs, peut-être de l'avancement.

A l'extrémité de l'atrium, en face du *tablinum* (2), un petit réservoir (3), autrefois revêtu de marbre, recevait probablement l'eau que les Vestales allaient puiser aux sources. Un puits (4) s'ouvrait plus bas, à droite, près du portique. La partie centrale de l'*atrium* est occupée, dans toute sa largeur, par les substructions d'un édifice de forme singulière (5), soigneusement rasé au niveau du sol ; il se compose d'un édifice rond inscrit dans un octogone divisé, par des murs, en

---

1. C'est ce qu'indiquent les signes 7 7.

huit compartiments. C'était — cette opinion a du moins été exprimée par des archéologues de grand mérite — le *penus Vestae*. C'est là que les Vestales auraient conservé le Palladium et des choses mystérieuses d'où dépendait le salut de Rome, apportées de Troie par Énée [1].

Au moment de l'invasion des Gaulois, les Vestales enfouirent dans le sol les choses sacrées qu'elles avaient enfermées dans des urnes en terre; elles-mêmes se réfugièrent dans la ville étrusque de Caere.

Seules les Vestales pouvaient voir le Palladium :

> *Vestalemque chorum ducit vittata sacerdos*
> *Troianam soli cui fas vidisse Minervam* [2].

Ilus, pour avoir vu le Palladium en voulant le sauver d'un incendie, et Diomède, lorsqu'il le ravit à Troie, furent frappés de cécité. Pendant l'incendie qui en 513 (= 241 av. J.-C.) dévasta ce coin du forum, le pontifex maximus *Caecilius Metellus* se précipita dans le *penus Vestae* en flammes; il en sortit aveugle et ayant perdu un bras, mais il avait sauvé le *Palladium*. Les dieux, d'ailleurs, rendirent la vue aux trois victimes de leur zèle. Dans l'incendie de Commode qui détruisit toute l'extrémité orientale du forum, on vit les Vestales sortir de leurs édifices en flammes et suivre la voie sacrée pour mettre en sûreté le *Palladium* qui n'avait pas été vu depuis les temps lointains où Énée l'avait apporté de Troie; toutefois il est probable que les Vestales ne portèrent pas le Palladium à découvert. Lampride, qui vivait cependant à une époque où la foi des Romains avait perdu sa naïveté, raconte avec indignation le sacrilège d'Hélagabale, qui, après avoir voulu éteindre le feu sacré, pénétra, avec des gens aussi impurs que lui, dans le *penus Vestae* pour en enlever les choses sacrées. Le sacrilège cependant ne fut pas commis, grâce à la présence d'esprit de la grande Vestale qui donna à l'empereur des choses fausses à la place des vraies, et une statue qui n'était pas le *Palladium*.

1. Voir plus haut, p. 300, note. — 2. Lucain, *Pharsale*, I, 597.

La grande salle (2) qui ouvre au fond de l'atrium
est un peu surélevée; on y entre par un petit perron
de quatre degrés, entre deux colonnes. Le devant de la
pièce n'est pas fermé, mais les colonnes étaient réunies au mur par une balustrade dont on voit encore
les restes à droite. La grande fenêtre ouverte dans
le mur du fond est, de l'autre côté, au niveau du sol;
au-dessus de cette fenêtre, à droite, il subsiste une
amorce de la voûte qui recouvrait la pièce, et, plus
haut encore, la naissance du mur de l'étage supérieur.
En plusieurs endroits, particulièrement à l'angle de
gauche, en entrant (près de la chambre 6), la muraille
conserve des débris de son revêtement en marbres
divers et de la plinthe en rouge antique. Çà et là
on voit, épars sur le sol, des débris du dallage en
marbre. Par la situation qu'elle occupe, cette pièce
correspond à ce que, dans les maisons romaines, on
appelait *tablinum* ou salon de réception.

Sur le tablinum ouvrent les portes de six chambres,
trois de chaque côté (6 — 11); ce qui fait autant de
chambres que de Vestales. Chacune avait-elle, à côté
du salon commun, son petit parloir personnel? Leurs
appartements étaient sur les côtés de l'*atrium* ou
plutôt à l'étage supérieur. La première chambre à
droite (9) offre une curieuse particularité : le sol reposait sur des sections d'amphores encore en place; de
telle sorte que le parquet ainsi surélevé était moins
exposé à l'humidité toujours à craindre dans cette
maison construite, en grande partie, en contre-bas.

Si nous entrons dans la pièce à gauche (8), la
fenêtre que l'on a, après les fouilles, abaissée jusqu'au
sol, nous donne entrée dans une cour (12) dont le
mur de fond, orné de trois niches, conserve des restes
de son revêtement en marbre cipollin; le dallage était

fait avec le même marbre. Au fond de la pièce qui fait suite, dans la direction de la voie sacrée, subsistent les restes d'un égout (13). A l'angle (14) de la cour (8) le plus rapproché de l'atrium (1) une ouverture cintrée, semblable à un four, était sans doute la bouche du foyer d'un hypocauste, ou calorifère. Dans toute cette partie de la maison qui longe le côté nord de l'atrium, nous rencontrons diverses pièces (15) dont il est impossible de déterminer l'usage. Vers le centre un escalier (16) montait aux étages supérieurs dont il ne reste plus trace.

Nous rentrons dans l'atrium (1) pour le traverser aussitôt et aller, à droite du tablinum (2), franchir une porte (17), qui nous conduit devant une pièce curieuse (18) fermée par une grille. Le mur de gauche de cette pièce est longé par une galerie voûtée (d), probablement un calorifère, malgré ses dimensions extraordinaires. Le fond de la pièce est occupé par une grande baignoire revêtue de marbre et surmontée de trois niches pour des statues. C'était une salle de bain. Au-dessus une voûte supporte un passage auquel donnait accès un escalier et sur lequel ouvrent trois chambres.

La chambre voisine (19), la première du côté sud, avec ses cuves et les traces de son four, peut avoir été une cuisine. La chambre qui fait suite (20) est intéressante : c'est la meule. Un cheval ne pouvait circuler dans l'étroit passage qui l'entoure; elle était mise en action par un esclave ou par un âne. On a pensé que c'est à ce moulin que les Vestales faisaient moudre le blé destiné à la *mola salsa*; ce n'est pas probable. Pour faire la farine de la *mola salsa*, conformément à l'antique usage, on torréfiait d'abord le blé et il est probable que, pour le réduire en farine, les Vestales employaient aussi, par tradition, des moyens plus primitifs.

Après avoir dépassé trois pièces dépourvues d'intérêt, et auxquelles on ne peut donner aucune attribution, nous arrivons à un escalier (21); il conduit à l'étage supérieur élevé d'une douzaine de marches au-dessus da la via nova. Une porte récemment posée en défend malheureusement l'accès aux visiteurs. Cette partie a été d'ailleurs assez maltraitée et dénaturée par les constructions du moyen âge; elle n'offre rien de bien curieux, sauf des bains et un hypocauste; chose rare à un premier étage.

Nous revenons à l'*atrium* par l'ouverture qui est en face de l'escalier (21), puis, longeant, sans sortir du bas-côté, le mur à notre gauche, nous entrons par la première ouverture que nous rencontrons (vers 22); aussitôt, à gauche, s'ouvre une pièce (23) qui a conservé des débris intéressants de son ornementation : restes du revêtement en marbre, dallage, plinthe en rouge antique. Cette même pièce contient l'inscription (n° 15) d'une statue érigée, par un *fictor* qu'elle avait comblé de ses bienfaits, à la grande Vestale Flavia Publicia, dont le nom nous est déjà bien connu. Les trois chambres (24) qui suivent n'offrent rien de remarquable; quelques traces de peinture sont encore visibles sur le mur du corridor. La décoration de la dernière pièce (25), autant qu'on en peut juger dans l'état de délabrement où elle se trouve aujourd'hui, était autrefois très soignée.

Nous traversons une dernière fois l'atrium pour sortir par où nous sommes entrés. A notre droite sont les restes, très maltraités, d'un hypocauste (*e*). Tournant à droite, à l'angle de la maison, nous voyons huit boutiques (26; s sur le plan I) adossées à la maison

des Vestales, et où subsistent encore quelques rares
débris de marbre et de mosaïque; elles ouvrent sur
une rue (27; *r* sur le plan I) étroite, très droite, dont
le sol est encombré de substructions appartenant à
des époques diverses et s'élevant plus ou moins haut;
nous y avons visité tout à l'heure les restes de la
maison du souverain pontife donnée par Auguste aux
Vestales (28; *g'* sur le plan I et *g* sur le plan II).
M. Lanciani pense que cette voie est le prolongement
du *porticus margaritaria*; les *margaritarii* étaient des
marchands de perles; nous savons, par des inscriptions, qu'ils avaient des boutiques sur la voie sacrée
et qu'ils avaient donné leur nom à un portique situé
dans la VIIIe région, c'est-à-dire la région du *forum*.

CHAPITRE VII

Le temple de Romulus (A). — Commencé par Maxence, achevé par Constantin.

Nous traversons la voie sacrée, large en cet endroit de 12 mètres, et nous nous trouvons en face du petit temple rond de Romulus. Il ne s'agit pas ici du fondateur de Rome, mais de Romulus, fils de Maxence, mort à l'âge de quatre ans et à la divinité de qui son père dédia ce temple que le Sénat, plus tard, consacra à Constantin.

C'est un édifice rond, dont le diamètre intérieur est de près de 15 mètres; la toiture avait, comme celle du Panthéon, une ouverture centrale qui a été, au XVIe siècle, recouverte de la lanterne que l'on voit aujourd'hui. Du Pérac, dans la planche IV de son recueil, en a laissé un dessin fait avant ce dernier changement. Le temple est précédé d'un petit portique semi-circulaire et flanqué de deux salles longues, terminées en abside. Deux des colonnes du portique sont

1. Suivre sur le plan II, à la fin du volume.

encore debout; des autres il ne reste que les bases.
Un dessin du xvi⁰ siècle prouve que, de chaque côté
de la porte, le mur du portique était orné de quatre
niches disposées en deux rangs superposés. La porte
est encore encadrée dans deux colonnes corinthiennes
en rouge antique, posées sur des bases et supportant
un entablement. Les montants et les dessus de la
porte, provenant sans doute d'un autre édifice plus
ancien, sont mieux sculptés que ne le comporte
l'époque de Maxence. La belle porte en bronze, intacte
à cela près que les clous à tête ornée dont elle était
garnie ont disparu, est sans doute aussi plus ancienne
que l'édifice. Cette porte, son encadrement et son portique forment un ensemble intéressant à étudier.

Le temple de Romulus et le grand édifice auquel
il est adossé sont aujourd'hui réunis sous le nom de
l'église des Saints-Cosme-et-Damien.

C'est sur le pavé de la voie sacrée, près de ce
temple, que la légende place la chute de Simon le
magicien, et, pour cette raison, l'église porte, dans
des documents du moyen âge, le nom de *Sancti Cosma
et Damianus in silice.*

Templum sacrae Urbis (B). — Construit par Vespasien
en 78 ap. J.-C.

L'orientation de cet édifice démontre qu'il a été
construit en vue du *forum de la Paix* et non de la voie
sacrée, qui, d'ailleurs, à cette époque, ne passait peut-
être pas encore en cet endroit.

En qualité de censeurs, Vespasien et Titus firent le
dénombrement des citoyens romains et fermèrent le
lustre (en 74); ils ordonnèrent une nouvelle délimita-
tion des biens communaux et du domaine, et, à Rome,
reculèrent les limites du pomerium. En même temps

on continuait à relever les quartiers détruits par l'incendie de Néron. Tous les documents ayant trait au dénombrement et à ces travaux furent déposés dans cet édifice. Quand l'incendie de Commode l'eut détruit, Septime Sévère et Caracalla le reconstruisirent; et, comme de nombreuses constructions avaient modifié l'aspect de Rome, ils firent faire un nouveau plan; puis, après l'avoir gravé sur marbre, en recouvrirent le grand mur en briques qui termine le *templum sacrae Urbis* du côté du forum de la Paix (G, 2). Les fragments retrouvés de ce plan ont été encastrés dans un mur de l'escalier du Musée du Capitole.

En tournant à notre gauche aussitôt après avoir dépassé le portique du temple de Romulus, nous entrons dans une petite rue (*a*) qui débouchait sur la voie sacrée. Vers l'extrémité, à gauche, remarquons un magnifique fragment du mur en tuf du *templum sacrae Urbis*, avec les traces d'une porte (B, 1); une autre porte, précédée d'un portique, ouvrait sur l'autre façade latérale (B, 2). A notre droite les restes d'un édifice (*b*) un peu plus élevé que le niveau de la rue sont adossés au petit côté ouest de la basilique de Constantin. Au fond, la rue qui, sans cela, aurait été condamnée par la construction de la basilique de Constantin, passait sous un tunnel (*a'*) qui est aujourd'hui fermé par une grille.

Monuments honorifiques sur le bord de la voie sacrée (C). — Nous revenons sur la voie sacrée et continuons à la monter, dans la direction de l'église Sainte-Françoise-Romaine. A notre droite sont épars les débris d'un grand nombre de monuments honorifiques : fragments d'architecture; bases avec leurs inscriptions, privées des statues qui les surmontaient; petits édi-

cules semi-circulaires ou carrés ayant abrité des statues; un fragment d'un de ces édicules porte l'inscription Ταρσεων, souvenir d'un monument érigé par
les habitants de Tarse probablement à Septime Sévère.
Ce côté de la voie sacrée, jusqu'au coude qu'elle fait
après avoir dépassé la basilique de Constantin, était
très orné. Il y avait deux fontaines au temple de
Romulus et une autre en face de la basilique de Constantin. Les fragments d'inscriptions mis au jour sont
si nombreux qu'on se demande comment les bases ou
les édicules qui les portaient ont pu trouver place.
Cette partie de la voie sacrée devait avoir un peu
l'aspect d'une route bordée de tombeaux aux abords
d'une ville antique.

A notre gauche, en avant de l'extrémité ouest de la
basilique de Constantin, s'ouvrent les cinq arches d'un
édifice ou portique de basse époque (D), fait avec des
débris antiques, sur lequel on ne possède aucun renseignement.

La basilique de Constantin ou basilica nova (E). —
Commencée par Maxence, et, après sa mort, achevée
par Constantin.

Pour entrer dans la basilique nous gravissons les
débris du grand escalier monumental et passons entre
les colonnes de rouge antique qu'on a redressées (E, 1).
Si cette route nous paraît peu commode, à l'angle de
la basilique (E, 2), près de Sainte-Françoise-Romaine,
nous pourrons entrer de plain-pied.

Quand nous serons arrivés au milieu de la basilique
(E, 3), tournant le dos à la voie sacrée et à l'escalier,
un coup d'œil sur le plan et un autre sur les ruines
nous permettront de nous rendre immédiatement
compte des dispositions de l'édifice.

Devant nous, subsistent encore trois chambres grandioses (E, 4, 5, 5'), voûtées en berceau, hautes de 24 m. 50, larges de 20 m. 50, profondes de 17 mètres, communiquant entre elles par des portes cintrées larges de 2 mètres. Derrière nous, trois autres chambres semblables, en bordure sur la voie sacrée, leur faisaient vis-à-vis; elles sont démolies. Le centre était occupé par une nef immense (E, 3), rectangulaire, mesurant 80 mètres de long et 25 de large et environ 35 de hauteur. De sa voûte très surélevée au-dessus des bas-côtés, il ne reste que les amorces; les retombées reposaient sur des colonnes appuyées aux murs latéraux. Entre la chambre centrale (E, 4) et celle de gauche (E, 5), une de ces retombées demeure suspendue sur le vide; elle a conservé la colonne qui la soutenait jusqu'en 1613, époque à laquelle Paul V la fit transporter devant l'église Sainte-Marie-Majeure, où elle supporte une statue en bronze de la Sainte-Vierge; la hauteur de cette colonne est de 14 m. 50, sa circonférence de 5 m. 40.

A l'extrémité ouest, à notre gauche, le mur qui termine la basilique est d'une extraordinaire solidité; dans son épaisseur on a ménagé un escalier en spirale (E, 6). A l'est, à notre droite, la basilique se termine par un portique (E, 7) large de 7 m. 50, communiquant par trois ouvertures avec l'intérieur. Suivant Nibby, ce portique fut destiné à former l'entrée principale de la basilique et, avant l'achèvement, on lui substitua le perron qui descend sur la voie sacrée (E, 1). Ainsi s'expliqueraient les deux absides, en face de chacune des deux entrées [1].

1. L'abside des basiliques était généralement placée en face de la principale porte d'entrée.

Des trois, chambres conservées, celle des deux extrémités (E, 5, 5′) sont à fond plat; elles étaient percées de trois grandes portes et de trois grandes fenêtres cintrées, occupant tout le mur du fond; presque toutes sont murées aujourd'hui. La chambre centrale (E, 4) se termine par une abside particulièrement ornée (E, 8), de 10 mètres de diamètre; des colonnes et une balustrade, dont les traces sont encore apparentes sur les dalles, la fermaient. Les voûtes étaient ornées de caissons octogonaux revêtus de stuc peint et doré, dont les moulures intérieures variaient la forme.

L'abside de la chambre centrale (E, 8) n'existait pas primitivement; on voit très bien, à chacun de ses angles, les traces du mur plat que l'on a défoncé pour la construire. Elle fut sans doute ajoutée quand on fit, dans le côté latéral de l'édifice, le perron et la porte monumentale sur la voie sacrée. Tout autour de cette abside, le sol était exhaussé en trottoir étroit, surélevé de deux degrés. Un suggestus ou piédestal élevé occupait le centre. Seize niches rectangulaires, peu profondes, avec socles en marbre, destinées à recevoir des statues, sont disposées en deux rangs superposés, dans la muraille du fond. Entre les niches inférieures, des corbeaux en marbre, ornés de Victoires et de guirlandes grossièrement sculptées, supportaient des colonnes; celles-ci étaient surmontées d'une corniche sur laquelle reposaient les colonnes de l'ordre supérieur, couronné lui-même, à la naissance de la voûte, par une corniche monumentale.

Restituons par la pensée au suggestus et aux murailles leurs revêtements de marbre; replaçons les statues dans les niches encadrées par les colonnes en marbre et par les corniches dont nous voyons à terre des fragments suffisants pour que notre restauration

21

soit documentée; à la voûte complétée, rendons le
stuc, la peinture et les dorures de ses caissons
moulés; replaçons sur leurs bases et sous les
retombées de l'immense voûte en arêtes les huit
colonnes corinthiennes en granit de la grande nef centrale (fig. 43); représentons-nous le bas-côté disparu
semblable au bas-côté qui existe encore, sauf l'abside
de la chambre centrale remplacée par une porte monumentale ouvrant sur le perron (E, 1); replaçons sur
le sol les dalles rectangulaires et les disques de marbre
qui existaient encore il y a cinquante ans, prolongeons
tout autour de la grande nef l'immense frise blanche
dont nous voyons un fragment à droite, à l'angle nord-
est; nous aurons ainsi une idée suffisante de l'aspect
intérieur de cet immense édifice. Les procédés de
l'architecture n'ont plus, il est vrai, pour les connais-
seurs, la même pureté ni la même perfection qu'aux
belles époques de l'art. Mais ce monument de la décadence n'en produit pas moins un effet grandiose et
digne encore de toute la majesté de l'empire romain.

Vu d'en bas, le haut fragment de corniche de l'angle
nord-est (E, 9) de la grande nef paraît être en marbre.
M. Middleton a constaté qu'il est formé par une con-
sole en marbre surmontée de grandes briques recouvertes de stuc sur lequel on a moulé les ornements
que d'habitude on sculpte sur le marbre. Cette manière
de simuler le marbre était souvent employée par les
Romains dans les parties situées assez haut pour que
l'illusion fût complète. Nous en verrons un autre
exemple à la curie, aujourd'hui Saint-Adrien (K, 3).

La façade qui longeait la voie sacrée, avec ses
colonnes de porphyre, devait être imposante; malheureusement les éléments nous manquent pour la
reconstituer.

Le mur de l'autre côté latéral de l'édifice (E, 10), dominant, à l'extérieur, tous les autres monuments de sa masse imposante, aurait été disgracieux sans orne-

Fig. 13. — Restauration de la basilique de Constantin (par Gauthier).

ment. On le dissimula sous deux ordres d'architecture superposés, divisés en trois compartiments correspondant aux trois divisions intérieures du bas-côté. Les trois portes et les trois fenêtres de chacune de ces divisions étaient encadrées dans des colonnes engagées suppor-

tant des entablements. Cette décoration existait encore
au xvi⁰ siècle; elle est représentée dans plusieurs vues
de Rome, entre autres dans un tableau reproduit par
G.-B. de Rossi (*Pianti iconogr. e prospett. di Roma*,
pl. VIII-IX), dans un tableau du musée de Francfort,
attribué à Filippo Lippi ou à un de ses élèves et publié
par M. Huelsen (*Bullettino comunale*, 1892, pl. II-IV),
et dans deux vues de Rome imprimées l'une en 1490,
l'autre en 1549 (D. Guoli, *Bull. comun.*, 1885, p. 68
et 70, planches XI-XIII).

En sortant de la basilique de Constantin, nous
dépassons le perron de l'église de Sainte-Françoise-
Romaine et longeons les degrés du large escalier (*d*)
qui montait au portique du temple de Vénus et de
Rome, construit par Hadrien à la place du vestibule
de la maison dorée de Néron et restauré par Maxence.
Sur l'un de ces degrés, à peu près à l'endroit où ils
cessent (*d*), non loin de l'arc de Titus, un assez joli
graffite représente un centaure tenant le *pedum* ou
bâton recourbé, symbole des divinités champêtres,
et une palme. Nous arrivons à l'arc de Titus.

L'arc de Titus (F), érigé à Titus après sa mort par
le Sénat et le peuple romain.

Ce monument fut très maltraité au moyen âge; on
lui déroba des pierres, puis il fut englobé dans les
constructions du couvent de Sainte-Françoise-Romaine
et dans les fortifications des Frangipani. Quand on
eut détruit ces constructions, l'arc, très maltraité jadis
et, de plus, privé des murs qui lui servaient de soutien,
menaçait ruine. Une restauration devenait urgente;
Pie VII, en 1821, en chargea l'architecte français
Valadier, qui avait déjà fait ses preuves en déblayant,
pendant l'occupation française, une partie du forum

de Trajan et en relevant, avec Camporese, les colonnes
du temple de Vespasien. La tâche était difficile; les
pierres n'étaient pas, comme cela existe en général
dans les monuments romains de cette époque, reliées

Fig. 44. — L'arc de Titus avant la restauration de Valadier.

entre elles par des crampons; elles se disjoignaient,
la clef de voûte elle-même glissait. Nous donnons ici,
d'après un dessin de Valadier, l'état rudimentaire
dans lequel se trouvait, du côté qui regarde le forum,
le monument dégagé des matériaux étrangers (fig. 44).
Nous verrons tout à l'heure que la façade tournée vers
le Colisée a pu être reconstituée beaucoup plus com-

plète, à l'aide des fragments restés en place de l'inscription et de la petite frise. Valadier refit les parties de l'arc qui avaient disparu; mais il les fit en travertin et sans reproduire l'ornementation; de telle sorte que, à première vue, on peut distinguer la partie antique, en marbre, de la partie refaite.

Dans cette restauration, Valadier a fait preuve d'un goût et d'une habileté au-dessus de tout éloge, et on a peine à comprendre qu'il ait été si durement critiqué. Aux artistes, à ceux qui cherchent dans les monuments la pureté et l'harmonie des lignes, il a rendu l'arc de Titus avec sa grâce sévère et son aspect d'autrefois; les archéologues n'y perdent rien, car, à première vue, ils reconnaissent ce qui est antique dans le monument; en outre, cette restauration faite, après de minutieuses études, par un homme compétent, ne peut que les intéresser. Toujours sur la face qui regarde le forum, une inscription écrite dans ce beau style lapidaire dont les Romains ont conservé la tradition, garde le souvenir de cette restauration.

L'arc de Titus était composé d'une ossature de travertin recouverte de marbre pentélique. Il a, d'après les dimensions données par Reber, 15 m. 40 de hauteur, 13 m. 50 de largeur et 4 m. 75 de profondeur.

Passons maintenant du côté qui regarde le Colisée; l'inscription, très simple, était autrefois garnie de lettres de bronze incrustées :

SENATVS

POPVLVSQVEROMANVS

DIVOTITODIVIVESPASIANIF

VESPASIANOAVGVSTO

Senatus populusque Romanus divo Tito, Vespasiani f(ilio), Vespasiano Augusto.

Au-dessous de l'inscription, une petite frise représente une partie de la pompe du triomphe de Titus sur les Juifs. Des soldats portent sur une litière le Jourdain personnifié par un vieillard à longue barbe, appuyé sur une urne, dans la pose traditionnelle; en avant marchent des soldats portant le butin, des personnages du cortège, les animaux destinés au sacrifice conduits par des victimaires. Sur l'arc de Septime Sévère nous avons vu aussi, non dans le cortège, il est vrai, mais comme motif d'ornementation, la représentation personnifiée des fleuves qui coulent à travers les pays vaincus.

L'arche unique est encadrée entre deux colonnes cannelées à chapiteaux composites, le plus ancien exemple qu'on en connaisse. La clef de voûte présente une divinité peu reconnaissable, la déesse Rome, croit-on, du côté du Colisée, de l'autre, le génie du peuple romain (?). A droite et à gauche de la clef de voûte, les tympans sont ornés de Victoires ailées repoussant la terre du pied pour s'élever dans les airs et portant des attributs variés : étendards, trophées, palmes et couronnes.

L'arche a 8 m. 30 de hauteur et 5 m. 36 de largeur. En y pénétrant nous voyons, à notre gauche, un beau et intéressant bas-relief représentant la suite du cortège triomphal de Titus, entrant sous une porte, peut-être la *porta triumphalis* à l'entrée du Champ de Mars, peut-être aussi sous un arc de triomphe : celui de Fabius, d'Auguste ou de Tibère. Les victimes et le Jourdain que nous avons vus sur la frise extérieure sont déjà passés; nous assistons au défilé d'une partie des dépouilles du temple de Jérusalem : des *tituli* ou écriteaux fixés à des hampes donnent des noms de villes prises ou l'indication des objets portés par les soldats; il est à remarquer que les personnages qui tiennent les hampes des tituli ont, sous leur couronne de laurier, une chevelure flottante et semblent être des femmes, personnifiant peut-être les villes dont elles portent les noms. La table des pains de proposition, les trompettes d'argent du temple de Jérusalem, le chandelier à sept branches sont portés sur des civières.

Le bas-relief qui fait vis-à-vis nous montre la fin du cortège : l'empereur Titus se tient debout dans un quadrige escorté de licteurs et de personnages couronnés de laurier; la déesse Rome dirige les chevaux; debout derrière l'empereur, une Victoire ailée pose une couronne sur sa tête; en tête du groupe qui environne le char, marche un personnage nu, probablement une divinité.

Au sommet de la voûte un bas-relief représente l'apothéose de Titus enlevé au ciel sur un aigle. Partout ailleurs la voûte est garnie de caissons rectangulaires bordés de rubans et d'oves et ornés d'un fleuron central. A l'intérieur, les quatre montants de l'arc ainsi que la bordure de la voûte sont garnis de rinceaux de feuillage vigoureusement enlevés.

Le triomphe de Titus fut un des plus beaux; ce fut aussi, à cause des dépouilles du temple de Jérusalem, un de ceux qui piqua le plus la curiosité du peuple romain. Outre les trompettes, la table de proposition et le chandelier d'or représentés sur le bas-relief, les tables de la loi et le voile du sanctuaire y figurèrent. On vit aussi une quantité innombrable d'objets d'or, d'argent et d'ivoire d'un travail exquis; les plus riches étoffes, les plus capricieuses broderies de l'Orient; des couronnes d'or, des pièces d'orfèvrerie ornées des plus éblouissantes pierreries; les statues des divinités de diverses nations, si belles que l'art l'emportait encore sur la richesse de la matière; des animaux rares et même encore inconnus à Rome; des chars rehaussés d'or et d'ivoire et portant d'immenses tableaux où étaient figurés les principaux épisodes de la guerre : les batailles, les massacres, la prise des villes et des forteresses, toutes les horreurs du siège et du sac de Jérusalem. Enfin, derrière des Victoires en or et en ivoire, les deux chars de Vespasien et de Titus escortés du jeune Domitien montant un cheval dont la beauté attirait tous les regards.

A côté de l'arc de Titus (F), au pied du Palatin, nous avons déjà remarqué sans doute plusieurs assises de belles pierres en grand appareil, ayant certainement appartenu à un bel et ancien édifice. C'était peut-être le temple des dieux Pénates, qui s'élevait de ce côté, ou le temple de Jupiter Stator, dont l'emplacement était à l'entrée du Palatin.

La voie sacrée (13). — L'arc de Titus (F) était à cheval sur le point culminant de la voie sacrée qui, à cet endroit, s'appelait *summa sacra via*. Venant des environs du *sacellum Streniae*, qui était situé près du Colisée, à un endroit indéterminé, la voie sacrée gravissait la pente en haut de laquelle nous sommes arrêtés. De l'arc de Titus, posé sur le sommet de la Velia, elle descendait l'autre pente, vers le forum qu'elle longeait, pour monter ensuite, confondue avec le clivus Capitolinus (*a*), jusqu'au temple de Jupiter.

Le trajet qu'elle suivait entre l'arc de Titus (F) et le temple de Saturne (19), a été très discuté, sans qu'on ait pu l'établir d'une manière complètement décisive. Voilà ce qui paraît le plus probable : de la *summa sacra via*, le cortège de Titus, que nous venons de voir défiler, obliquant un peu à droite, descendit directement jusqu'à l'arc de Fabius (*f*); après l'avoir

dépassé ainsi que la regia (10), il passa (en 13) entre
ce dernier édifice (10) et le temple de César (9) pour
entrer sur le forum par l'arc d'Auguste (14), et se
dirigea en ligne droite vers le temple de Saturne (19).
La foule l'acclamait, massée sur les temples de César
(9) et de Castor (15), dans le vicus Tuscus (18), sur la
place du forum, où l'on avait sans doute élevé des
estrades, à tous les étages de la basilique Julia (17).
Le cortège, après avoir longé ce dernier édifice, passa
sous l'arc de Tibère (20), contourna (en 13) la façade
du temple de Saturne (19), pour s'engager dans le
clivus Capitolinus (*a*).

C'est à ce moment que le principal chef des vaincus,
Simon, fils de Gioras, fut emmené hors du cortège pour être
exécuté. La richesse du costume dont on l'avait revêtu pour
le triomphe contrastait avec sa triste condition ; en effet, on
le traîna, la corde au cou et en le frappant de verges, jusqu'à la prison (2) où il fut étranglé. Au Capitole, on ne
commença pas les sacrifices d'actions de grâces avant que,
au milieu des cris de joie de la foule, l'heureuse nouvelle
de la mort de Simon eût été annoncée.

Il est certain que, à une époque postérieure, le
trajet de la voie sacrée fut modifié sur la pente de la
Velia qui regarde le forum, entre l'arc de Titus (F) et
l'arc de Fabius (*f*). Au sortir de l'arc de Titus, au lieu
de gagner obliquement l'arc de Fabius (*f*), elle tourna
immédiatement à droite, longeant le portique du
temple de Vénus et de Rome (*d*), puis, tournant à
gauche, elle passa au pied de la basilique de Constantin
(E, 1, D) et du temple de Romulus (A), sous l'arc de
Fabius (*f*) et devant le temple d'Antonin et de Faustine
(*p*). Nous avons déjà remarqué que les monuments
honorifiques qui la bordaient de ce côté ne sont pas
antérieurs à Septime Sévère. Il est possible que la

largeur extraordinaire qu'elle a dans cette partie de son parcours remonte seulement à Maxence qui, comme on le sait, construisit le temple de Romulus (A) et la basilique de Constantin (E) et restaura le temple de Vénus et de Rome.

CHAPITRE VIII

LA VIA NOVA. — LES MONUMENTS SITUÉS
AU PIED DU CAPITOLE

La via nova (e'). — En sortant de l'arc de Titus,
nous tournons à gauche et, presque immédiatement,
nous prenons, à notre droite, la *via nova (e')*; nous la
reconnaîtrons d'ailleurs au premier coup d'œil, grâce
aux arcades en briques sous lesquelles elle passe un
peu plus loin. A l'endroit où nous y entrons, la *via nova*
rejoint la voie sacrée devant l'arc de Titus; à notre
gauche une rue antique qui s'embranche sur elle,
montait au Palatin. Sur le prolongement du forum, à
notre droite, des restes de constructions (*h*) dont le
travertin a été presque partout enlevé, appartenaient,
suivant M. Lanciani, au *porticus margaritaria*. Au pied
du Palatin, s'ouvrent des boutiques (*l*); nous laissons
à gauche l'escalier qui monte au Casino des Farnèse,
puis nous nous engageons sous les arcs qui servaient
de contrefort à la fois aux substructions du palais de
Caligula et à la maison des Vestales. Les boutiques
qui bordent la voie à cet endroit sont très bien conservées; les constructions étagées au-dessus ne sont
pas le palais même du Palatin; elles n'avaient d'autre

but que de prolonger la montagne dans la direction du forum ; on formait ainsi, au niveau de la partie plus haute, un sol factice, sur lequel on pouvait continuer à bâtir. Le même procédé a été employé à l'extrémité opposée du Palatin, du côté qui regarde la voie Appienne.

Jetons encore un coup d'œil sur la maison des Vestales que nous dominons ; nous venons de passer au niveau d'un palier de l'escalier de son premier étage. On voit bien d'ici comment la maison des prêtresses de Vesta est blottie, en contre-bas, dans un emplacement qu'on lui a taillé dans le flanc du Palatin. En approchant du mur de Sainte-Marie-Libératrice qui barre la via nova, au fond d'une boutique, à gauche, subsiste un fragment de mur en *opus reticulatum* (petit appareil en losange) plus ancien que les murs en briques qui l'entourent. Un peu plus loin, tout à fait contre l'église, un large escalier descendait de la porte Romana, sur le Palatin, à la via nova ; il est aujourd'hui fermé par un mur et les marches ont disparu, mais la place qu'il occupait est très reconnaissable. A cet escalier en faisait suite un autre qui descendait de la via nova au forum, près du temple de Vesta ; nous en chercherions vainement la place non encore déblayée, mais il est marqué sur un fragment du plan de Rome à côté du temple de Castor (fig. 16, p. 127). Ovide raconte que revenant d'assister aux fêtes appelées *Vestalia* (voir p. 300) il vit une matrone descendant pieds nus cet escalier pour aller faire ses dévotions au temple de Vesta. A ce même endroit, sur les pentes du Palatin et au-dessus de la via nova, était un bois sacré appelé *lucus Vestae*. C'est de ce bois que s'éleva cette voix surhumaine qui, à l'approche des Gaulois, annonça aux Romains le désastre qui les menaçait. Le bois disparut de bonne heure, dès lé temps de la République, mais sur l'emplacement subsista un autel érigé au dieu qui avait donné aux Romains cet avis qu'ils ne comprirent pas. Ce dieu de nom inconnu fut appelé *Aius loquens* ou *locutius* : La voix qui a parlé.

Le pavé de la via nova se perd, devant nous, sous le mur de Sainte-Marie-Libératrice. Au delà elle rejoignait le Vélabre, mais comment? Ici, nous sommes sur le sol antique dont nous foulons le pavé; à quelques pas plus loin, là où doit aboutir la via nova si elle continue en ligne droite, c'est-à-dire derrière le temple de Castor, la différence de niveau est énorme et subite. La via nova se terminait-elle par un escalier? Contournait-elle au contraire le Palatin, à gauche de l'abside de Sainte-Marie-Libératrice, pour descendre doucement au Vélabre avec les dernières pentes de la colline? L'église Sainte-Marie-Libératrice cache, sous ses fondations, la solution de ce problème et de plusieurs autres.

Abandonnant forcément la via nova, nous contournons la façade de Sainte-Marie-Libératrice et passons devant le petit escalier par lequel nous sommes descendus sur le forum. Après avoir laissé à gauche la rue actuelle *San Theodoro* qui recouvre le *vicus Tuscus* (18), nous longeons la basilique Julia (16) et passons au-dessus du *vicus Jugarius* (a'); enfin, après que nous avons contourné le temple de Saturne (19) que son podium élevé porte au niveau de la rue moderne, un brusque détour, à droite, nous met de nouveau sur le sol antique, sur le *clivus Capitolinus* (a) qui gravit la pente du Capitole. Contre la muraille moderne de l'escalier auquel il vient se heurter, on peut voir quelques pavés antiques et un fragment de la bordure de son trottoir. Nous sommes en face du portique des *dii Consentes*.

Le portique des dii Consentes (4). — Vettius Agorius Praetextatus, préfet de Rome vers le milieu de la seconde moitié du IVe siècle, rétablit en 367 ce portique dans son ancien état, comme l'indique l'inscription que nous avons sous les yeux :

Deorum C]onsentium sacrosancta simulacra, cum omni lo[ci totius adornatio]ne, cultu in f[ormam antiquam restituto] | Vettius Praetextatus, v(ir) c(larissimus), pra[efectus U]rbi, reposuit, | curante Longeio... [v(iro) c(larissimo), c]onsulari.

Ce Praetextatus ne nous est pas inconnu ; tout à l'heure, nous avons vu sa statue dans la maison des Vestales ; il les protégeait parce que, représentant un culte antique et très populaire, elles étaient une des dernières forces du paganisme qui se mourait. Pour cette même raison, il avait rétabli dans ce portique les *dii Consentes* qui, dès une haute antiquité, étaient vénérés sur le forum. Les *dii Consentes* n'étaient autres que les grands dieux, six dieux : Jupiter, Apollon, Mars, Neptune, Vulcain, Mercure, et six déesses : Junon, Minerve, Vénus, Cérès, Diane, Vesta. Il est probable que chacune des six chambres du portique contenait deux bases, portant chacune une de ces divinités.

Retrouvé en 1834, le portique fut, en 1858, restauré par ordre de Pie IX, comme l'indique l'inscription gravée sur la dernière des six chambres. Il est encombré de débris de provenances indéterminées ; son dallage est, dans certaines parties, bien conservé.

Au-dessous du portique, sept chambres en blocage revêtu de briques ouvrent sur le podium du temple de Vespasien qui les aveugle. Les seuils de marbre, le pavé en mosaïque, les murs recouverts de stuc peint indiquent une construction soignée. Une opinion, à peu près abandonnée aujourd'hui, en faisait le cercle d'employés connu sous le nom de *schola Xanthi*.

Le temple de Vespasien (5). — Construit par Domitien.

Nous ne sommes plus au niveau du *clivus Capitolinus*; la route moderne que nous suivons, recouvre son pavé; il descendait, par une pente assez raide, jusqu'à l'aréa du temple de Saturne où la voie sacrée venait se réunir à lui [1].

Les restes du temple de Vespasien (5), devant lesquels nous nous arrêtons, appartiennent à une reconstruction de Septime Sévère et Caracalla. Le fait était attesté par une inscription dont une partie du dernier mot subsiste seul, au-dessus des deux colonnes de face :

Divo Vespasiano Augusto s(enatus) p(opulus)q(ue) R(omanus), imp(eratores) Caes(ares) Severus et Antoninus, pii, felic(es), Aug(usti), rESTITVER(unt).

Hâtons-nous de dire que l'inscription n'a pas été reconstituée à l'aide des quelques lettres conservées; un voyageur anonyme l'a copiée alors que le temple était encore debout; et sa copie, avec celle de beaucoup d'autres inscriptions de Rome, est parvenue jusqu'à nous dans un manuscrit connu sous le nom de manuscrit d'*Einsiedeln*.

Le temple de Vespasien était corinthien et prostyle; la cella, qui occupait toute la largeur du temple, était revêtue de marbres et entourée de colonnes posées sur

---

1. Voir. fig. 3, p. 63, le *clivus Capitolinus* avant la construction de la rue moderne qui le cache aujourd'hui.

un mur en tuf, coupé, de distance en distance, par les piles de travertin qui supportaient les colonnes. Une très large base, appuyée sur un mur épais en briques, autrefois recouvert de marbre, occupait le fond. Sur la façade, s'élevait un portique auquel on montait par un large escalier occupant toute la largeur de l'édifice et se continuant entre les six colonnes. Deux de ces colonnes et une du portique sont encore en place, redressées par Valadier et Camporese.

A droite et à gauche du podium sur lequel est construit l'édifice, subsistent des fragments de la moulure en marbre, remontant probablement à la construction de Domitien. Remarquons que, en construisant cet édifice, on a aveuglé une porte du *tabularium* (*m*) à laquelle aboutissait un escalier (plan I, *b*).

Le temple de Vespasien était construit avec une grande magnificence; on conserve au *tabularium* des débris de sculpture d'une grande beauté qui en proviennent. Nous en avons donné un spécimen (fig. 28, p. 183).

Le sacellum de Faustine (*c*). — En 1829, on découvrit, entre les podium des temples de Vespasien (5) et de la Concorde (6), un petit édicule dont le mur de fond a laissé sa trace, très visible aujourd'hui encore, sur les pierres de taille du *tabularium* (*c*). Autant qu'on en peut juger, sa profondeur était de 4 mètres; quant à sa largeur, elle n'excédait pas 2 mètres et demi. On voit contre le *podium* du temple de la Concorde (6) un reste de son mur latéral en briques. La découverte, en cet endroit, d'un autel dédié à Faustine par un employé du Trésor de Saturne, a fait donner à ce petit édicule le nom de chapelle de Faustine. C'est tout ce qu'on en sait.

Le temple de la Concorde (6). — Voué par Camille en 387 (= 367 av. J.-C.), au moment du vote des lois liciniennes qui rétablirent la concorde entre les patriciens et les plébéiens; reconstruit trois cents ans plus tard, puis au temps d'Auguste, par Tibère avec dédicace à la *Concordia Augusta*.

Nous avons vu, en cherchant l'emplacement de la chapelle de Faustine, un magnifique fragment du mur en tuf qui recouvrait le podium du temple de la Concorde; sur ce tuf, les trous de scellement du revêtement en marbre sont encore visibles; la corniche inférieure a été rasée au niveau du mur. Comme celui du temple de Castor (19) qui fut reconstruit à la même date, ce podium était formé d'un noyau de blocage enserré dans un mur en tuf recouvert de marbre. Au centre on avait creusé une chambre pour le Trésor, dont l'ouverture est complètement dégagée.

Le temple de la Concorde était plus ancien que le tabularium; aussi le mur de façade de ce dernier édifice avait été construit en partie contre le mur de fond du temple. On peut juger des dimensions du premier temple par ce fait que la partie du mur du *tabularium* qu'il recouvrait a conservé les rugosités de la pierre qu'il a été impossible de polir. Ainsi on constate que le temple le plus ancien ne dépassait pas la première petite fenêtre rectangulaire ouverte dans le mur du rez-de-chaussée du *tabularium*.

Le temple de la Concorde était exastyle, prostyle et corinthien.

Pour bien voir le peu qui en reste, nous monterons jusqu'à une hauteur suffisante, l'escalier du Capitole (3), qui est à notre droite et qui couvre encore l'extrémité nord du temple. De là nous dominerons bien toute sa surface. Sa cella avait, proportions tout à fai

inusitées, 23 mètres de profondeur sur 42 de largeur.
On y entrait en franchissant un beau seuil en marbre
d'Afrique, encore en place, qui a conservé, dans la
partie qui est de notre côté, les trous des gonds de
la porte, et, au-dessous mais un peu plus loin, l'empreinte en creux d'un caducée en bronze qui y était
incrusté.

Comme au temple de Vespasien, tout le tour de la
cella était garni de colonnes soutenues par un petit
mur en tuf avec bases en travertin là où posaient les
colonnes. Il y avait deux bases de statues dont il
subsiste des restes (o, o; sur le plan I, d, d), l'une à
notre droite, sur le mur de fond appuyé au tabularium, l'autre en face de nous, presque à l'angle de
droite du petit côté.

Un vaste portique ou *pronaos*, large de 24 mètres et
profond de 12, s'étendait devant la cella; on y montait par un escalier monumental en avant duquel une
vaste aréa s'étendait jusqu'au mur en demi-cercle
auquel sont appuyés les rostres (8).

Parmi les débris du temple de la Concorde, on a
trouvé des inscriptions votives à la déesse Concorde
qui ont permis de restituer à l'édifice son véritable
nom et des débris d'architecture témoignant de la
magnificence de l'édifice. Un superbe morceau de
frise a été transporté au tabularium. Ce temple, dont
il ne reste plus guère aujourd'hui que le sol, était
presque entier au xiie siècle.

Le temple de la Concorde était un véritable musée;
un grand nombre de statues, œuvres des artistes
grecs les plus renommés, étaient disposées entre les
colonnes qui entouraient la cella. Entre autres reliques
curieuses, on prétendait y conserver l'anneau que
Polycarpe, tyran de Samos, jeta dans la mer pour

désarmer la fortune, et retrouva dans le corps d'un poisson.

Grâce à son emplacement qui dominait le forum et à son podium élevé, le temple de la Concorde eut, comme celui de Castor, une importance dans les luttes politiques de Rome. Il fut témoin de scènes violentes; le Sénat y tint souvent des séances dont les débats orageux attiraient la foule qui venait manifester sur les degrés. C'est à l'une de ces séances que Cicéron prononça sa quatrième Catilinaire [1]. Malgré le discours artificieux de César, vigoureusement réfuté par Caton, l'orateur obtint la condamnation à mort des complices de Catilina. « Pendant ce temps, c'est Cicéron qui parle, autour du temple de la Concorde, étaient réunis les Romains de tous les ordres et de tous les âges; le forum en était rempli, tous les temples qui entouraient le forum, toutes les avenues qui conduisaient au temple de la Concorde ne pouvaient contenir la foule. » Cicéron présida lui-même, dans la prison, à l'exécution des condamnés. Puis, étant revenu sur le forum, il vit, mêlés à la foule, des amis et des parents des conjurés, qui, ignorant la sentence rendue, attendaient anxieux et espéraient encore : Cicéron prononça ce seul mot : *vixerunt* (ils ont vécu). Quand, la nuit venue, Cicéron quitta le forum pour retourner chez lui, presque tout le Sénat lui fit escorte; la foule l'entourait, l'acclamait, l'appelant le sauveur, le second fondateur de la patrie; tout ce que Rome avait de citoyens grands et illustres marchait derrière lui. A mesure qu'il avançait, les maisons illuminaient jusque sur les toits.

1. La première : *Quousque tandem...*, etc., avait été prononcée au temple de Jupiter Stator (près de l'arc de Titus); la seconde et la troisième aux rostres anciens.

CHAPITRE IX

Aussitôt après avoir dépassé l'escalier (3) sur lequel nous sommes montés pour dominer le temple de la Concorde, nous rencontrons, à notre gauche, le perron des deux églises superposées, *S. Giuseppe de'Falegnami* et *San Pietro in carcere* (2). C'est la prison connue sous le nom relativement moderne de prison Mamertine.

La prison (2). — Construite sous les rois; attribuée à Ancus Marcius.

La façade qui donne dans la rue moderne *di Marforio*, l'ancien *clivus Argentarius*, a conservé une partie de son beau mur en tuf, très bien appareillé et appartenant à une restauration faite pendant le règne de Tibère, comme en témoigne l'inscription encore en place :

G(aius) Vibius, G(aii) f(ilius), Rufinus, M(arcus) Cocceiu[s Nerva], co(n)s(ules) ex s(enatus) c(onsulto).

Ce sont les noms des consuls de l'an 22 ap. J.-C.
De l'église, un escalier moderne nous conduit à

l'étage supérieur de la prison (voir fig. 10-11, p. 118-119), dans une chambre en forme de trapèze dont les côtés longs ont 5 mètres et les plus courts de 3 à 4 mètres. La voûte, en forme d'anse de panier, commence au sol, qui en partie repose sur le roc, en partie est formé par la voûte de la chambre inférieure. Le point le plus élevé de la voûte est à une hauteur de 5 mètres.

La chambre inférieure est entièrement creusée dans le roc; c'est la partie de la prison appelée par les auteurs anciens *Tullianum*. Elle n'avait autrefois d'autre moyen de communication avec la chambre supérieure que le trou rond, de 70 centimètres de diamètre, existant encore aujourd'hui dans la voûte. Nous descendons par un escalier moderne dans une seconde chambre qui a l'apparence d'un cône tronqué, dont le sommet est remplacé par une voûte plate. Dans tout le pourtour, le roc est revêtu d'un mur en tuf bien appareillé, sauf sur le côté qui regarde le forum où le roc est à nu. Juste à cet endroit, une porte en fer ouvre sur un égout haut de près de 2 mètres, allant vers l'est dans la direction de la cloaca maxima, et coupé, presque à sa naissance, par un autre égout allant du nord au sud; si l'on avance dans ces égouts antiques on est bientôt arrêté par des éboulis. Dans la prison, près du mur opposé à la porte de l'égout, un puits fournit toujours une eau fraîche et limpide.

Cette partie inférieure, avant d'être employée comme prison, fut autrefois une citerne que l'on a desséchée en creusant les égouts. La visite de cette prison justifie bien ce qu'en disent les historiens : « Elle est, dit Salluste, plongée dans des ténèbres affreuses, l'odeur y est fétide, tout son aspect est épouvantable ». On y précipitait les condamnés à mort par le trou ménagé dans la voûte, soit après les avoir étranglés, soit pour les laisser mourir de faim.

Le consul Opimius y fit périr les complices des Gracques, et, parmi eux, un jeune homme de dix-huit ans, d'une grande beauté, qui n'avait commis d'autre crime que d'être fils de Fulvius Flaccus, l'un des conjurés. Comme il pleurait pendant qu'on le conduisait au supplice : « que ne fais-tu comme moi? » lui dit un de ses amis, compagnon d'infortune, et se précipitant contre la porte de la prison il s'y fracassa la tête avec tant de violence que la cervelle jaillit.

Cicéron y fit étrangler les complices de Catilina.

Les jours de triomphe, le cortège s'arrêtait à peu près à la hauteur du temple de Saturne. Les chefs vaincus étaient, à ce moment, entraînés par les licteurs et conduits à la prison pour y être mis à mort, à moins que le vainqueur ne leur fît grâce. Jugurtha périt ainsi au triomphe de Marius : pressés d'avoir sa dépouille, les licteurs déchirèrent sa robe et lui arrachèrent, avec les anneaux d'or qu'il y portait, l'extrémité des oreilles. Quand ils le jetèrent nu dans le souterrain froid et humide : « Par Hercule! dit Jugurtha, que vos étuves sont froides! » On ne l'étrangla pas, et, pendant six jours, entre ces murs où nous pensons à son supplice, il lutta contre la faim. Au jour de leur triomphe, Domitius Aheno-bardus et Q. Fabius Maximus firent grâce de la vie à Bituitus, le roi vaincu des Arvernes ; Paul-Émile aussi épargna Persée qui s'était livré lui-même ; César fut moins généreux pour Vercingétorix, le héros gaulois, autrefois son ami, qui avait fait appel à sa générosité, et le laissa étrangler dans la prison.

La prison ne se composait pas uniquement des deux cachots que nous venons de décrire ; cela du reste est évident, cette chambre unique n'aurait pu suffire ; il y avait toute une série d'autres cellules dont on a retrouvé des restes.

Le souvenir de la captivité de saint Pierre est attaché à cet antique et sombre monument.

Scalae Gemoniae. — Près de la prison étaient des escaliers où l'on jetait, pour l'amusement de la populace et avant de les tirer au Tibre, les cadavres des suppliciés. On les appelait *scalae gemoniae* et aussi *gradus gemitorii*, nom aussi lugubre et non moins mérité que celui de *pont des soupirs*.

Par ordre de Tibère, Titius Sabinus, coupable d'avoir été l'ami de Germanicus et de s'être trop fié à un faux ami, fut mis à mort avec ses esclaves en 781 (= 28 ap. J.-C.) et leurs corps exposés aux gémonies. Le chien d'un des esclaves, que l'on n'avait pu écarter de la prison tant que son maître y était enfermé, suivit le cadavre sur les degrés; on lui jeta des aliments; il les porta à la bouche du mort. Quand on précipita le corps dans le Tibre, il ne l'abandonna pas, mais, se jetant à l'eau et nageant près de lui, il cherchait à l'empêcher de s'enfoncer.

Le Sénat, réuni dans le temple de la Concorde (6), jugeait Séjan et déjà le peuple, avant que la sentence fût rendue, faisait rouler ses statues sur les escaliers des gémonies. Passant par là pendant qu'on le conduisait à la prison, l'ancien favori de Tibère vit la foule s'exercer sur ses statues aux insultes que tout à l'heure elle prodiguerait à son corps. Pendant trois jours, en effet, avant qu'on le traînât au Tibre, son cadavre, sur les sinistres degrés, servit de jouet à la populace; on y jeta aussi ses fils, sa fille, une enfant qui, avant sa mort, fut livrée au bourreau parce qu'une vierge ne devait pas mourir d'une mort infâme; la femme de Séjan, après avoir vu ainsi exposés le cadavre de son mari et ceux de tous ses enfants, échappa, par une mort volontaire, à un sort semblable.

L'empereur Vitellius, à la nouvelle de l'approche des troupes de Vespasien, avait pris sur lui, au Palatin, une bourse pleine d'or et, se réfugiant dans une loge de portier, s'y était barricadé avec un lit et un matelas après avoir attaché le chien devant la porte. Tiré de cette honteuse cachette par des soldats du parti ennemi, il est reconnu. Aussitôt, les mains liées derrière le dos, une corde au cou, il est traîné au milieu du forum. On lui met sous le menton la pointe d'un poignard pour l'empêcher de baisser la tête; on le contraint à regarder ses statues renversées; on lui jette de la boue et des ordures; on l'appelle incendiaire, gourmand, ivrogne; on raille sa face rougeaude, sa taille démesurée, son gros ventre, sa jambe de travers; enfin sur les escaliers des gémonies, on le déchire à petits coups, puis, quand il est achevé, quand son cadavre a été suffisamment outragé, avec un croc on le tire au Tibre.

42° *La curie* (K). — Attribuée à Tullus Hostilius sous le nom de *curia Hostilia*; reconstruite par Sylla, puis, au nom de César mort, par le Sénat, sous le nom de *curia Julia*, par Domitien et enfin par Dioclétien.

En face de la prison, nous trouvons l'église *Santa Martina* (K, 1) et plus loin, à droite, formant l'autre coin de la rue Bonella, l'église *San Adriano* (K, 3). Les deux églises et la partie de la rue qui est entre elles (K, 2) occupent l'emplacement d'un groupe d'édifices qui constituaient la curie ou palais du sénat (K), c'est-à-dire la salle des séances et ses dépendances. L'église Sainte-Martine (K, 1) s'élève en partie sur l'emplacement du *secretarium senatus*; une inscription trouvée en place nous apprend que l'édifice fut restauré sous les empereurs Honorius et Théodose; on ignore l'époque de sa première construction. C'était une salle terminée en abside, longue de 18 m. 17 et large de 8 m. 92; le mur était en travertin. Au *secretarium* faisait suite, jusqu'à l'église *San Adriano* (K, 3), un portique (K, 2) dans lequel on a ouvert la *rue Bonella*.

Quant à l'église San Adriano (K, 3), c'était la salle des séances. Ses murs sont encore ceux qu'éleva Dioclétien quand, après l'incendie de Carinus, il reconstruisit le sénat; ils sont en briques autrefois revêtues de stuc sur lequel on avait imité les joints de la pierre ou du marbre; il en subsiste quelques traces au-dessous du fronton; elles étaient plus considérables au temps où Du Pérac dessina le monument (voir fig. 12, p. 111). La corniche du fronton triangulaire est aussi en briques revêtues de stuc, mais elle repose sur des consoles ou corbeaux en marbre. Chaque angle est flanqué, à l'extérieur, d'un massif ayant sans doute servi de contrefort à la voûte qui était, nous dit une inscription, resplendissante de l'éclat de l'or. Dans l'épaisseur du contrefort qui forme l'angle à l'entrée de la via Bonella, existe un escalier. L'intérieur forme une salle longue de 25 mètres environ et large de près de 18 mètres. Tout le mobilier, les tables, les bancs, le bureau, était en bois. Au temps de Du Pérac, c'est-à-dire au xvie siècle, on descendait dans l'église par un escalier extérieur que l'exhaussement du sol avait rendu nécessaire (voir fig. 12, p. 111). Depuis, on a recouvert cet escalier et remonté la porte au niveau actuel. Jusqu'au milieu du xviie siècle, la curie conserva sa belle porte antique en bronze, certainement antérieure à l'époque de la reconstruction de Dioclétien; c'est elle qui est représentée sur le dessin de Du Pérac. Alexandre VII la fit enlever pour la transporter à Saint-Jean-de-Latran; elle ferme aujourd'hui, dans la façade principale, la grande nef de cette basilique.

Les trois édifices réunis dont se composait le sénat formaient un ensemble d'une profondeur de 27 m. 50 avec, sur le *Comitium* (*i*), une façade de 51 mètres environ; ils étaient adossés au grand mur en tuf et en travertin qui, de ce côté, bornait le forum de César (K, 4).

Au temps de la République, pendant que les sénateurs délibéraient à la curie (K), les tribuns du peuple siégeaient sur le comitium (*i*) devant la salle des séances où ils n'avaient pas le droit de pénétrer, et de là surveillaient les actes du Sénat. Souvent ils montaient à la tribune située alors devant le Sénat, sur les confins du comitium et du forum (voir fig. 5, p. 73), pour dévoiler au peuple les projets des patriciens. Le peuple surexcité envahissait le comitium, se pressait devant la curie, cherchant par ses clameurs à intimider les Sénateurs. Plus d'une fois aussi les jeunes sénateurs irrités sortirent de la salle des séances, dispersant les tribuns, chargeant les plébéiens dont plus d'un s'enfuit la face meurtrie et les vêtements en lambeaux. Au plus fort de ces luttes, en l'an 293 (= 461 av. J.-C.), un jeune sénateur, Kaeso Quinctius, orateur éloquent et très écouté, valeureux soldat, taillé en Hercule, s'était acquis dans ce genre de pugilat une réputation méritée. On disait même que son coup de poing avait été mortel. Il fut obligé de s'exiler et faillit être condamné à mort.

En temps de guerre, quand commençait à se répandre le bruit d'une bataille, la foule accourait aux nouvelles devant la curie. C'est là qu'avec des manifestations et des sentiments divers, elle apprit les défaites de Trasimène et de Cannes et aussi la victoire sur Hadrubal.

Dans la curie de Dioclétien, le monument même qui subsiste aujourd'hui, se livra la dernière lutte entre le christianisme et le paganisme autour de la statue en or de la Victoire qui, depuis Auguste, présidait aux séances du Sénat.

Après Saint-Adrien, nous laissons à gauche la rue Cavour : là était l'*Argiletum*, une des plus antiques rues de Rome, qui montait vers le quartier populeux de Subure et débouchait sur le forum entre la curie (K) et la basilique Aemilia (d'); cet endroit fut complètement modifié par la construction du forum de Nerva (H). Là était aussi le temple de Janus. Sous les maisons qui font suite, dorment les restes de la basilique Aemilia (d').

Un peu en avant, sous le terrain que nous foulons, étaient, au temps de la République, une série de boutiques appelées *tabernae novae*. C'est parmi ces boutiques que se trouvait l'étal du boucher où Virginius prit un couteau pour tuer sa fille; il n'avait pas d'autre moyen de la soustraire à Appius Claudius, qui, mettant son autorité de magistrat au service de ses passions criminelles, venait de l'adjuger comme esclave à l'un de ses complices. On sait dans quel trouble et dans quelle agitation ce procès et son fatal dénouement jetèrent la foule qui se pressait sur le forum, et comment s'en suivit la chute des décemvirs, que perdit un crime analogue à celui par lequel avaient péri les Tarquins.

Avançons encore un peu jusqu'au pied du mur latéral du temple d'Antonin et de Faustine (*p*) pour admirer de plus près son bel appareil et sa frise.

En retournant sur nos pas pour prendre la rue Cavour, il faut nous arrêter un instant près de la balustrade qui borne le forum à la limite des fouilles, et y jeter un dernier coup d'œil. D'ici il est encore tout entier à nos pieds et se présente sous un autre aspect. Nous sommes du côté opposé à celui par où nous sommes entrés, au-dessus du temple de César (9) et en face du temple de Castor (15). Si, pendant notre séjour, nous devons venir encore au forum, disons-nous qu'on ne l'a jamais trop vu, que chaque visite nouvelle amène la découverte de quelque détail jusque-là inaperçu; si nous sommes au contraire à la veille du départ, qui sait quand nous le reverrons?

CHAPITRE X

Le forum de la Paix (G). — Revenant à la rue Cavour, nous la suivons jusqu'à l'endroit où elle est coupée par la rue *Alessandrina*. Nous sommes sur l'emplacement du forum de la Paix (G) dont le temple (G, 1) s'élevait au milieu d'une vaste aréa rectangulaire entourée d'un portique. Construit avec une magnificence extraordinaire par Vespasien et Titus après le triomphe sur les Juifs, le temple de la Paix fut dédié en l'an 828 (= 75 ap. J.-C.). Son nom lui vint de ce que les deux empereurs, en même temps qu'ils décrétèrent sa construction, fermèrent le temple de Janus. Il fut enrichi des dépouilles du temple de Jérusalem, à l'exception des tables de la loi et du voile du saint des saints qui furent transportés au Palatin. La plupart des œuvres d'art que Néron avait entassées dans sa maison dorée contribuèrent à l'embellir. On y établit une bibliothèque. Une grande partie de ces richesses périrent dans l'incendie de Commode dont Septime Sévère répara les dommages.

Aucun débris du forum et du temple de la Paix n'est visible, sauf le mur de fond du *templum sacrae*

Urbis (G, 2) sur lequel était fixé le grand plan de Rome dressé par ordre de Septime Sévère.

Le forum de Nerva (H). — Commencé par Domitien, achevé par Nerva.

Nous prenons la rue *Alessandrina* à notre gauche, et la suivons jusqu'à ce que nous rencontrions, à notre droite, dans la rue *della croce biunca*, les restes du forum de Nerva connus sous le nom de *les Colonacce* (H, 1; fig. 33, p. 233).

Ces débris appartenaient au portique qui entourait l'aréa du forum de Nerva. Une seule rangée de colonnes corinthiennes, cannelées, à chacune desquelles correspondait un pilastre engagé dans le mur, soutenait des avant-corps qui supportaient des piédestaux destinés à des statues. Au-dessus de la colonne, et sous la corniche richement ornée, courait une frise présentant des sculptures d'un bon travail. L'enfoncement ménagé dans chaque entre-colonnement était dominé par un bas-relief placé entre les deux piédestaux. Celui que nous avons sous les yeux représente Minerve casquée. Sur la frise qui règne au-dessous sont figurés des sujets relatifs au mythe de Minerve : la déesse et Arachnée; Minerve Ergané présidant à des travaux féminins; enfin, tout à fait à droite, comme l'a démontré M. Petersen, Minerve Musica, au milieu des neuf Muses, dans un paysage qui doit être l'Hélicon.

Il n'est pas étonnant que ces bas-reliefs aient trait à Minerve : le temple avait été consacré à cette déesse à qui Domitien avait voué une dévotion particulière. Pour cette raison, le forum portait aussi le nom de *forum palladium*; on l'appelait encore *forum transitorium* ou *pervium*, parce qu'il servait de passage pour aller du forum romain à la partie supérieure de l'*Argi-*

letum et au quartier de Subure, et aussi parce qu'il mettait en communication les forums de César et d'Auguste avec celui de la Paix.

Le temple, dont les restes n'ont été démolis qu'au commencement du xviie siècle, était, comme le montre le dessin de Du Pérac (fig. 33, p. 233), appuyé au centre du petit côté nord du forum, c'est-à-dire au côté qui est à notre gauche quand nous regardons les *colonacce*; de ce même côté, une large porte donnait accès dans le forum. Par le dessin, qui nous offre les beaux restes du temple encore debout au xvie siècle, on voit que les *colonacce* formaient la partie extrême du portique, à droite du temple. Le temple lui-même, exastyle et prostyle, faisait saillie sur le forum de Nerva; la rue *Alessandrina*, aussitôt après avoir dépassé la rue *della croce bianca*, passe sur son escalier, et la maison qui fait l'angle des deux rues (H, 2), à droite, recouvre les soubassements du temple dont les matériaux furent, en 1606, employés à la construction de la chapelle de Borghèse à Sainte-Marie-Majeure et de la fontaine de l'aqua Paola sur le Janicule; mais la destruction ne fut pas poussée jusqu'aux fondations et on trouverait, sous les maisons modernes, des restes importants.

Il nous est facile maintenant de reconstituer par la pensée, à l'aide de la vue prise par Du Pérac et du plan, le forum de Nerva. Dégageons d'abord jusqu'au sol les deux colonnes à moitié enfouies des *colonacce*; rendons-leur les pilastres cannelés correspondants, engagés dans la muraille et dont un chapiteau se voit encore derrière la colonne de droite; recouvrons le mur de son placage en marbre; sur le devant des piédestaux qui surmontent la corniche, replaçons les ornements, en bronze probablement, dont les trous

de scellement sont visibles; enfin, sur chacun des piédestaux redressons sa statue; ce petit fragment bien
restauré, prolongeons-le sur une longueur de 120 mètres environ; en face, à un peu moins de 50 mètres,
supposons un autre côté semblable. A l'extrémité
nord, plaçons le temple de Minerve, avec son fronton
et son escalier s'avançant de 20 mètres environ sur
l'aréa. A droite du temple, figurons-nous la grande
porte d'entrée avec ses marbres et son ornementation
architecturale; le mur de gauche n'est pas percé
d'une porte, le forum de Nerva s'appuyant de ce côté
à l'hémicycle du forum d'Auguste. A l'autre extrémité, le petit côté, légèrement concave, qui regarde
le forum romain est percé de portes monumentales;
devant le temple s'étend une longue aréa dallée que
borde, à droite et à gauche, le long du portique, une
rue bien pavée.

Sévère Alexandre fit dresser sur ce forum les statues
colossales des empereurs qui avaient reçu les honneurs
de l'apothéose.

Le forum de César (I). — Nous continuons à suivre
la rue *Alessandrina* jusqu'à la rue Bonella qui traverse
le forum d'Auguste et de César.

A notre gauche, un peu au-dessous de la rue *del
Priorato*, commençait (I, 2) le forum de César, qui,
de l'autre côté, s'étendait jusqu'aux bâtiments de la
curie (K). C'était un rectangle dont les côtés longs
étaient orientés de l'est à l'ouest. Sa création eut pour
but de suppléer au forum romain, devenu, malgré
ses deux grandes basiliques, insuffisant pour rendre
la justice.

Il servait de *téménos* ou *area* au temple de Vénus
Génitrix (I, 1) de qui César prétendait descendre. On

conservait dans ce temple, d'une grande beauté, des œuvres d'art célèbres. Devant sa façade, se dressait la statue de César montant le célèbre cheval dont le sabot avait la forme d'un pied humain et au maître duquel une prophétie promettait l'empire du monde.

César dédia le temple avant qu'il fût complètement achevé, en 708 (= 46 av. J.-C.). Il y vint couronné de fleurs et précédé d'éléphants qui portaient des torches.

Dans une allée de la rue *delle Marmorelle* (autrefois rue *del Ghetarrello*), n° 42, on peut voir quelques débris, sans grand intérêt, des boutiques qui étaient adossées au mur d'enceinte du forum de César.

Le forum d'Auguste (L). — En remontant la rue *Bonella* dans la direction opposée au forum romain, nous arrivons au forum d'Auguste. Après le forum romain, le forum de César à son tour devint insuffisant pour les plaideurs dont le nombre croissait toujours; c'est pour ce motif qu'Auguste créa le sien.

Le forum d'Auguste se composait d'un temple à Mars Ultor (L, 1), octostyle et périptère. Pendant la bataille de Philippes, Auguste l'avait voué à Mars, vengeur de César assassiné (712 = 42 av. J.-C.). La dédicace n'eut lieu que quarante ans plus tard. L'abside ou cella du temple était appuyée au mur nord de l'enceinte; la façade et l'escalier s'avançaient sur le forum jusqu'au milieu d'une aréa circonscrite à droite et à gauche par deux hémicycles (L, 4, 4) de 40 mètres de diamètre et se prolongeant dans la direction du sud en forme de rectangle, jusqu'au forum de César (I, 2).

Trois grandes colonnes corinthiennes en marbre de Carare (L, 2; fig. 31, p. 217), encore debout, flanquent le mur de la cella; ce sont les trois dernières de la rangée; on voit d'ailleurs que la série s'arrête

23

devant un pilastre de même style, quoique non can-
nelé, engagé dans le mur du fond. Leur base mesure,
avec le socle, 93 centimètres; le fût 15 m. 30, le chapiteau 1 m. 93. Leur diamètre varie de 1 m. 52 à
1 m. 76; derrière les colonnes, le mur en marbre de
la cella est très bien conservé; le soffite est en marbre
avec caissons rectangulaires ornés d'un fleuron central. A moitié dissimulées derrière le remblai de la
rue Bonella, ces colonnes ne produisent pas tout leur
effet; elles constituent cependant un des plus beaux
spécimens de l'architecture gréco-romaine.

L'enceinte était construite, comme en témoignent
ses restes imposants, en gros blocs de tuf et de travertin. Les matériaux étaient de premier choix. Tout
le bois, dit Pline, avait été coupé à la canicule et sous
les constellations voulues; ce qui lui donne une éter-
nelle durée. Sans croire à ces influences sidérales, il
est cependant curieux de constater que, au XVI° siècle,
quand on détruisit une partie de l'enceinte de ce forum,
là où elle confine avec l'enceinte du forum de Nerva,
on constata que les grosses pierres de taille de ce mur
étaient reliées entre elles par des crampons de bois
taillés en queue d'aronde et si bien conservés qu'on
aurait pu les remettre en œuvre.

Le mur d'enceinte, à l'endroit déblayé jusqu'au
sol (L, 3; fig. 32, p. 221), est haut de 36 mètres. Il était
recouvert de marbre et orné de niches dont plusieurs,
très bien conservées, se voient encore. Un portique,
composé d'une seule rangée de colonnes auxquelles
correspondait un pilastre engagé dans le mur courait,
à l'intérieur, tout le long de l'enceinte et abritait des
niches dans lesquelles se dressaient les statues en
bronze des personnages dont les noms et les titres
étaient inscrits sur la plinthe inférieure de la niche;

au-dessous, leur éloge était gravé sur une plaque en marbre. Énée portant Anchise ouvrait la série, puis venaient les rois d'Albe, ancêtres de la gens Julia; puis Romulus et, après lui, les grands généraux de la République. Marc Aurèle continua cette série sur le forum de Trajan par les statues des officiers morts glorieusement à l'ennemi, et Sévère Alexandre, sur le forum de Nerva, par les statues colossales des empereurs divinisés.

Deux quadriges en bronze sur lesquels on avait gravé le plus beau de ses titres, *père de la patrie*, avaient été érigés à Auguste sur son forum, probablement au centre des deux hémicycles (L, 4, 4), en 752 (= 2 av. J.-C.). En l'année 772 (= 19 ap. J.-C.), le Sénat, après avoir accordé l'ovation à Germanicus et à Drusus, pacificateurs de l'Arménie, leur avait décrété deux arcs de triomphe ornés de leurs statues, l'un à droite, l'autre à gauche du temple de Mars Ultor (L, 5, 5).

La grande porte sous laquelle on sort de la rue Bonella, appelée *arco de' Pantani* (L, 6), si on la suppose prolongée jusqu'au sol antique, c'est-à-dire 5 mètres plus bas, serait vraiment informe; mais il ne faut pas oublier qu'elle était revêtue de marbre, que son ornementation architecturale était en rapport avec celle du temple et de l'enceinte, et qu'elle était peut-être, comme beaucoup de portes romaines, rectangulaire avec une baie cintrée au-dessus de l'entablement.

Il nous est facile, en combinant les renseignements qui précèdent avec le plan et les ruines qui sont sous nos yeux, de reconstituer dans notre imagination l'aspect général du forum d'Auguste.

Auguste avait accordé au temple de Mars Ultor de grands privilèges qui en faisaient l'égal des temples les plus vénérés de Rome. Le Sénat s'y réunissait pour délibérer sur la guerre et sur les honneurs du triomphe; les triomphateurs y venaient dans l'église offrir à Mars leur sceptre et leur couronne; comme chez nous aux Invalides, on y déposait les enseignes prises à l'ennemi.

Chaque année nouvelle, pendant la procession qui avait lieu le 1er mars et les jours suivants, les prêtres Saliens y venaient avec les boucliers sacrés, chantant des hymnes aux origines lointaines, et rythmant, sur un mode très ancien, leurs danses hiératiques; ils faisaient, à cette occasion, dans le temple de Mars, un repas qui a laissé de bons souvenirs. Une année, précisément ce jour-là, Claude siégeait sur son tribunal, rendant la justice dans le forum d'Auguste. Mais, pendant ce temps, on préparait dans le temple le repas des Saliens. L'odeur des marmites était si chargée de promesses que l'empereur n'y tint plus : tribunal, avocats et plaideurs, il laissa tout en suspens pour aller, comme disait Cicéron, *epulari Saliarem in modum*.

Dans le temple de Mars Ultor, comme dans beaucoup d'autres, il y avait un trésor public. Une nuit les voleurs s'y introduisirent et le dévalisèrent; ils poussèrent même l'irrévérence jusqu'à voler le casque de Mars lui-même; ce dont Juvénal raille le dieu de la guerre, mauvais gardien du trésor confié à ses soins.

> *.... Mars galeam quoque perdidit et res*
> *Non potuit servare suas.*

Sortons un instant par l'*arco de' Pantani* (L, 6) dans la rue *Torre dei Conti* pour admirer, à l'extérieur, le magnifique appareil du mur d'enceinte qui serait beaucoup plus imposant encore si un déblaiement lui rendait toute sa hauteur.

Nous rentrons ensuite dans la rue *Bonella* et la suivons jusqu'à la rue *Alessandrina*, que nous prenons de nouveau, à notre droite, pour aller au forum de Trajan.

Le forum de Trajan (M). — Avant Trajan le mont Capitolin et l'extrémité du Quirinal se touchaient

presque, ne laissant entre eux qu'un étroit passage
fermé par l'enceinte de Servius que perçait en cet
endroit la *porta Fontinalis*. Trajan résolut d'ouvrir de
ce côté un large passage entre le forum et le Champ
de Mars, et, pour atteindre ce but, de supprimer une
partie des deux collines. Il fallut, dit M. Lanciani,
acheter 275 000 mètres carrés de terrain, et, pour aplanir la colline, dont la colonne Trajane devait égaler
la hauteur, enlever environ 850 000 mètres cubes de
déblais.

C'est dans cette plaine artificielle que l'architecte
Apollodore de Damas construisit le forum de Trajan.
Il se composait, comme nous le voyons d'après le plan,
dans ses parties essentielles, d'une vaste aréa (M) que
terminait une basilique (N); après la basilique, entre
deux édifices et au milieu d'une cour que l'on s'étonne
de voir si étroite, s'élevait la colonne Trajane (O).
Hadrien prolongea encore cet ensemble grandiose
d'édifices par le temple dédié à ses parents, Trajan
et Plotine (P), qu'il entoura, comme il avait fait pour
celui de Vénus et de Rome, d'un vaste portique.

En lisant ce qui précède nous avons continué à
suivre la rue *Alessandrina*. Une trentaine de mètres
avant l'endroit où elle forme un carrefour avec les rues
dei Carbonari et *Campo Carleo*, à notre gauche, était
l'arc de triomphe de Trajan (M, 1) qui donnait entrée
dans son forum. Aucun débris n'en est visible. A
droite et à gauche de l'arc de triomphe, un mur en
marbre formait l'enceinte du forum.

L'area (M). — L'arc de triomphe franchi on se trouvait sur l'*area* du forum de Trajan (M, 2, 2); la partie
de la rue *Alessandrina* où nous marchons maintenant
passe dessus et nous conduit à l'endroit qui a été

déblayé en 1812-1814 par Valadier, le comte de Tournon étant préfet du Tibre. Ces fouilles ont mis au jour
l'extrémité de l'aréa (M, 2) qui touche à la basilique
Ulpia (N), la partie centrale de cette basilique et les
alentours de la colonne (O).

Toute l'aréa, sauf le côté bordé par la façade de la
basilique, était circonscrite par un mur en avant
duquel courait un portique, formé d'une seule rangée
de colonnes du côté de l'arc de triomphe (M, 1), et
d'une double rangée sur les côtés de droite et de
gauche. Le quatrième côté était occupé par la façade
de la basilique avec son triple perron (N, 1). Le mur
d'enceinte avait 120 mètres sur 110. A droite et à
gauche, l'aréa était prolongée, en dehors de son mur
percé de portes à la partie centrale, par un hémicycle
(M, 3, 3) analogue par sa orme à ceux du forum
d'Auguste. Ces deux hémicycles, appuyés, celui d
droite au mont Quirinal, celui de gauche au mon
Capitolin, avaient plusieurs étages et dissimulaient
par l'aspect de constructions harmonieuses, l'énorm
coupure faite dans la montagne. L'hémicycle d
gauche est caché sous les constructions de la rue *delle
chiavi d'oro*; celui de droite, adossé au mont Quirinal,
existe encore en partie; on peut y pénétrer facilemen
par la porte n° 6 de la rue *Campo Carleo*. Il mérite
une visite. Construit en blocage revêtu de briques
autrefois recouvertes, suivant les endroits, soit de
marbre, soit de stuc, il conserve çà et là quelques
traces de stuc; comme partout, le marbre a disparu.
L'arc qu'il décrit est, à l'intérieur, de 65 mètres de
diamètre. Formé de deux murs concentriques, il es
divisé, dans l'espace compris entre les deux murs, en
une série de petites chambres pavées en mosaïque.
L'une d'elles est occupée par l'escalier qui monte à

l'étage supérieur où se trouvent d'autres chambres. Un portique, d'une seule rangée de colonnes, suivait la courbe de l'hémicycle et son faîte était orné de chevaux et d'enseignes militaires en bronze, avec l'inscription *ex manubiis*. A ses deux extrémités, le grand hémicycle était accosté d'un petit hémicycle.

Au centre de l'aréa se dressait la statue équestre de Trajan (M, 4) et les portiques qui l'entouraient étaient peuplés de statues; Marc Aurèle y fit ériger celles des officiers tués glorieusement à l'ennemi; Sévère Alexandre y transporta les statues des grands hommes dispersés dans les divers quartiers de la ville. On voit encore un petit nombre des bases de ces statues.

Vers le milieu du IVᵉ siècle, le forum de Trajan était encore dans toute sa beauté. Ammien Marcellin raconte que Constance y entrant en 356, accompagné du roi de Perse, Ormisdas, restait saisi d'admiration devant une telle magnificence qui lui semblait supérieure aux forces humaines. Désespérant de jamais pouvoir atteindre à rien de semblable, il disait qu'au moins il ferait faire, pour porter sa statue, un cheval semblable à celui de la statue de Trajan. « Mais, lui dit en souriant Ormisdas, votre cheval ne peut pas être moins bien logé que celui de Trajan; il vous faudra d'abord lui construire une écurie semblable. »

La basilique Ulpia (N). — L'aréa se termine au seuil de la basilique Ulpia, devant son grand escalier (N, 1) dont nous voyons les restes. La façade de la basilique était percée de trois portes en saillie, abritées par des portiques et surélevées de cinq degrés; la partie centrale, avec son perron et la porte principale (N, 1), a été déblayée; au delà de la partie fouillée, la façade se prolonge, à droite et à gauche, d'une quarantaine de mètres; en tout elle avait 130 mètres de longueur. La toiture était en bronze.

L'intérieur était divisé en cinq nefs séparées par quatre rangées de colonnes; le long du mur, un pilastre engagé correspondait à chaque colonne des deux rangées extrêmes. Ce que nous voyons formait la partie centrale de la basilique dont la largeur va de l'*area* (M) à la colonne Trajane (O). Si à chaque extrémité des rangées de colonnes qui ont été mises au jour, nous ajoutons quatre colonnes, ce qui fera 18 en tout pour chaque rangée, nous aurons la longueur intérieure de la grande nef centrale dont les deux petits côtés étaient fermés par quatre colonnes; chaque extrémité se terminait par une abside en demi-cercle (N, 4, 4) précédée d'un portique de deux rangées de colonnes (N, 3, 3). Les colonnes en granit que nous voyons debout ont été redressées après les fouilles; elles sont bien à la place qu'occupaient les colonnes des nefs et nous donnent une idée exacte de la division de la basilique; mais on s'accorde généralement à croire qu'elles appartenaient non à la basilique, mais aux portiques extérieurs. Les colonnes de la basilique étaient en marbre jaune africain.

Le dallage de la nef centrale était en compartiments de marbre de Numidie et de Phrygie, ronds et carrés, alternant comme au Panthéon. Les dalles des bas-côtés étaient du même marbre de Phrygie et de Numidie, mais encadrées dans du marbre africain; entre les colonnes le dallage était en marbre blanc.

Comme à la basilique Julia, il y avait un premier étage formant tribune autour de la nef centrale (fig. 45).

Du côté de la colonne Trajane, la basilique avait une seconde façade semblable à celle du côté opposé, avec des portes dont le seuil est conservé.

Fig. 45. — Restauration de la basilique Ulpienne (par Lesueur)

La colonne Trajane (O). — En sortant de la basilique par une de ces dernières portes, on se trouvait dans une petite cour de 60 pieds carrés, au milieu de laquelle s'élève la colonne. Dans l'état actuel, sa hauteur, du sol à la naissance du piédestal qui portait la statue, est de 38 m. 22 centimètres; l'acrotère a 2 m. 91 centimètres; le total donne la hauteur de la montagne qu'on a fait disparaître.

Dans le piédestal était ménagée une chambre destinée à contenir les cendres de Trajan; elles y furent en effet déposées dans une urne d'or. Mais sous Sixte Quint la chambre fut trouvée vide et on la mura dans l'intérêt de la solidité du monumeut; elle avait été violée par les Wisigoths. Le piédestal est orné d'armes et de trophées; deux Victoires supportent, au-dessus de l'entrée, le cartouche de l'inscription qui est ainsi conçue :

SENATVS-POPVLVSQVE-ROMANVS
IMP-CAESARI-DIVI-NERVAE-F-NERVAE
TRAIANO - AVG - GERM - DACICO - PONTIF
MAXIMO·TRIB-POT-$\overline{XII}$·IMP-$\overline{VI}$-P-P
AD - DECLARANDVM - QVANTAE - ALTITVDINIS
MONS-ET-LOCVS-TAN*Tis·operi*BVS-SIT-EGESTVS

Senatus populusque Romanus, Imp(eratori) Caesari, divi Nervae f(ilio), Nervae Trajano Aug(usto), G(ermanico), Dacico, Pontif(ici) maximo, trib(unicia) pot(estate) duodecimum, imp(eratori) sextum, p(atri) p(atriae), ad declarandum quantae altitudinis mons et locus tant[is operi]bus sit egestus.

Les angles sont ornés d'aigles reliés entre eux par des guirlandes de laurier; le fût repose sur un tore en forme de couronne laurée.

Le piédestal se compose de huit immenses blocs de marbre de Paros; la base, y compris le tore, est d'un seul bloc; le fût en comprend 17, le chapiteau 1,

l'acrotère 2. Un escalier, éclairé
par 43 petites fenêtres, monte en
spirale jusqu'à la plate-forme ;
ses 185 marches et les fenêtres
sont taillées dans la masse même
des blocs. Un rouleau de 23 spirales serpentant autour du fût
raconte, en images, les campagnes de Trajan contre les Daces.

Pendant que tous les autres
monuments antiques de Rome
étaient dévastés, la colonne Trajane a été entourée d'une protection spéciale ; elle bénéficia des
légendes qui, au moyen âge, firent
entrer Trajan dans le ciel avec les
bons chrétiens. Au XIIe siècle, un
décret du Sénat défendit, sous
peine de mort, de détériorer la
colonne ; au XVIe siècle, le pape
Paul III en fit déblayer la base ;
quelques années plus tard, Sixte
Quint démolit les maisons modernes qui la masquaient en partie et la protégea par un mur
contre les éboulements ; les fouilles faites au commencement de
ce siècle éloignèrent encore les
terres qui l'entouraient. Les trous
qui, de distance en distance, ont
enlevé des éclats du marbre, sont
l'œuvre des barbares qui ont cherché les crampons en bronze pour
en utiliser le métal.

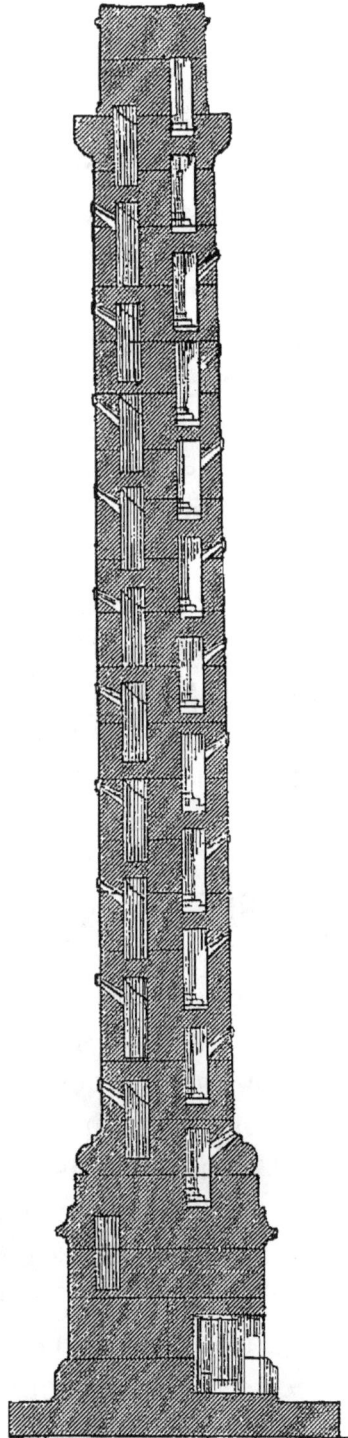

Fig. 46. — Coupe de la
colonne Trajane.

Le temps nous manquerait pour étudier sur place et
en détail ces bas-reliefs où figurent près de 2 500 personnages. Plus tard il faudra relire à loisir le volume
de M. Fröhner en suivant sa description sur les photographies de sa grande édition. Ceux qui habitent Paris
pourront encore, avec le petit volume de M. Salomon
Reinach, suivre sur le moulage dressé en plusieurs
tronçons dans les fossés du château de Saint-Germain,
ou à l'aide des photographies placées dans le meuble
à volets, sur le palier du premier étage du musée, tous
les épisodes des guerres de Trajan en Dacie (101, 102
et 105-107 ap. J.-C.). Pour le moment, quelques lignes
empruntées à M. Salomon Reinach nous aideront à en
concevoir une idée générale très suffisante :

« Les motifs figurés sur la colonne Trajane sont
d'une variété infinie : passages de rivières, marches,
navigations, conseils de guerre, combats, assauts,
incendies, interrogatoires de prisonniers, sacrifices,
négociations, revues, tous les épisodes s'y succèdent
sans fatiguer l'attention. Ils sont l'image de la vie
militaire dans toute sa complexité, sous tous ses
aspects majestueux ou terribles. Les scènes douces
et touchantes ne font pas plus défaut. Voici des blessés
auxquels on prodigue des soins, les Daces pleurant
sur leur jeunesse moissonnée, Trajan prenant sous sa
protection, après une victoire, les princesses captives
et leurs enfants.

« L'empereur est partout; il est représenté plus de
cinquante fois sur la colonne... Chef de l'armée et
grand pontife, soldat et prêtre, tantôt il combat et
tantôt il sacrifie. Sa taille est d'ordinaire plus grande
que celle des soldats qui l'entourent; mais il vit avec
eux et partage toutes leurs épreuves, le plus souvent
à pied..... marchant en tête de ses légionnaires

auxquels il montre le chemin de son bras tendu.

« L'artiste de la colonne n'a pas été injuste pour les vaincus : il montre leur courage héroïque, leur mépris de la mort, leur ardeur au suicide lorsqu'ils sont menacés de la servitude. Décébale, pressé par les Romains, tombé blessé au pied d'un arbre, se frappe de son glaive recourbé. Sa mort marque la fin de la guerre et l'indépendance de la Dacie périt avec lui. »

Le fût de la colonne Trajane est bien plus une page d'histoire qu'une œuvre d'art; elle mérite, plus que l'attention des artistes, celle des historiens et des archéologues. Il était difficile qu'il en fût autrement. Ces scènes animées, peuplées de tant de personnages, ne pouvaient pas, dans les paysages au milieu desquels elles se déroulent, être figurées avec les reliefs et les perspectives qu'elles comportent. L'artiste ou les artistes — car on reconnaît, dit-on, plusieurs mains — ont été obligés d'entasser pour pouvoir tout mettre; la hauteur de la colonne et aussi celle des spirales étaient limitées, et la page d'histoire devait être complète. Il en résulte, comme pour les sculptures de l'arc de triomphe de Septime Sévère, un compromis entre les procédés de la sculpture et les procédés de la peinture, un genre bâtard et faux.

Il ne faut pas cependant juger la sculpture du forum de Trajan d'après ce monument soumis, par le fait même de sa destination, à des nécessités et à des procédés qui ne relèvent pas de l'art. On connaît heureusement d'autres fragments de sculpture, provenant du forum de Trajan — c'est du moins une opinion admise — et qui font honneur aux artistes de l'époque : un aigle d'un grand style, encastré dans le mur de fond du portique de l'église des Saints-Apôtres; le bas-relief du musée de Latran,

représentant le cortège si plein de majesté de Trajan
au milieu de ses licteurs (Helbig, I, traduction Toutain,
p. 471, n° 627); dans le même musée, les fragments
de la frise ornée de groupes de griffons et de génies
dont le corps se termine en enroulements d'acanthes,
alternant avec des vases (Helbig, I, p. 473, n°s 629,
630); la grâce et la pureté de ces charmants sujets
sont inspirées par les meilleures traditions de l'art
décoratif aux belles époques; voir aussi une frise
décorée de feuillages et de fleurs, d'une richesse luxu-
riante et, en même temps, d'un goût très pur (Helbig,
ibid., n° 631).

Les bibliothèques. — A droite et à gauche de la
colonne s'élevaient deux édifices affectés l'un à la
bibliothèque grecque, l'autre à la bibliothèque latine.
Les livres y étaient classés dans des armoires numérotées et les bustes des grands écrivains, même contemporains, ornaient les salles.

Le temple de Trajan (P). — Hadrien prolongea encore
ce grandiose assemblage d'édifices magnifiques en
élevant à ses parents, Trajan et Plotine, un beau
temple placé au milieu d'un vaste péribolos rectangulaire entouré d'un portique. Le chapiteau et le fût de
dimensions inusitées qui gisent au pied de la colonne
Trajane en proviennent. Le péribolos, ou grande place
au milieu de laquelle s'élevait le temple, était pavé de
serpentine, de porphyre, de jaune antique et autres
marbres formant des dessins de marqueterie.

Les restes du portique et du temple de Trajan sont
cachés en partie sous le palais Valentini, et sous les
deux églises dont il est accosté, *Il nome di Maria* et
Santa Maria di Loreto.

Le forum de Trajan était un lieu très fréquenté; plus d'un souvenir agréable au peuple romain s'y rattachait. C'est là qu'Hadrien brûla les registres sur lesquels étaient inscrits les noms des citoyens en retard avec le fisc et que Marc-Aurèle vendit aux enchères les meubles les plus précieux du palais des Césars pour payer, sans recourir à de nouveaux impôts, les frais de la guerre contre les Marcomans; Aurélien y brûla les tables de proscription. Il y avait un tribunal et un bureau d'affranchissement. La bibliothèque Ulpia y attirait un grand concours d'érudits, d'historiens, de poètes et de philosophes.

CONCLUSION

Nous voici au terme de cette longue promenade; un peu trop longue peut-être et un peu fatigante par la quantité des choses vues. Je conseillerai cependant de lui donner comme conclusion une visite au *Tabularium*. On y entre par la rue *del Campidoglio*, la rue en escaliers qui passe sur l'extrémité du portique des *dii Consentes* (plans I et II, 4).

Ce monument, qui termine du côté du Capitole la perspective du forum, fut construit en 652 (= 102 av. J.-C.) par Q. Lutatius Catulus, à la suite d'un incendie du Capitole dont le Sénat l'avait chargé de réparer les dégâts. On y conservait les textes des lois, des plébiscites et des sénatus-consultes; beaucoup de ces documents étaient gravés sur des tables de bronze.

Le rez-de-chaussée et le premier étage du *Tabularium* sont antiques; le premier étage formait un portique ouvrant sur le forum par une série d'arcades qui toutes, sauf la dernière à droite, ont été murées quand on a surélevé l'édifice.

On pénètre dans le Tabularium par une porte ouverte dans un beau fragment de mur antique; nous y verrons d'intéressants débris d'architecture provenant des temples de la Concorde et de Vespasien. Mais surtout, et c'est pour cela que la visite au Tabularium me semble être la conclusion de notre promenade, nous monterons à la tour du Capitole. De là nous pourrons nous rendre compte de tout l'ensemble des places et monuments que nous venons de visiter.

Dans la direction du nord-ouest, à la hauteur de la rue *Nazionale*, près l'église des Saints-Apôtres, commence le portique qui entoure le temple de Trajan, auquel font suite la colonne Trajane, la basilique Ulpia et l'aréa du forum de Trajan. Celui-ci est en communication, par son arc de triomphe, avec le forum d'Auguste, dont le côté sud touche au forum de César et le côté Est au forum de Nerva, qui le relie au forum de la Paix. Le forum magnum ou forum romain, avec son prolongement jusqu'à l'extrémité de la basilique de Constantin et jusqu'à l'arc de Titus, s'appuie, au nord, sur les forums de César, de Nerva et de la Paix, au sud, sur le Palatin où s'élèvent les palais des Césars. Le Palatin lui-même, du côté opposé, domine le Cirque Maxime (aujourd'hui l'usine à gaz). Cet ensemble déjà remarquable se prolonge par la double abside des temples de Vénus et de Rome et leurs vastes portiques, jusqu'au Colisée, et, au delà, à gauche, par les thermes de Titus et de Trajan, à droite, par l'arc de Constantin et le magnifique temple de Claude sur le Cœlius.

A-t-il jamais existé au monde une autre ville qui ait pu montrer une série si considérable et ininterrompue de places, de portiques, de temples, de basiliques, de palais, d'édifices en marbre, où les œuvres d'art abondaient comme dans des musées, où se pressait une foule active; où vit encore aujourd'hui, dans tant de débris, la mémoire d'un si long et si glorieux passé, où nous puissions, de monuments en monuments, de souvenirs en souvenirs, remonter, sans interruption, jusqu'au point où l'histoire devenue légende se perd dans la nuit des origines mythologiques?

Strabon, après avoir décrit le Champ de Mars et les plus beaux monuments de Rome ajoute : « Supposons cependant que d'ici l'on se transporte dans l'antique forum et qu'on y promène ses regards sur cette longue suite de basiliques, de portiques et de temples qui le bordent, ou bien que l'on aille au Capitole, au Palatin, dans les jardins de Livie, contempler les chefs-d'œuvre qui y sont déposés, on risque fort, une fois entré, d'oublier tout ce qu'on a laissé dehors. — Telle est Rome. » (Livr. V, 8.)

INSCRIPTIONS

Comme nous l'avons annoncé, nous transcrivons ici, pour ceux qui auraient la curiosité de les lire, les inscriptions conservées dans la maison des Vestales, dans l'ordre où elles se présentent aux visiteurs, et avec des numéros correspondant aux indications données plus haut (Appendice, chap. VI, p. 302, ss.).

No 1.

FLAVIAE · L · FIL ·
PVBLICIAE · V · V · MAX ·
SANCTISSIMAE · PIISSIMAEQ ·
CVIVS · SANCTISSIMAM · ET ·
RELIGIOSAM · CVRAM · SACROR
QVAM · PER OMNES GRADVS↓
SACERDOTII LAVDABILI ADMI
NISTRATIONE OPERATVR NVMEN
SANCTISSIMAE VESTAE · MATRIS
COMPROBAVIT
AEMILIA ROGATILLA C·F·SORORIS·FIL·
CVM · MINVCIO · HONORATO · MARCELLO
AEMILIANO · C · P · FILIO · SVO ·
OB EXIMIAM EIVS ERGA SE
↓ PIETATEM ·

Flaviae, L(ucii) fil(iae), Publiciae, v(irgini) V(estali) max(imae), sanctissimae piissimaeq(ue), cujus sanctissimam et religiosam curam sacror(um), quam per omnes gradus sacerdotii laudabili administratione operatur, numen sanctissimae Vestae matris comprobavit, Aemilia Rogatilla, G(aii) f(ilia), sor(oris) fil(ia), cum Minutio Honorato Marcello Aemiliano, c(larissimo) p(uero), filio suo, ob eximiam ejus erga se pietatem.

Sur le côté droit :

COL V ID IVL
DDNN ////////// AVG · II̅ · ET
CAES COS

Col(locata) quinto id(us) Iul(ias), Dominis nostris I[mp(eratoribus).....] Aug(usto) iterum et...... Caes(are) co(n)s(ulibus).
(11 juillet 247.)

N° 2.

OB MERITVM CASTITATIS
PVDICITIAE ADQ·IN SACRIS
RELIGIONIBVSQVE
DOCTRINAE MIRABILIS
C//////////////E·V ↓ V·MAX·
PONTIFICES·V·V·C·C·
PROMAG·MACRINIO↓
SOSSIANO·V·C·P̄·M̄↓

Ob meritum castitatis, pu-
dicitiae, adque in sacris re-
ligionibusque doctrinae mi-
rabilis, C.....e v(irgini) V(es-
tali) m(aximae), pontifices
v(iri) c(larissimi); promag-
(istro) Macrinio Sossiano,
v(iro) c(larissimo), p. m.?

Sur le côté droit :

DEDICATA·V·IDVS·IVNIAS·
DIVO·IOVIANO·ET·VARRONIANO
CONSS·

Dedicata quinto idus junias,
divo Joviano et Varroniano
cons(ulibu)s.

(9 juin 364.)

N° 3.

COELIAE·CLAVDIANAE·V·V·
MAX·SANCTISSIMAE·RELIGI
OSISSIMAE·AC·SUPER·OM
NES·PIISSIMAE·CVIVS·OPE
RA·SACRORVM·GVBERNAN
TE·VESTA·MATRE·MAXI
MATVS SVI·X·X·CONPLEBIT
AVRELIVS·FRVCTVOSVS·CLI
ENS·ET·CANDIDATVS·BENIG
NITATAE·EIVS·PROBATVS·
SIC·X·X·SIC· XXX FELICITER·

Caeliae Claudianae, v(irgini)
V(estali) max(imae), sanctissi-
mae, religiosissimae ac super
omnes piissimae, cujus opera
sacrorum, gubernante Vesta
matre, maximatus sui vicen-
nalia complevit, A u r e l i u s
Fructuosus, cliens et candida-
tus, benignitate ejus probatus.
Sic vicennalia, sic tricennalia
feliciter.

Sur le côté gauche :

PERGAMIORVM XXX·SIC

Pergamiorum tricennalia sci.

N° 4.

. . . .
PVDICITIAE·CASTITATIS
IVXTA·LEGEM
DIVINITVS·DATAM
DECRETO PONTIFICVM

. . . .
pudicitiae, castitatis, juxta
legem divinitus datam. Decreto
pontificum.

N° 5.

TERENTIAE
FLAVVLAE
V̄ . V̄
MAX · SORORI
TERENTIVS·GENTIAN
VS·FL·DIALIS·V·C·PR
TVT·CVM·POMPONIA
PAETINA·VXORE·ET·
LOLLIANO GENTIAno
FILIO · FRATris

Terentiae Flavulae, v(irgini) V(estali) maxi(mae), sorori, Terentius Gentianus, fl(amen) dialis, v(ir) c(larissimus), pr(aetor) tut(elaris), cum Pomponia Paetina uxore, et Lolliano Gentia[no], filio frat[ris].

N° 6.

MAGNO · ET · INVICTO ·
AC·SVPER·OMNES·PRIN
CIPES · FORTISSIMO
FELICISSIMOQVE ·
IMP·CAES·M·AVRELIO·
ANTONINO·PIO·FEL·AVG·
PARTH·MAX·BRIT·MAX·
GERMAN·MAX·PONT·MAX·
TRIB·POTEST·X̄V̄Ī̄Ī̄·IMP·ĪĪĪ·
COS·ĪĪĪĪ·P·P·
MANCIPES·ET·IVNCTORES
IVMENTARII·VIARVM·
APPIAE·TRAIANAE·ITEM·
ANNIAE·CVM·RAMVLIS·DIVINA
PROVIDENTIAEIVSREFOTI·AGENTES
SVB CVRA·CL·SEVERIANI·MANILI·SVPERSTITIS
MODI · TERVENTINI · PRAEF · VEHICVLORVM

Magno et invicto ac super omnes principes fortissimo felicissimoque, Imp(eratori) Caes(ari) M(arco) Aurelio Antonino, Pio, Fel(ici), Aug(usto), Parth(ico) max(imo), Brit(annico) max(imo), German(ico) max(imo), pont(ifici) max(imo), trib(unicia) potest(ate) xvii, imp(eratori) iii, co(n)s(uli) iiii, p(atri)p(atriae), mancipes et junctores jumentarii viarum Appiae, Traianae, item Anniae, cum ramulis, divina providentia ejus refoti, agentes sub cura Cl(audii) Severiani, Manili(i) Superstitis, Modi(i) Terventini, praef(ectorum) vehiculorum.

Sur le côté droit :

LOC·ADSIGN·AB·CAECILIO·ARIS·····
C·V·CVR·OPER·PVBL·ET·MAX·····
PAVLINO·C·V·CVR·AED·SAC·····

DEDIC·V· NON· IVL·

L·VALERIO·MESSALLA·C·SVET·····
SABINO·COS·

Loc(us) adsign(atus) ab Caccilio Arist(one), c(larissimo) v(iro), cur(atore) oper(um) publ(icorum), et Max-[imio] Paulino, c(larissimo) v(iro), cur(atore) aed(ium) sac(rarum).

Dedic(ata) quinto non(as) Jul(ias), L(ucio) Valerio Messalla, G(aio) Suet[rio] Sabino co(n)s(ulibus).

(3 juillet 214.)

No 7.

PRAETEXTATAE·CRASSI·FIL
V · V · MAXIMAE
C IVLIVS CRETICVS
A · SACRIS

Praetextatae, Crassi fil(iae), v(irgini) V(estali) maximae, G(aius) Julius Creticus, a sacris.

No 8.

FL·PVBLICIAE·
SANCTISSIMAE
AC PIISSIMAE
V · V·MAX·
T·FL·APRONIVS·
FICTOR·V·V·
LOCI · SECVNDI
DIGNISSIMAE·
AC·PRAESTANTISSI
MAE·PATRONAE·
CVM SVIS

Fl(aviae) Publiciae, sanctissimae ac piissimae, v(irgini) V(estali) max(imae), T(itus) Fl(avius) Apronius, fictor v(irginum) V(estalium), loci secundi, dignissimae ac praestantissimae patronae, cum suis.

No 9.

NVMISIAE · L · F
MAXIMILLAE
V · V· MAX
C·HELVIDIVS·MYSTICVS
DEVOTVS·BENEFICIIS·EIVS·

Numisiae, L(ucii) f(iliae), Maximillae, v(irgini) V(estali) max(imae), G(aius) Helvidius Mysticus, devotus beneficiis ejus.

Nº 10.

TERENTIAE·
FLAVOLAE ·
V · V
MAXIMAE·
CN·STATILIVS·
MENANDER·
FICTOR·
V · V·
CN·STATILI·
CERDONIS ·
FICTORIS·
V · V·
ALVMNVS

*Terentiae Flavolae, v(irgini) V(estali) maxi-
mae, Gn(aeus) Statilius Menander, fictor
v(irginum) V(estalium), Gn(aei) Statili(i)
Cerdonis, fictoris v(irginum) V(estulium),
alumnus.*

Nº 11.

FLAVIAE PVBLICIAE
VV MAX
SANCTISSIMAE
AC RELIGIOSISSIMAE
M · AVRELIVS HERMES
OB EXIMIAM EIVS
ERGA SE BENIVOLENTIAM
PRAESTANTIAMQVE

*Flaviae Publiciae,v(irgini) V(estali)
max(imae), sanctissimae ac religiosissimae,M(arcus) Aurelius Hermes, ob eximiam ejus erga se benivolentiam praestantiamque.*

Nº 12.

TERENTIAE · FLAVOLAE
SORORI · SANCTISSIMAE
V · V · MAXIMAE
Q · LOLLIANVS · Q · F
POLL · PLAVTIVS · AVITVS
COS · AVGVR · PR · CAND
TVTEL · LEG LEG VII
GEMIN PIAE FELICIS
IVRIDIC · ASTVRICAE · ET
GALLAECIAE· LEG · AVGG · PROV
ASIAE · QVAEST CANDIDAT · TRIB
LATICLAV · LEGION · XIII · GEMIN
TRIVMVIR MONETALIS · A · A · A
F · F · CVM
CLAVDIA SESTIA COCCEIA SEVERIANA
CONIVGE ET LOLLIANA PLAVTIA SESTIA SERVIL
LA FILIA

Terentiae Flavolae,
sorori sanctissimae,
v(irgini) V(estali)
maximae, Q(uintus)
Lollianus, Q(uinti) f(i-
lius), Avitus, co(n)-
s(ul), augur, pr(aetor)
cand(idatus) tutel(a-
ris), leg(atus) leg(ionis)
vii geminae, p(iae),
felicis, juridic(us) As-
turicae et Galláeciae,
leg(atus) Aug(usto-
rum) prov(inciae)
Asiae, quaestor candi-
dat(us), trib(unus) la-
ticlav(is) legion(is) xiii
gemin(ae), triumvir
monetalis a(uro), a(r-
gento), a(ere) f(lando)
f(eriundo), cum Clau-
dia Sestia Cocceia
Severiana conjuge, et
Lolliana Plautia Ses-
tia Servilla, filia.

N° 13.

FL · PVBLICIAE · V · V · MAX ·
SANCTISSIMAE · AC · RELIGIOSIS ·
SIMAE · QVAE PER · OMNESGRADVS ·
SACERDOTII · APVT · DIVINA · ALTARIA
OMNIVM · DEORVM · ET · AD · AETERNOS IGNES
DIEBVSNOCTIBVSQVE · PIA MENTE · RITE
DESERVIENS · MERITO · AD HUNC ·
LOCVM CVM AETATEPERVENIT
BAREIVS · ZOTICVS · CVM · FLAVIA
VERECVNDASVA · OB EXIMIAM · EIVS ·
ERGA SE BENIBOLENTIAM · PRAESTANTIAMQ ·

Fl(aviae) Publiciae, v(irgini) V(estali) max(imae), sanctissimae ac religiosissimae, quae, per omnes gradus sacerdotii, aput divina altaria omnium deorum et ad aeternos ignes diebus noctibusque, pia mente rite deserviens, merito ad hunc locum cum aetate pervenit, Bareius Zoticus cum Flavia Verecunda sua, ob eximiam ejus erga se ben(cv)olentiam praestantiamq(ue).

Sur le côté gauche :

DEDICATA · PR · KAL · OCT ·
DDNN · VALERIANO · AVG IIII ET
GALLIENO · AVG · III · COSS

Dedicata pr(idie) Kal(endas) oct(obres), D(ominis) n(ostris) Valeriano Aug(usto) iiii, et Gallieno Aug(usto) iii, co(n)s(ulibu)s.

(30 sept. 257.)

Nᵒ 14.

FLAVIAE · L · F · PVBLICIAE ↓
  RELIGIOSAE ↓
SANCTITATIS · V · V · MAX ·
CVIVS · EGREGIAM · MORVM ·
DISCIPLINAM ↓   ET
IN SACRIS · PERITISSIMAM
OPERATIONEM · MERITO ·
RESPVBLICA · IN DIES ·
FELICITER · SENTIT ↓
VLPIVS · VERVS · ET · AVREL ·
TITVS · 7 · 7 · DEPVTATI
OB EXIMIAM · EIVS · ERGA SE
  BENIVOLENTIAM ·

    G ↓   P ↓

*Flaviae, L(ucii) f(iliae), Publi-
ciae, religiosae sanctitatis, v(irgini) V(estali) max(imae), cujus
egregiam morum disciplinam
et, in sacris, peritissimam operationem merito respublica in
dies feliciter sentit, Ulpius Verus et Aurel(ius) Titus, centu-
riones deputati, ob eximiam ejus
erga se ben(e)volentiam, g(rati)
p(osuerunt).*

Nᵒ 15.

FL · PVBLICIAE · V · V · MAX
SANCTISSIMAE · ET · PIISSI
MAE · AC · SVPER · OMNES ·
RETRO RELIGIOSISSIMAE
PVRISSIMAE · CASTISSIMAEQVE
CVIVS · RELIGIOSAM
CVRAM · SACRORVM · ET ·
MORVM · PRAEDICABILEM
DISCIPLINAM · NVMENQVOQVE
VESTAE CON PROVABIT
Q · VETVRIVS · MEMPHIVS · V · E
FICTOR · V · V · DIGNATIONES
ERGA · SE · HONORISQVE · CAVSA
PLVRIMIS IN SE CONLATIS
    BENEFICIIS

*Fl(aviae) Publiciae, v(irgini)
V(estali) max(imae), sanctissimae ac super omnes retro
religiosissimae, purissimae
castissimaeque, cujus religiosam curam sacrorum et mo-
rum praedicabilem disciplinam numen quoque Vestae
conpro(b)a(v)it, Q(uintus) Ve-
turius Memphius, v(ir) e(gre-
gius), fictor v(irginum) V(estalium), dignation(i)s erga se
honorisque causa, plurimis
in se conlatis beneficiis* [1].

1. J'ai pu, grâce à l'obligeance de M. l'abbé Dufresne, reviser ces textes
sur des estampages.

RENSEIGNEMENTS BIBLIOGRAPHIQUES

———

I. TITRES COMPLETS DES RECUEILS CITÉS EN ABRÉGÉ
DANS LES NOTES

Abhandlungen der philologisch-historischen Classe der Königlich Sächsischen Gesellschaft der Wissenschaften, Leipzig, in-4 [1].

Annali dell' instituto di corrispondenza archeologica, Rome, in-8.

Archaeologia or miscellaneous tracts relating to antiquity, Londres, in-4.

Atti della reale Accademia dei Lincei : Memorie della classe di scienze morali, storiche e filologiche, Rome, in-4. — *Notizie degli scavi*, Rome, in-4. — *Rendi conti della reale Accademia dei Lincei; classe di scienze morali, storiche e filologiche*, Rome, in-12.

Ausfürliches Lexikon der griechischen und römischen Mythologie (W.-H. Roscher), Leipzig, in-8.

Berichte ueber die Verhandlungen der Kœniglichen Sächsischen Gesellschaft der Wissenschaften zu Leipzig. Philologisch-historische Classe, Leipzig, in-8.

Bullettino di archeologia cristiana del commendatore, G.-B. de Rossi, Rome, in-4 et in-8.

Bullettino della commissione archeologica comunale di Roma, Rome, in-8.

Bullettino dell' instituto di corrispondenza archeologica, Roma, in-8.

Il Buonarotti, Rome, in-4.

Comptes rendus des séances de l'Académie des inscriptions et belles-lettres, Paris, in-8.

Corpus inscriptionum latinarum, Berlin, in-4.

Denkmäler des klassischen Altertums, lexikalisch bearbeitet (A. Baumeister), Munich, 1884-1888, in-4.

Denkschriften der Philosophisch-historischen Classe der kaiserlichen Akademie der Wissenschaften, Vienne, in-4.

Dictionary of greek and roman geography (W. Smith), Londres, 1873, in-8.

Dictionnaire des Antiquités grecques et romaines (Éd. Saglio), Paris, in-4.

Ephemeris epigraphica, corporis inscriptionum latinarum supplementum, Rome et Berlin, in-8 [2].

Gazette des beaux-arts, Paris, in-8.

Handbuch der römischen Alterthümer, Leipzig, in-8 [3]. — Th.

———

1. C'est dans le premier volume de ce recueil que se trouvent les travaux suivants de Th. Mommsen, souvent cités dans ce volume : *Ueber den Chronographen vom Jahre 354 et Anhang ueber die Quellen der Chronik der Hieronymus.*

2. C'est dans le t. III de ce recueil que se trouve le mémoire souvent cité de Jordan : *Sylloge inscriptionum fori Romani.*

3. Traduction française : *Manuel des antiquités grecques et romaines*, par des auteurs divers, Paris, Fontemoing.

Mommsen, *Roemisches Staats-recht.* — J. Marquardt, *Roe-mische Staatsverwaltung.*
Hermes, Zeitschrift für classische Philologie, Berlin, in-8.
Jahrbuch des kaiserlich deut-schen archaeologischen Insti-tuts. Rome, in-4.
Mélanges d'archéologie et d'his-toire de l'École française de Rome, Rome, in-8.

Mittheilungen des kaiserlich deutschen archaeologischen Instituts, roemische Abthei-lung, Rome, in-8.
Monumenti inediti dell' instituto di corrispondenza archeolo-gica, Rome, in-fol.
Philologus, Zeitschrift für das classische Alterthum, Gottin-gue, in-8.
Revue archéologique, Paris, in-8.

II. BIBLIOGRAPHIE DU FORUM [1]

1° Ouvrages généraux où il est traité du forum et de ses monuments.

Palladio (Andreo), *I quattro libri dell'architettura,* Venise, 1616, in-4.
Desgodetz (Antoine), architecte, *Les édifices de Rome dessinés et mesurés très exactement,* Paris, 1682, in-fol.
Labacco (Antonio), *Libro appar-tenente al' architettura, nel quale si figurono alcune nota-bili antiquita di Roma,* Rome, 1773, in-fol.
G. Valadier et Visconti, *Raccolta delle piu insigni fabriche di Roma antica,* Rome, 1810-1826, fol.
Famiano Nardini, *Roma antica,* t. II, p. 126-235. Les forums impériaux, p. 236-249, édit. Nibby, Rome, 1818, in-8.
E. Platner, C. Bunsen, E. Ge-rhard et W. Röswell, *Beschrei-bung der Stadt Rom,* t. III, 1, p. 58, ss.; t. III, 2, p.1, ss. Les fo-rums impériaux, t. III, 2, p. 138, ss. Stuttgart, 1830-1842, in-8.
L. Rossini, *Gli archi trionfali, onorarii e funebri degli antichi Romani,* Rome, 1836, fol.

Nibby, *Roma nell' anno MDCCCXXXVIII,* pars I, anti-ca, Forum romain et forums impériaux, t. II, p. 40-238, Rome, 1839, in-8.
Becker, *Topographie der Stadt Rom,* dans *Handbuch der roe-misch. Alterthüm,* t. I, p. 284-362. Les forums impériaux, p. 362-385, 1843, in-8.
Canina, *Gli edifizi di Roma an-tica cogniti per alcune reliquie,* Rome, 1848-1856, fol.
Dyer (T.-H.), Article *Roma* dans *A dictionary of gr. and rom. geography,* t. II, p. 772-797. Les forums impériaux, p. 797-802, Londres, 1873, in-8.
H. Jordan, *Forma urbis Romae,* p. 25, ss. Les forums impé-riaux, p. 27, ss., Berlin, 1875, in-fol.
Fr. Reber, *Die Ruinem Rom,* p. 15-149. Les forums impériaux, p. 155-174, Leipzig, 1879, in-4.
Otto Gilbert, *Geschichte und Topographie der Stadt Rom im Altertum* (table alphabé-tique), Leipzig, 1883-1890, in-8.

1. Nous n'avons pas l'intention de donner ici toute la bibliographie du sujet, mais d'indiquer seulement les principaux ouvrages utiles à consulter; quant aux monographies des monuments et aux articles de revues, ils sont cités à leur place, dans les notes.

II. Jordan, *Topographie der Stadt Rom im Alterthum*, t. I, 2ᵉ partie, p. 155-429. Les forums impériaux, p. 436-465, Berlin, 1885, in-12.

Gaston Boissier, *Promenades archéologiques*, p. 1-45, Paris, 1887, in-12.

R. Lanciani, *Ancient Rome in the light of recent discoveries*, p.75, ss.Les forums impériaux, p. 83, ss. Londres, 1888, in-8.

Otto Richter, *Topographie der Stadt Rom*, dans *Handbuch der klassischen Alterthum - Wissenschaft*, t. III, p. 784-803. Les forums impériaux, p. 803-809.

Id., dans *Denkmäler d. klassich. Altertums*, article *Rom*, p. 1460-1469. Les forums impériaux, p. 1469-1473, 1888.

Id. *Topographie der Stadt Rom* (tirage à part du *Handbuch d. klass. Alt.*), p. 60-79. Les forums impériaux, p. 89-85. Nördlingen, 1889, in-8.

J.-H. Middleton, *The remains of ancient Rome*, t. I, p. 231-352. Les forums impériaux, t. II, p. 1-39, Londres, 1892, in-8.

Fr. von Reber, J. Bühlmann et Alex. Wagner, *Rom mit dem Triumphzuge Constantins im Jahre 312*, p. 36-51. Les forums impériaux, p.112-130, Munich, 1894. in-16.

II. Kiepert et Ch. Huelsen, *Formae Urbis Romae antiquae* (Très bon répertoire bibliographique par ordre alphabétique des monuments de Rome), Berlin, 1896, petit in-fol.

L. Borsari, *Topografia di Roma antica*, p. 213-249. Les forums impériaux, p. 250-260, Milan, 1897, in-32.

R. Lanciani, *The ruins and excavations of ancient Rome, a companion book for students and travellers*, p. 234-298. Les forums impériaux, p. 302-319, Londres, 1897, in-12.

2° Ouvrages spéciaux sur le forum.

Caristie, *Plan et coupe d'une partie du forum romain et des monuments de la voie Sacrée*, Paris, 1816, in-fol.

Nibby, *Del foro romano, della via sacra, dell' anfitheatro Flavio, e di luoghi adjacenti*, Rome, 1819, in-8.

Piale, *Del foro romano, sua posizione e grandezza non bene intese dal Nardini*, Rome, 1832, in-4.

Canina, *Descrizione storica del foro Romano e sue adjacenze*, Rome, 1834, in-8. — 2ᵉ édition en 1845.

Bunsen, *Le forum romanum expliqué selon l'état des fouilles*, le 21 avril 1835, Rome, in-8. — *Les forums de Rome restaurés et expliqués*, Rome, 1837, in-8, 1ʳᵉ partie, *le forum romain;* 2ᵉ partie, *les forums impériaux*.

Tocco (L.), *Ripristinazione del foro romano e sue adjacenze*, Rome, 1858, in-4.

C. Ravioli, *Ragionamento del foro Romano e de' principali suoi monumenti*, Rome, 1859, in-8.

G. Montiroli, *Osservazioni sulla topografia della parte meridionale del foro romano*, Rome, 1859, in-8.

F. Dutert, *Le forum romain et les forums de César, d'Auguste, de Vespasien, de Nerva et de Trajan*, Paris, 1876, in-fol.

Parker, *Forum romanum et magnum*, 2ᵉ éd., t. II, Londres, 1879, in-8.

F.-M. Nichols, *The roman forum, a topographical study*, Londres, 1877, in-8.

H. Jordan, *Silloge inscriptionum fori Romani*, dans *Ephemeris epigr.*, t. III, p. 237-340, Rome-Berlin, 1877, in-8.

O. Marucchi, *Il foro romano,* Rome, 1883, in-12.

Id. *Description du forum romain et guide pour le visiter,* traduct. du précédent, Rome, 1885, in-18.

Id. *Foro romano,* Rome, 1896, in-16.

L. Augé de Lassus, *Le Forum* (*Bibliothèque des merveilles*), Paris, 1892, in-18 [1].

Ch. Huelsen, *Das Forum romanum, Rekonstruktion nach Angaben und mit Erläuterungen,* Rome, 1892, in-4, oblong.

Thédenat, *Forum,* dans *Dictionnaire des antiquités grecques et romaines,* s. v. Forum, p. 1277-1309. *Les forums impériaux,* p. 1309-1316 (1893).

L. Lévy et Luckenbach, *Das Forum Romanum der Kaiserzeit,* Munich et Leipzig, 1894, in-4.

G. Gatteschi, *Restauro grafico del monte Capitolino, foro romano e monumenti circostanti nell' auno CCC dopo Cr.,* Rome, 1897, in-4 [2].

3° *Plans du forum aux différentes époques* [3].

Piranesi (1784), Nardini (1818), Nibby (1819), Caristie (1821), Fea (1827), Canina (1834 et 1845), Bunsen (1835 et 1836), Nibby (1838), Becker (1843), Canina (1853), Tocco (1858), Ravioli et Montiroli (1859),

Detlefsen (1860), Dutert (1876), Jordan (1885), Richter (1889), Huelsen (1892), L. Lévy et Luckenbach (1895), Marucchi (1896), Kiepert et Huelsen (1896), Lanciani (1897).

4° *Essais de restauration du forum* [4].

Dutert (1876), Nichols (1877), Reber (1879), Hans Auer (1888), Huelsen (1892), Bühlman et

Alex. Wagner (1892), Lévy et Luckenbach (1895), Gatteschi (1896).

5° *Les forums provinciaux.*

G. Antolini, *Le rovine di Veleia,* 1re part., p. 15, s.; 2e part., p. 5, s., Milan, 1819-1822, in-fol.

E. Breton, *Pompeia décrite et dessinée,* p. 117, ss., Paris, 1870, in-8.

J. Overbeck, édit. A. Mau, *Pompeji in seinen Gebäuden, Alter-* *thümern und Kunstwerken,* p. 61, ss., Leipzig, 1884, in-8.

E. Boeswilwald et R. Cagnat, *Timgad, une cité africaine sous l'empire romain,* p. 1, ss., Paris, 1892, in-4.

H. Thédenat, *Diction. des antiq. gr. et rom.,* s.v. *Forum,* p. 1316 ss. (1893).

---

1. Nous avons emprunté à ce volume notre planche 2, p. 43.
2. Cette brochure est le commentaire de la restauration du Forum par le même auteur. — Je me fais un plaisir de recommander M. Gatteschi (piazza Santa Maria Magiore, 12), aux voyageurs qui désireraient visiter les ruines de Rome et des environs sous la conduite d'un savant archéologue parlant le français comme sa langue maternelle (V. plus haut, p. 70, note 3).
3. Nous ne donnons ici que les noms des auteurs et les dates; le lecteur trouvera p. 68-69, notes 1, ss., les titres complets des ouvrages.
4. On trouvera les titres complets et l'indication des planches plus haut, p. 69-70, notes 18, ss.

III. BIBLIOGRAPHIE DES MONUMENTS N'APPARTENANT PAS AU FORUM, DONT IL N'EST PARLÉ QUE DANS L'APPENDICE

La maison des Vestales. (Appendice, chap. VI, p. 296, ss.) Marucchi, *I nuovi scavi fra il Palatino ed il foro*, dans *Studi in Italia*, 10 novembre 1883. — Lanciani, *L'Atrio di Vesta*, dans *Atti dei Lincei, Memorie d. classe di scienze morali*, t. XIII, 1884, p. 54, ss. — Cost. Maes, *Vesta e Vestali*, Rome, 1884, in-18. — Jordan, *Der Tempel der Vesta und das Haus der Vestalinen*, Berlin, 1886, in-4. — Marucchi, *Nuova descrizione della casa delle Vestali*, Rome, 1887, in-8. — Auer, *Der Tempel der Vesta und das Haus der Vestalinen am Forum romanum*, dans *Denkschriften der Akad. in Wien*, t. XXXVI, p. 209, s. (Recens. Huelsen, dans *Mittheilungen d. Instit.* 1889, p. 245, s.). — O. Gilbert, *Geschicht. und Topogr.*, t. III, p. 405, ss. Leipzig, 1890. in-8. — Middleton, *The remains*, t. I, p. 307, ss., 1892. — Marucchi, *Foro romano*, p. 129, ss., 1896. — Lanciani, *The ruins*, p. 228, ss., 1897.

Le temple de Romulus et le templum sacrae Urbis. (Appendice, ch. VII, p. 316-317.) — Jordan, *Forma Urbis Romae*, p. 1, ss., et pl. XXXV. — G.-B. de Rossi, *Di tre antichi edifizi componenti la chiesa di SS. Cosmo e Damiano*, dans *Bullett. di arch. crist.*, 1867,
p. 61, ss. — Lanciani, *Degli antichi edificii componenti la chiesa dei SS. Cosmo e Damiano*, dans *Bullett. della comm. comm.*, 1882, p. 29, ss.

La basilique de Constantin. (Appendice, p. 319, ss.) A. Desgodetz, *Les édifices de Rome*, p. 105-109. — A. Nibby, *Del tempio della pace e della basilica di Costantino*, Rome, 1819, in-8. — C. Fea, *La basilica di Costantino sbandita dalla via sacra* (lettre à Nibby), Rome, 1819, in-8. — Nibby, *Del tempio della pace e della basilica di Costantino* (réponse à Fea), Rome, 1819, in-8. — Canina, *Gli edifizi di Roma antica cogniti per alcune reliquie*, pl. 129-132, 1846, fol. — Reber, *Ruinem v. Rom*, p. 392, ss., 1879. — Middleton, *The remains*, t. II, p. 224, ss. — Lanciani, *The ruins*, p. 203, ss.

L'Arc de Titus. (Appendice, p. 324, ss.) — G. Valadier, *Narrazione artistica dell' operato finora nel ristauro dell' arco di Tito*, Rome, 1812, in-4. — Rossini, *Gli archi trionfali*, pl. 31-37, 1836. — Canina, *Gli edifizi*, t. IV, pl. 246. — Reber, *Die Ruinens*, p. 397, 1879. — Salomon Reinach, *L'arc de Titus et les dépouilles du temple de Jérusalem*, Paris, 1890, in-8.

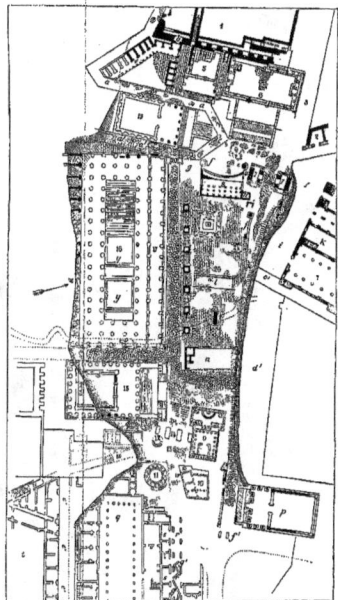

HACHETTE ET C⁰.

OBSERVATIONS. — *Les chiffres se réfèrent à la vue et au plan, sauf les n⁰ˢ 21 et 22 qui ne se trouvent que sur la vue, et le n⁰ 16 qui n'est que sur le plan. Les lettres ne se réfèrent qu'au plan. Il n'y a pas de lettre o.*

1. Tabularium. — 2. Prison. — 3. Escalier montant au Capitole. — 4. Portique des Dii consentes. — 5. Temple de Vespasien. — 6. Temple de la Concorde. — 7. Arc de Septime Sévère. — 8. Tribune aux harangues (Rostres). — 9. Temple de César. — 10. Regia. — 10'. Fastes consulaires (sur le plan seulement). — 11. Temple de Vesta. — 12. Le prétendu Pedal de Libon. — 13. La Voie Sacrée. — 14. Arc d'Auguste. — 15. Temple de Castor. — 16. Basilique Julia. — 17. Portique de la basilique Julia. — 18. Vicus Tuscus. — 19. Temple de Saturne. — 20. Arc de Tibère. — 21. Direction du temple de Jupiter Capitolin. — 22. Direction de la citadelle. — 23. Soubasse-

ments. — 24. Bas-reliefs en marbre. — 25. Colonne de Phocas. — 26. Area du Forum. — a. Clivus Capitolinus. — b. Escalier et portes condamnées du tabularium. — c. Statue de Faustine. — d. Bases de statues. — e. Umbilicus. — f. Milliaire d'or. — g. Scholn Xantha (?). — h. Basc. — i. Comitium. — j. Base de Stilicon. — K. La curie et ses dépendances. — l. Lignes tracées sur l'area du Forum. — m. Emplacement (ou à peu près) du lacus Curtius; base d'une statue équestre. — n. Monument de basse époque. — p. Temple de Faustine et d'Antonin. — q. Maison des Vestales. — r. Porticus margaritaria. — s. Boutiques. — t. Substructions du palais de Caligula. — u. Escalier allant du Palatin au Forum. — v. Regard sur la *Cloaca Maxima.* — x. y. Dallage en marbres précieux. — z. Arc de Janus (?). — a'. Vicus Jugarius. — b'. Boutiques. — c'. Argiletum. — e'. Basilique Aemilia. — e'. Via Nova. — f'. Arc de Fabius. — g'. Maison du souverain pontife.

VUE ET PLAN DU FORUM ROMAIN.
(État actuel.)

LES FORVMS

IMPÉRIAVX

Echelle

QVIRINAL

CAPITOLE

TABVLARIVM

VÉLABRE

PALATIN

FORVM TRAJAN

FORVM D'AVGV

FORVM DE CÉSAR

FORVM NERVA

TEMPLE DE LA PAIX

BASILIQVE DE CONSTANTIN

BASILIQVE AEMILIA

FORVM ROMAIN

BASILIQVE IVLIA

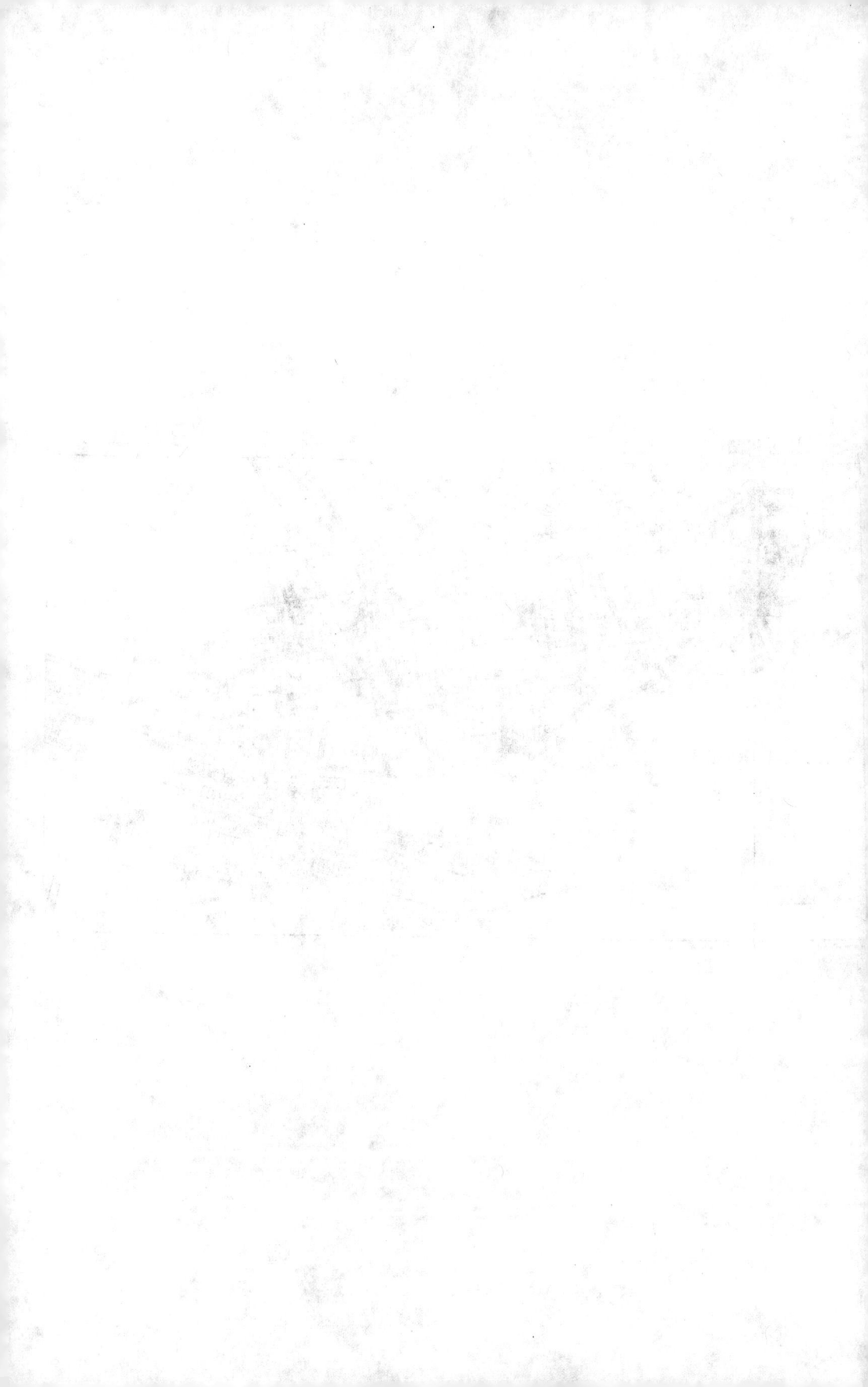

TABLE DES ILLUSTRATIONS

PLANS HORS TEXTE A LA FIN DU VOLUME

PLANS ET FIGURES

INDEX ALPHABÉTIQUE

G

X

Z

TABLE DES MATIÈRES

———

ERRATUM

P. 13, ligne 20 : au lieu de Ancus Martius, *lisez* Ancus Marcius.
P. 78, ligne 8 : 2° Le Vulcanal, *effacez* 2°.
P. 80, ligne 3 : 3° Le temple, *effacez* 3°.
P. 184, ligne 26 : 37° Le temple, *effacez* 37°.
P. 188, ligne 15 : 41° Le portique, *effacez* 41°.

Coulommiers. — Imp. Paul BRODARD. — 959-97.